美術の授業のつくりかた

三澤一実 編

武蔵野美術大学出版局

もくじ

第4章　題材開発研究

第5章　特別支援教育と美術

第 1 章　美術教科の特徴と今日的課題

第1節　美術教科の特徴

〔1〕今日の教育と美術科の役割

　今日、想像を超える勢いで情報技術革命が起きている。そして国を挙げてその動きに対応する政策を矢継ぎ早に出している。例えば2016（平成28）年に出たSociety 5.0[*1]という言葉は、ICT[*2]やIoT[*3]などのデジタル革新により、社会が抱える様々な課題を解決しようとするコンセプトであり、人間の生活のあらゆる局面で人工知能（AI）が関与し、人々に最適化をもたらすという未来を想定している。文部科学省でもSociety 5.0に向けた人材育成に関わる大臣懇談会を開催し、時代に対応できる教育のあり方を議論し始めた。

　AIがつくり出す最適化は、ビッグデータと呼ばれる膨大な個人データを、人工知能が一人ひとりに合った最適な情報として選択し提供するという自動化である。快適な生活をつくり出す自動化だが、一方ではこのような自動化は世界を均質にするとともに、異質な世界と関わらないですむフィルターバブル[*4]という閉じた世界をつくり出す危険性もはらんでいる。

　例えばインターネットで商品を注文する際、それまでの注文履歴を参考に購買者が興味を持ちそうな品物を提案してくる。常に人が選択で迷わなくてもよいようにSNSやインターネットを介して吸い上げられた情報の傾向から、いつの間にか自分にとって関心のある情報が寄せ集められていく。そして、その情報に囲まれていると、あたかもそれらの情報が社会の多数派意見のような錯覚に陥るのである。提供される情報は今まで以上に多様化し増大するが、反面、興味のないものや異質なものは排除され、私たちは努力して自らの世界を開いてい

かないと、自分にとって都合のよいもの、好ましいものだけで満たされるバブル（泡）の中に閉じこもる状況になり、現実社会が持っている多様性と寛容を失っていくことにもつながりかねない。

　E. W. アイスナーは、「芸術教育の最大の価値は、諸芸術が、人々に外界を理解させるというユニークな貢献にある」と述べている[*5]。私たちは芸術の眼を持つことにより、自分を取り巻く世界をそれまでと異なる角度から捉えることができるようになり、モノやコトの持つ意味を広がりをもって理解することが可能となる。人々にとって芸術が必要であるという認識は、そのような「人間の経験における美術の機能に求めるべき」と言っている。つまり、芸術の眼を持って世界を覗いたときに現れる、驚き、発見、感動という体験が、それまでとは異なる世界の捉え方に人を誘い、ものの新しい見方や考え方に気づき、新たな意味や価値が生まれていく。このような心が動く体験によって芸術の必要性を感じるようになる。言い換えると、芸術の必要性は一人ひとりの芸術体験を通してでしか理解されないということである。

　さて、2016年12月21日、中央教育審議会から「幼稚園、小学校、中学校、高等学校及び特別支援学校の学習指導要領等の改善及び必要な方策等について（答申）」が出された。その中にある一文、「人工知能がいかに進化しようとも、それが行っているのは与えられた目的の中での処理である。一方で人間は、感性を豊かに働かせながら、どのような未来を創っていくのか、どのように社会や人生をよりよいものにしていくのかという目的を自ら考え出すことができる。」は、これからの人間に必要な教育として、今まで以上に美術教育が関わらねばならない時代になったことを示していると考えられないだろうか。

〔2〕美術という教科

　学校教育では不易と流行を同時に扱う。美術教育も時代とともに変

化する流行に対応しながら、時を経ても変わらない不易な価値も伝えている。美術が公教育に教科として存在する意味は、流行として新しい時代を創り出すための資質や能力の獲得と、今まで人類によって創り出されてきた美術の価値を不易として学ぶ意味があるからだろう。

　そのような美術の学びはきわめて個人的な情感（感性）を基に、自身の感じる価値を追求していく学びである。だから一人ひとりに答えが存在し、その表現も多様である。そして表現された個の独自性は、他者の共感を得ることで自分以外の人々との接点が生まれ、社会の中に価値づけられていく。すなわち美術は造形を介して個人と社会をつなぐメディアであると理解できよう。

　H・リードは「教育とは、個別化の過程であるだけでなく、『統合』の過程でもなければならない*6」と述べ、「『統合』とは個人の独自性と社会的な結合との調和」とし、芸術を通した個と社会との関係について言及している。この言葉は、美術という個人の情意に基づく学習活動が、なぜ公教育に存在するのかを考える上でも重要な意味を持っている。美術は内容教科や用具教科*7のようにすべての国民に必要な概念を知識として教える教科ではなく、一人ひとりの感じ方や考え方を基盤とし、多くの人々と共有できる価値を見出したり、その共通性と個の独自性に価値を発見したりする教科なのである。

　例えば、共同制作は個々のオリジナリティーを発揮しながら、その集団にとってよりよい価値を追求し、造形物として表現し視覚化していく活動である。今では各地で開催されているアートプロジェクトも、アートを美術館などの閉じた空間から人々の生活空間に引き出し、特定の美術愛好者だけでなく市民の共感を得て広がっていった。また、その共感をエネルギーに変え、町おこしなどの手段としても利用されたりする。そこでは作品を鑑賞したりワークショップに参加したりする芸術体験が、考え方、感じ方の異なる人と人とのアートを通したコミュニケーションを生み出し、相互理解を進め、ものの見方や考え方

を開いていく。美術は様々な異なる人と人、人とモノ、人と社会など
をつなぐメディウムとして存在するのである。

　さらに時代が期待する美術の学びにイノベーションがある。イノ
ベーションは新たな捉え方や活用法、価値やアイデアなどを創造する
ことであるが、美術の活動はクリティカルな思考や判断、表現の活動
にあふれている。昨今、産業界やビジネスの世界で芸術が注目され始
めたのは、既存の価値を打ち破るものの見方、捉え方であり、美術の
教科目標にある「つくり出すよろこび」はまさにこのことであろう。

　さて、美術がこのような個人の価値を育み、人々とのコミュニケー
ションを円滑にし、そして新たな創造性を子どもたちに与えようとす
るならば、これからも美術の授業は一人ひとりの思いに合わせた造形
活動が基本となっていく。加えて、自他の価値観の違いを感じ取り、
それぞれのよさを確認し、互いの価値観を尊重し合える活動にしてい
かなくてはならない。戦後から現在までつながる子ども中心主義によ
る造形教育を基盤としながらも、今日の社会が求める価値や時代を意
識した新たな学びを学校教育に位置付けていくことが強く求められて
いるのである。それは、教師一人ひとりが今までの自身の実践を批判
的に振り返ることでもある。今日、時代が大きく変わる中で、美術教
育は新たな役割をも持ち、大きく更新されるときであると言えよう。

美術科の現状

　美術科の現状は、教科自体が持つ課題、個々の教員の資質や能力な
どの個人のパフォーマンス、教員が置かれている役割や立場などの職
務から見た課題、地域性や生徒の実態などの課題、勤務形態などの労
働環境などの課題から述べることができる。

　まずは教科自体の課題であるが、美術科が抱える難しさは、その教
科の存在意義を説明する難しさにある。多くの国民は自ら体験した過
去の授業のイメージを持ち続け、美術で学べる学力を定義し、そして

意見するだろう。美術は、答えのある価値や考え方、知識を習得し、その知識が日常生活で活用され、そして学問の基礎となっていく他の教科のような明快さに比べ、個人の美的感覚や様々な美術文化がつくり出す多様な価値を扱う教科である。美術の価値は個人の体験に基づき、それまでの美術体験の蓄積がその人の美術の価値や意味をつくり上げている。例えば中学校でひたすら再現的な描写を求められた経験を持つ人は、美術は対象をそっくり描けることに価値があり、その技術習得をする教科だと思っているかもしれない。また、教師が何も指導せず放任されていた人は、美術は息抜きの時間、遊びの時間と捉えていてもおかしくはない。このような体験をしてきた親や大人に対し、私たちは美術の必要性を十分に伝えることができるだろうか。教科の必要性を伝える際に、受け取る側の美術体験もまちまちであるがゆえ説明に苦しむところとなる。

美術科としての発信

　こうした状況を打破するには、教師自身が美術で身に付く能力を積極的に外に向かって伝えていく必要がある。近年ようやく美術の授業の内容に着目した展覧会[8]が開かれるようになったが、未だ絶対的に少ない。一方、授業で制作した作品展は全国で開かれている。このような児童生徒の作品展は、美術の授業を市民に向けてアピールするよい機会である。しかし、多くの展覧会は作品を展示するだけで、授業で獲得する学びについての説明はない。よって参観者は「今時の子どもたちはこんな作品をつくるんだねー」で終わったり、かつて自分が学んだ古い概念で子どもの作品のできばえを批評したりする。教師でない限り、子どもたちが作品づくりの過程でどのような能力を発揮し、これから生きていく上で必要な資質や能力を獲得し、作品を完成させているかを読み取ることは困難であろう。ここに美術教師の社会に向けての説明責任が問われてくる。

2017（平成29）年版の中学校学習指導要領では、「第4章 指導計画の作成と内容の取扱い」の「4 学校における鑑賞の環境づくり」に、それまでの「校内の適切な場所に鑑賞作品などを展示する」ことに加え「学校や地域の実態に応じて、校外においても生徒作品などの展示の機会を設けるなどすること。」の一文が加わった。校外での積極的な生徒作品の展示などを生かし、美術で身に付ける資質や能力の説明にも取り組み、美術という教科の理解につなげたい。

　美術の必要性は学習指導要領を根拠とし、言葉にし、示していくべきである。そのためには十分な学習指導要領の理解が必要となる。加えて学習指導要領の改善の理由や根拠を示した中央教育審議会答申[*9]なども熟読したい。創造的な教科としての美術科教師は、常に「美術とは何か」という命題を持ち、生涯学び続け、自ら時代に応じて変化していく姿勢が必要となる。

授業時数に関する課題から

　中学校美術科の時間数は教員の雇用の問題にも直結する。1998（平成10）年度の学習指導要領の改訂では、中学校ではゆとり教育の下に全教科の授業時間数が削減され、2008（平成20）年度の改訂では選択の廃止が行われた。美術科ではこのように美術に関わる時間数の削減が続いたことにより、受け持つ時間数が減少し、そのことが専科教員の減少や、専任教員の複数校兼務や非常勤講師、免許外教員の増加などにつながっている。

　教員の人事は「公立義務教育諸学校の学級編制及び教職員定数の標準に関する法律」に則り学校長がその任務にあたる。原則として各教科の専任教員を配置しなければならないが、小規模の学校や専任教員が不足している市町村などでは、他教科の教員が免許外教員として臨時的に美術の教科指導にあたる。例えば数学の免許を持った教員が美術を教えるというような状況である。このことは美術教員についても

言え、小規模校に美術の専任教員が配置されると、その教員は美術以外の教科も教えなければならなくなる[*10]。

　つまり、小規模校での教員採用に関しては、学校長が思い描く学校経営に対して美術科教員が必要とされているかどうか、他教科の教員と天秤にかけられることになる。これからの美術教師は教科指導に対して十分な能力を持ったことを前提とした上で、より一層、学級経営、学校の教育活動全体にも積極的に関わる能力が求められるのである。幸いなことに美術は学校の美的環境づくりや、学校行事などの企画運営にその能力を発揮しやすい。これからの美術科教師は美術の専門性を高めるとともに、企画力やコミュニケーション能力を磨き、社会に開かれた教育課程やカリキュラム・マネジメントを推進できる人間性を身に付けることが重要と言えよう。美術は人と人、人とモノ、個人と社会など、異なるもの同士を結び付けるメディアとしての働きがある。学校においてまさに必要とされる能力を有しているのである。

　一方、小学校の図画工作においては、東京都などで導入している図工専科教員を除いて学級担任が教えている。今後、小中一貫の義務教育学校の導入や小学校で検討されている教科担任制の導入で、全国で専科教員の導入が進むと考えられる。しかし、このことによって小中の兼任や、複数校の兼務が増えることも予想される。

　小学校教諭の多くは美術を専門的に学んでいない教員である。よって専門知識を持った中学校の美術科教員は、学校種を超えて地域にも求められ、小学校教員を交えての実技研修や題材開発においては専門的視点を提供できる存在でもある。社会に開かれた教育課程やカリキュラム・マネジメントが各学校に求められている中、図工・美術に関わる教員は学校種を超えてともに学び合えるような連携関係をつくり出し、幼児教育から高校教育まで、子どもの発達を幅広く捉えた美術教育の仕組みや連携の「学びのデザイン」を積極的に進めていく必要があろう。

研修にみる課題

　今日の加速度的な時代の変化は、教師に学び続ける姿勢を今まで以上に求めている。教育は創造的な仕事である。アーティストが作品をつくるのと同様に、教師は目の前の教育を常に問い直し、価値のある学びを生む魅力ある授業をつくり出し、つくり変えていかなくてはならない。そのためには日頃から自分の行っている指導を客観視し、求められる教育に対し自身の教育実践を相対化していくことが必要である。その際、研修は指導力向上や自己点検において貴重な機会となる。

　研修制度については第3章で詳しく説明するとして、ここでは研修に関わる課題をいくつか述べる。

　今日では社会から求められる教員の資質向上への要求が研修の機会を増やし、特に公的機関が行う研修は充実してきたと言える。しかし、強制力のある法定研修[*11]を除き、教育委員会が行う希望研修や、都道府県市町村などの教員が組織する教育研究会、民間の研究団体などが実施する任意の研修への参加については教師の主体性に任されている。今日の教育現場では一層多忙化が進み、特に中学校などでは生徒指導や部活動などに教材研究の時間が取られ、休日に出勤することもある。このような物理的な時間のなさが研修を受ける上での一番の課題となる。

　実技教科の特徴として、実際に材料と関わり、手を動かし制作してみなければ教材の持つ魅力や問題点、指導する上での工夫は見えてこない。また、美術館や博物館へ足を運ぶことも重要な研修である。貴重な1時間の授業を充実させるために、教材研究にかける時間は最も必要とされる時間なのである。日常勤務の中でいかに時間を見つけ出すか、また長期休業などでどのように自分を磨くかを計画的に考え、積極的に研修に参加していく必要がある。多くの学校で美術科の教員が1名しかいない状況を考えると、研修を通しての情報収集は切実な問題と言えよう。また、一人ではスキルアップの限界がある。教員同

士横のつながりを大切に、日常的に相談できる関係をつくることが美術科教員の孤立化を防ぎ、自分自身を守る上でも必要である。

教員ネットワークの構築

　これまで述べてきたように、美術科の教員が置かれている環境の中で、教師としての能力や指導力をどのように向上させていくかを考えたとき、情報活用の能力は充実した教員生活を送る上で必須の能力となってくる。

　例えば成績処理に困ったとき、誰に聞くことができるだろうか。新しい題材を考えたいとき、どこから情報を得ることができるだろうか。

　教科に関する課題は他教科の教員には答えられないことも多い。よって必然的に美術科の教師同士のネットワークが必要となる。幸い今の時代はインターネットで情報が収集しやすい。一定の情報収集については研修や教育情報誌、新聞などのメディア情報、教育委員会や各研究団体、また個人が運営しているウェブサイトやブログなどのウェブ情報から集めることができる。しかし事細かな疑問や問いは実際に会って話し合わなければ解決できないことも多い。教師間ネットワークの構築は足を使って人と出会う以外にはつくれない。研修の機会などを生かして貴重な仲間との出会いを重ねていきたい。まずは意欲を持った仲間が集まる場に出向くことが大切となる。そのための情報収集が必要である。

　情報収集の最大の手段は情報発信である。研究授業で自らの実践を公開したり、情報誌や研究会で発表したりして、自他の実践をお互い認め合えるような教師同士の信頼関係を構築していきたい。美術教師の最大の敵は職場での孤立である。日本全国に、そして世界に多くの同志がいることを忘れずに、デジタル情報とアナログ情報をバランスよく収集し活用していきたい。

新時代への対応

　時代の必須として、美術教育に関しても ICT の活用と STEAM 教育[12]への対応が考えられる。ICT は教育現場では情報端末としてのタブレットの活用などが急速に浸透しつつある。タブレットの活用により、個々の課題が一斉に全員とシェアできたり、必要な資料を検索できたり、タブレット自体が表現や鑑賞の道具として機能し、教具としての活用が広がっている (第2章第3節参照)。

　当初 STEAM 教育は、理数系の STEM 教育として始まったが、アートの持つ創造的な思考や感性が、理数教育と融合することで起きるイノベーションの必要性から STEAM となった。今日、AI の進化とともに世界各国が次世代を創造する教育として着目し、特にアメリカや北欧、アジアではシンガポール、中国を先頭に各国が教育に取り込んでいる。この STEAM 教育においてアートに期待されている能力は、AI に担えない感性と価値の創造にある。2018 (平成30) 年6月には文部科学省は Society 5.0 に向けた人材育成について[13]、また経済産業省でも STEAM 教育に関する提言[14]をまとめている。

　そのような中、日本では 2020 (令和2) 年から小学校でのプログラミング教育の導入がその具体的な施策となっているが、実際には指導者不足で各国に比べ立ち後れている状況である。

　さて、プログラミング教育と図画工作との関係については、学習指導要領で直接的には触れられていないが、STEAM 教育の導入を見越した上では避けては通れない課題であろう。学習指導要領の次期改訂までに何らかの実践が生まれてくることと考えられる。その際には美術ならではのアドバンテージを示していかなくてはならない。その1つは、ものの見方や捉え方などの造形的な発想や構想に関わる部分であろう。

1── Society5.0とは、狩猟社会（Society1.0）、農耕社会（Society2.0）、工業社会（Society3.0）、情報社会（Society4.0）に続く新たな社会を指す。

2── Information and Communication Technology、情報通信技術のこと。

3── Internet of Things（モノのインターネット）。様々なモノがインターネットにつながり、情報交換し、相互に制御していくこと。

4── AIにより、一人ひとりの情報最適化の中で起こる自分だけの情報世界に包まれること。イーライ・パリサー『閉じこもるインターネット　グーグル・パーソナライズ・民主主義』井口耕二訳、早川書房、2012年。

5── E. W. アイスナー『美術教育と子どもの知的発達』仲瀬律久訳、黎明書房、1986年。

6── ハーバート・リード『芸術による教育』宮脇理・岩崎清・直江俊雄訳、フィルムアート社、2001年。

7── 内容教科とは、理科や社会科などの知識内容を教える教科。用具教科とは、国語や数学のように学習する上で基礎、または用具となる教科。

8── 美術館で行われた「授業」の展覧会に、うらわ美術館「図画工作・美術なんでも展覧会」（2007年3月）がある。この展覧会の記録は『1億人の図工・美術』として刊行された（カシヨ出版センター、2008年）。

9── 2016（平成28）年12月21日の中央教育審議会から出された「幼稚園、小学校、中学校、高等学校及び特別支援学校の学習指導要領等の改善及び必要な方策等について（答申）」など。

10── 学年3クラスずつの学校では、美術の時間数が週あたり9.9時間となる（第1学年は45時間のため3クラスで3.9時間）。通常、教員一人あたりの教科指導の持ち時間は、20時間程度である。

11── 法定研修は、原則として教員全員が受けなければならない研修。初任者研修と中堅教諭等資質向上研修（10年次研修）。ほかに、研修ではないが免許状更新講習も全員受けなければならない。

12── Science（科学）、Technology（技術）、Engineering（ものづくり）、Art（芸術）、Mathematics（数学）の5つの単語の頭文字を組み合わせた造語。

13── 文部科学省、2018（平成30）年6月5日「Society 5.0に向けた人材育成〜社会が変わる、学びが変わる〜」Society 5.0に向けた人材育成に係る大臣懇談会、新たな時代を豊かに生きる力の育成に関する省内タスクフォース。

14── 経済産業省「未来の教室」とEdTech研究会、第1次提言「50センチ革命×越境×試行錯誤」「STEAM（S）×個別最適化」「学びの生産性」2018年6月。

第2節　学習指導要領の理解

三澤一実

〔1〕学習指導要領の法的性格と変遷

法的な性格

　日本では都市部にある大規模な学校から、島々にある小さな分校まで、同じ学習内容を等しく学んでいる。これは全国すべての学校で一定の水準の教育が受けられるように、学校教育法や学校教育法施行規則の規定を受けて制定された、学習指導要領という学校の教育課程の大綱的な基準（文部科学大臣告示）によって行われているからである。

　学習指導要領には、学校種ごとに、それぞれの教科等の目標や、大まかな教育内容が示されている。各学校は、この学習指導要領を踏まえ、学校教育法施行規則で定められた授業時数等と、地域や学校の実態に応じて、学校ごとに教育課程（カリキュラム）を編成することになる。

　このような学習指導要領はおおよそ10年ごとに、変化する時代に対応し、来たるべき未来を見据え改訂がなされてきた。今の時代に何が求められ、どこに向かおうとしているのか、過去の学習指導要領の概略から見てみたい。

戦後の学習指導要領の変遷

　学習指導要領は、戦後間もなく試案として作成されたが、現在のような大臣告示の形で定められたのは1958（昭和33）年のことであり、それ以降、ほぼ10年ごとに改訂されてきた。それぞれの改訂における主なねらいと、例として中学校美術科の主な改善内容を以下に示す（詳しくは『美術教育資料研究[*1]』を参照）。

○昭和33年〜35年改訂（1958〜60年）

　教育課程の基準としての性格が明確化された。中学校美術科では、これまで図画工作としていた名称を改めて「美術科」とするとともに、その内容を芸術性、創造性を主体とした表現や鑑賞活動に関するものとし、生産的技術に関する部分は、「技術科」を新設して取り扱うこととした。そのため、工芸の内容は含まれていなかった。

○昭和43年〜45年改訂（1968〜70年）

　高度成長期に入り、教育内容の現代化、時代の進展に対応した教育内容の導入をねらいに改訂された。中学校美術科では、工芸の内容を取り入れて再構成し、「絵画」「彫塑」「デザイン」「工芸」及び「鑑賞」の5領域によって内容が示された。

○昭和52年〜53年改訂（1977〜78年）

　学習負担の適正化（落ちこぼれ問題）を図るため、各教科等の目標、内容を中核的事項にしぼり、ゆとりのある充実した学校生活の実現をねらいに改訂された。中学校美術科では、領域区分が「表現」及び「鑑賞」の2領域になった。

○平成元年改訂（1989年）

　社会の変化に自ら対応できる心豊かな人間の育成をねらいに改訂された。中学校美術科では、資質、能力の育成に重点が置かれ、例えば、「絵がかけるようにする」としていた記述が「絵画の表現を通して次の事項を指導する」に改められた。また、第2学年における年間授業時数が、従前の「70時間」から「35〜70時間」になった。

○平成10年〜11年改訂（1998〜99年）

　基礎、基本を確実に身に付けさせ、自ら学び自ら考える力などの「生きる力」の育成を目指し、教育内容が厳選された。中学校美術科では、絵画と彫刻、デザインと工芸がそれぞれまとめて示されるとともに、第2学年における年間授業時数が従前の「35〜70時間」から「35時間」に、第1学年では「70時間」から「45時間」に削減された。

○平成 20 年〜 21 年改訂（2008 〜 2009 年）

　改正教育基本法に基づき「生きる力」の理念のもと、知識・技能の習得、思考力・判断力・表現力等の育成などが示され、言語活動の重視が打ち出された。小学校と中学校美術では〔共通事項〕が示された。鑑賞活動の重視の中で、我が国の美術文化や伝統文化に関する指導の充実が示された。

〔2〕2017（平成 29）年版学習指導要領の構造と特徴

　2017（平成 29）年告示の学習指導要領[*2]の特徴は、前回の 2008（平成 20）年告示の学習指導要領を、全教科にわたり児童生徒に身に付けさせたい資質・能力で整理し直した点である。この資質や能力とは学校教育法第 30 条 2 項にある、「基礎的な知識及び技能の習得」、「これらを活用して課題を解決するために必要な思考力、判断力、表現力その他の能力」、「主体的に学習に取り組む態度」の 3 つの資質・能力である。2008 年告示の学習指導要領では、学校教育法の一部改正（2007 年）を反映させることが間に合わず、結果として 2017 年の学習指導要領がその学校教育法を受けた整理となった。

　2017 年の改訂によって、それまでの 4 観点「関心・意欲・態度」、「発想や構想の能力」、「創造的な技能」、「鑑賞の能力」と〔共通事項〕が、全教科を通して育む「知識・技能」、「思考力・判断力・表現力等」、「学びに向かう力・人間性等」の 3 つの資質や能力に整理され組み入れられた。

　そして、各教科の学習内容は、「各教科等の特質に応じた見方・考え方のイメージ[*3]」を示して、縦糸に「資質・能力」、横糸に「見方・考え方のイメージ」を据えて学習指導要領を編成した。

　例えば、図画工作・美術での資質・能力の育成は、学習活動を通して見方・考え方のイメージの「感性や想像力を働かせ、対象や事象を、

造形的な視点で捉え、自分としての意味や価値をつくりだすこと」を
しながら、〔共通事項〕である「知識」や、「技能」を獲得し、「発想や
構想の能力」と「鑑賞の能力」では「思考力・判断力・表現力等」を伸
ばしていくということになる。

見方・考え方のイメージ

　今回中教審答申で示された「見方・考え方のイメージ」は、図画工
作・美術において学習活動の本質を捉えた重要な指針である。それは
教師が教える知識や技能を習得して表現するという受け身の活動では
なく、学習者が自分にとって意味や価値をつくりだす造形活動をして
いく中で、知識や技能を自ら能動的に獲得し、思考力、判断力、表現
力等を伸ばしていく学習であることを示しているからである。

　例えば、ポスター制作において、明朝体やゴシック体など、事前に
学んだ書体を使ってポスターを制作するという授業から、メッセージ
に最も適した書体を自らつくり出し表現するような授業に変えていく
ということである。

　ここでは「見方・考え方のイメージ」を、より深く理解するために、
その文章「感性や想像力を働かせ、対象や事象を、造形的な視点で捉
え、自分としての意味や価値をつくりだすこと」を分析してみよう。

　「感性や想像力を働かせ」とは、感性や想像力は個人に備わった能
力であり人によって異なる。よって教師の感性や想像力を押しつけて
子どもを縛ることではない。子どもと教師の感性や想像力はそれぞれ
独立し、比べることはできるが優劣のつくものではない。授業では子
どもの感性や想像力を働かせることが重要である。

　「対象や事象」の対象とは、ものや風景、心情など表現の対象を言い、
事象は「できごと」を指す。「できごと」とは造形遊びなどの活動過程
における造形や活動の変化などであるが、ここでは対象も事象も区別
せず一体として扱っている。

「造形的な視点」とは、色彩や形、空間や動き、光などが持つ造形的な特徴であり、〔共通事項〕で示された内容から捉える視点である。例えば、鑑賞活動において、この造形的な視点がないと、美術に関連しない感想を話すだけのおしゃべりになったり、物語を作る国語の学習に似たものになったりする。美術の知識として押さえるべき重要な視点である。

　「自分としての意味や価値をつくりだす」とは、美術が持つ創造性を指し、美術を学ぶ到達点でもある。自分としての意味や価値をつくりだすことは、個人のものの見方や考え方そのものであり、「つくりだす」という言葉には、学習を通して自身の持つ意味や価値を、新たな意味や価値に書き換えていくという意味もある。

3観点の理解

①知識・技能

　「知識・技能」は、図画工作・美術における知識と技能を示し、表現や鑑賞の活動を通して実感的に理解されていくものである。

　知識とは造形的な視点を豊かにするための知識、〔共通事項〕のことである（小学校では共通事項のアのみ）。

　知識としての〔共通事項〕は色彩や形、材料や光などの造形の要素と、その造形の要素によって生み出されるイメージに関することである。美術は言葉で表現しきれないイメージを、色彩や形、材料や光などの造形の特徴が持つ言葉（以下、造形の言語[*4]という）を使って表現したり鑑賞したりする活動である。造形の言語を意識的に使えないと伝えたいことが十分に伝えられない。また受け取っても造形の言語を理解していないと、何を表したいのか理解ができない。通常この造形の言語は、個人の生活体験や、個を取り巻く社会や文化の影響を受け、「なんとなく」というレベルで使われている暗黙知であるが、日々の暮らしの中で無意識に使っている造形の言語を、意識して使うことに

より、積極的に美術を使ってコミュニケーションを深めたり、異文化を理解したりする力が獲得できる。

　このような人の感覚に働きかける造形の言語は、その人の体験や経験に大きく左右され、曖昧さを多く含んでいる。よって、情報を正確に早く伝達する上では不利であるが、人々の感情に働きかけたり、雰囲気や状況を伝達したりする上では、文字言語による情報の質とは異なる大きな情報量を持っている。例えば戦場の悲惨さを言葉で伝えるよりも、1枚の写真を見せた方が説得力がある。「百聞は一見にしかず」である。視覚情報が溢れている現代社会のビジュアルコミュニケーションにおいては造形の言語を獲得することが必須の能力となっていると言えよう。

　知識の習得には言語活動が重要となる。造形の言語は生活の中で自然と身に付くと述べたが、そのままでは十分に使いこなせない。そこで文字や言葉に置き換えて意識化し、知識として実感的に学んでいくことが重要である。

　例えば青は寒色と座学で学んだ経験はないだろうか。青にも無限の青があり、真夏の青空の色を見せたとき「暑い」と感じる人々もいる。そのように色彩や形などの造形的な言語は個人の体験の中で生成され、一世代限りのものである。よって、一律に色彩や形などのイメージを固定して扱うことはできない。イメージは一人ひとりが持つものであるから、教師が決めつけて教えることは、ものの見方や表現の幅を狭めることになってしまう。時には人格の否定につながることもある[5]。重要なのは個人の持つイメージが、共感性を持った言葉であるかどうかを学習者自身が体験を通して確認していくことであり、その実感的な理解を経て、コミュニケーションツールとして使える言葉である造形の言語が蓄積されていく。この学びは他者との対話なしでは獲得できない学びであり、イメージを言語化し、他者との対話の中でよりイメージに近い言葉を見つけ出していくことが重要な学びの手段となる。

小学校の〔共通事項〕イの、形や色などの造形的な特徴からイメージをもつことに関しては、まだ造形体験が十分に蓄積されていないことから、その活動ごとの思考・判断・表現となり、「知識」として扱われていないが、中学校では、小学校での学習の蓄積により、すでに獲得された知識として〔共通事項〕のイが扱われている。

　「技能」については2つの技能を示している。1つは「創造的に表す技能」のことを言っている。これは、自分が表したい主題に応じて作品を生み出す技能のことであり、主題に対して最も適した表現を生徒自らつくり出す、または選択し表す技能のことである。つまり、スパッタリングの技能とか、はみ出さず色が塗れる技能とか、表現する主題と関連性のない個別の技術を言うのではなく、個人の表現主題に応じて創造的に見出されるものである。もう1つの技能は、制作の手順や方法、用具の使い方、思い通りに表すために必要な手順や方法など知恵として伝達される技能である。

②思考力・判断力・表現力等

　2016（平成28）年12月21日に出た中央教育審議会答申[*6]では、思考力・判断力・表現力等は「未知の状況にも対応できる『思考力・判断力・表現力等の育成』」となっている。今日の時代を表す言葉で、見通しが持てないという意味のVUCA[*7]というビジネス用語がある。まさにこれからの社会状況を説明する言葉であるが、このような未来に対して、「未知の状況にも対応できる」能力とされているのが、「思考力・判断力・表現力等」である。

　「思考力・判断力・表現力等」に該当する、創造性や、イノベーション、批判的思考、そして活動を広げる行動となるコミュニケーションやコラボレーションなどの資質や能力は21世紀型スキル[*8]においても重視されている。それらは美術教育が得意とする能力であるが、現状ではそれらの能力が十分に育っているとは言えない。PISA[*9]調査にお

いても思考力・判断力・表現力等の弱さが指摘され、その対策として生まれたのが「言語活動の重視」であった。

　図画工作・美術では、思考力・判断力・表現力等の資質や能力に位置付けられた能力は「発想や構想の能力」と「鑑賞の能力」、そして小学校では〔共通事項〕のイである。「鑑賞の能力」は見方や感じ方を広げ、深める活動として、「発想や構想の能力」とともに既成概念や閉塞的なものの捉え方、考え方を突破していく能力にもつながっていく。

　このような能力を十分に鍛えることで、一人ひとりが潜在的に持っている創造力やユニークな発想、そしてつくり出される新たな価値意識に、豊かな未来を切り開く扉が見えてくると言えよう。既存の発想を超えていく発想力や構想力を鍛え上げていく力が美術教育に期待されている。

③学びに向かう力・人間性等

　「学びに向かう力」とは、2008（平成20）年版学習指導要領までの「関心・意欲・態度」と同意であるが、「関心・意欲・態度」という文言は、学習者が授業中に見せるわかりやすい「関心・意欲・態度」の姿を想起させ、授業中の発言の多寡や、提出物の完成度など、中には遅刻や忘れ物の数などを根拠に、関心・意欲・態度の定着を図ろうとしたり、判断したりするような表面的な評価が一部されていた。このような表面的な関心・意欲・態度は、学びに向かう、または向かおうとしている本質的な姿とは限らない。学びに向かう力とは、「知識・技能」の習得に向かっている姿や、知識や技能を活用し、思考、判断、表現等に主体的に向かう姿を言っている。よって、授業中全く手が進まずにいる生徒が学びに向かう力が不足しているかと言えば、頭の中では様々な解決策を考えていることもある。このような姿も学習に向かう力と言えるのである。

「人間性等」とは、学びに向かう力を支える情意的な資質・能力である。例えば、学びに向かおうとするが、小さな壁に突き当たり、その時点で諦めてしまうとか、問題解決につながる他者の意見を素直に受け入れられないなど、身に付いていれば学びを探求することができる資質・能力のことである。よって、問題解決に向けて粘り強く努力することができるとか、多様な考えを受け入れ問題解決を図れるとか、感性も含め個人の人間性のことになる。

学ぶ目的と学び方

　2017（平成29）年改訂の学習指導要領では、よりよい学校教育を通じてよりよい社会を創るという目標を共有し、社会と連携・協働しながら、子どもたちが未来のつくり手となるために必要な資質・能力を育むという学ぶ目的を示し、その方向性のもと、「社会に開かれた教育課程の実現」、「各学校におけるカリキュラム・マネジメントの実現」を通して、学び方においては「主体的・対話的で深い学び（アクティブ・ラーニング）」の視点からの学習過程の改善が示された。この3つのキーワードは、それまでの学校教育のあり方を大きく変える提案となっている。その必要性は、自分自身の学びに自信を持ち、社会とのつながりを積極的に構築しようとすることや、未来を生きる子どもたちが科学情報技術や複雑な国際情勢など、日々変化していく今日の社会に積極的に関わり、豊かにたくましく予測不能な社会を生き抜く力を付けることなどである。

①社会に開かれた教育課程（地域との連携）

　よりよい学校教育を通じてよりよい社会を創るという目標のためには、学校で学んだ知識が個人の中に閉じられるのではなく、社会に生かされることが必要である。そして、地域や社会の問題を自分のこととして考え、関わろうとする子どもたちが、将来、地域を支えよりよい未

来の社会を創っていく大人になっていく。このような現実の社会との関わりの中で子どもたち一人ひとりの豊かな学びを実現していくことが教育の課題となっている。

〔1〕旅するムサビ

社会に開かれた教育課程の重要性が示された背景には、東日本大震災の復興に関わる子どもたちの姿があった。子どもたちが現実と向き合いながら、克服困難とも思われた災害からの復興という課題に対し、国内外の様々な人々と協力して学び、被災地や日本の将来を考えて行動していく姿。そして地域がその子どもたちから元気をもらい、子どもたちを全力で支えていく状況に、社会が子どもたちを大きく成長させることが実証された[*10]。

このような、子どもたちが現実と向き合い問題解決を図っていく力がこれからの社会では必須の能力であり、課題に向かって粘り強く追究する姿やその成果が地域や社会から評価されることで、そこには学校の中の学びだけでは得られない、生きている実感と学びの真の楽しさが生まれる。

社会に開かれた教育課程の実現には、学校が社会と接点を持ち、地域や社会とともに学んでいく実践が必要である。特に図画工作・美術科は社会とつながる教科として機能しやすく、子どもたちが授業で学んだ力を発揮し社会に関わったり、地域の教育資産を生かしたりする学びがつくりやすい。大学生が作品を持って学校を訪れ鑑賞の授業を行う「旅するムサビプロジェクト[*11]」も小中学校から見れば、社会に開かれた教育課程の一例である〔1〕。

②カリキュラム・マネジメント（教科間連携）

カリキュラム・マネジメントとは、学校の教育課程全体を通して学

習成果を上げるためのカリキュラムのデザインである。子どもたちの学びを深めるにはどのように教科間の連携を図るか、学校行事との関連や地域との連携を実現させ、効果的な教育活動をするかを考えて実施する教科間連携のことである。学校教育では授業時間数が決まっており、その時間数の中で子どもたちが学んでいる。例えば特別活動の修学旅行で、事前学習として社会で歴史文化を学び、美術で文化財の鑑賞を深め、実際の修学旅行では体験を通してそれぞれの学びを深めていくなど、他教科との連携で各教科の学びが関連付けられ、深い学びとして定着させることができる。

このように教科間連携などを積極的にカリキュラムに取り入れることで教科内の学びに留めない生きて働く「知識・技能」の習得が可能となり、学びを人生や社会に生かそうとする「学びに向かう力・人間性等」が育まれる。また、他教科の学びと関連付けて考えを深めていくことで多視点からものを捉え「思考力・判断力・表現力等」も伸びていく。

美術は他教科との親和性が高い教科である。よって、美術科から積極的に教科連携を図ることで、美術の力を最大限に生かした学びの連携をつくりたい。消極的な姿勢では他教科の下請け作業となることもあり、美術としての学びの少ない活動で終わることも考えられる。美術の時間数が少ない中で、美術の学びを充実させる積極的なアプローチが必要である。東大和市立第五中学校で行っている美術で、2年生が描いたドローイング作品に1年生の国語で詩を付ける授業などは、相互の教

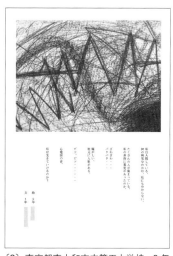

〔2〕東京都東大和市立第五中学校、2年生のドローイング作品に対して1年生が国語の時間に詩をつくる他教科連携

科の学びを連携した身近な例としてあげられよう。詩を書くことは言語活動として1年生の鑑賞の能力にも反映していく〔2〕。

③主体的・対話的で深い学び（アクティブ・ラーニング）

　2017（平成29）年改訂の学習指導要領の方向性を審議していた中央教育審議会では、当初「主体的・対話的で深い学び」を「アクティブ・ラーニング」と呼んでいた。しかし、単にアクティブ・ラーニングでは、生徒同士で対話をすることが目的化しかねず、対話が目的化すると、対話を通して本質を突きつめていくという深い学びまでに到達しないまま、対話が成立していることでよしとされてしまうとの批判が出て、「主体的・対話的で深い学び」と言葉を換えた経緯がある。

　この主体的・対話的で深い学びが目指すところは、答えのないものに対してどのように納得解を出していくか、また物事の本質を突きつめていくか、学び方の方法について示している。この学び方は、まさに答えのない未来をどのようにつくり上げていくかという課題の解決方法に対して、現時点における1つの解でもあろう。

　「主体的・対話的」の「主体的」には、学習者が自ら進んで体験したり調べたりする、学習者が主体となり探求する姿があり、「対話的」には異なる考えや意見などを対話を通して取り入れ、様々な角度からものの本質を探ろうとする姿がある。このような姿は、従来の教師が教え導くという学びのスタイルと異なり、新たな解や価値を自ら生み出したり、物事を多角的に理解し、つなぎ合わせたりするような創造性やイノベーションの能力に直結する。「知識・技能は、陳腐化しないよう常に更新する必要がある[*12]。」とも言われる今日、教師主体の「教える授業」から、学習者主体の「学び合う」授業をどのようにつくり出していくのかが今日の教育の課題となっている。

　美術の授業において「対話による深い学び」の活用は、鑑賞の授業では作品に対する解釈の違いを議論し合ったり、デザインの授業でア

イデアを出し合い討論したり、様々な場面で活用することができる。ただし、感じたことや考えたことなどを絵や彫刻に表す活動の主題を追求する場面では、自己との対話を深めることが重要であり、他者との対話が自己との対話を阻害することにもつながりかねないので場面に応じた運用が求められる。

〔3〕各校種の学習指導要領に応じた理解

1 – 小学校

発達を捉えた指導

　小学校の学習指導要領の理解を進めるために重要なポイントは、児童の発達を捉えた児童理解にある。学習指導要領解説においても、「各学年の目標及び内容」の各節の冒頭は「この時期の児童は」という書き出しで始まっている。児童の発達の度合いを考え、内容は2学年ごとにまとめて示している。

　このような心身の成長に合わせ、扱う材料や用具、技法なども「4

〔表1〕各学年の目標と内容（小学校）

第2学年及び第1学年	この時期の児童は、周りの人、物、環境などに体ごと関わり全身で感じるなど、対象と一体になって活動する傾向が見られる。また、具体的な活動を通して思考したり、既成の概念にとらわれずに発想したりするなどの特徴も見られる。表現及び鑑賞の活動においても、つくりながら考えたり、結果にこだわらずに様々な方法を試したり、発想が次々と展開したりするなどの様子も見られる。
第4学年及び第3学年	この時期の児童は、ある程度対象との間に距離をおいて考え、そこで気付いたことを活用して活動することができる傾向がある。表現及び鑑賞の活動においても、表し方を工夫することに意欲を示したり、想像したことを実現することに熱中したりする。また、手などの働きも巧みさを増し、扱える材料や用具の範囲が広がり、多様な試みが見られるようになる。同時に友人の発想やアイデアに関心をもったり、表し方を紹介し合ったりするなど、周りとの関わりも活発になる。
第6学年及び第5学年	この時期の児童は、新聞やテレビなどからの情報を活用して考えたり、直接体験していないことに思いを巡らせたりすることができるようになる傾向がある。そして、様々な視点から自分の行動や考えを検討したり、友人の立場に立ってその心情に思いを巡らせたりするようになる。表現及び鑑賞の活動においては、自分なりに納得のいく活動ができたり、作品を完成させたりしたときなどに充実感を得る傾向が強くなってくる。また、自分の作品や発言を第三者的に振り返ったり、集団や社会などとの関係で捉えたりするようにもなる。

内容の取扱い」に示されている。

小学校学習指導要領の構造

　小学校図画工作の学習指導要領は、「第1章 総説」「第2章 図画工作科の目標及び内容」「第3章 各学年の目標及び内容」「第4章 指導計画の作成と内容の取扱い」で構成されている。

　「目標」については教科の目標と学年の目標がそれぞれ、(1)知識及び技能、(2)思考力・判断力・表現力等、(3)学びに向かう力・人間性等の目標に整理され示されている。

　「内容」については「A 表現」と「B 鑑賞」、そして双方に共通する〔共通事項〕で構成されている。

　「A 表現」では (1)が発想や構想に関する指導。(2)は技能に関する指導となっている。そして、(1)(2)ともに、アでは造形遊びをする活動、イでは絵や立体、工作に表す活動について示されている。「B 鑑賞」は思考力・判断力・表現力等の活動に位置付けられている。〔共通事項〕ではアは知識、イは思考力・判断力・表現力等となっている。

〔表2〕教科の目標と学年の目標及び内容構成の関連（小学校）

教科の目標		学年の目標 （2学年ごと）	内容の構成 （2学年ごと）				
					項目	事項	
教科全体を通した目標	「知識及び技能」の目標	各学年における 「知識及び技能」	領域	A表現	(1) 発想・構想に関する指導	ア イ	造形遊びをする活動 絵や立体、工作に表す活動
					(2) 技能に関する指導	ア イ	造形遊びをする活動 絵や立体、工作に表す活動
	「思考力、判断力、表現力等」の目標	各学年における 「思考力、判断力、表現力等」		B鑑賞	(1) 鑑賞に関する指導	ア	鑑賞で育成する「思考力、判断力、表現力等」
	「学びに向かう力、人間性等」の目標	各学年における 「学びに向かう力、人間性等」		〔共通事項〕	(1)〔共通事項〕に関する指導	ア イ	「知識」に関わる事項 「思考力、判断力、表現力等」に関わる事項

造形遊び

　造形遊びは材料やその形や色、そして環境に働きかける活動であり、身近にある自然物や人工の材料、その形や色などから思い付いた造形活動を行うものである。児童の「いいこと思いついた！」「こうしたらどうなるかな？」などの発想をもとに、思い付いたことを「やってみよう！」と試していく中で、造形活動が様々な広がりを見せていく〔3〕。

　造形遊びはやりたいことを思い付く発想の能力、どうしたらできるかを考える構想の能力、そして材料や場を生かし、工夫して表していく技能、主体的に材料や場に関わろうとする姿勢など、造形表現の基本的な能力が詰め込まれている。このような造形遊びを充実させるためには「つくり、つくりかえ、つくりつづける」ことが自然にできる活動が求められ、教師が到達点（作品）を示し、それができたら完成というような活動ではない。造形遊びは最終的

〔3〕1年生の造形遊び「ならべて、つないで、なにができるかな？」　写真上から①大量のペットボトルキャップに出会う。②ペットボトルキャップの山に飛び込み全身で素材を感じる。③白のキャップを選んで積む。④長く長くつないでいく。

〔表 3〕 造形遊びをする活動 ア の系統表（A 表現（1）ア、（2）アと共通事項）

	第 1 学年及び第 2 学年	第 3 学年及び第 4 学年	第 5 学年及び第 6 学年
（1） 思考力・判断力等 表現力・	造形遊びをする活動を通して、身近な<u>自然物や人工の材料の形や色</u>などを基に造形的な活動を思い付くことや、<u>感覚や気持ちを生かし</u>ながら、どのように活動するかについて考えること。	造形遊びをする活動を通して、身近な<u>材料や場所など</u>を基に造形的な活動を思い付くことや、<u>新しい形や色</u>などを思い付きながら、どのように活動するかについて考えること。	造形遊びをする活動を通して、<u>材料や場所、空間</u>などの特徴を基に造形的な活動を思い付くことや、<u>構成したり周囲の様子を考え合わせたり</u>しながら、どのように活動するかについて考えること。
（2） 技能	造形遊びをする活動を通して、<u>身近で扱いやすい材料や用具に十分に慣れる</u>とともに、<u>並べたり、つないだり、積んだり</u>するなど手や体全体の感覚などを働かせ、活動を工夫してつくること。	造形遊びをする活動を通して、<u>材料や用具を適切に扱う</u>とともに、前学年までの材料や用具についての経験を生かし、<u>組み合わせたり、切ってつないだり、形を変えたり</u>するなどして、手や体全体を十分に働かせ、活動を工夫してつくること。	造形遊びをする活動を通して、<u>活動に応じて材料や用具を活用する</u>とともに、前学年までの材料や用具についての経験や技能を総合的に生かしたり、<u>方法などを組み合わせたり</u>するなどして、活動を工夫してつくること。
〔共通事項〕 ア	自分の感覚や行為を通して、形や色などに<u>気付く</u>こと。	自分の感覚や行為を通して、形や色などの<u>感じが分かる</u>こと。	自分の感覚や行為を通して、形や色などの<u>造形的な特徴を理解する</u>こと。
〔共通事項〕 イ	形や色などを基に、自分のイメージをもつこと。	形や色などの<u>感じ</u>を基に、自分のイメージをもつこと。	形や色などの<u>造形的な特徴</u>を基に、自分のイメージをもつこと。

に作品になることもあるが、それ自体を目指すのもではない。児童にとっては活動を展開していく中で、その時々に活動に応じた完成のビジョンが生まれるかもしれないが、活動の進展とともにそのビジョンを超える新たなビジョンが湧き上がり、活動が自由に展開してくことがこの造形遊びの特徴でもある。

　すなわち、「いいこと思いついた！」であり、「やってみよう！」という表現への欲求が常に湧き続けることで、発想や構想の能力が刺激され、やりたいことに合わせた技能が習得され、活動の過程で現れる造形を鑑賞しながら、形や色彩、材料の面白さに気づき、さらなる発想を広げていく活動になる。造形遊びは、遊びの持つ主体性、自由性、展開性、共同性などを取り入れた学びの多い造形活動である。

〔表4〕絵や立体、工作に表す活動 イ の系統表（A 表現（1）イ、（2）イと共通事項）

	第1学年及び第2学年	第3学年及び第4学年	第5学年及び第6学年
（1）思考力・判断力・表現	絵や立体、工作に表す活動を通して、感じたこと、想像したことから、表したいことを見付けることや、好きな形や色を選んだり、いろいろな形や色を考えたりしながら、どのように表すかについて考えること。	絵や立体、工作に表す活動を通して、感じたこと、想像したこと、見たことから、表したいことを見付けることや、表したいことや用途などを考え、形や色、材料などを生かしながら、どのように表すかについて考えること。	絵や立体、工作に表す活動を通して、感じたこと、想像したこと、見たこと、伝え合いたいことから、表したいことを見付けることや、形や色、材料の特徴、構成の美しさなどの感じ、用途などを考えながら、どのように主題を表すかについて考えること。
（2）技能	絵や立体、工作に表す活動を通して、身近で扱いやすい材料や用具に十分に慣れるとともに、手や体全体の感覚などを働かせ、表したいことを基に表し方を工夫して表すこと。	絵や立体、工作に表す活動を通して、材料や用具を適切に扱うとともに、前学年までの材料や用具についての経験を生かし、手や体全体を十分に働かせ、表したいことに合わせて表し方を工夫して表すこと。	絵や立体、工作に表す活動を通して、表現方法に応じて材料や用具を活用するとともに、前学年までの材料や用具などについての経験や技能を総合的に生かしたり、表現に適した方法などを組み合わせたりするなどして、表したいことに合わせて表し方を工夫して表すこと。
〔共通事項〕ア	自分の感覚や行為を通して、形や色などに気付くこと。	自分の感覚や行為を通して、形や色などの感じが分かること。	自分の感覚や行為を通して、形や色などの造形的な特徴を理解すること。
〔共通事項〕イ	形や色などを基に、自分のイメージをもつこと。	形や色などの感じを基に、自分のイメージをもつこと。	形や色などの造形的な特徴を基に、自分のイメージをもつこと。

絵や立体工作に表す活動

　感じたこと、想像したこと、見たことなどから児童が表したいことを見つけ、絵や立体、工作に表す活動である。児童は自分の表したいことを、形や色、イメージなどを手掛かりに、材料や用具を使ったり、表し方などを工夫したりしながら作品に表していく。造形遊びとの違いは、表したい思いやテーマ、目的や用途、機能などに沿って、自分の表現を追求していく特徴がある。そして、表現の起点は、心に思い描く表したいイメージ（主題）から出発している点である。

　指導では「感じたこと、想像したこと、見たことなどから」とあるよ

〔4〕左：4年生、窓の外の風景をマスキングで切り取り、想像をした世界を描き加える「窓の外の世界には」。右：5年生、台の大きさは縦＋横＝70㎝、ビー玉が10秒以上転がり続けることを条件にした工作「10秒の壁を越えろ」

うに、児童に心が動く状態をつくり出し、表現したいイメージをいかに持たせられるかが指導のポイントとなる。その際、児童の発達を考慮することが重要である。例えば、低学年では材料や行為に触発され表現が生まれることも多く、どろどろの紙粘土を混ぜた絵具を直接手に付けて描いたり、校庭で形の面白い葉っぱを見つけて生き物に見立ててみるなど、手や体全体の感覚を生かした活動が適していると言えよう。中学年では用具や材料、技法などの様々な体験を充実させ、自分らしく工夫することを大切にしたい。高学年では、主題を検討させたり製作の手順や構想を深めたりするような指導を心がけたい。いずれにしても、絵や立体工作に表す活動では表したい思いを持つことが学習のスタートになる。先ずは児童が表したいことを見つけられるようにする指導が大切である〔4〕。

鑑賞

　鑑賞は見方や感じ方を広げ、深めていく活動である。小学校では、児童の発達と密接に関連し、その見方や感じ方も成長とともに変化していくため、子どもの発達を踏まえた学習を展開していく必要がある。

　例えば、小学校低学年では、彫刻などの鑑賞において、児童が作品になりきっている姿をよく目にする。鑑賞経験の少ないこの頃の子ど

〔表5〕鑑賞の活動の系統表（B鑑賞（1）アと共通事項）

	第1学年及び第2学年	第3学年及び第4学年	第5学年及び第6学年
事項	身の回りの作品などを鑑賞する活動を通して、自分たちの作品や身近な材料などの造形的な面白さや楽しさ、表したいこと、表し方などについて、感じ取ったり考えたりし、自分の見方や感じ方を広げること。	身近にある作品などを鑑賞する活動を通して、自分たちの作品や身近な美術作品、製作の過程などの造形的なよさや面白さ、表したいこと、いろいろな表し方などについて、感じ取ったり考えたりし、自分の見方や感じ方を広げること。	親しみのある作品などを鑑賞する活動を通して、自分たちの作品、我が国や諸外国の親しみのある美術作品、生活の中の造形などの造形的なよさや美しさ、表現の意図や特徴、表し方の変化などについて、感じ取ったり考えたりし、自分の見方や感じ方を深めること。
〔共通事項〕ア	自分の感覚や行為を通して、形や色などに気付くこと。	自分の感覚や行為を通して、形や色などの感じが分かること。	自分の感覚や行為を通して、形や色などの造形的な特徴を理解すること。
〔共通事項〕イ	形や色などを基に、自分のイメージをもつこと。	形や色などの感じを基に、自分のイメージをもつこと。	形や色などの造形的な特徴を基に、自分のイメージをもつこと。

　もたちは、身体という外界との接点を使って彫刻を理解しようとする。

　図画工作の指導では造形的な視点から鑑賞の能力を育む必要があるが、低学年などはまだ未分化な点も多く、教科の枠組みも弱い。よって鑑賞活動などでは、物語を作りながら鑑賞する方法なども十分に考えられるが、鑑賞活動は〔共通事項〕の指導として、自分の感覚や行為を通して、形や色などの造形的な特徴を理解することや、造形的な特徴を基に、自分のイメージを持つことの指導も含まれている点を押さえる必要がある。

　また、第5学年及び第6学年では、鑑賞の対象に「生活の中の造形」が位置付けられ、生活を楽しく豊かにする形や色などについての学習を深めることができるようにすることが示されている。中学校との接続を考える上では重要なポイントである。

〔共通事項〕

　小学校の〔共通事項〕は、アの知識に関わる内容と、イの思考力、判断力、表現力等に関わる内容とに分けられる。アは、形や色などの造形的な特徴についての理解。イは、アの造形的な特徴がつくり出したイメージを持つことである。中学校ではア、イともに知識として位置付けられているが、小学校では、造形体験の少なさから十分にイメージを持つことが知識化されていない状況にあり、活動の中で、その都度、思考・判断・表現が行われ、知識として習得されていくと考えられる。

　〔共通事項〕における知識とは、第5学年及び第6学年のアの事項を参考にすると、「造形的な特徴を理解すること」と書かれている。このことは、「赤は激しい色」とか「青は冷たい色」「丸い形は優しい」「四角い形は安定感」などと決めつけることではない。「自分の感覚や行為を通して」とあるように、一人ひとりの感覚を通して、造形的な特徴が、見る人に感情を与えるという点を理解することになる。どのような感情が生まれるかは一人ひとり異なるが、感情が生まれるという点においては人類共通である。その感情が生まれるという知識を理解していれば、造形活動を展開する中で、造形的な特徴に気づき、造形の言語が習得されていく。

指導計画の作成と内容の取扱い

　指導計画をつくる上で押さえるべき事項について書かれているのが「指導計画の作成と内容の取扱い」であり、1～4までの項目で構成されている。

　「1 指導計画作成上の配慮事項」では、題材計画に取り組む上での配慮事項として、児童の主体的・対話的で深い学びの実現を図る学習計画、各領域の時間配分や表現と鑑賞との関連、他教科との連携や幼稚園とのつながり、障害のある児童への対応、道徳との関連など、指

導計画を作成する上での配慮事項が9項目示されている。

「2 内容の取扱いと指導上の配慮事項」では、〔共通事項〕の指導に当たっての配慮事項や、各学年で扱うべき材料や用具について示されている。この扱うべき材料や用具に関しては、中学校の技術科にもつながるので必ず押さえる必要がある。また、コンピュータやカメラなどの情報機器の利用については、「表現や鑑賞の活動で使う用具の一つとして扱うとともに、必要性を十分に検討して利用すること。」と示している。

「3 安全指導」は安全指導と事故防止について、「4 学校としての鑑賞の環境づくり」では、作品展示や鑑賞の環境づくりについて示している。

指導計画と内容の取扱いは、授業を行う上で重要な配慮事項を提示しているので、十分に理解して学習計画を立案する必要がある。

2－中学校

中学校学習指導要領の構造

中学校美術の学習指導要領は、「第1章 総説」「第2章 美術科の目標及び内容」「第3章 各学年の目標及び内容」「第4章 指導計画の作成と内容の取扱い」で構成されている。

「目標」については教科の目標と学年の目標がそれぞれ、(1) 知識及び技能、(2) 思考力・判断力・表現力等、(3) 学びに向かう力・人間性等の目標に整理され示されている。

「内容」については「A 表現」と「B 鑑賞」、そして双方に共通する〔共通事項〕で構成されている。

「A 表現」は (1) 発想や構想に関する指導と (2) 技能に関する指導に分けられている。学習においては原則として (1) と (2) を組み合わせて題材を構成することとなっている。

「A 表現」の発想や構想に関する事項は、アでは感じ取ったことや

考えたことなどを基に、絵や彫刻などに表現する活動と、イの伝える、使うなどの目的や機能を考え、デザインや工芸などに表現する活動に分けられている。

「B 鑑賞」は思考力・判断力・表現力等の活動に位置付けられ、アの美術作品などの見方や感じ方を広げる活動と、イの生活の中の美術の働きや美術文化についての見方や感じ方を広げる活動とに分けられている。アの美術作品などの見方や感じ方を広げる活動は、「A 表現」の学習と相互の関連が図れるように、（ア）の「感じ取ったことや考えたことなどを基にした表現に関する鑑賞」と、（イ）の「目的や機能などを考えた表現に関する鑑賞」に分けて指導事項が整理されている。

〔表6〕教科の目標と学年の目標及び内容構成の関連（中学校）

教科の目標	学年の目標	内容の構成（全学年）					目標との関連
		領域等		事項			
				指導内容		指導事項	
(1)「知識及び技能」に関する目標	(1) 各学年の「知識及び技能」に関する目標	領域	A表現	(1)発想・構想に関する資質・能力	ア 感じ取ったことや考えたことを基に	(ア) 感じ取ったことや考えたこと	「思考力、判断力、表現力等」
					イ 目的や機能などを考え	(ア) 構成や装飾 (イ) 伝達 (ウ) 用途や機能	
(2)「思考力、判断力、表現力等」の目標	(2) 各学年の「思考力、判断力、表現力等」に関する目標			(2)技能に関する資質・能力	ア 発想や構想をしたことを基に	(ア) 創意工夫して表す技能 (イ) 見通しをもって表す技能	「技能」
			B鑑賞	(1)鑑賞に関する資質・能力	ア 美術作品などに関する	(ア) 感じ取ったことや考えたことなどを基にした表現 (イ) 目的や機能などを考えた表現	「思考力、判断力、表現力等」
(3)「学びに向かう力、人間性等」の目標	(3) 各学年における「学びに向かう力、人間性等」に関する目標				イ 美術の働きや美術文化に関する	(ア) 美術の働きに関する鑑賞 (イ) 美術文化に関する鑑賞	
		〔共通事項〕	A 表現とB 鑑賞の活動を通して指導		ア 形や色彩などの性質や感情にもたらす効果		「知識」
					イ 全体のイメージや作風などで捉えること		

└ 表現及び鑑賞の幅広い活動を通して、造形的な見方・考え方を働かせ、生活や社会の中の美術や美術文化と豊かに関わる資質・能力を次のとおり育成することを目指す。

〔共通事項〕は知識として位置付けられ、アとイの事項が示されている。

発想や構想に関する指導

①ア 感じ取ったことや考えたことなどを基にした発想や構想

感じ取ったことや考えたことなどを基にした発想や構想では「生徒が対象や事象から感じ取ったことや湧出したイメージ、様々な事象を通して考えたことや想像したこと、夢や希望などから、表現したい主題を生み出し、それを基に心豊かに表現の構想を練ることが大切である。」と解説されている。この感じ取ったことや考えたことの主体は自分である。すなわち、自己との対話を深め、表現の主題を決定し、表したい主題をどのように表すか構想を練っていくことが思考力・判断力・表現力等を伸ばしていくことにつながる。

対象を見つめ、感じ取ることを深めるには、2つの視点から捉えることが大切になる。1つの視点は、対象を漠然と見るのではなく、色彩や形、動きやバランス、奥行きや空間などの対象が持つ客観的な事実として、造形的な視点から見つめること。もう1つは、個人的な印象や想像、過去の体験と対象とを関連付けて私的な物語を考えてみるなど、主観的なイメージを膨らませることである。この2つの視点で対象を捉えるために、ワークシートで整理するとか、アイデアスケッチに加えて感じたことや表したいことなどをメモとして書き込むなどの方法も、発想を深めていく上では有効である。

〔表7〕「A 表現」(1) アの系統表（中学校）

	第1学年	第2学年及び第3学年
（ア）	対象や事象を見つめ感じ取った形や色彩の特徴や美しさ、想像したことなどを基に主題を生み出し、全体と部分との関係などを考え、創造的な構成を工夫し、心豊かに表現する構想を練ること。	対象や事象を深く見つめ感じ取ったことや考えたこと、夢、想像や感情などの心の世界などを基に主題を生み出し、単純化や省略、強調、材料の組合せなどを考え、創造的な構成を工夫し、心豊かに表現する構想を練ること。

主題の決定によっては活動の初期の段階で発想できる生徒もいれば、材料に触れ、手を動かして考えていく中で主題を思い付いたり、また、構想を深めていく中で主題が変わったりする生徒もいる。生徒によって発想にたどり着く方法はそれぞれである。ワークシートを使う場合も全員が同じ手順で発想するのではなく、個に応じた発想の仕方ができるよう指導や環境を工夫したい。発想と構想を一体として捉え、手を動かしながら主題を追求し、完成時までに主題の決定ができるような指導もある。

②イ　伝える、使うなどの目的や機能を考えた発想や構想

　イは、目的や条件などを基に、見る人や使う人の立場に立って主題を生み出し、わかりやすさや使いやすさなどと美しさとの調和を考えた発想や構想に関する指導内容である。これらは絵画や彫刻などの自己表現とは異なり、必ず他者を意識して考えることが必要となってくる。

　イの内容は（ア）の構成や装飾を考えた発想や構想、（イ）伝達を考えた発想や構想、（ウ）用途や機能などを考えた発想や構想など、発想や構想の目的の違いから分けられる。

　伝える、使うなどの目的があるということは、その伝えたい対象や使う人がどのように感じ取るかが重要となる。発想や構想においても、他者の感じ方や受け取り方をリサーチして、発想や構想を深めていくことが求められる。発想や構想の段階でグループワークを取り入れ、お互いにアイデアを発表し合いながら自分が表現したい主題を明確にしていくなどの活動も考えられる。

　伝える、使うなどの目的をもって発想するには、色彩や形、材料などが持つ性質や、それらがもたらす感情を十分に理解して作品に生かすことが重要である。そのためには、色彩と形の組み合わせや、色彩計画、材料の特長を把握し生かす素材研究など、表したい思いに合わせた研究の時間が重要となる。その際に自分の感じ方を他者と交換し

〔表8〕「A表現」(1) イの系統表 (中学校)

	第1学年	第2学年及び第3学年
(ア)	構成や装飾の目的や条件などを基に、対象の特徴や用いる場面などから主題を生み出し、美的感覚を働かせて調和のとれた美しさなどを考え、表現の構想を練ること。	構成や装飾の目的や条件などを基に、用いる場面や環境、社会との関わりなどから主題を生み出し、美的感覚を働かせて調和のとれた洗練された美しさなどを総合的に考え、表現の構想を練ること。
(イ)	伝える目的や条件などを基に、伝える相手や内容などから主題を生み出し、分かりやすさと美しさなどとの調和を考え、表現の構想を練ること。	伝える目的や条件などを基に、伝える相手や内容、社会との関わりなどから主題を生み出し、伝達の効果と美しさなどとの調和を総合的に考え、表現の構想を練ること。
(ウ)	使う目的や条件などを基に、使用する者の気持ち、材料などから主題を生み出し、使いやすさや機能と美しさなどとの調和を考え、表現の構想を練ること。	使う目的や条件などを基に、使用する者の立場、社会との関わり、機知やユーモアなどから主題を生み出し、使いやすさや機能と美しさなどとの調和を総合的に考え、表現の構想を練ること。

　合い、人との感じ方の共通点や相違点を確かめる時間を確保したい。この対話の時間は、主題の発想や構想を深めていく上でも重要な時間となっていく。そして対話を設けるタイミングに関しては、生徒の学習状況を把握して、一人ひとりの学習がより深まるタイミングを指導の中で工夫する必要がある。

主題という考え方

　2017（平成29）年度版の学習指導要領では、イの「伝える、使うなどの目的や機能を考え、デザインや工芸などに表現する活動」においても「主題を生み出すこと」が位置付けられた。この「主題」という言葉が入ることにより、デザインや工芸では「形がよい」とか、「構成がきれい」などの表面的な捉え方から、自分は何を表したいのか、また他者にとってはどうなのかといったデザインコンセプトという考え方が重視され、デザイン的思考を深めて学べるようになった。

　主題とは「生徒自らが強く表したいことを心の中に思い描くこと」と学習指導要領の解説では述べている。この「主題」は指導事項によって捉え方が変わってくる。例えば、絵や彫刻に表す活動において、指導事項アの（ア）、感じ取ったことや考えたことなどを基にした発

想や構想では、感じ取ったことや考えたことなどから自分の内面に湧き上がるイメージが表現したいテーマとなる。イの（ア）、構成や装飾を考えた発想や構想では、構成や装飾の目的や条件などを基に、用いる場面などから「○○にしたい」などの主題を生み出すことが求められる。また、イの（イ）では、伝える目的や条件などを基に、伝える相手や内容などから主題を生み出し、イの（ウ）では、使う目的や条件などを基に、使用する者の気持ちなどから主題を生み出し、いわゆる「用と美の調和」を考えていく活動が展開される。このように発想や構想の能力では、主題の深め方が重要である。

技能に関する指導

技能には（ア）と（イ）と2つの指導事項がある。（ア）創意工夫して表す技能と（イ）見通しをもって表す技能である。

（ア）の「創意工夫して表す技能」とは、創造的に表す技能のことであり、意図に応じて材料や用具の特性を生かして、よりよく表現するための技能のことである。この創意工夫して表す技能の獲得には、〔共通事項〕の形や色彩、材料や光などの性質や、それらが感情にもたらす効果などを理解しながら、材料や用具の特性を考え、意図的・効果的に表現に生かしていく主題を追究する探求が必要であり、そのためには明確な表したいイメージである主題を持つことが学びの前提となる。

（イ）の「見通しをもって表す技能」は、表現過程で扱う材料や技法において必要な手順がある場合、その見通しを持って表す技能である。例えば、サンドペーパーで木材を磨く際に、＃80→＃120→＃240のように番数の小さなペーパーから次第に番数を上げて使用していく。これは目の粗い＃80のサンドペーパーで大きく削り落とし、表面の凸凹を消した後、＃120の中目で表面を整え、＃240の細目で磨くという手順が必要となるからである。またポスターカラーの着彩

においても、着彩の順序を考えることできれいな仕上がりになる。このように、より美しく、また思い通りに表現するには、材料や技法、用具の使い方、そして制作の手順を知らないとできない。

　ただし、題材によっては（イ）の能力を位置付けないこともある。試行錯誤をしながら表し方を考えたり、練り直したり、つくりながら表したいことを探り、イメージに近づけていくような制作では、技能と構想が行き来し、制作の順序を事前に考えることが困難な場合もある。よって（ア）の事項はすべての題材に必要な指導事項であり、（イ）は題材の目的に応じた指導事項となる。

〔表 9〕「A 表現」（2）技能 の系統表（中学校）

	第1学年	第2学年及び第3学年
（ア）	材料や用具の生かし方などを身に付け、意図に応じて工夫して表すこと。	材料や用具の特性を生かし、意図に応じて自分の表現方法を追求して創造的に表すこと。
（イ）	材料や用具の特性などから制作の順序などを考えながら、見通しをもって表すこと。	材料や用具、表現方法の特性などから制作の順序などを総合的に考えながら、見通しをもって表すこと。

「B 鑑賞」の指導

　鑑賞の指導は、アの美術作品などの見方や感じ方を深める活動と、イの生活や社会の中の美術の働きや美術文化についての見方や感じ方を深める活動の2項目で構成されている。アの項目に関しての事項は、（ア）の造形的なよさや美しさを感じ取り、作者の心情や表現の意図と工夫などについて考える活動と、（イ）の目的や機能との調和のとれた美しさなどを感じ取り、作者の心情や表現の意図と工夫などについて考える活動が示されている。（ア）は感じ取ったことや考えたことなどを基に、絵や彫刻などに表現する活動に対応した鑑賞で、（イ）は、伝える、使うなどの目的や機能を考え、デザインや工芸などに表現する活動に対応している。

　一方、イの項目に関しての事項は、生活や社会を美しく豊かにする美術の働きについて考える活動と、美術を通した国際理解や美術文化

の継承と創造について考える活動とに分かれている。そしてア、イ、ともに見方や考え方を広げ、深めることを目的としている。この、見方や考え方を広げ、深めるという鑑賞活動は「思考力・判断力・表現力等」の育成を図る活動である。

　そのような、見方や考え方を広げ、深めるには言語活動が重要である。言葉を使うことにより自分の考えを整理したり、他者の考えなども聞きながら、自分になかった視点や考えを知ったり、それらを取り入れながら、自分の中に新しい価値がつくり出されていく。

　鑑賞の方法については各学年の「内容の取扱い」に、第1学年では「作品などについて説明し合うなど」、第2学年及び第3学年では、「作品などに対する自分の価値意識をもって批評し合うなど」と学び方が示されている。言語活動の充実を図るには、生徒の学びが深まるような教師のファシリテーション能力が求められると言えよう。

〔表10〕「B鑑賞」の系統表（中学校）

		第1学年	第2学年及び第3学年
ア	(ア)	造形的なよさや美しさを感じ取り、作者の心情や表現の意図と工夫などについて考えるなどして、見方や感じ方を広げること。	造形的なよさや美しさを感じ取り、作者の心情や表現の意図と創造的な工夫などについて考えるなどして、美意識を高め、見方や感じ方を深めること。
	(イ)	目的や機能との調和のとれた美しさなどを感じ取り、作者の心情や表現の意図と工夫などについて考えるなどして、見方や感じ方を広げること。	目的や機能との調和のとれた洗練された美しさなどを感じ取り、作者の心情や表現の意図と創造的な工夫などについて考えるなどして、美意識を高め、見方や感じ方を深めること。
イ	(ア)	身の回りにある自然物や人工物の形や色彩、材料などの造形的な美しさなどを感じ取り、生活を美しく豊かにする美術の働きについて考えるなどして、見方や感じ方を広げること。	身近な環境の中に見られる造形的な美しさなどを感じ取り、安らぎや自然との共生などの視点から生活や社会を美しく豊かにする美術の働きについて考えるなどして、見方や感じ方を深めること。
	(イ)	身近な地域や日本及び諸外国の文化遺産などのよさや美しさなどを感じ取り、美術文化について考えるなどして、見方や感じ方を広げること。	日本の美術作品や受け継がれてきた表現の特質などから、伝統や文化のよさや美しさを感じ取り愛情を深めるとともに、諸外国の美術や文化との相違点や共通点に気付き、美術を通した国際理解や美術文化の継承と創造について考えるなどして、見方や感じ方を深めること。

〔共通事項〕の実感的理解

　学習活動を通して習得していく知識は、その学び方に美術ならではの特徴がある。美術は活動を通して学ぶ教科であり、教科の「見方・考え方のイメージ」は「感性や想像力を働かせ、対象や事象を、造形的な視点で捉え、自分としての意味や価値をつくりだすこと」である。よって、美術科で扱う知識という考え方は、1＋1＝2といった概念化された知識のように万人が共通して理解できるものではない。個々の知識、例えば色や形が持つイメージなどは一人ひとりが活動を通して身に付ける一世代限りの知識（経験値）と言えよう。その上で、色や形は感情を表すことができるとか、色や形の組み合わせでイメージをつくり上げることができるという一般的に知られている事柄は、人々に共通する知識として成立する。

　美術で扱う知識、すなわち共通事項は、色や形などを扱った造形はそれぞれ意味を持ち、イメージをつくり上げ、色彩や形などを介して人と人とのコミュニケーションを可能にすることができることを示しており、個々の事例は造形活動を通して個人個人が実感的に理解し、個人の経験値として蓄積させていくことになる。

〔表11〕〔共通事項〕（中学校）

	第1学年及び第2学年、第3学年
ア	形や色彩、材料、光などの性質や、それらが感情にもたらす効果などを理解すること。
イ	造形的な特徴などを基に、全体のイメージや作風などで捉えることを理解すること。

各学年に応じた「内容の取扱い」

　「各学年に応じた内容の取扱い」は2017（平成29）年度版より新設された。

　（1）では各学年における学習内容や題材に配する時間数の考え方を示し、第1学年では短時間の題材を基本とし、第2学年及び第3学年では長時間の題材を扱うなど、育む資質・能力を十分に考えた題材設

定や、一題材に関わる時数を考慮することを示している。

（2）では、「思考力、判断力、表現力等」を高めるための言語活動の充実について示している。

（3）は「Ｂ鑑賞」のイの（イ）についての配慮事項である。

〔表12〕「内容の取扱い」（中学校）

第1学年	第2学年及び第3学年
(1) 第1学年では、内容に示す各事項の定着を図ることを基本とし、一年間で全ての内容が学習できるように一題材に充てる時間数などについて十分検討すること。	(1) 第2学年及び第3学年では、第1学年において身に付けた資質・能力を柔軟に活用して、表現及び鑑賞に関する資質・能力をより豊かに高めることを基本とし、第2学年と第3学年の発達の特性を考慮して内容の選択や一題材に充てる時間数などについて十分検討すること。
(2)「Ａ表現」及び「Ｂ鑑賞」の指導に当たっては、発想や構想に関する資質・能力や鑑賞に関する資質・能力を育成する観点から、〔共通事項〕に示す事項を視点に、アイデアスケッチで構想を練ったり、言葉で考えを整理したりすることや、作品などについて説明し合うなどして対象の見方や感じ方を広げるなどの言語活動の充実を図ること。	(2)「Ａ表現」及び「Ｂ鑑賞」の指導に当たっては、発想や構想に関する資質・能力や鑑賞に関する資質・能力を育成する観点から、〔共通事項〕に示す事項を視点に、アイデアスケッチで構想を練ったり、言葉で考えを整理したりすることや、作品などに対する自分の価値意識をもって批評し合うなどして対象の見方や感じ方を深めるなどの言語活動の充実を図ること。
	(3)「Ｂ鑑賞」のイの（イ）の指導に当たっては、日本の美術の概括的な変遷などを捉えることを通して、各時代における作品の特質、人々の感じ方や考え方、願いなどを感じ取ることができるよう配慮すること。

指導計画の作成と内容の取扱い

指導計画の作成と内容の取扱いは1～4の4項目について書かれている。

「1 指導計画の作成についての配慮事項」では、資質・能力を育むための指導のあり方や題材の扱い方、各領域の関連付けや鑑賞の指導の時間数について。障害のある生徒の指導や道徳との関連などが示されている。「2 内容の取扱いと指導上の配慮事項」では、〔共通事項〕の内容と指導の仕方、表現の指導についての配慮事項として、スケッチや写真、ビデオ、コンピュータなどの映像メディアの取り扱い、漫

画やイラストレーション、地域や伝統等の関連など、表現形式や技法材料などの選択について、共同制作や、地域の美術館博物館との連携、知的財産権の指導などについて書かれている。

　「3 安全指導」では事故防止や材料・用具の保管・管理について。「4 学校としての鑑賞の環境づくり」では、図書館の利用や、展示活動においては校外での展示などが示されている。

　いずれも指導を行う上で配慮しなければならない事項であり、十分に理解しておくことが大切である。第3章以降に掲載する具体的な事例を参考にしてほしい。

3 − 高等学校

　「高等学校は、中学校における教育の基礎の上に、心身の発達及び進路に応じて、高度な普通教育及び専門教育を施すことを目的とする。」と学校教育法第50条にあるように、普通教育と専門教育の学習指導要領がある。また、造形美術教育に関しては、普通科においては芸術の中に美術と工芸の2科目、専門学科では美術が開設されている[*13]。

芸術（美術 I・II・III）

　普通科における芸術科美術は、中学校の学習を基礎としてさらに幅広い活動を展開する「美術 I」と、それを基礎とした「美術 II」「美術 III」がある。内容については、それぞれ「A 表現」の「絵画・彫刻」「デザイン」「映像メディア表現」と、「B 鑑賞」で構成されている。

　2018（平成30）年版学習指導要領では、それまで高等学校にはなかった〔共通事項〕が新設され、「A 表現」「B 鑑賞」〔共通事項〕と一体化した指導が示された。

　また各表現項目、「絵画・彫刻」「デザイン」「映像メディア表現」については、「発想や構想の能力」に関わる資質・能力と、「技能」に関わる資質・能力の2つの観点から整理された。

B 鑑賞においては、アの「美術作品などに関する鑑賞」と、イの「美術の働きや美術文化」に関する事項に分けている。アの「美術作品などに関する鑑賞」はそれぞれ「A 表現」の事項と照らし合わせ、感じ取ったことや考えたことなどを基にした表現（絵画・彫刻）と、目的や機能などを考えた表現（デザイン）、映像メディア表現の特質や表現効果など、各表現における特質と鑑賞の視点との関連を図るため、それぞれを（ア）（イ）（ウ）として3つの表現の視点から分けて示している。

絵画・彫刻

自己の思いや考えを中心に表現する絵画・彫刻では、何を表したいのかを考える「主題の創出」が、発想や構想の能力を身に付ける上で最も重要である。主題は、どのように表したいかという構想を深め、その思いが表し方を創意工夫して創造的に表す技能にも結びついていく。また、主題を追求し制作を深めていく体験が、作品の見方や考え方を深め、鑑賞の能力も高めていくという相関関係もある。特に鑑賞における批評活動については、表現過程における自身の表現体験が美術作品を鑑賞する際に、作者の心情を想像したり、表現の工夫を感じ取ったりする1つの物差しにもなっていく。

高校生は自立した大人になるための最終的な移行期であり、思春期の混乱から脱しつつ、大人の社会を展望するようになり、大人の社会でどのように生きるのかという課題に対して真剣に模索する時期である。すなわち自分の生き方を真剣に考える時期であり、この思考が表現にも大きく現れてくる時期である。特に自己と向き合い主題を創出する絵画や彫刻は、自身の思想や考え方、ものの捉え方に改めて気づく活動となり、こうした自己表現を、技法や材料、表現形式など様々な角度から追求させたい。

高校生の授業では、油絵など中学校で体験していない画材を使って

表現することもあるだろう。その際に、油絵の描き方指導に止まっている授業を多く目にする。授業の目的は、発想や構想、技能、鑑賞に関わる諸能力を育成し、生きる上で必要な資質・能力を育むことを十分に理解し、自己との対話が深まるような授業づくりを心がけたい。

デザイン

　現代社会ではデザインはあらゆる所に浸透し、私たちの生活を形や色彩を通して豊かに、そしてわかりやすく快適にしている。身の回りのものはすべてデザインされていると言っても過言ではない。また、地域づくりや医療など、美術と関わりがなさそうに思える今日的課題を、デザインによって解決しようとする取り組みもある。このように拡張し続けるデザインに対し、造形的な視点から提案する学習がここでは大切になる。それは単に作品に表すという狭いデザインから、自分らしい主題を持ち、視野を社会に広げ、多くの人々にとってよりよいデザインとして美意識を持って創意工夫し、造形的に表していく活動として深めていきたい。

　デザインを学ぶ際には、他者による客観的な視点が重要である。デザインは、目的や条件などに応じて、美しさや調和、機能や役割、伝える人や使う人の気持ちや行為、公共性や社会性などを考えて表現する活動である。そのためには課題発見のためのリサーチが必要である。例えばフィールドに出てインタビューを重ね、そこに見える共通の感覚を把握するとか、グループでテーマについてディスカッションし、テーマの核心的な課題を見出していくとか、複数のアイデアスケッチをもとにした討論とか、そのように集めた多くの情報の中で自身の主題をブラッシュアップし、表現を追求していく活動が必要となる。デザインはこのような共感できる感覚を、自分らしい味付けで提案していく活動だとも言えよう。これらの思考過程を十分に保障した上で、作品の表現につながることを押さえたい。

映像メディア表現

　映像メディアは現代社会が生み出した表現媒体であり、メディアが持つ特性によって、瞬時に、または比較的短い時間に大量の視覚情報を我々に与える。映像メディアとは写真・ビデオ・コンピュータ等であり、これらによる表現は私たちの視覚的経験を広げ、視覚イメージの世界に革新的な変容をもたらし、現代の美術作品などにおいても重要な役割を担っている。我々の感情にダイレクトに訴えかける特質を持っている映像メディア表現は複製が可能であり、またインターネットを介して全世界の人々に瞬時に発信でき、一度に大勢の人々が目にすることができるという特徴も備えている。

　映像メディア表現は、感じ取ったことや考えたことを基にした表現と、目的や機能などを基にした表現の双方で扱える表現形式である。映像メディア表現の実践では、それらの目的に応じた使い方を追求するとともに、知識・技能として映像メディアの機器の特性や映像の仕組みを理解し、その特性を生かした表現を追求する必要がある。例えばカメラでは絞りやシャッタースピード、被写界深度、フォーカス、カメラアングルなどであり、映像ではフレームレート（fps[*14]）など、またコンピュータではソフトに応じた知識と技能が必要となる。

　デジタル作品については途中段階からの修正が比較的容易にできることから、ある程度完成した段階で互いに鑑賞し合い、他者の意見等を踏まえて表現の改善を図ることも重要である。

鑑賞

　「B　鑑賞」は、アの美術作品などに関する鑑賞と、イの美術の働きや美術文化に関する鑑賞の2項目がある。アの美術作品などに関する鑑賞では「A　表現」と関連し、造形的なよさや美しさ（絵画、彫刻）、目的や機能との調和のとれた洗練された美しさ（デザイン）、表現の特質など（映像メディア表現）を感じ取り、作者の心情や意図と創造的

な表現の工夫について考え、見方や感じ方を深めることが学習の内容となっている。イでは、環境の中に見られる造形的なよさや美しさ、文化遺産などから美意識や創造性を感じ取り、生活や社会を心豊かにする美術の働きや、日本及び諸外国の美術文化などに対する見方や感じ方を深めることを学習するようになっている。

　高等学校は中学校までの学習で得てきた知識や体験をもとにして、物事を幅広くそして多様な視点から考えられる時期である。また成人に近づき自己の美意識や価値観を形成する時期でもある。鑑賞の学習では、作品の背景（時代や文化、作品を生み出した作家の生き方、思想など）も十分に理解できる年齢となり、そのような情報を活用して鑑賞を深める活動ができる年齢となる。自分の価値意識をもって美術を捉えられるとともに、生徒間の見方や考え方、そして第三者の批評文などにも耳を傾けて自分自身のものの見方を深めていくようになる。そのような高校生の鑑賞活動では特に批評活動を重視したい。授業では主体的な鑑賞活動の中で生徒一人ひとりの異なった感じ方や考え方を尊重し、価値意識をもって討論や批評し合ったりするなどの対話的な活動を通して、対象の捉え方や感じ方、表現の違いや造形的なよさ、作品が人々に与える影響などにも気づき、作品に対する見方や感じ方を深めるようにすることが必要である。また、A表現との連関を考え、相互に深め合えるような題材も考えたい。

内容の取扱い（指導計画の作成例）

　高等学校では美術の指導に当たり、生徒の希望や特性、学校や地域の実態などを考慮し、発展的で個性を生かした学習が進められるようにするため、年間を通して最低限扱うべき事項を示している。以下の表はその例を示している。

　この「指導計画の作成例」A～Dを上回って題材を設定することは可能であり、指導に当たっては、学校の実態等を踏まえ、生徒の希

教科名	例	A表現（1）絵画・彫刻（感じ取ったこと）		A表現（2）デザイン（目的や機能）	A表現（3）映像メディア表現		B鑑賞	
		絵画	彫刻		（感じ取ったこと）	（目的や機能）	ア	イ
美術I	A	●		●			●	
	B		●	●			●	
	C	●				●	●	
	D		●			●	●	
II				●			●	
III	A			●			●	
	B			●				●

望に柔軟に対応して選択の幅を広げるなど、指導を工夫することが求められる。例えば、集中力や持続力に問題がある生徒集団であれば、短時間で成果の出やすい題材で構成したりするとよいだろう。また、粘り強く追求するような生徒集団であれば、一作品にじっくり向き合う時間を確保したい。

芸術（工芸 I・II・III）

　工芸については全国で開設する高等学校は少ない状況にある。工芸は日々の生活や文化の中で育まれてきた日本の美術文化を支える上で重要な学びになるとともに、世界に日本の文化を発信する上でも再確認すべき科目である。

　そのような工芸の学習指導要領の内容構成は、「A表現」と「B鑑賞」の2領域であり、「A表現」の指導項目は、身近な生活の視点に立って、自己の思いなどから発想し、用途と美しさとの調和を考えて創意工夫する（1）「身近な生活と工芸」と、社会的な視点に立って、使う人の願いや心情、場などから発想し、使用する人などに求められる機能と美しさとの調和を考えて創意工夫する（2）「社会と工芸」に分かれている。

　工芸の指導では技能の習得が重要となる。工芸では古くから様々な

素材が用いられ、そのよさを生かすための多様な用具や加工の技が工夫され知恵として蓄積されてきた。技能を高めるためには、我が国における工芸の長い伝統に培われてきた知恵を学び、制作に生かすことができるように理解を深める必要がある。同時に手を働かせて技術に慣れることが必要であり、思いを表すことが可能となる技能を習得したい。そして、用具の取り扱いや手入れ、後片付けにいたるまでの管理や整備の習慣、安全な取り扱いも含めて指導する必要があり、塗料類及び薬品類の使用に際しては、換気や保管・管理を確実に行うことが重要である。

　工芸教育では、このように伝統に対する理解を深めるとともに、新たな息吹を吹き込む創造にも力を入れたい。伝統を踏まえた上での新たな創造が工芸のテーマにもなると言えよう。

専門学科　美術

　専門学科美術では、13科目について5つの必修科目と8つの選択科目から構成され、専門性を高める教育が行われている。

　卒業までに必要な単位は74単位[*15]以上であり、そのうち25単位以上に専門科目を含めなくてはならない。また、「専門教科・科目の履修によって、必履修教科・科目の履修と同様の成果が期待できる場合においては、その専門教科・科目の履修をもって、必履修教科・科目の履修の一部又は全部に替えることができる」と示している。

　専門学科・科目においても、3つの柱に示された資質・能力の育成の下、各科目の特質に応じた指導が求められており、一部の学校で見られるような技術の習得に偏った指導や、

〔表14〕専門学科 美術 科目の編成

	科目
第1	美術概論　※
第2	美術史　※
第3	鑑賞研究　※
第4	素描　※
第5	構成　※
第6	絵画
第7	版画
第8	彫刻
第9	ビジュアルデザイン
第10	クラフトデザイン
第11	情報メディアデザイン
第12	映像表現
第13	環境造形

※は、原則履修科目

美術大学の受験対策のような指導は見直されなくてはならない。必履修科目としての「美術概論」「美術史」「鑑賞研究」「素描」及び「構成」は、美術に関する基礎となる「知識及び技能」「思考力，判断力，表現力等」「学びに向かう力，人間性等」を身に付けさせるための科目であり、その指導内容の充実を図ることが大切である。ここでは各科目の内容については触れないが、高等学校学習指導要領解説美術編に詳しく記されているので熟読されたい。

4 -特別支援学校

　特別支援学校に関しては学校教育法第72条に「特別支援学校は、視覚障害者、聴覚障害者、知的障害者、肢体不自由者又は病弱者（身体虚弱者を含む。以下同じ。）に対して、幼稚園、小学校、中学校又は高等学校に準ずる教育を施すとともに、障害による学習上又は生活上の困難を克服し自立を図るために必要な知識技能を授けることを目的とする。」とある。特別支援教育は、一人ひとりの障害の程度に合わせ自立を促す指導が必要であり、よって少人数の指導となり個に寄り添った指導が求められる。

　知的障害に関しての学習内容は特別支援学校学習指導要領に示されており、内容を学年で分けるのではなく、障害の程度によって、小学校では1段階、2段階、3段階、中学校、高等学校では1段階と2段階に分けられる。

〔表15〕特別支援学校小学部　各段階の目標

	1段階	2段階	3段階
ア（知識・技能）	形や色などに気付き、材料や用具を使おうとするようにする。	形や色などの違いに気付き、表したいことを基に材料や用具を使い、表し方を工夫してつくるようにする。	形や色などの造形的な視点に気付き、表したいことに合わせて材料や用具を使い、表し方を工夫してつくるようにする。

イ （思考力、 判断力、 表現力等）	表したいことを思い付いたり、作品を見たりできるようにする。	表したいことを思い付いたり、作品などの面白さや楽しさを感じ取ったりすることができるようにする。	造形的なよさや美しさ、表したいことや表し方などについて考え、発想や構想をしたり、身の回りの作品などから自分の見方や感じ方を広げたりすることができるようにする。
ウ （学びに 向かう力 ・人間性 等）	進んで表したり見たりする活動に取り組み、つくりだすことの楽しさに気付くとともに、形や色などに関わることにより楽しい生活を創造しようとする態度を養う。	進んで表現や鑑賞の活動に取り組み、つくりだす喜びを感じるとともに、形や色などに関わることにより楽しく豊かな生活を創造しようとする態度を養う。	進んで表現や鑑賞の活動に取り組み、つくりだす喜びを味わうとともに、感性を育み、形や色などに関わることにより楽しく豊かな生活を創造しようとする態度を養う。

〔表16〕 特別支援学校中学部　各段階の目標

	1段階	2段階
ア （知識・技 能）	造形的な視点について気付き、材料や用具の扱い方に親しむとともに、表し方を工夫する技能を身に付けるようにする。	造形的な視点について理解し、材料や用具の扱い方などを身に付けるとともに、多様な表し方を工夫する技能を身に付けるようにする。
イ （思考力、 判断力、 表現力等）	造形的なよさや面白さ、表したいことや表し方などについて考え、経験したことや思ったこと、材料などを基に、発想し構想するとともに、身近にある造形や作品などから、自分の見方や感じ方を広げることができるようにする。	造形的なよさや面白さ、美しさ、表したいことや表し方などについて考え、経験したことや想像したこと、材料などを基に、発想し構想するとともに、自分たちの作品や美術作品などに親しみ自分の見方や感じ方を深めることができるようにする。
ウ （学びに向 かう力・人 間性等）	楽しく美術の活動に取り組み、創造活動の喜びを味わい、美術を愛好する心情を培い、心豊かな生活を営む態度を養う。	主体的に美術の活動に取り組み、創造活動の喜びを味わい、美術を愛好する心情を高め、心豊かな生活を営む態度を養う。

〔表17〕 特別支援学校高等部　各段階の目標

	1段階	2段階
ア （知識・技 能）	造形的な視点について理解するとともに、意図に応じて表現方法を工夫して表すことができるようにする。	造形的な視点について理解するとともに、意図に応じて自分の表現方法を追求して創造的に表すことができるようにする。
イ （思考力、 判断力、 表現力等）	造形的なよさや美しさ、表現の意図と工夫などについて考え、主題を生み出し豊かに発想し構想を練ったり、美術や美術文化などに対する見方や感じ方を広げたりすることができるようにする。	造形的なよさや美しさ、表現の意図と創造的な工夫などについて考え、主題を生み出し豊かに発想し構想を練ったり、美術や美術文化などに対する見方や感じ方を深めたりすることができるようにする。
ウ （学びに向 かう力・人 間性等）	楽しく美術の活動に取り組み創造活動の喜びを味わい、美術を愛好する心情を培い、心豊かな生活を創造していく態度を養う。	主体的に美術の活動に取り組み創造活動の喜びを味わい、美術を愛好する心情を深め、心豊かな生活を創造していく態度を養う。

＊註

1 ── 大坪圭輔『美術教育資料研究』武蔵野美術大学出版局、2014年、pp.348-410。

2 ── 高等学校は2018（平成30）年告示。

3 ── 中央教育審議会「幼稚園、小学校、中学校、高等学校及び特別支援学校の学習指導要領等の改善及び必要な方策等について（答申）別紙」「別紙1各教科等の特質に応じた見方・考え方のイメージ」2016（平成28）年12月21日。

4 ── バーバル（言語情報／ことばによる）に対してノンバーバル（非言語情報／ことばによらない）がある。その一つとして造形の言語がある。

5 ── 小学校の夏休みの風景画の宿題で、提出時に教師によって強制的に空の色を青に塗り直され「二度と絵は書かない」と心に決めた学生の報告があった。こうしたことは人格否定につながる。

6 ── 中央教育審議会「幼稚園、小学校、中学校、高等学校及び特別支援学校の学習指導要領等の改善及び必要な方策等について（答申）」2016（平成28）年12月21日。

7 ── VUCAとは、Volatility（変動性）、Uncertainty（不確実性）、Complexity（複雑性）、Ambiguity（曖昧性）の頭文字を並べた造語。

8 ── 21世紀型スキルは、国際団体ATC21s（Assessment and Teaching of 21st Century Skills）が提示した、21世紀以降に必要とされる社会（デジタル時代）を生きるために必要なスキル。21世紀型能力。

9 ── PISA（Programme for International Student Assessment）は、経済協力開発機構（OECD）による15歳の生徒を対象にした国際学力調査。

10 ── OECD東北スクールとは、経済協力開発機構（OECD）が、東北の復興をサポートするため、福島大学や被災地の地方自治体と連携して実施した子どもの復興への参画とグローバル人材育成を目的とした教育プログラム。

11 ──「旅するムサビプロジェクト」は、2008年から始めた異校種間連携プログラム。学生が作品を持参し、生徒と対話をしながら作品をみる鑑賞授業や、黒板に絵を描き登校してきた生徒を驚かす黒板ジャックの取り組みなど。2017年度グッドデザイン賞受賞。

12 ── 中央教育審議会「幼稚園、小学校、中学校、高等学校及び特別支援学校の学習指導要領等の改善について（答申）」2008（平成20）年1月17日。

13 ── 専門学科のデザインや工芸は、高等学校学習指導要領 工業編に位置付けられている。

14 ── フレームレート（fps: frames per second＝フレーム毎秒）動画における1秒間に使用するフレーム数（コマ数）のこと。1秒間に何枚の静止画が記録されているかという数値。フレームレートの数値が大きいほど被写体の動きがなめらかな動画となる。

15 ── 高等学校の授業時間50分×1年間（35週）で1単位。

第3節　創造的な授業のために

三澤一実

学習指導要領と授業

　学習指導要領は文部科学大臣の諮問に対する中央教育審議会の答申を基に、おおよそ10年ごとに改訂されてきた。例えば2017（平成29）年告示の学習指導要領は、2014（平成26）年11月に文部科学大臣から中央教育審議会に「初等中等教育における教育課程の基準等の在り方について（諮問）」が出され、それを機に改訂作業が始まった。学習指導要領改訂の大まかな流れは、教育課程全体のあり方を中央教育審議会の教育課程部会が審議し、各教科の内容等は教育課程部会の下に設置された専門部会がとりまとめ、各教科の学習指導要領の内容については現場の教員、指導主事、大学教員等で編成された「学習指導要領等の改善に係る検討に必要な専門的作業等協力者」の会議で進められる。

　上記の「初等中等教育における教育課程の基準等の在り方について（諮問）」に対し、2016（平成28）年12月21日に「幼稚園、小学校、中学校、高等学校及び特別支援学校の学習指導要領等の改善及び必要な方策等について（答申）」が出された。そして小学校及び中学校の学習指導要領は2017（平成29）年3月に、高等学校の学習指導要領は2018（平成30）年3月に告示された。

　学習指導要領は学校の教育課程の大綱的な基準であり、学校種ごとに、それぞれの教科等の目標や、大まかな教育内容が示されているが、図画工作・美術は、教科の特性から、以前より育む資質や能力について示していた。よって、具体的な授業については学習指導要領に基づき教師が工夫して題材開発をしていかなくてはならない。

　市販されている「学習指導要領解説」では、学習指導要領の理解を

深めるため、育むべき資質や能力をわかりやすく理解する上で具体的な例を示し解説している。そこに示された例は、あくまでも資質や能力を育むために適していると考えられる例である。この具体例の例示については協力者会議でも、示された題材を行えばよいと思われるのではないか等の議論があったが、育む資質や能力と題材との関連を理解する上で必要であろうという意見から掲載されることとなった。つまり、例示された具体例を上回るような教師の題材開発の創造性が問われているのである。

　題材開発には学習指導要領の理解が何より重要である。中には学習指導要領に縛られることが表現の自由を束縛すると主張する人もいるが、その人は学習指導要領を十分に理解できていないと言えよう。学習指導要領は、学校教育において造形美術の学習を進める上で至極当たり前な本質的なことしか示していない。見方を変えると学習指導要領の理解の必要性は、一見、美術と思えないような活動でも、学習指導要領で示された資質・能力に関連付けられれば図画工作・美術の授業であるとする主張も成り立つのである。つまり学習指導要領は授業実践において美術科教師の創造性を加える余地を十分に残しており、未来の美術教育に向けて、実験的で挑戦的な授業を実践するための後ろ盾になっているのである。学習指導要領の十分な理解が、新たな題材や学習活動をつくり出す基盤となるのである。

　私たちは、時代とともに児童生徒の学びに対する興味や意欲が変容していく中で、20年、30年前と同じ題材を繰り返しているだけでよいのだろうか。もちろん、自画像などのように時代を経ても常に魅力的な題材もあるが、日常生活にICT機器が入り込んでいる今日、明朝体やゴシック体のレタリングを習う授業にはどのような学びがあるのであろうか。本書で紹介している、小石で文字を描くような実験から文字をデザインしていく方が「思考力・判断力・表現力等」や「知識・技能」の習得には圧倒的に有効であろう。教師自身が自らの指導

を更新していかない限り、現代の社会において、美術は好きな者だけが行えばよいという教科不要論を払拭することはできないのである。

そして学習指導要領は現場の実践がつくり出すものである。例えば学習指導要領に掲載したい未来の題材や方策が浮かんだとしても、実践による裏付けがないと、その方策は絵に描いた餅である。根拠のない話として採用はされない。未来に向けた新たなプランは現場での実践があり、その成果が検証され初めて学習指導要領に反映される可能性を持つ。学習指導要領の作成は、改訂が始まるまでに学校現場で行われた事例を基にして未来をつくり出していく作業である。つまり学習指導要領を変えられるのは、現場教師の未来を見据えた挑戦的で魅力的な実践なのである。

実践事例で未来をつくり出すには、まずは学習指導要領を十分に理解した上で、時代の要請を取り入れた挑戦的な授業を行いたい。それはまさにアーティストが作品を生み出す行為に似ている。そして生み出された作品は、人目に触れないと評価されない。新しい挑戦的な授業も、発表の機会がなければそのまま消えてしまうだろう。よって美術科教師は、自らの実践を積極的に社会に向けて発信していくことが大いに求められるのである。また発表することで自身の授業も、指導力も磨かれていく。それはすべて美術を学ぶ子どもたちのためである。

学習指導要領は決して授業を縛るものではなく、むしろ教師と授業に自由を与えるものであることを強く意識したい。

授業時間数への対応

時間数減の問題は常に豊かな美術教育を進める上で話題に上る。確かに授業時数が少ないことによる問題は大きい。しかし、我々美術教員は現状を正面から受け止め、何らかの対策をしてきただろうか。

100年ほど前になるが、自由画教育を始めた山本鼎は1921（大正10）年に「子どもにお手本を備えて教えてあげなければ画は描けまい、と

思うならば大間違いだ。我々を囲んでいるこの豊富な『自然』はいつでも色と形と濃淡で彼らの目の前に示されているではないか」と言っている。もし山本鼎が現代に蘇ったら、子どもたちの目の前に学校という環境が開かれているではないかと言うかも知れない。

　中平千尋[*1]は、2004（平成16）年から10年にわたり「とがびアートプロジェクト」を進めてきた。彼は、子どもたちが学校生活で美術に触れる時間が少ないのを危惧し、学校にアートを持ち込んだ。「あなたはひとりで美術教育ができますか？　私はできません」と中平は言い[*2]、2学期制の学期間休みに、若手アーティストを学校に呼び、子どもたち主催のアートプロジェクトを仕掛けていった。これはまさに時代を先取った「社会に開かれた教育課程」である。

　さらに中平は2011（平成23）年に、アートに出会う場としてカオスギャラリーを校内に設置する〔1〕。美術室前廊下に出現したベニヤ板1枚分の展示スペースは、週単位で生徒に貸し出され、彼らの自由な表現を実現させていく。「カオスギャラリーを作ったら、授業になると生徒がエンジン全開で美術室に飛び込んで来るんです。表現したい欲求をむき出しにして」と彼は話した。美術の授業は中学校で50分。始業の挨拶、授業の説明をして、活動が始まりようやく気持ちが乗ってきた頃になると、まもなく片付けの時間になる。このカオスギャラリーは、子どもたちが美術の貴重な50分に集中する仕掛けになっていったのである。生徒がエンジン全開になれたのは、カオスギャラリーに飾られた、中学生の本音がさらけ出された彼らの自由な表現に触発されたからにほかならない。カオスギャラリーは美術の授業の時間の質を変えていったのである。

　埼玉大学教育学部附属中学校に勤務する小西悟士教諭は、美術室前の廊下に、学校ではおおよそ見ることがないデザイナーの椅子を複数設置し、生徒に自由に座らせている。秋田県大仙市立西仙北中学校の田中真二朗教諭は、美術室の一角に美術雑誌を揃え、美術の情報コー

〔1〕長野市立櫻ヶ岡中学校、中平千尋教諭とカオス　　〔2〕秋田県西仙北中学校、美術の情報コー
　　　ギャラリー（夏季休業中）　　　　　　　　　　　　　　　ナー

ナーにしつらえ、生徒のオアシスにしている〔2〕。埼玉県所沢市立三ヶ
島中学校の沼田芳行校長は「三ヶ島アートプロジェクト」と称し、中
学校をアートで変える試みをしている（第3章第4節参照）。彼は社会科
の教員であったが、過去に「旅するムサビ」の黒板ジャックで生徒が
目を輝かせている表情を目の当たりにして、アートの力を生かした学
校づくりを考えるようになった。そして現在、校長として全教職員と
「朝鑑賞」に取り組み、全国から注目を集めている。

　このように、美術の授業以外に生徒の興味を喚起する環境づくりや、
全校あげて絵を鑑賞する機会が、現在の美術の授業数の少なさに対抗
する取り組みの1つであろう。「子どもたちの目の前に学校という環
境が開かれているではないか」。時間数の課題克服は、教師の創造力
に委ねられている。

＊註

1 ── 中平千尋（なかだいら・ちひろ、1966-2014）。武蔵野美術大学造形学部視覚伝達
　　　デザイン学科卒業後、東京都内のデザイン会社勤務を経て、長野県内の養護学校
　　　や中学校の教諭を歴任。中平教諭の取り組みは『とがびアートプロジェクト』（茂
　　　木一司編、東信堂、2019年）にまとめられている。

2 ── 1億人の図工・美術編集委員会編『1億人の図工・美術』カシヨ出版センター、
　　　2008年、pp.160-161。

美術が「わかる」とはどういうことか?

神野真吾

美術の価値は変動する

　〈表現〉と〈鑑賞〉の2領域を教える上で、「美術とは何か」ということを学んでおくべきなのは言うまでもないことですが、では、何をどのように学ぶべきなのでしょう。実技的な能力では、何を作るのか、という目的に対して、それを可能にする技術を習得させればよいわけですが、表現活動が重要視されていることはなぜなのか、鑑賞を学ぶ必要性はどこにあるのか、そもそも独立した教科として美術が存在するのはなぜなのか、それは、明瞭には示されてきませんでした。

　前提として「美術には価値がある」というところから始めてしまえば、こうした問いを無視してやりすごすことはできます。しかし、生徒たちから質問が出たとき、それに真摯に向き合おうとしても、自信をもって応答することができないかもしれません。これまで言われてきたような「正解のない唯一の教科だから」とか「唯一の非言語的コミュニケーションだから」というような、どこかで聞いたような言葉が繰り返されるのかもしれません。しかし、正解のないことに価値があるのはなぜか、非言語的コミュニケーションを重視すべきなのはなぜか、そこが空白なままなのです。別の視点から見れば、他との比較からしか自らを定義づけられていないようにも感じます。それでは生徒たちがこの教科に向き合う動機づけは行えないでしょう。

　そして「美術には価値がある」というところから出発してしまうと、作品自体に価値があるという前提で鑑賞をせざるを得なくなります。しかし、作品の価値は相対的なものです。時代とともに評価も変化していきます。エドゥアール・マネの《草上の昼食》(1862-63年)は、1863年のサロン[*1](官展)で落選しました。ジェームズ・マクニール・ホイッスラーの《白のシンフォニー第1番—白の少女》(1862年)も同様に落選しました。そのとき最も高い評価を受けた作品の1つがアレクサンドル・カバネルという画家の《ヴィーナスの誕生》(1863年)でしたが、みなさんも知っているとおり、今ではその評価は逆転し、カバネルのことを知っている人はあ

まりいません。別の例だと、30年くらい前には、絵を専門的に描こうとする野心的な人の多くが抽象画を描いていました。しかし今はどうでしょう。抽象を描く若い人はあまり見かけません。なぜ作品の価値は減じたり、増したり、変化したりするのでしょうか。

カバネル《ヴィーナスの誕生》1863 年

作品自体に価値がある？

「美術作品」と言われると、もうその時点でそこには何らかの価値があるように私たちは感じてしまいます。しかし、価値を有しているのは作品自体なのでしょうか。作品自体に何らかの本質的な価値があるとするなら、その作品のよさがわからないのは、自分のせいになってしまいます。「私にはセンスがないから…」と、美術を専門としない人の多くがそう言い訳をするのは、自分に作品のよさが見えないのは、自分がそれを見る能力を欠いているからだと考えるからです。一方で、美術作品のよさが「わかる」人は特権的な立場に立つことになります。まるで見えないものを見ることのできる霊能力のような特殊な能力をもつ存在のように。

そうだとしたら、美術の教育で、「わかる」ようにすることは到底不可能のように思えます。（生まれもった）センスに左右されるなら、もともともっていない人には永遠にその能力は獲得できそうにありません。霊能力のような超越的な力を身につける科学的な教育方法を私は知りませんし、聞いたこともありません。

フランスの文化社会学者ピエール・ブルデューは、そうした考え方を文化エリート[2]による「カリスマ的イデオロギー」と呼びました。彼は1960年代に、フランスの美術館を中心に、そこを訪れる観客の学歴や家庭環境、職業などと、美術に関する考え方や価値観、滞在時間や行動を関係づけて分析する研究を行いました[3]。そこで見えてきたのは、社会的階層の上位にいる者ほど、自分には無垢な眼差しで美術作品を理解する能力があると思っており、美術館を自分にふさわしい場所だと感じているということでした。

しかし、そうした人々の背後を覗き見ると、幼い頃から美術や美術館

に触れ、つまり自分では意識しないうちに、生育過程の中で美術に関する教育をされており、その結果として作品を「わかっている」ということが明らかにされたのです。美術作品のよさがわかるのは、「長い間の慣れ親しみと、規則正しい学習の訓練を通じて得られた達人的能力」であるのに、それを「生まれによる恵みとして扱おう」とする考え、それが文化エリートによるカリスマ的イデオロギーということです。

「コード」を適用する

　作品を「わかる」ということは、生まれながらもっていた特別な才能ではなく、長い時間の学習を通じて身につけた能力によるのだとしたら、その能力とはいったどのような能力なのでしょう。先述のブルデューは「コード」という言葉を使ってそれを説明しています。コードとは、わかりやすく言うなら「約束事」や「きまり」のようなもので、あるものをある価値へと関係づける決まり事のようなものです。

　例えば「ドレスコード」という言葉があります。あるパーティで参加者に何らかのドレスコードが課されるというのは、「これこれこういう服で来て下さい」という約束事を守らせるということです。そこには合理的な理由はありません。主催者が考えるその場にふさわしい（価値ある）服装がこういうものだという一方的な決め事でしかありません。だとしたら、気に入らない人はそんな格好をしなければよいですが、そうするとそこに参加することはできません。あるいはそこに参加したいと考える人は、主催者が考える「ふさわしい服装」を自分自身も「そのとおりだ」と感じる人である場合が多いとも言えるでしょう。だから進んでその格好をし、そのパーティに参加します。もっと言えば、その人たちはそこにその格好で参加することに価値があると感じている人たちなのです。つまり、そのコードを自分の価値観の中にもっているということになります。

美術のコードはとても複雑！

　美術の場合には、ドレスコードなどよりも圧倒的に複雑なコードが数多く存在しているのです。あるもの（作品）に、ある価値があるとされるのは、何らかのコードがそこに存在するということです。そしてそのコードは、単純なものから複雑なものまで幅広く存在し、美術の歴史が進むにつれてその数は増していき、特に19世紀から20世紀にかけて爆発的に増

大していきました。そのコードをマスターしていれば、作品を目にしたとき「わかる」わけで、例えば、美術館にいることはとても楽しい時間となるはずです。しかし複雑なコード（フォーマリズム[*4]の理論のような）をマスターしていない人には、写実的な本物そっくりの絵はわかっても、抽象表現主義の絵画は落書きとか悪戯に見えてしまい、そういう作品の前ではとても居心地が悪いはずです。抽象の画家たちが避けられがちなのに対し、印象派の画家たちが好まれるのは、印象派を「理解」するのに、特殊なコードをマスターしている必要が少ないからです。

　そして美術のコードを進んで学び、受け入れようとする人たちが美術愛好者だということになります。美大、芸大などで美術を学ぶ者はそういう人たちのはずです。そうした人たちが進んでそれらコードを習得したいと考えるのは、そこに価値を認めているからです。そのコードや、それを取り巻く人々の行動や習慣などを含めた全体が「文化」と呼ばれます。したがって、「美術文化」とは、美術に価値を感じる人たちの、価値づけの体系、それに基づいた行動様式などを指す言葉となります。

デュシャンの《泉》

　美術がコードによって規定されるものだという構造を意識的に暴き立てたのはマルセル・デュシャンだと言ってよいでしょう。デュシャンの作品《泉》（1917年）は、新品の男性用小便器に偽名のサインをしただけのものですが、20世紀を代表する最も影響力のある作品の1つという評価を得ています[*5]。便器という既製品（作家が自らの手で作ったのではなく単なる工業製品）も、美術という領域に置き（ギャラリーや美術館に展示するとか、作者のサインをするとか）、それを作品と見なす文脈を用意してやれば、十分作品として成立するのだとデュシャンは主張しました。そこにはもう作家の手による個性（上手いとか下手とか）は存在しません。私たちが美術の本質だと思っていた「手のわざ」も「色」や「形」も実は美術の本質ではないのだ、ということが明らかになった瞬間です。それを美術だと価値づけるコードが成立すれば、以前には美術でなかったものも、新たに美術作品の仲間入りをすることが可能になるのです。

デュシャン《泉》1917 年

*註

1 —— もともと応接の間などの部屋を指す語だったが、美術の用語としてはフランスの芸術アカ
デミーが主催する展覧会のことを指す。かつてはここに入選しなければ、画家として認め
られたことにはならなかった。厳格な主題や描法の格づけがあり、近代洋画の革新性はサ
ロンとの対決という側面ももっていた。日本ではフランスの真似をして文展が組織された。

2 —— 金銭的なものではなく、個人が身につけている価値があるとされている文化的な素養や学
歴などをブルデューは「文化資本」と呼んだが、それを豊かに有する者が文化エリート。

3 —— ピエール・ブルデュー著、山下雅之訳『美術愛好—ヨーロッパの美術館と観衆』木鐸社、
1994年。

4 —— 形式主義。作品の内容ではなく、形式（フォーム）を重視する思想。アメリカの抽象表現
主義などの理論的な支えとなった。主な論者にクレメント・グリーンバーグがいる。

5 —— 世界の美術の専門家500人への2004年に行われた調査（ターナー賞のスポンサーが行った）
で、20世紀で最も影響力のある作品として1位を獲得している。

第 2 章　授業の組み立てと学習指導

第1節　学習計画

三澤一実

〔1〕学習計画の考え方

短期計画と中長期計画

　学習計画は、図画工作・美術で育てる資質や能力を計画的にかつ効率よく学習者が身に付けるための学習のデザインである。それは年間指導計画等のカリキュラムから、毎時間の授業計画に至るまで、教科指導全体を見通し、教材や教具などの準備計画、学習環境づくりなど、学習者にとっての学びを総合的に考える学びの設計図となる。学習指導要領では、図画工作・美術科で育てるべき資質・能力を示している。よって教師は教科書を参考に、学習者の発達に沿った学習内容を、学習指導要領に基づき計画し、扱う用具や道具、学習者の興味や関心などを踏まえ、適切な学習を地域や生徒の実態に即し、題材開発をしなければならない。図画工作・美術の学習の充実は教師の学習計画の作成能力に大きく左右されるのである。

　学習計画は修学年数との関連で、中・長期的な計画から短期的計画まである。長期計画では、小学校は6カ年の発達を踏まえた教育計画、中学校では3カ年を見通した年間指導計画などのカリキュラムである。中期計画は年間指導計画や学期間の指導方針などである。特に年間指導計画は、図画工作・美術科の学習内容が、表現及び鑑賞の題材配列によって構成されることからも、各領域のバランスのとれた造形体験を提供する上で重視しなければならない。また、学習計画に伴った備品設備計画[*1]、消耗品、教材費などの予算計画も学習計画に含めて考える必要がある。

　中学校では2017（平成29）年度版学習指導要領において、各学年の「内容の取扱い」が加わった。「第1学年では、内容に示す各事項の定

着を図ることを基本とし、一年間で全ての内容が学習できるように一題材に充てる時間数などについて十分検討すること。」「第2学年及び第3学年では、第1学年において身に付けた資質・能力を柔軟に活用して、表現及び鑑賞に関する資質・能力をより豊かに高めることを基本とし、第2学年と第3学年の発達の特性を考慮して内容の選択や一題材に充てる時間数などについて十分検討すること。」が示されている。中・長期計画作成時に留意したい。

　短期的計画としては週案、日案、時案などの指導案がある。研究授業以外では、他者に見せる指導案を書くことはあまり行わないが、新たな題材に取り組む前には略案でもよいので書き、学習目標を改めて確認し、筋の通ったブレのない授業に取り組みたい。

各学年における教育課題

　美術教育は人の成長とともに学習の内容が変化し、一生を通して学び続けるものである。またそれぞれの成長段階において学べる内容は、子どもの精神的な発達と子どもを取り巻く外界の認知に即して、その成長段階にしか学べない内容を含んでいる。「子どもは単なる小さな大人ではなく、質的に異なる存在であり、それぞれの発達過程で代替えのできない固有の意義を持つ」という子ども観を踏まえ、教育においては各成長段階で学ぶべき内容を十分に獲得させていくことが重要であり、このことは授業づくりにおいても重要な視点となる。ここでは小中学校及び高等学校における子どもの姿と授業づくりのポイントを簡単に示す〔表1〕。学習を深めるために『美術教育資料研究』第2章「子どもの造形表現」も参考にするとよい[*2]。

〔表1〕各学年における子どもの姿と指導のポイント

校種	学年	子どもの姿	指導のポイント
小学校	低学年	○自分自身の感覚を基に行動する。（情動的）。 ○体全身で周囲の人やもの、ことに関わり、感じ取る。 ○興味関心が移りやすい（いいこと思いついた！）。	○のびのび、元気よく、表現を楽しむ（表現への意欲）。 ○手や体全体を使って表す。 ○短時間で完結する題材（持続性がない）。 ○作品の完成にこだわらず、思い付いたことが生かせるような展開性を保障する。
	中学年	○周囲との関係の中で自分の表現を考えるようになる。 ○材料や表現方法を試し、そこで気づいたことを生かすようになる。 ○手の巧緻性が増し、扱える材料や用具の幅が広がる。 ○一人ひとりの特性が目立つようになる。	○様々な表し方を体験する。多様な材料に触れる（高学年の表現の基礎となる）。 ○友だちにアイデアや表し方を紹介するなど周囲と交流する。 ○試行錯誤を大切にする。 ○表現に現れるオリジナリティーを大切にする。
	高学年	○思春期に向けて心身の発達が顕著になり、論理的な思考が発達し、様々な視点から自分の行動や考えを捉えられるようになる。 ○周囲と比較し特定の表現に対して自信を失う時期でもある（再現的な表現への憧れと挫折）。	○自分らしい表現へのこだわりを持って表すようにする。 ○特定の表現に対する苦手意識を払拭するために、抽象的な表現や版表現、前学年までに経験した多様な表現技法などを活用する。 ○鑑賞では多様な見方を保障するとともに他者の考え方も認め合えるようにする。
中学校	第1学年	○中学校での学習に期待と不安を持っている（小中の接続、連携）。 ○物事を論理的に理解できるようになる。再現的な描写への憧れと技術的な欲求が高まると同時にそれらに対する挫折感が生まれる。	○対象を捉えるための色彩、形などについての基本的な知識を学ぶ。その際に実験するなど体験的な事象から理解するように工夫する。 ○短時間の題材を多く組み入れたり、短時間題材の組み合わせを工夫したりして表現が広がるようにする。 ○鑑賞では自分の考えなどを説明する。

中学校	第2学年・第3学年	○思春期に入り自分の感情や考えについて深く考えられるようになる。 ○抽象的な思考が発達し、自身の考えや感情を抽象表現に置き換えて伝えられるようになる。 ○自己と他者や社会、自然や環境との関係を考えられるようになる。	○芸術的な思考が芽生える。 ○短時間題材と長時間題材の組み合わせにより、広く深く学べるようにする。 ○表現に対する苦手意識が増大する時期でもある。多様な表現方法が認められるように材料や用具などを選択する題材を増やす。 ○作品について語ったり、批評し合ったり、イメージの言語化を取り入れ多様な表現や考え方があることを実感していく。 ○社会とのつながりを、実体験を伴って意識できるような題材を入れていく。
高等学校		○自分の考え方や、ものの捉え方が確立してくる。一方、自己と社会との関係を考え、いかに生きるか哲学的な思考が始まる時期でもある。	○人の生き方と芸術との関連を考え、社会における芸術の意味を理解する。 ○個の表現を深めるとともに、集団で社会に関わるような取り組みもする。 ○作品の批評活動なども取り入れてみる。

3つの柱と教科の観点

　学習計画でまず押さえなければならないことは、育むべき能力（目標）とその評価である。

　2017（平成29）年の学習指導要領では学校教育法第30条2項による学力定義に基づき、全教科を通し育む資質・能力を3つの柱（資質・能力）として「知識及び技能」「思考力・判断力・表現力等」「学びに向かう力・人間性等」に整理した。そして、この3つの資質・能力に対応する教科における指導の観点「発想や構想の能力」「技能」「鑑賞の能力」「共通事項」「学びに向かう力」を入れると表2のようになる。

　3観点及び教科の観点の考え方については第1章を参照してほしい。

〔表2〕3観点と教科の観点

	学習目標	知識・技能		思考力・判断力・表現力等	学びに向かう力・人間性等
3観点	評価の観点	知識・技能		思考・判断・表現	主体的に学習に取り組む態度
指導の観点	小学校	技能	技能	発想や構想の能力 鑑賞の能力 〔共通事項〕イ	学びに向かう力・人間性等
		知識	〔共通事項〕ア		
	中学校 高等学校	技能	技能	発想や構想の能力 鑑賞の能力	学びに向かう力・人間性等
		知識	〔共通事項〕		

学びに向かう力・人間性等

　学びに向かう力は、主体的に学習に向かう関心や意欲や態度のことである。ここで言う学びとは「知識・技能」と、「思考力・判断力・表現力等」の2つの資質・能力を指している。よって、この学びに向かう力についての目標及び評価の観点は、知識・技能に向かう主体的に学習に取り組む態度と、思考・判断・表現に向かう主体的に学習に取り組む態度の2つの視点が存在する。

　「人間性等」については授業全体で育てていくものであり、感性や表現に向かう粘り強さとか学びに向かう真摯な姿勢など、上記の2つの視点以外の意欲に関する力であり、評価は数値化をせずに個人内評価として記述する。

技能（知識・技能）

　技能とは、スパッタリングやフロッタージュなどの、単なる技法や、技術の習得度合いを言うのではなく、自分自身の表現したい思いに合わせて創意工夫して表す技能と、材料や用具などの特性に応じて、制作の過程を組み立てながら見通しを持って表す技能のことを指している。前者の、創意工夫して表す技能については全題材で必要とされる力であるが、後者の見通しを持って表す技能については、つくりながら計画を変更し表現を追究していく場合などは該当しない。よって、活動の内容によっては指導や評価の観点に入れないこともある。

技能の習得については、多様な材料や技法に触れさせたり、実験的な試行錯誤時間を設け、学習者自身が表し方を追求する場を作ったり、また、工芸などのように制作の手順や、用具や道具の使い方が明らかな場合には手順や見本を示し、正しく教える必要がある。

発想や構想の能力（思考力・判断力・表現力等）

　発想とは、表したい表現主題を考えることや、表し方のアイデア、ひらめきなど、頭の中に表したいイメージを持つことである。

　構想の能力は、発想で生まれたイメージをどのように表現したら自分の思いが十分に表現できるか、また、美しくなるか、伝わるか、使いやすいかなどを思い巡らせ、扱う材料や用具、技法などと絡めて考えていく能力である。よって主題が明確にならないと働かない。

　発想と構想は簡単に言うと「何をつくろうかな」「どのようにつくろうかな」と思考を巡らせ自己決定していく能力である。発想と構想は分かち難く、構想をしていく中で発想が生まれることも多い。また曖昧であった主題が活動していく中で時間とともに深まっていくこともある。

鑑賞の能力（思考力・判断力・表現力等）

　鑑賞の能力は思考力・判断力・表現力等に位置付けられ、美術作品などの見方や感じ方を広げ深めていく鑑賞と、生活や社会の中の美術の働きや美術文化について、見方や感じ方を広げ、深めていく鑑賞がある。活動には鑑賞に特化した独立した鑑賞活動や、表現題材と関連させた鑑賞活動の2つのパターンがあるが、独立した鑑賞の場合でも表現と関連付けることで学びが深まっていく。よって表現と鑑賞の関連性を十分に考えて題材をつくることが重要である。表現において参考作品として作品を鑑賞する場合も、見方や感じ方が広がり深まることで表現の活動も広がり深まるような指導が重要であり、表面的な表

し方を参考にするだけでは、表現における発想や構想、知識や技能も育たないことを十分に理解したい。

共通事項（知識・技能）

　知識は小学校では〔共通事項〕アのみ、中学校及び高等学校では〔共通事項〕が知識となる。学習指導要領には〔共通事項〕は「A　表現」および、「B　鑑賞」を通して指導するとあるように、〔共通事項〕の習得を目的とした題材開発はない。それは作品に表された色彩や形、材料、光などの組み合わせが、作品のイメージや作風をつくり出しているからである。よって具体的な制作や鑑賞活動を通して実感的に学ぶものとして扱っている。

　しかし考え方を変えれば、新たに知識を習得する活動として、抽象的な言葉のイメージなどから表現の可能性や鑑賞の広がり深まりを追求する「実験」という探求活動も可能となる。この「造形的な実験」については今後の実践が待たれるところである。いずれにしても、色彩や形、材料などが、どのように人の感情や、イメージに関わるかの学習なので、感じたことを言語化し、交流しながら学ぶ学習が大切になる。

〔2〕評価の考え方

学習評価・評価計画

　評価の目的は子どもを伸ばすことと言える。人は生きている限り、常に様々な評価にさらされている。人間は社会的な動物である以上、評価の中で生きていると言えよう。例えば展覧会に出品したり、個展を開いたりすることも作家が評価を求める行為と言えよう。人は評価によって成長し続ける。評価と言うと通知表などの成績（評定）と結び付けて考えがちであるが、そのような狭義の意味だけではない。ま

た、美術という言葉を広く捉えて、美術は多様な価値観を認める活動であるから評価はすべきではないと考える人もいるが、教育である以上、目的と評価がなくては学習そのものが成立しない。まして多様性を保障したいのであれば、一教師の評価のみではない多角的な視点からの評価をすべきであろう。

　教師は評価について正しい解釈と理解を示し、目の前の学習者を育てていくことが最大の責任と言えるのである。ここでは評価について基本的な考え方を踏まえた上で、授業での評価計画について述べる。改めて私たち自身が長年浸り続けた学校教育によって矮小化された「評価」という概念を一度解体し、評価活動を捉え直す必要があろう。

授業での評価活動

　学習活動において指導と評価は一体化している。指導のみならず評価によっても子どもの能力を伸ばせる。「この色、素敵だね」「このアイデア面白いね」など、些細な言葉かけひとつで子どもは成長していくのである。この言葉は教師が子どもの感覚や行為を認め、褒めている評価の言葉なのである。この認める行為によって子どもは自信を付け、学習意欲が高まっていく。このように評価を子どもの成長と結び付けるには、学習者と教師とのコミュニケーションが最も重要である。

　評価活動が教師と学習者の間で成立するには、相互に学習の目的が理解し合えていることが前提となる。例えば「いいね」と褒められたが、どこがよいのかわからないという経験をしたことはないだろうか。どこがどのようによいのか相手に伝わらなければ、子どもたちは自分自身の自己評価（メタ認知）に結び付けられない。よって、評価は誰が聞いても納得でき、理解できるような開かれた評価を心がける必要があり、学習者自身が納得し初めて自身の成長に評価を生かしていけるのである。評価の具体的な内容（学習の目標）は教師と学習者で共有していかなければ、評価活動は充実しないのである。

具体的な評価の視点

　題材の開発においては学習指導要領に基づき、明確な学習の目標を定め、その目標に対して評価規準[*3]を設定する必要がある〔表3〕。授業ではその評価規準を参考に、子どもの能力を伸ばすことを意識した適切な言葉かけを心がける必要がある。ただし実際の授業では、毎時間クラス全員に対し3観点すべてについて評価を付けていくのは無理であり現実的ではない。それでは、評価をするための授業になり、子どもを伸ばす指導がおろそかになる危険性をはらんでいる。よって、活動内容に応じて焦点化したり、組み合わせたりして1時間ごとの学習のねらいと評価を明確にしていく必要がある。

〔表3〕評価の観点及びその趣旨

●小学校 図画工作

	知識・技能	思考・判断・表現	主体的に学習に取り組む態度
趣旨	・対象や事象を捉える造形的な視点について自分の感覚や行為を通して理解している。 ・材料や用具を使い、表し方などを工夫して、創造的につくったり表したりしている。	形や色などの造形的な特徴を基に、自分のイメージを持ちながら、造形的なよさや美しさ、表したいこと、表し方などについて考えるとともに、創造的に発想や構想をしたり、作品などに対する自分の見方や感じ方を深めたりしている。	つくり出す喜びを味わい主体的に表現及び鑑賞の学習活動に取り組もうとしている。

●中学校 美術

	知識・技能	思考・判断・表現	主体的に学習に取り組む態度
趣旨	・対象や事象を捉える造形的な視点について理解している。 ・表現方法を創意工夫し、創造的に表している。	造形的なよさや美しさ、表現の意図と工夫、美術の働きなどについて考えるとともに、主題を生み出し豊かに発想し、構想を練ったり、美術や美術文化に対する見方や感じ方を深めたりしている。	美術の創造活動の喜びを味わい、主体的に表現及び鑑賞の幅広い学習活動に取り組もうとしている。

● 高等学校 芸術科 美術

	知識・技能	思考・判断・表現	主体的に学習に取り組む態度
趣旨	・対象や事象を捉える造形的な視点について理解を深めている。 ・創造的な美術の表現をするために必要な技能を身に付け、意図に応じて表現方法を創意工夫し、表している。	造形的なよさや美しさ、表現の意図と創造的な工夫、美術の働きなどについて考えるとともに、主題を生成し、発想や構想を練ったり、美術や美術文化に対する見方や感じ方を深めたりしている。	美術や美術文化と豊かに関わり、主体的に表現及び鑑賞の創造活動に取り組もうとしている。

● 高等学校 芸術科 工芸

	知識・技能	思考・判断・表現	主体的に学習に取り組む態度
趣旨	・対象や事象を捉える造形的な視点について理解を深めている。 ・創造的な工芸の制作をするために必要な技能を身に付け、意図に応じて制作方法を創意工夫し、表している。	造形的なよさや美しさ、表現の意図と創意工夫、工芸の働きなどについて考えるとともに、思いや願いなどから発想や構想を練ったり、工芸や工芸の伝統と文化に対する見方や感じ方を深めたりしている。	工芸や工芸の伝統と文化と豊かに関わり主体的に表現及び鑑賞の創造活動に取り組もうとしている。

● 高等学校 主として専門学科において開設される各教科・科目 美術

	知識・技能	思考・判断・表現	主体的に学習に取り組む態度
趣旨	美術に関する専門的で幅広く多様な内容について理解を深めているとともに、独創的・創造的に表している。	美術に関する専門的な知識や技能を総合的に働かせ、創造的に思考、判断し、表現している。	主体的に美術に関する専門的な学習に取り組もうとしている。

評定

　評定とは一定期間の学習成果を数値化したもので、例えば通知表や指導要録などに記される数値のことである。評価と言うと評定そのものをイメージして使われることもあるが、評定は評価の一側面であり、評価活動の充実のために教師は分けて考える必要がある。学習者は評定によって一定期間の自分の学習活動を客観的に振り返り、達成度を測ったり、不足している自身の能力に気づいたりして、次の目標設定につなげていく。同時に評定は教師自身の指導の振り返りにもなる。この評定は学習目標に対して客観性を持って数値化することが求められる。この数値化は評価規準に基づき、各題材で評価の基準[*4]を定め、

評定の基となる数値化された評価を蓄積していく必要がある。

①評価の工夫

　教師が授業でチェックシートを抱え、学習者の様子を事細かく記入し、本来行わなければならない助言や指導をおろそかにしている場面を見ることがある。また、授業時間内にワークシートと呼び名を変えたテストに取り組ませ、数値化しやすいデータを集める授業が行われていることもある。このような本末転倒な「評価のための授業」はすべきではない。

　美術は発想や構想の能力や技能、鑑賞の能力を育て、造形的な視点を獲得し、自分としての意味や価値をつくり出していく教科である。個々の能力は多様な形で出現する。学習者との対話や、ワークシート、アイデアスケッチ、日々の学習態度、そして作品などを総合的に観察し、子どもを伸ばす多角的な視点で評価をしていきたい。まず評価活動では学習者との対話を大切に、一人ひとりの課題をよりよく解決できるように寄り添い、指導と評価を行わなくてはならない。また通知表などの評定に関しては伝え方を工夫したい。評価は学習者に理解されてこそ、学習評価として機能するのである。

②通知表と成績個票

　通知表は各学校ごとに作られる。一般的には各教科の評定欄と観点別の評定欄、所見欄等があり、学期間の学習記録として学習者と保護者への通知として機能している。筆者の経験であるが、保護者から「通知表をもらっても、具体的にどこをどう頑張れば成績が上がるのかわからない」と言われたことがある。この場合、子どもを伸ばす視点で通知表が十分に機能していないと言える。そこで〔1〕のような成績に関する個票を作成し、通知表と一緒に配布した。この取り組みにより生徒の学習に対する意欲が上がり、同時に保護者からわかりやす

○壁面を飾ろう－紙紐でつくる－

スケッチ				エスキース		
デザイン	努力	or		デザイン	努力	
□	□			C	D	

デザイン点はスケッチやエスキースのデザイン内容。努力点はスケッチやエスキースの数です。どちらか一方を採点。

作品のデザイン	C
作品の工夫	D
作品の完成度	C

「作品のデザイン」は出来上がった作品のデザイン的よさを評価しています。「工夫」は紙紐の使い方など作品づくりに工夫が見られるか。「完成度」は作品づくりの丁寧さ、完成度などを見ています。

○編んで季節を表す

| デザイン | 丁寧さ | 配色 |
| E | E | A |

総合点
897.5

総合点は関心・意欲・態度、発想構想、創造的な技能、鑑賞の能力を点数化し出しています。

・各取り組みの内容をよい順にA、B、C、D、E、の5段階で評価してあります。
　未提出は「未」、空欄は取り組みなしです。
・評定5（～1230点）　評定4（1229点～1100点）　評定3（1099点～900点）
　評定2（899点～500点）　評定1（499点～0点）

〔1〕成績個票（FileMaker Pro を使用）

いと好評を得た（アカウンタビリティー）。なお、掲載の成績個票は相対評価の時代（1996［平成8］年）の取り組みであり、内容は現行の学習指導要領に照らし合わせ改善する必要がある。

　実際の活用では、題材の第1時に授業の学ぶ目的（理由）と評価の仕方を伝え、何をどのように頑張ればよいか、具体的な学習方法を伝えた。題材における学びのガイダンスである。そして、成績個票にガイダンスに沿った評価項目を記載し、授業の学習目標と評価の内容の合致を試みた。

　具体的には、授業の学習目標（評価の内容）に対しての達成度を数値（A、B、C）にして記載した。考え方としては、観点別評価の算出根拠を細かく示したものである。現在多くの教員が表計算ソフトを使って成績処理をしていると思われるが、その成績処理の計算方法や評価の

視点を個人票に反映させ、生徒一人ひとりに渡すのである。個票の製作には多少のデータベースの知識は必要であるが、データベースは成績処理のみならず、学級経営上においても便利なソフトである。使えるようにしておきたい。この成績個票の作成は、中学校以上での取り組みが適当かと思われる。この個票に取り組むことで、教師自身の授業の目的の再確認及び開かれた評価へとつながり、授業改善につながっていく。

様々な評価

①絶対評価

　絶対評価は、あらかじめ定めた目標値に達成したかどうかで測る評価である。達成値をどこに設定するかによって評価の偏差が変わってくる。例えばハードルを30cmに設定するか、60cmにするか、90cmにするかによって飛び越えられる全体の人数が変わってくる。この目標設定が評価規準に則って定める評価の基準となる。目標の達成基準はBの「おおむね満足できる」を基準に、Aの「十分満足できる」と、Cの「努力を要する」の、A、B、C、3段階に分けていく。絶対評価では達成目標の設定が重要である。

②到達度評価と認定評価

　到達度評価は、目標設定に対して到達できたかできないかを基に判断する評価であり、絶対評価の1つである。主に体育や音楽、技術家庭などの、できたかできないかの成果がわかりやすい実技教科や、正解不正解が判断しやすい教科で行われる。美術は実技教科でありながら1つの基準（マスターピース）を示し、判断することができない教科であり、到達度評価のみでは評価は出せない。このような到達度評価に対し、教師が学習者を観察し、能力が付いたと認められる状況を確認して判断する評価が認定評価である。この認定評価は、制作途中の

学習者の様子や、ワークシート、アイデアスケッチ、作品など学習者の学習状況を多角的に観察し、学習状況を見極め判断する評価である。ポートフォリオなどを評価に生かすことも認定評価においては重要である。

③評価の機能

　指導と評価は表裏一体である。目標に対しての指導が適切かどうか、常に判断し学習者を伸ばしていくために、学習活動の全体を通して3つの評価の段階に分けることができる。

　まずは学習者が学習を受け入れる状況ができているかどうかを測る必要がある。これを「診断的評価」と言い、学習者のレディネスを測る。既習の学習における知識習得状況や、造形的体験があるかどうか、学習者の実態を把握することである。

　2つ目は学習の途中段階で、学習者の学習状況を測り指導に生かしていくのが「形成的評価」である。例えばデザインの学習で、省略や強調により形がデザイン化できるかどうかを、アイデアをスケッチブックなどに描かせることで十分に理解しているかどうかを測ることができる。その時点で十分に理解できていないようであれば、指導にフィードバックする必要がある。

　3つ目は題材の終了後に学習者が最終的にどの程度の学力を身に付けたかを評価するのが「総括的評価」である。学習のまとめとして成績を付けるのに使用するほか、教師が自らの指導を省みる材料としても用いることができる。

④自己評価の充実

　美術は個性の教育そのものである。美術による個の育ちを基盤として他者や社会との関わりを意識させ、人々に共有できる社会における美意識や価値を理解しながら、美術を通して自立した「社会に生きる

私」をつくり出していく役割を持つ。そのためには、まず学習者の個を認め、伸ばしていく評価活動が求められる。個の伸張には他者による評価とともに自己評価が重要である。個人内評価としての自己評価の充実が伴わなければ美術の学習は成立しないとも言えよう。

　自己評価の充実とは、実感を伴った学びの自覚（メタ認知）であり、この学びの自覚は他者によってもたらされることも多い。例えば他者に評価されることで自信を得たり、気づいていない自分のよさを知ったりすることである。ところが、他者による評価が学習者にとって納得いかないものであったらどうであろう。ともすると学習意欲の低下や教師に対する不信感につながってしまう。学習者に「あれほど頑張ったのに何で成績が悪いのか」というような疑問が生まれる背景には、学習者と教師間の意思疎通の不足があげられ、学習目的や評価の視点の共有ができていないと言えよう。よって、題材の始まりには目標や評価についてのわかりやすいガイダンスを行い、授業で学ぶ内容や育てる能力を学習者と指導者の間で確認し、評価内容の合意を形成する必要がある。この目的と評価の明確化と共有が学習には必要であり、自己評価を充実させる基盤となる。

⑤評価活動のひとつの考え方

　学校教育における評価活動を以下の2つの図で考えてみよう。図2は心理学等で頻出する「ジョハリの窓*5」である。図3はジョハリの窓を引用した評価機能のモデルである。

　ジョハリの窓は、「I. 公開された自己」と、「III. 隠された自己」があるとし、さらに「II. 自分は

	自分でわかっている	自分でわかっていない
他人が知っている	I. 開放の窓 「公開された自己」 (open self)	II. 盲点の窓 「自分は気がついていないものの、他人からは見られている自己」 (blind self)
他人は知らない	「隠された自己」 (hidden self) III. 秘密の窓	「誰からもまだ知られていない自己」 (unknow self) IV. 未知の窓

〔2〕ジョハリの窓

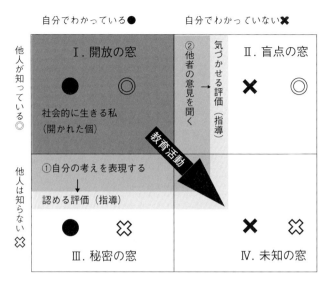

自分でわかっている● 　　　　自分でわかっていない✖

Ⅰ. 開放の窓

社会的に生きる私
（開かれた個）

②他者の意見を聞く
気づかせる評価（指導）

Ⅱ. 盲点の窓

他人が知っている◎

他人は知らない✖

①自分の考えを表現する
↓
認める評価（指導）

教育活動

Ⅲ. 秘密の窓 　　　　　**Ⅳ. 未知の窓**

〔3〕 ジョハリの窓を使った評価機能モデル（著者作成）

気づいていないものの、他人からは見られている自己」、そして「Ⅳ. 誰からもまだ知られていない自己」があるとしている。Ⅰの公開された自己は「開かれた自己」でもある。「開かれた自己」は換言すると「社会に生きる私」と言える。学校教育は社会に生きる自己を目指し、個人の人格の完成を試みる営みである。

　この「開かれた個」、すなわち「社会に生きる私」を生み出す指導と評価の役割を説明するのが図3である。

　図3の評価機能のモデルでは、開放の窓を拡張していく活動を教育と捉え、その拡大が評価活動によって行われることを示している。「Ⅰ. 開放の窓」から「Ⅲ. 秘密の窓」への拡張アプローチの「①自分の考えを表現する」は、心に潜んでいる思いなどを造形活動などで表出することで可能となる。そしてその活動に対して評価者からのよさや美しさなどを認める評価によって、表現者が他者に認められた喜びとともに、それまでの秘密の窓から開放の窓へと組み込まれていく。

　また、「Ⅰ.開放の窓」から「Ⅱ.盲点の窓」への拡張アプローチ、「②他

者の意見を聞く」は、他者の意見によって、学習者自身が自分の能力の気づきにつながる他者による評価である。例えば作品を相互に鑑賞し合う鑑賞活動で、「○○さんの色は独特でとても素敵」と言われたらどうであろうか。そこで取り交わされる言葉はまさに個性を認める評価とその個性のよさに気づかせる評価を含み、②に関しては自分自身で気づいていない自分のよさを知ることになっていく。鑑賞活動でお互いに話し合う活動や、批評し合う活動がいかに重要なのかが理解できよう。

　図4は評価者と学習者の関係図である。ここでは図の「ア.自己評価の充実へ」との関係と「イ. 社会に生きる私の育成」のための評価活動について説明する。濃いグレーの部分が日常的に行われている授業内の評価である。まず、アに関しては、美術の学びは数値で測れる内容よりも、それ以外の数値化できない能力の部分が大きい。つまり獲得すべき目標に対しできたかどうか、能力が付いたかどうかは自分では客観的に判断しにくい点がある。この評価のわかりにくさに対し

評価名称	評価者	主な評価場面
自己評価	私	制作途中。自己評価カード作成時。作品キャプション作成時など。
ア.自己評価の充実へ　他者による評価	友だち　教師	制作途中での作品鑑賞やアイデア交流。作品完成後の鑑賞活動。制作途中でのアドバイスやコメント（評価）。
	親族など	作品持ち帰り時の親からの評価。展覧会などでの作品鑑賞。
イ.社会に生きる私の育成　社会的評価	身近な知り合い　地域	校外での展示活動。校内での作品展示。
	コンクールなど	校外での作品選抜展覧会など。

　　今までの学校教育での評価活動

　　これからの学校教育で求められる評価活動

〔4〕評価者と学習者の関係図

て、他者の評価が客観的な自己把握（メタ認知）に有効に働く。例えば「友だちが作品についてよくできていると言ってくれたけど、自分では未だ納得できていないことがわかった」とか、「先生が自分では気づいていなかった点を褒めてくれたので、そこが自分のよさだと気づいた」などである。このように考えると、他者による評価は自己評価の充実のために働くと考えられるのである。美術教育は個人の感性や美的な判断力、表現力を発揮して学ぶ教科であり、その学びは自己の生き方に還元されて意味を成すと考えると、この他者による評価を自己評価へ還元することはメタ認知を深め、個を伸ばす重要な視点となる。

　次に「イ.社会に生きる私の育成」のための評価活動であるが、今日の美術教育は、個人の能力をいかに社会と関連付けて発揮できるようにするかという社会とのつながりが求められている。「社会に開かれた教育課程」とはまさにこのことである。それに伴い、今までの評価の場面を拡充していくことが必要になってきた（淡いグレーの部分である）。

　つまり、自己と社会との関係を美術教育の評価活動によっていかに構築していくか、また個（私）の自立につなげていくかが「地域や社会による評価」となる。

　2017（平成29）年の学習指導要領で示された「社会に開かれた教育課程」によって、他者による評価と社会的な評価を学校教育の中にも積極的に取り込むことができるようになった。「内容の取扱い」に学校や地域の実態に応じて、校外においても生徒作品などの展示の機会を設けることが示され、作品を地域の公民館や商店街で展示したり、校内展示を地域に開放したり、地域の人に向けて発表会をしたりすることが教科教育において大切なことと考えられるようになった。これからますます地域や社会からの評価を受ける機会が増えていくと言えよう。

　ここでは〔3〕と〔4〕の2つのモデルを示した。評価（指導）を中心に据えて考えた学習活動のあり方として参考にしてほしい。

記録と編集

　自己評価の充実を図るために、美術の特性を生かした取り組みとして記録（ドキュメンテーション）と編集という活動を提案したい。編集とはそれまでの学習を振り返り、整理しながら表現活動を通して自身の成長を自覚していく活動になる。編集活動で重要な点は、編集という視点から他者に伝えたいことを基に、内容を取捨選択して表現に生かしていくことである。それまでにためてきた記録（学習成果や作品など）をすべて盛り込むのではなく、伝えたいテーマに沿って順位付けを行い、精選し、必要に応じて扱うことである。そして表現する内容が決まったら、自らの学びによる成長を冊子やイラストボードなどを使ったり、タブレットを使ったりして視覚的にまとめていく〔5〕。

　編集とは必要なことを効果的に表す活動であり、そのためには内容の省略や強調などの内容の整理が必要で、形や色彩などを組み合わせ、伝えたいことを効果的に表現していくことが求められる。また、映像メディア表現などを使って、1年間の美術の学びを撮りためた写真を使い動画で表すことも考えられる。この一連のプロセスはデザインそのものであり、伝達のデザインとして発展できる題材でもある。

　また、1年間の取り組みをアートブックとして制作してもよい。日々の記録や出来事まで含め1冊のアートブックにまとめると、1年間の学びが作品になっていく。次に例示する年間指導計画は、1年間を通して制作した作品などを学年末にアートブックにまとめる計画とした。

〔5〕「私の歩み」今まで取り組んだ題材を振り返りまとめた（中学生）

〔3〕年間指導計画

　年間指導計画は、学習指導要領に示された資質・能力を踏まえ、各教科の目標や各学年の目標の実現を目指し、学校目標や児童・生徒の実態に応じて学習内容を計画したものである。学習指導要領の第4章「指導計画の作成と内容の取扱い」を参考に、学習者の姿を具体的に思い浮かべながら計画する必要がある。

　図画工作・美術は学習内容が題材という形で提示され、学習者は題材に取り組むことで学んでいく。よって、題材の配列に関しては表現と鑑賞のバランスや、表現では各領域の偏りがなく学べるように留意する必要がある。年間指導計画を立案する際には教科書との関連を図り、季節の特徴や学校行事、生徒の状況などを配慮して、学習指導要領が示す各教科の学習内容を効率よく学習できるように計画する。また、学年間や校種間の連続性を考えると、該当学年の前後の学年との連続性を考慮する必要がある。よって、小学校では6カ年指導計画、または低学年、中学年、高学年の2カ年学習計画、中学校では3学年間の関連性を考えた年間指導計画も考える必要がある。

　中学校では「学年の内容の取扱い」についての解説に「第1学年では、年間45単位時間という時数の中で全ての指導事項を扱うことになるため、「A 表現」と「B 鑑賞」の相互の関連や、一題材に充てる時間数などについて十分検討し、第1学年において育成を目指す資質・能力を偏りなく身に付けることができるようにする必要がある。そのため、比較的少ない単位時間で各指導事項の内容が身に付くような題材を効果的に位置付け、指導計画を作成することが大切である。」とある。また、「第2学年及び第3学年では、第1学年において身に付けた表現に関する資質・能力を柔軟に活用して、より豊かに高めることを基本としていることから、一題材に時間をかけて指導することが考えられる。そのため、各学年において内容を選択して行うことが可能

であり、2学年間で全ての事項を指導することとしている。」とある。教員経験の浅い段階では、各教科書会社から出ている指導書に掲載された年間指導計画の例を参考に、学校の実態に応じて作り替えるなどするとよい。参考になる年間指導計画を次に示す。

〔表4〕年間指導計画の実例（中学校第1学年）

この年間指導計画では、中学校美術科第1学年の年間授業時数45時間を、第1学期の10週まで、週あたり2時間（連続）として計画している。11週以降は1時間である（＊）。この時間配分は、各学校の裁量によるもので、実際には様々な方式で実施されている。例えば、週2時間は2時間連続であったり1時間ずつの合計2時間の場合もある。

●中学校　第1学年美術科　年間指導計画（35週／45時間）

学期	月	週	領域（時数）	題材名	活動の内容	学習の目標 （知識・技能） 　［知］知識〔共通事項〕 　［技］技能 （思考力・判断力・表現力等） 　［発］発想や構想の能力 　［鑑］鑑賞の能力 ※学びに向かう力・人間性等は、［知］［技］［発］［鑑］に向かう力であるのでここでは割愛する。	主な用具など
1学期	4月	1	鑑賞（2）	オリエンテーション／教科書を見てみよう	教科書を見て美術の学習内容と学び方を理解するとともに、気になった作品についてグループで話し合ってみる。	［知］多様な作品に、それぞれ作風やイメージがあることを理解する。 ［鑑］選んだ作品のよさや魅力を説明し、作品の見方や感じ方を広げる。	略
		2	鑑賞（2）	色いろコレクション	校内で気に入った色を探し、その色を絵具で再現し、色の名前を付け紹介し合う。	［知］色から受け取る感情を基に色の名前が付けられることを理解する。 ［技］絵具の混色で目的の色をつくる。 ［鑑］色に名前を付け、色の感じ方を広げる。	略
	5月	3	絵画（4）	風を感じて－水彩絵具で表す－	自然の生命感や息吹を感じ取り、その思いを水彩絵具で工夫して表す。水彩絵具の様々な表現方法を学ぶ。	［知］季節感を表す色彩があることを理解する。 ［技］水彩絵具の技法を工夫して表す。 ［発］描きたい主題を見つけ、どのように表すか考える。 ［鑑］友達の作品のよさを見つけ、見方や感じ方を広げる。	略
		4					

学期	月	時数	分野	題材名	題材のねらい	評価の観点	教材等
1学期	5月	5	彫刻／鑑賞／映像（4）	針金芯ちゃんの物語り	針金を使って人体の骨格をつくり、ポーズを工夫してアニメーションで物語を表現する。アニメーションはグループワーク。	[知] 人体の動きや立体の生み出す空間を理解する。 [技] アニメーションのつくりかたを理解し工夫して表す。 [発] 表したい気持ちから主題を決め、ストーリーを考える。 [鑑] 映像作品の面白さを味わい、見方や感じ方を広げる。	タブレット
	6月	6					
	6月	7	デザイン（5）	マステでART-アートブックの表紙をつくる	マスキングテープを貼った上から着色し、その後、テープを剥がしてできた模様で、アートブックの表紙を飾るデザインを考えて表す。	[知] 色彩の組み合わせで美しく感じる構成ができることを理解する。 [技] 主題に応じた描画材と技法で工夫して表す。 [発] 表したい気持ちを基に、基調色とマスキングテープでつくる模様を考える。 [鑑] 色彩やテープのマスクが生み出す形の面白さに気づき、見方や感じ方を広げる。	略
		8					
		9	デザイン（4）	モジモジコレクション	様々な形の文字を採集し、文字の分類をするとともに、自分らしい文字をつくり出し、自分の名前をデザインし、アートブックの表紙に描く。	[知] 文字の形や色により伝わる印象が異なることを理解する。 [技] 文字をつくる用具を工夫し、自分らしい文字をつくる。 [発] 自分らしい文字の形を考える。 [鑑] 様々な文字の、伝えたい内容に応じた形や色のよさや美しさ、工夫から文字の見方や感じ方を広げる。	略
		10					
	7月	11 *					
		12	鑑賞（1）	美術館に行こう	夏休みに行けそうな美術館のコレクションを調べ、見たい作品を決めたり、訪問の計画を立てたりする。	[知] コレクションには様々な作風の作品があることを理解する。 [鑑] 美術館のコレクションを調べる中で身近な地域や日本及び諸外国の文化遺産などのよさや美しさなどを感じ取り、見方や感じ方を広げる。	略

夏季休業

学期	月		分野	題材名	内容	観点	
2学期	9月	13	彫刻（4）	夏休みに出会った生き物たち	夏休みに集めた石や木片、ガラクタなどの形を生かし、想像の生き物をつくり、置き場を考えて写真に撮る。	[知] 形などの特徴から生き物のイメージが生まれることを理解する。	略
		14				[技] 接着剤や接合の適切な扱い方を知る。材料の特徴を工夫して表す。	
		15				[発] 材料からイメージを広げ、つくる生き物を考える。	
		16				[鑑] 作品の面白さを写真に撮り、作品の見方を広げる。	
	10月	17	絵画（4）	版画の世界	スチレンボードを使って彫り進み版画を行う。重ねる色や彫りの模様を楽しみながら、版画の魅力に触れ表す。	[知] 色を重ねるごとにイメージが変わることを理解する。	略
		18				[技] 版の製法を理解し刷り方や色の組み合わせなどを工夫する。	
		19				[発] 主題を考え、主題に合った形や色の重ね方を考える。	
		20				[鑑] 作品から作者の意図や工夫を感じ取り、作品の見方や感じ方を広める。	
	11月	21	絵画（2）	好きなものコレクション	自分を表すテーマを決め、雑誌などから気になる物を切り抜き、コラージュで自分の世界を表現する。	[知] 写真などの切り抜きの組み合わせで表したい世界が表現できることを理解する。	略
		22				[技] 色や図柄などを生かして表す。	
						[発] 自分の好きなものの世界から表現の主題を考える。	
						[鑑] 友達の作品から表現の工夫を感じ取り、見方を広げる。	
		23	工芸（3）	編んでカラフルコースター	3色の色画用紙の組み合わせを生かして、生活に使えるコースターをつくり、ラミネート加工をして実際に使った写真を撮る。	[知] 形と色彩の組み合わせで感情や季節感などが表せることを理解する。	略
	12月	24				[技] 色の組み合わせや編み方を工夫して美しいコースターをつくる。	
		25				[発] 載せる物をイメージしながらデザインを考える。	
						[鑑] 色の組み合わせや置く物との関係からコースターの見方を広げる。	
		26	鑑賞（1）	どっちがステキ?	伝統的な器と現代的な器を比較し、用と美の関係を感じ取りながらよさを味わう。	[知] 色や形から生まれる感じ方の違いや、用途に応じた形があることを理解する。	略
						[鑑] 用と美の観点からそれぞれのよさを感じ取り、器の見方を広げる。	

				年末年始休業			
3学期	1月	27	工芸（4）	ちょっと大きな「木ー」ホルダー	色の異なる3枚の木を重ねてキーホルダーの形を切り抜く。そのうち2枚を重ね切断し、残る1枚にパーツを市松文様に貼りキーホルダーをつくる。	[知] 形から生まれるイメージを理解する。 [技] 美しく表すための木材の切断と接着、加工を学ぶ。 [発] 自分を表す形と市松模様を考える。 [鑑] 鞄などに取り付け、作品の見方や感じ方を広げる。	略
		28					
		29					
		30					
	2月	31	鑑賞（1）	美術館がやって来る	美術館のレプリカを借りて、美術館サポーターのファシリテーションにより対話しながら作品鑑賞をする。	[知] 作品の造形的な特徴を、イメージや作風などで捉えられることを理解する。 [鑑] 作品の造形的なよさを感じ取り、表現の工夫などを話し合い見方や感じ方を広げる。	略
	3月	32	デザイン（4）	マイアートブック	今までに制作した作品を編集し、1年間の学びと自己表現のアートブックを完成する。	[知] 色彩や形の配置などでイメージが表現できることを理解する。 [技] 題材ごとの特徴を考え、表し方や技法などを選択し表現する。 [表] 題材ごとの学びから各ページの特色を考えてアートブックの構成を考える。 [鑑] 個性あふれたアートブックのよさを感じ取り、美術に対する見方を広げる。	略
		33					
		34					
		35					

＊この年間指導計画では1年間を通して作成した作品や感想などを1冊のアートブックにまとめることを考えている（第4章 pp.213 - 215参照）。
＊＊学期間の題材の運用については、基本的な時数と計画を持ちながら、生徒の進度に応じて前後の題材と平行したり、アートブックの制作を入れたりして柔軟な運用ができるように考えている（次頁参照）。

〔4〕学習の連続性

考え続ける「美術」

　学校生活は、各教科、道徳、特別活動、総合的な学習の時間、課外活動等で構成され、子どもたちはそれぞれの学びを自身の中で関連付け総合化して学び成長していく。よって学習計画を考える上では、子

どもたちの生活全体を捉える必要がある。例えば中学校第2学年の美術は、1週間に50分しかない。美術の授業の前は他の教科等に取り組んでおり、また授業後も他の授業になる。すなわち、子どもたちは50分ごとに、教科の学びに応じて教科の思考スイッチを入れたり切ったりしながら授業に臨んでいく。そして一度切られたスイッチは、また1週間後のONのスイッチを待つことになる。その間、スイッチが切られた美術の思考は、1週間という時間の中で印象が薄れ、翌週の授業で前時の授業を思い出すことから始めなくてはならない。このような時間のロスをいかに埋めるかも、学習計画における工夫すべき視点となる。

　美術は考える教科である。手を動かす時間は授業時間内で行うとしても、考え続ける時間は日常生活の中にあふれている。そのような時間をいかに編集し、美術の学びに関連付けていくかが重要である。美術の時間数の少なさは美術科における課題であるが、その反面、時間数の少なさを克服する発想において美術教育を変えていくチャンスでもある。また生活と美術の関係を重視するという視点からも、校内の掲示教育や新たな学習環境の提案、連携等の取り組みが求められる。

学期間の柔軟な題材運用の考え方

　「早く完成してしまった生徒に何をさせたらよいですか？」。このような質問をよく受ける。この問題に対し、本書にも執筆している花里裕子は、学期間で題材配列を工夫すべきと言っている。すなわち、評定対象となる期間内に、生徒が何度もやり直しがきく題材を組み込むとよいと言う。教育の目的は資質や能力を伸ばすことであり、期間内に作品を完成させることではない。そのように考えると、生徒の学びに合わせ、いつでも修正したり加筆でるような題材があると、他の題材が終わったり、作品を乾燥するなどの待ち時間を利用して、その活動に向かわせることができる。例えばアニメーションの題材などがそ

れに当たると言う。デジタル機器を使って作成したアニメーションは、作品鑑賞を通して修正部分が見えてくる。ちょっとした時間ができたとき、容易に修正に取り組むことができる。

　このような、題材計画の柔軟な運用は、学習者が資質・能力の獲得を充実していく上でも大きな意味を持つ。図画工作・美術は題材を通して学ぶ特徴があり、題材ごとに授業時間数を決めて時間内に学習が完結できるように指導している。この考え方では、題材が終われば学習者は、その題材に関する活動を終了し、後に改善点が見つかっても修正したり、さらによくしようとする意欲を発揮できずに終わってしまう。学習の継続性、発展性を考えると、学習者が常に意識の片隅に自分の表現活動について考えるアンカーを下ろしておくことが大切であろう。ふとした拍子にアイデアが浮かぶことはよくあることだ。また、違う題材に取り組む中で「こうすればよかったんだ」と振り返ることもある。このようにいつでも気づいたときに試したり修正したりできる時間の保障が、日常的に美術について考える意識を育て、ひいては美術と社会を結び付ける関係や、社会の中で生かされる美術について気づいていく能力にもつながっていく。

　私たちは題材のつながりやバランスを考えるだけではなく、日常生活の中で美術の思考を連続する指導を考えていく必要がある。授業は時間内に課題をこなすことではない。提出期限を決めることは重要であるが、題材ごとの提出期限よりも、学期間に取り組んだ成果を学期末に提出日として設定するほうが、生徒に考え続ける時間を与え、学ぶ時間の保障になるのではないだろうか。

＊註

1 ── 「教材整備指針」文部科学省。教材整備指針は、義務教育諸学校に備える教材の例
　　示品目、整備数量の目安を参考資料として取りまとめたもの。これらの整備に必
　　要な経費については、安定的・計画的な教材整備に資するため、所要の地方財政
　　措置が講じられている。

2 ── 大坪圭輔『美術教育資料研究』武蔵野美術大学出版局、2014年。

3 ── 国立教育政策研究所「評価規準の作成、評価方法等の工夫改善のための参考資料」
　　参照。

4 ── 評価規準は評価の考え方、概念を示し、評価基準は各題材等における具体的な数
　　値等の基準。評価基準は「おおむね満足できる」をB基準とし、「十分に満足でき
　　る」をA、「努力を要する」をC基準とし、3段階で表す。授業は「おおむね満足で
　　きる」のB基準を目指して行う。

5 ── サンフランシスコ州立大学の心理学者ジョセフ・ルフト (Joseph Luft) と、ハリー・
　　インガム (Harry Ingham) が発表した「対人関係における気づきのグラフモデル」
　　1955年。

学校をひらく I

未至磨明弘

「旅するムサビ」のはじまり

　私が中学校の美術科教師として採用されて、「中堅」といわれるように
なった頃、ふと疑問に思った。「生徒は美術が好きなのかな？　授業が楽
しいのだろうか？」

　この頃、美術館と連携する授業や研究の報告が数多くあり、私も興味
を持っていた。美術館の作品はすばらしい。しかし、見せたくても東大和
市の近隣には美術館がない。「鑑賞するにはやっぱり本物の作品だ。そし
て本物の作品からは感動が得られる。…美術大学に協力してもらうことが
できないだろうか」。私の母校でもある武蔵野美術大学に行ってみた。ム
サビは東大和市の隣、小平市にある。近隣なので連携が実現すれば今後に
わたっても継続できる。たしか2006年だったと記憶している。

　実はこの連携が実現するまで2年ほどかかっている。そしてようやく
2008年10月に「美大生による鑑賞の授業」が行われた。当時の命名は
「ムサシとヤマトプロジェクト」。第1学年の全3クラスを対象に、美大生
3名の作品で鑑賞授業。そして作者の話である。タイムキーパー、記録
係の2名も参加し計5名で実施した。これが「旅するムサビ」の初期バー
ジョンだった〔1〕。その3カ月後、2009年1月から3月にかけて都内3校
にて美大生の「公開制作」や「鑑賞の授業」を行う「旅するムサビプロ
ジェクト」が始まり、現在も発展しつつ継続されている。

　旅するムサビをきっかけに、「真夏の学校、美術館になる〜スクール
アートプロジェクト『ムサビる！』」
も始まった。2009年8月8日、9日の
2日間、前任校である東大和市立第二
中学校の校舎が「美術館」へと変貌し
た。日常的な学校の風景が「非日常」
としての輝きを発したとは大げさであ
ろうか。入り口の巨大な木彫の作品を
はじめ、教室には美大生の作品が展示

〔1〕「ムサシとヤマトプロジェクト」

され、1つの教室すべてをインスタレーションとして表現する作品も見られた。その後「ムサビる！」は年を追うごとに発展性を見せた。「中学生によるギャラリートーク」や、教室を美術部の生徒たちのイメージで表現する「中学生企画」、「教授の作品展示」など。2012年は小平二中と東大和五中（現勤務校）の2校同時開催。2013年には東大和五中と東大和九小の同時開催で行われ、現在（2019年）では11回を数えている。

変わるのは子どもたちだけではない

そして、小中合同開催の「ムサビる！」の経験を踏まえて、はじめて「中学生ファシリテーターによる鑑賞の授業」を小学校で実施した〔2〕。中学生が作品鑑賞の進行をする。美大生の役割は作品提供と中学生ファシリテーターへのアドバイスである。事前に3日間ほど中学校に来てもらい、中学生にファシリテーションの事前練習をしてもらった。

この取り組みで最も興味深かったのは、授業が様々な関係者の「学びの場」になったことだ。中学生と小学生の言語活動を通した鑑賞活動はもちろん、教師、美大生など参加者のすべてが授業から「学び」を得る貴重な機会となった。授業を観た国語の教師は「今までの鑑賞の授業を発展させたもので興味深い。○○君がこんなにできるなんて驚いた！」と感心していた。他教科の教師から理解をもらえることはとてもうれしいものだ。明日への活力が湧いてくる。

学校をひらくということ

近年は学校公開や外部からの学校評価など、学校をひらくことが求められている。これらとあわせて「旅するムサビ」「ムサビる！」のような取り組みが、ごく当たり前に実施できることが大切ではないだろうか。

〔2〕中学生ファシリテーターの登場

2013年にはムサビ卒業生の個展を空き教室で開催し、一般市民にも学校を公開した。また教室の黒板をアートする「黒板ジャック」〔3〕で一番はしゃいでいたのは実は教師たちだった。自分で言うのは少々照れくさいが、美術大学との連携をスムーズにすること、その努力を惜しまないことが教育の可

能性を開くのだと思う。教育実習では、ムサビの実習生に研究授業で自分がやりたいことを精一杯やってもらったりした。それは音のイメージをコンテによるドローイングで表現したもので、それを見た国語の先生から詩とのコラボを提案され実施し（p.27〔2〕）、その思いがけない成果に校長も喜んだ。幸いなことに本校の先生方には多大な理解と協力をいただいている。それは日常的に学校内で美術の存在をアピールすることをこまめに行っているからかなと思う。校外でも少しずつではあるが「美術を媒介」として、地域からも関心を寄せられているように感じる。作品を通した感動を地域の人と共有できたり、「旅するムサビ」のような活動を通して保護者や地域の方へ「学校が変わる姿」を発信できたりしているからだろう。

　そして生徒の変化。休みがちだった生徒が「ムサビる！」に参加し、はじける笑顔で、中学生企画で活躍する姿が印象的だった。鑑賞の授業後には、生徒から「次はいつやるの？　他の作品も見たい」と言われた。「ムサビる！」に参加し、美大生との対話から学んだもの、本物の作品から感じ取ったことなどが自分の中の「美術の引き出し」に蓄積され、授業においてのイメージづくりや、特に「表現に対するこだわり」へと確実につながっている。それは美大生が見せる作品への真摯な思いや「ムサビる！」などに情熱を持って取り組む姿が大きな影響を与えているのであろう。

　教師も楽しんでやっていこう！　美術大学との連携は美術教師にとって貴重な「研修の場」である。今も「授業改善」につながる様々なヒントをもらっている。そしてこれらが「美大生の献身的な姿勢」によって支えられていることに心より感謝している。

〔3〕中学生の下校を待って、学生が約5時間かけて黒板に絵を描く。翌朝、お披露目がすむと1時間目の始業前にきれいに消される。作者：坂本渓花（東京都東大和市立第五中学校）

第2節　授業計画

三澤一実

〔1〕指導案の書き方

　授業には必ず学ぶ目的とその方法がある。目的は授業で育む学習目標としての資質・能力であり、方法はどのように資質・能力を身に付けるかの指導方法（学び方）である。それらを記述した指導案は授業の設計図であるとともに、授業後に振り返り、授業改善をする上でも重要なたたき台となる。指導案の作成では、学習者の思考や行動を想定し、教師の題材提案を学習者が理解できるか、つまずきやすいのはどこか、学習者が学びに向かう思考の流れはスムーズか、参考作品はこれでよいか、時間配分は適切か等々、授業者は想像力を働かせ指導計画を立てる必要がある。このような指導案による授業イメージづくりが学習を充実したものにする。そのためにもまずは学習者の実態把握が重要である。

　授業のイメージは、指導案を通して言語化することで明確になっていく。授業のねらいや展開を言葉にして考えていく過程で、漠然と捉えていたイメージが整理され、具体的な活動を計画できるようになっていく。そのためには曖昧な言葉を使わないことである。例えば「様々な」「いろいろな」とか「自由に」という抽象的で曖昧な言葉を使う場合は、「○○とか△△のように様々な」とか「○○したり△△するなど自由に」と具体的に例を示すことで、指導のイメージがより明確になっていく。「様々」「自由」など、漠然とした言葉を使っているときは、案外具体的なことを考えていないものである。そのような場合、授業で学習者にイメージが伝わらず失敗することも多い。

　指導案には決まった書き方は存在しない。その書式は都道府県の教育委員会や市町村や各学校で提示されることも多く、基本的にはいく

つかの項目で構成され、授業の目標や評価、具体的な指導方法について書くようになる。まずは基本的な指導案が作成できるよう、以下に具体的な指導案を示し説明する。ここでは一般的な学習指導案を取りあげ学習する。掲載した学習指導案と照らし合わせ理解を深めたい。

学習指導案作成のポイント

　学習指導案は、学校長をはじめ他教科の教師や、場合によっては保護者なども読むことがあるので、誰が読んでもわかるような記述に注意する。指導教諭や教育実習生の印は、研究授業として公開する許可を得た授業であるという意味で押すようにする。表題の次に日時、活動場所、指導学級、生徒の数、授業者名を入れる。教育実習の場合は指導教員名を授業者名の上に記載する。

1. 題材名

　題材名は「風景画を描く」とか「木製コースターをつくる」というように活動内容を示すのではなく、題材名から学ぶ目的や学習の内容がイメージできたり、学習に対する見通しが持てたり、発想が広がるような題材名や、生徒の興味を喚起するような題材名を考えるようにする。場合によっては副題を付けてもよい。例えば先の題材名であれば「春を感じて風景画に表そう」とか「楽しく使える木製コースター」などの題名の方がよいであろう。

2. 題材設定の理由

(1) 題材について

　学習指導案で最も重要なパートの1つである。おおむね以下のような①〜⑥の視点から記述すると整理できる（①〜⑥の番号は指導案の説明をするために便宜上使っている記号なので、実際の指導案には記載しない）。

①題材の概要：どのような活動（題材）を通して、何を（育む資質・能力）、どのように学ぶのか（学び方）、学習活動の概要を述べる。

②この授業を行う理由として社会的背景と本題材で育みたい能力との関連（これからの社会に必要とされる資質や能力と授業との関係性[*1]）を述べる。

③知識・技能の習得に関する手立てを書く（造形的な視点〔共通事項〕を身に付けるためには〜、創造的に表す技能を育む指導の工夫は〜など）。指導方法や材料や技法の操作などとの関係から述べる。

④思考力、判断力、表現力等の育成に関する手立てを書く（発想や構想の能力は〜、鑑賞の能力は〜など）。主題の見つけ方や発想の仕方、材料や操作などから生まれる発想や構想、見方や感じ方の広がりや深まりをどうつくり出すかなどを述べる。

⑤その他、この題材で考えたいことや、指導の工夫、学びに向かう力・人間性等との関係などを書く。

⑥本題材の学習指導要領上の位置付けを書く。

(2) 生徒（児童）について

　基本的な事項として、クラス全体の雰囲気などを述べるとともに、題材と関わるような学習経験の有無、日頃の学習に対する姿勢、題材設定の理由と関係するような児童・生徒の特徴などを記述する。また新規題材などは診断的評価から児童生徒の実態を把握することも重要である。

　指導案によっては、(1)の題材についての前に書いたり、「題材について」と一体として書くこともある。授業は学習者の実態把握から始まると言ってもよい。いずれにしても児童・生徒の実態と関連させた題材の構築が求められる。

中学校美術科 第2学年 学習指導案

　　　　　　　　　　　　　　　　　　　　　　　　　　○○立○○○○○学校
　　　　　　　　　　　日時　　　○○年○月○日○曜日○時間目
　　　　　　　　　　　生徒　○年○組　○○名場所　　○○○○教室
　　　　　　　指導教諭　○○○○○　印　　教育実習生　○○○○○　印

1. 題材名　見える！伝わる！スクールピクトグラム

2. 題材設定の理由
（1）題材について
①本題材は、学校生活の中で使えるピクトグラムを考え制作することを通して、身近な生活や社会の中に息づいている美術の働きに気がつき、自らの生活の中からデザインで解決する主題を生み出し、分かりやすさや見やすさなどを総合的に考えて表現の構想を練り、制作の順序を考え、見通しを持って表し、鑑賞の活動を通して形の美しさや機能についての見方や感じ方を深める題材である。

②ピクトグラムとは、様々な言語・文化を持つ人々に向けて、老若男女年齢を問わず誰にでも伝わるようにデザインされている「絵文字」のことである。1964年の東京オリンピックに際し、日本人デザイナーが世界中の人々とのコミュニケーションを円滑にするものとしてデザインされ、のちに世界中に広まった。「競技サイン」や「非常口サイン」、身近な例では街中の案内表示もピクトグラムである。本題材に取り組む根拠としては、ピクトグラムが、身近な生活や社会の中に活かされている美術の力の一例として優れた存在であるということがある。生徒の身近にピクトグラムの実例があること、「視認性」や「単純化・強調」という概念を学んだ後に改めて鑑賞すると、造形的な工夫を感じ取ることができることから、生徒にとって新鮮で驚きのある学習体験が期待できると考える。また、ピクトグラムはその性質から、ユニバーサルデザインの概念にもあてはまる。ピクトグラムの学習を通して、あらゆる人にとって暮らしやすい社会のためのデザイン（ユニバーサルデザイン）の存在を知ることは、超高齢化社会の支え手になる生徒達にとって教育的・社会的意義の高いことだと考える。

③知識・技能の習得に関する指導では、形と色の視認性を理解させ、制作においてはポスターカラーを意図に応じて扱うことができるようにする。形と色の視認性については、実際に使われている標識（青色の指示標識、赤色の注意標識、黄色の警戒標識）の形状や配色を例にあげながら、形と色が見る人に与える印象について実感的に理解できるようにする。ポスターカラーの扱いに関しては、水分量の調整と美しく塗る技能を身に付ける。そのために水分量の調整については、「パレットを逆さにしても垂れない程度のゆるさになるまで水を加えて絵具を溶く」という目安を確認し、自分で水分量を調節できるようにする。塗る技能については、面相筆で枠を縁取ってから内側を平筆で綺麗に塗る方法を指導するとともに、図と地の分離効果を用いるのに適した形状について確認を行い、塗り残す部分を自分で判断できるようにすることで、見通しを持って制作を進められるようにする。

④思考力・判断力・表現力等（発想・構想）の育成に関する指導は、主に第2次からの活動が中心となる。「学校の問題点をピクトグラムで解決しよう」と投げかけ、普段の生活で困っていることや、学外の来校者の視点にたって、必要と思われる情報について考え、ピクトグラムで表したい主題を決定していく。ここではグループになり、ピクトグラムで改善できそうな課題を出し合い各自の主題決定につなげていく。構想の段階のアイデアスケッチでは、ピクトグラムで必要な単純化や強調などの造形的な視点を確認し、細かく描きすぎている部分を削ったり、情報としてより印象付けたい部分を大きく強調して描いたりして適切な形を探っていく。制作する形が決定したら図と地のバランスを考えるため、図に表す形の太さを細、中、太の3種類描き、見やすさや美しさなどを考え検討する。

鑑賞の能力に関する指導では、形の単純化や強調による明快な形、視認性の高さ等、これまで自分達が工夫を凝らしてきた制作ポイントこそが鑑賞のポイントであることを伝える。鑑賞した内容を記述する際は、友人の作品に感じた「よさ」が色彩や形のどこから感じられたかを明記して、感じ取ったことと共通事項（知識）とを関連させ、鑑賞を深めていく。また、知識（〔共通事項〕）の習得に関する指導として、改めて、完成されたピクトグラムの色彩や形から、伝えたい内容がしっかり伝わるかどうか、全体のイメージで捉える指導をする。

⑤指導に当たっては、第2次の発想・構想の場面の後半に中間鑑賞会を設定する等して、友人との学び合いの中から、ピクトグラムの形や大きさが充分なものになっているか、自分の表したい内容が第三者に伝わっているか吟味する。生徒の中には、描いたものがどうしても小さくなってしまう者や、説明的になりすぎるあまり形を明快なものにしきれない者もいる。それらを友人から指摘してもらうことで、「伝わらない」→「伝えるにはどうしたらよいか？」という課題解決思考に結び付け、より主体的に学習に取り組むきっかけにしたい。

⑥本題材の学習指導要領上の位置付けは、A表現（1）イ（イ）の、伝える目的や条件などをもとにピクトグラムに表す題材であり、A表現（2）B鑑賞と共通事項にも関連する。

（2）生徒について
本学級は男子21名、女子19名、計40名からなる。本学級の生徒は、基本的な授業規律が身についており、落ち着いて授業に参加することができる。
本学級の生徒の1学年次の既習事項には、色彩の基礎学習、平塗り・レタリングを用いた自己紹介ポップの制作、動物を擬人化した彫塑の制作、上靴のスケッチ等がある。2学年次では、各種遠近法を活かした風景画の制作、和を意識したうつわの制作（陶芸）を行った。直近の陶芸制作では、陶土の触感、可塑性の高さに興味を持つだけでなく、使いやすさを考慮した造形が数多く

見られ、中学生らしい造形力の育ちを感じることができた。第2学年の美術科の学習では「社会と美術」というテーマを設けている。これは、①身近な生活や社会の中に活かされている美術の力、その豊かさに気づき、表現を通して理解を深めて欲しい。②中堅学年という学校生活が充実する時期に、「学校の外の世界（社会）にも興味を持ち知的好奇心を広げて欲しい」という思いから設定している。本題材はこのテーマに向け設定するものである。

3. 指導目標

　学習指導要領の学年目標を参考に題材の内容に合うように記述する。

(1) 知識及び技能

　共通事項の習得に関わる目標と、技能の習得に関わる目標とを書く。

(2) 思考力・判断力・表現力等

　発想や構想の能力に関する目標と、鑑賞の能力に関わる目標とを書く。

(3) 学びに向かう力・人間性等

　学年目標の (3) を参考に、表現及び鑑賞に取り組む姿勢を書く。

　目標の語尾は「〜する。」のように表記する。本書に掲載した指導案では、目標を各能力ごとに分けて示しているが、観点ごとに一文にまとめて示してもよい。

---

3. 題材の目標

(1)「知識及び技能」に関する題材の目標
・形や色彩などの性質及びそれらが感情にもたらす効果や、造形的な特徴などを基に、全体のイメージで捉えることを理解する。（〔共通事項〕）
・絵具の表現方法の特性から制作の順序などを総合的に考え、見通しを持ってピクトグラムに表す。（「A表現」(2)）

(2)「思考力、判断力、表現力等」に関する題材の目標
・伝える目的や条件などを基に、自分にとって身近な環境を見つめ直すことなどから主題を生み出し、伝達の効果と美しさなどとの調和を総合的に考え、ピクトグラムの表現の構想を練る。（「A表現」(1)）
・作品の調和のとれた洗練された美しさや、表現の意図と創造的な工夫などについて考えるなどして、見え方の美しさを感じ取り、見方や感じ方を深める。（「B鑑賞」(1)）

(3)「学びに向かう力、人間性等」に関する題材の目標
・美術の創造活動の喜びを味わい、見えやすさや分かりやすさなどを大切にして美しく表現したり、鑑賞したりする学習活動に主体的に取り組もうとする。

4. 評価規準

上記 (3) の指導目標に照らし合わせて、評価の妥当性を判断できる学習者の姿を書く。

語尾は「～ (して) いる。」のように表記する。

4. 題材の評価規準

「知識・技能」	「思考・判断・表現」	「主体的に学習に取り組む態度」
知 形や色彩などの性質及びそれらが感情にもたらす効果や、造形的な特徴などを基に、全体のイメージで捉えることを理解している。	発 伝える目的や条件などを基に、自分にとって身近な環境を見つめ直すことなどから主題を生み出し、伝達の効果と美しさなどとの調和を総合的に考え、ピクトグラムの表現の構想を練っている。	態表 美術の創造活動の喜びを味わい主体的に主題を生み出し、見えやすさや分かりやすさなどを大切にして構想を練り、絵具の特性から制作の順序などを総合的に考え、見通しを持って表す表現の学習活動に取り組もうとしている。
技 絵具の表現方法の特性から制作の順序などを総合的に考え、見通しを持ってピクトグラムに表している。	鑑 作品の調和のとれた洗練された美しさや、表現の意図と創造的な工夫などについて考えるなどして、見え方の美しさを感じ取り、見方や感じ方を深めている。	態鑑 美術の創造活動の喜びを味わい、主体的に作品の調和のとれた洗練された美しさや、表現の意図と創造的な工夫などについて考えるなどして、見え方の美しさを感じ取り、見方や感じ方を深める鑑賞の学習活動に取り組もうとしている。

5. 指導と評価の全体計画

全体計画は題材の始めから終わりまでの計画を書く。同質の活動ごとにまとめて「○次」とし、そこにかかる時間を「時間」で示す。研究授業の該当箇所に「本時」と入れる。

内容は「学習のねらい・学習活動」「評価の視点」「評価方法・指導の留意点」などをについて書く。

6. 用具

題材を通し使用する用具や材料について、教師が準備するもの、生徒が用意するものと分けて記す。

7. 教室配置

指導場面に応じた教室のレイアウトなどを描く。

5.指導と評価の計画 (5時間)

学習のねらい・学習活動	知・技	思	態	評価方法・指導の留意点等
1. 発想や構想（2時間） ●身の回りにあるピクトグラムを用いて比較鑑賞を行うことで、学習に対する生徒の興味関心を高め、実感的にピクトグラムの定義を理解するとともに、次時（発想・構想）のポイントにもなる形や色彩が見る人に与える効果や、見えやすさという考え方について理解できるようにする。 ・比較鑑賞をする ・ピクトグラムの定義を知る ・ユニバーサルデザインとしての理解 ・伝達したい内容に適した色彩や形があることを知る ・見えやすさ（視認性）について知る	知 ↓		態鑑 ↓	知 身の回りにあるピクトグラムを造形的な視点から鑑賞し、形や色彩などの効果や全体のイメージで捉えることを理解しているかどうかを見取る。 【観察、振り返りカード】 形と色彩の効果による形の見えやすさの違いについて確認するような指導を行う。 態鑑 身の回りにあるピクトグラムを造形的な視点から鑑賞し、形や色彩などの効果や全体のイメージで捉えることを理解しようとする意欲や態度を見取る。 【観察、振り返りカード】 ピクトグラムの特徴がつかみやすい参考例を用いて比較し説明する。
●「学校の問題点をピクトグラムで解決しよう」という呼びかけに対し、個人→グループでの話し合いを通して主題を見つけていく。見る人によりよく伝えるための「形の工夫」として、形の単純化や強調の効果を理解し取り入れながらアイデアスケッチを行い、中間鑑賞で修正を行う。 ・身近な生活の中から主題を考える ・伝達したい内容に適した形を探す ・形の単純化や強調の効果を知り構成する ・中間鑑賞後にアイデアを修正する	発 ↓		態表 ↓	発 校内の環境を見つめ直し、目的や条件を基に主題を生み出しているかを見取る。 【観察、アイデアスケッチ】 校内の写真から、校内の危険箇所について話し合わせるなどして主題を見つけさせる。 態表 主題を生み出そうする態度を見取る。 【観察、アイデアスケッチ】 1日の学校生活を振り返らせ、どんな場所を利用しているか、不便さを感じる場所はないかなどを問いかける。 発 主題を基に、形の単純化や強調を効果的に行い、画面構成を工夫し、より伝わるような美しい形のピクトグラムの構想を練っているかを見取る。 【観察、ワークシート】 自分のアイデアを遠くから鑑賞させ、視認性と形の単純化や強調、画面構成の工夫を確認させる。 態表 主題を基に、形の強調や省略を効果的に行い、画面構成を工夫しピクトグラムの構想を練ろうとする態度を見取る。

				【観察、ワークシート】 枠の中での適切な大きさや地と図のバランス、伝わりやすさや、見た目の美しさに着目させる。 発 生徒が、校内の環境を見つめ直し、目的や条件を基に主題を生み出し、形の単純化や強調、画面構成を工夫し、より伝わるような美しい形のピクトグラムの構想を練っているかどうかを暫定的に評価する。作品完成後にアイデアスケッチ、ワークシート、完成作品などを再度見取り、必要に応じて評価を修正する。【ワークシート】 態表 生徒が知識を活用し、主体的に発想や構想の学習活動に取り組もうとする態度を評価する。
		発	態表	【観察、アイデアスケッチ、ワークシート】
2. 制作（2時間） ●ポスターカラーの水分量の調整と塗り方の基本、形をはっきりと見せるための分離の効果について学ぶ。生徒が自分の下絵に最も合った塗り方を総合的に考えて制作できるようにする。 ・水分量の適量を知る ・美しく仕上げるのに適した塗りの手順を知る ・分離の効果について知る ・下絵を描く ・自分の塗り方を総合的に考え塗る	技 ┊ ↓		態表 ┊ ↓	技 主題に合った外枠の形や色彩を選び、絵具の性質や制作の順序などを総合的に考え、美しく仕上げるための見通しを持って表しているかどうかを見取る。【制作途中の作品】図と地の区別を明確にさせ、配色による分離の効果を口頭で確認させる。 態表 絵具の特性から制作の順序などを総合的に考え、美しく仕上げるための見通しを持って表そうとしている態度を見取る。【制作途中の作品】美しく仕上げる水分量の適量や安定した筆の動かし方などを再確認させる。 知・技 完成作品から、形や色彩などの性質及びそれらが感情にもたらす効果や、造形的な特徴などを基に全体のイメージで捉えることを理解していることと、絵具の特性から創作の順序などを総合的に考え、美しく仕上げるための見通しを持って表しているかをあわせて見取り、知 と 技 を 知・技 として一体的に評価する。【完成作品、アイデアスケッチ、ワークシート】

			態表	態表 主体的に制作に取り組み、形や色彩などの性質及びそれらが感情にもたらす効果や、造形的な特徴などを基に、全体のイメージで捉えることを理解し、絵具の特性から制作の順序などを総合的に考え、美しく仕上げるための見通しを持って表そうとしている態度を評価する。【観察、作品】
	知・技		態表	
3. 鑑賞（1時間） ●よいピクトグラムとはどのようなものかを生徒自身が理解した上で、友人の作品のよさに気づき、表現の意図などを考えられるようにする。 作品に感じたよさが、形や色彩のどこから感じられたかを明記して、感じ取ったことと共通事項（知識）とを関連させ、鑑賞を深めていくとともに、改めて完成されたピクトグラムの色彩や形から、伝えたい内容がしっかり伝わるかどうか、全体のイメージで捉える指導をする。 ・見やすさの理由を明確にしながら鑑賞をする ・友人の作品の表現の意図を考える	知 ↓	鑑 ↓	態鑑 ↓	知 作品鑑賞を行い、自分が感じ取ったよさと、形や色彩などの効果や全体のイメージで捉えることを関連づけているかを見取る。【観察、ワークシート】見えやすさやわかりやすさ、形と色彩などの効果や全体のイメージの関係を確認する。 鑑 友人の作品のよさに気づき、表現の意図と創造的な工夫などについて考えることができているかを見取る。【観察、ワークシート】省略・強調・構成の工夫や、表現にあった塗り方の工夫などの既習事項について振り返らせ鑑賞の視点を増やす。 態鑑 主体的に作品を鑑賞し、自分が感じ取ったよさと形や色彩などの効果や全体のイメージで捉えることを関連づけたり、表現の意図と創造的な工夫などについて考えようとしたりしているかを評価する。【観察、ワークシート】
			態鑑	
〈授業外：題材が終了後〉	知・技	鑑		知・技 表現及び鑑賞のワークシート、完成作品などを点検し、知・技 の最終的な評価を確定する。【アイデアスケッチ、ワークシート、完成作品】 鑑 作品の調和のとれた洗練された美しさや、表現の意図と創造的な工夫などについて考えるなどして、見え方の美しさを感じ取り、見方や感じ方を深めているかをワークシートで見取り評価する。【ワークシート】

		発
	╎ ╎ ╎ ⊡発	発 発想や構想について、主題の アイデアスケッチや構想を記した ワークシート等を完成作品とあわ せて見取り、最終的な評価を確定 する。【アイデアスケッチ、ワーク シート、完成作品】

6. 用具（準備）

教師：画用紙（八つ切り）、振り返りカード、ワークシート4種（ピクトグラムの学習用、アイデアスケッチ用、オリンピックピクトグラム紹介用、鑑賞活動用など）、パソコン、パワーポイント、テレビモニタ、画像データ・掲示物等（街中や学校内にあるピクトグラムの掲示物）、参考作品

生徒：鉛筆、ポスターカラー、筆洗、筆記用具

7. 教室配置

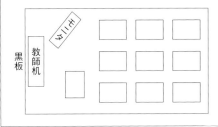

・4人が向かい合って1台のテーブルにつく
・モニタの見えづらい席がないか注意する
・必要なプリントは前の教師机にセットしすぐ使えるようにする

8. 本時の指導

（1）本時の指導目標

　題材の「3. 指導目標」と対応し、その時間の学習内容に応じて必要なものを設定する。例えば、鑑賞の能力に関係しない授業ならば鑑賞に関する目標は書かなくてもよい。1時間の授業では確実な学力の定着を図るため、本時の指導目標を絞り込む必要がある。活動内容に応じた1つの目標と、その目標に向かう「主体的に学びに向かう姿勢」で十分であろう。複数入れ込むと散漫になることがあり、結果としてどの目標も中途半端になることがあるので注意したい。ただし、同時に関連して身に付く目標であるならば複数書く。

（2）本時の評価規準

　本時の指導目標について「4. 評価規準」と照らし合わせ設定する。

(3) 本時の展開

　冒頭に必ずガイダンスを入れ、学習者が本時の学習のねらいと見通しを持てるようにする。次に、導入における教師の発問を吟味する。学習は教師の問いによって学習者の主体的な探究活動が始まる。

　活動の内容によって「展開1」「展開2」などのように活動を区切って示す。

(4) 本時の準備

　授業で必要なもの、準備するものを教師と生徒に分けて記載する。

(5) 板書計画

　板書計画を図示し、黒板に掲示する題材名や目標、学習の流れ、学習のポイントなど、見やすくわかりやすい配置を考える。

---

8. 本時の指導

(1) 本時の指導目標

1)「思考力、判断力、表現力等」に関する指導の目標
・自分の身の回りの環境を見つめ直し、目的や条件を基にアイデアスケッチにいくつかのパターンを描き出すなどして、多くの人に伝える価値のある主題を見つけることができるようにする。
・主題を基に、形を単純化したり強調したりして、画面構成の工夫を行い、伝達の効果と美しさなどとの調和を総合的に考え、ピクトグラムの構想を練ることができるようにする。

2)「学びに向かう力、人間性等」に関する指導の目標
　発想や構想の学習に向かう意欲的な態度を養う。

(2) 本時の評価規準

知識・技能	思考・判断・表現	主体的に学習に取り組む態度
	発 身の回りの環境を見つめ直し、目的や条件を基にアイデアスケッチにいくつかのパターンを描き出すなどして、多くの人に伝える価値のある主題を見つけている。	態表 身の回りの環境を見つめ直し、目的や条件を基にアイデアスケッチにいくつかのパターンを描き出すなどして、多くの人に伝える価値のある主題を見つけようとしている。
	発 主題を基に、形を単純化したり強調したりして、画面構成の工夫を行い、伝達の効果と美しさなどとの調和を総合的に考え、ピクトグラムの表現の構想を練っている。	態表 主題を基に形を単純化したり強調したりして、画面構成の工夫を行い、伝達の効果と美しさなどとの調和を総合的に考え、ピクトグラムの表現の構想を練ろうとしている。

（3）本時の展開

時間	学習内容・生徒の活動	※教師の活動・留意点 ▽指導　△評価　備考
導入 （5分）	◎ガイダンスを受ける ・何を（目的）どのようにして（方法）学ぶのか確認する ◎今日の目標を知る	※本時の学習の目標と学び方を伝え、1時間の見通しを持たせる。目標は必要最低限に絞り込み分かりやすく簡潔に伝える。
	①学校の問題点をピクトグラムで解決しよう ②見やすいピクトグラムになるよう、形や構成を工夫しよう	
展開1 （15分）	展開1　ピクトグラムで解決できそうな学校の問題を探す	
	◎個人で考えた後、グループで意見交換をし、一人一人主題を決める	▽普段の学校生活で自分たちが困っていることの他にも、学校の来校者の視点に立って、必要と思われる情報についても考える。 ▽問題点の中でも、よりピクトグラムに表すことで効果がありそうなものを吟味する。
展開2 （20分）	展開2　見えやすさを考えながらアイデアスケッチをする	
	◎制作のポイントをおさえる ・形を単純化、強調する ・大きさ、画面の構成を工夫する（クローズアップ） ・アイデアスケッチを複数描く ◎より見えやすく美しい構成を考えながらアイデアスケッチを行う ◎中間鑑賞会を行い、友達のアイデアスケッチを見て回る ◎残りの時間でアイデアスケッチを修正する	▽自分だけに分かる形でなく、より多くの人に伝わる、見え方の美しいピクトグラムになっているか考える。 △校内の環境を見つめ直し、目的や条件を基に、アイデアスケッチにいくつかのパターンを描き出すなどして、多くの人に伝える価値のある主題を見つけようとしている。発 態表 △主題を基に、形を単純化したり強調したりして画面の構成を工夫し、伝達の効果と美しさなどとの調和を総合的に考え、ピクトグラムの表現の構想を練ろうとしている。発 態表 ▽全員のものを見て回り、パッと見て内容が伝わる形になっているか、大きく描けているか、どの形が分かりやすいかなどの視点を持って鑑賞するように指導する。
まとめ （10分）	まとめ　学校の問題を解決するような、見え方の美しいピクトグラムとは？	
	◎中間鑑賞を通して、学校の問題を解決するような、見え方の美しいピクトグラムにはどんなものがあったか振り返る ・振り返りカードに記入する ◎友人の振り返りの発表を聞く	▽問題を具体的に捉え、それらを思い切って単純化・強調して絵に表すことが大切であることを確認する。

（4）本時の用具（準備）

教師：振り返りカード、アイデアスケッチ用ワークシート、モニタ、パソコン、
　　　掲示物各種
生徒：筆記用具

(5) 板書計画
目標の貼り方、板書のレイアウト（手描きでよい）

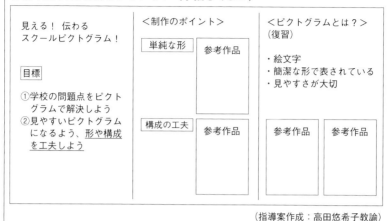

（指導案作成：高田悠希子教諭）

学習者主体の指導案

1977（昭和52）年の学習指導要領から、文章の主語が教師主体の「子どもに〜させる」から学習者主体の「子どもが〜する」に変わっていく。このことは教師が主体となって「〜させる」授業から、子どもが主体となって「〜する」授業への改善が込められている。言うまでもなく、学習は子どもが主体である。「主体的に学習に取り組む態度」は子どもの内発的動機から生まれるものである。よって、教師が「〜させて」できるものではない。子ども自身が自ら学びに向かう授業になるように教師は学習環境を整え、指導においても子どもの主体性を引き出す支援が考えられるように指導案の書き方も気をつけたい。

〔2〕創造的な楽しい授業づくりの工夫

ガイダンスの充実

ガイダンスは学習者に学ぶ目的と学び方の方法を伝え、学習の見通しを持たせる上で重要である。見通しが持てた学習者は、自分から主

体的に学び始める。

　悪い例で、教師が授業の進行をコントロールしようとするあまり、教師の指示なしでは何も進めないような授業がいまだにある。そのような状況下では児童生徒は常に教師の指示を待ち、「次、どうしたらよいですか」と問いかけてくる。学習の主体は児童生徒である。「思考力・判断力・表現力等」を身に付けるのであれば、学習者自身が、自らどのように学ぶかを考える力が必要になる。そのような問題を解決するのがガイダンスである。

　ガイダンスでは学習の目的と学ぶ方法を伝える以外、安全についての指導や、授業のルールなども伝えておく必要がある。例えば、片づけ方や用具の管理などである。また、授業のねらいに応じた成績評価の仕方なども中学校以上では必要であろう。学習に対して目標を共有し、同じ方向を見つめ学習を共に追求していくには、ガイダンスによる共通理解が何より重要になる。

アクティブ・ラーニングの留意点

　図画工作・美術では従来より、主体的対話的で深い学び（アクティブ・ラーニング）をしてきたと言えよう。特に小学校での造形遊びや、中学校や高校でのデザイン・工芸や鑑賞活動などにおいては、学習者同士の対話を通して、課題解決を図るためのリサーチや、自分以外の他者との感じ方の違いを知ることが、学習を深める上で重要である。一方、自己との対話を深め主題を発想し表現していく絵や彫刻に表す活動においては、発想段階での意見交換は、アイデアが浮かばない生徒にとって時として主体的に考えようとする姿勢を奪ったり、他者の考え方に影響されたりして個性のないものになってしまう危険性がある。アクティブ・ラーニングに取り組むことで、自己の主題追求が深まるのかどうか、学習活動の内容や質によって対話的な活動の場面を使い分ける必要がある。

絵や彫刻などに表す活動においても、状況によってはアクティブ・ラーニングが効果を発揮することもある。例えば、制作途中で行う生徒同士の作品の相互鑑賞などが該当するであろう。自分の表現を客観的に捉えたり、他者の表現から表し方の技法や工夫にヒントを得たりすることができる。このように主題が明確に決まり目的を持って表現し始めた段階においては有効な学習手段となる。

ワークシートの活用

ワークシートは授業の目的に応じて教師が作成するプリント類を指す〔1abc〕。その内容は基本的な知識や技能を確認するための課題プリントであったり、発想を促すためのヒントが示されたものであったり、目的に応じて様々である。ワークシートを活用するメリットは、基本的な内容を全員に理解させたり、確認したりするときに活用する場合が多い。美術の授業は個人で取り組む活動が多いため、必要最低限の知識や技能が一人ひとりに十分に伝えられなかったり、また児童・生徒の進度差によって必要な指導や支援が抜け落ちたりすることがある。そのようなことを防ぐ意味でもワークシートの活用は重要である。また説明の補助教材としてワークシートに取り組みながら説明を行うことで、学習者の理解を深めることができる。

ワークシート作成においては学習のねらいに基づいたワークシートの作成が重要であり、題材に必要な基本的な知識や技能を確認し、さらには個々の発想や構想が広がるような、たくさんの気づきが起きる内容を考えて作成する必要がある。また鑑賞活動のワークシートなどでは、感じたことや考えたことなどを整理したり、鑑賞を深めていくための視点や、感じ方の変化を記録したりするなど、学習活動の流れを意識して作成することが考えられる[*2]。

ワークシート活用の留意点は、ワークシートを詳細に作り込むことで学習者の発想を狭めたり、記入することが中心となって材料や作品

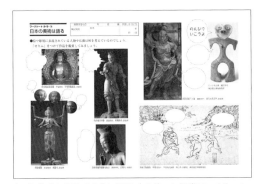
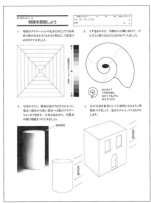

〔1a〕 作品に語らせる「ふき出し」を使った鑑賞ワークシート
〔1b〕 明暗の描き方を理解して立体表現を学ぶワークシート

〔1b〕

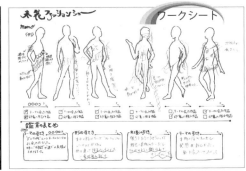

〔1c〕 ファッションショー当日と作品鑑賞ワークシート

に触れる時間を圧迫したり、作品とじっくり対峙する鑑賞の時間を奪ってしまうことである。あくまでも授業の補助教材であり、学習活動全体を見てバランスのよい活用が望まれる。また、必ず使用しなければならないものでもない。

　ワークシートを評価・評定に活用する場合は、ワークシートを提出させ採点するのではなく、ワークシートを診断的評価や形成的評価（p.81参照）として活用し、必ずワークシートの内容から読み取った内容を反映させた指導を行い、その成果としての学習達成度を測るようにすべきである。

〔2〕
「発想ノート」横浜国立大学教育人間科学部附属鎌倉中学校・鈴野江里教諭の実践

学習ノート

　発想や構想が苦手な子どもは、造形体験の蓄積が少ないことが多い。もしくは、体験はしたものの、学びとして定着していなかったり、既習事項を課題と関連付けて活用することが考えられなかったりする傾向がある。このような状況においては、授業はもとより、日常で気づいたことや発見したことなどを書き留めておくことが有効である〔2〕。また、雑誌などから面白い文字や、ロゴマーク、写真などの切り抜きをスクラップしたり、授業で気に入った絵具ができたら、その色見本と作り方などをメモしておいたり、使えそうな布や紙などの素材を集めたり、様々な情報を収集してストックし、必要に応じて参考資料として開き活用するとよい。日頃の収集が発想や構想の能力、創造的な技能の獲得につながっていく。ポートフォリオや、作品も入れた1冊のアートブックでもよい。

共同制作での留意点

　共同制作は一人ひとりの持ち味を発揮し、題材に取り組む活動である。学級全体で取り組む大規模なものから、小グループで行うものまで考えられる。ここで重要なことは、発想・構想から制作・完成まで、話し合い活動を重視し、集団内で意志決定し、それぞれの役割を持ち

進めていくことである。例えば、作業は苦手だがアイデアを出すのは得意であるなど、それぞれの個性を生かした協働の活動が展開できる。このようにお互い得意な分野で力を発揮しながら、よりよいものを生み出そうとする活動は、物事を遂行する上で重要な計画性や調整力などを身に付けさせ、それぞれの段階で価値観を共有しながら創造的に活動を展開していく活動となり、ともに学び合える学習となっていく。その際、造形的な視点からの討論がグループ内でできるよう指導したい。

　共同制作で重要なことは目的の共有である。目的が共有されていない共同制作は、表現に対するアイデアや提案も出ず、学習としては魅力のないものになってしまう。特に教師がテーマ決めから制作方法まで細かく決めて行う活動は、共同制作ではなく共同作業である。中学校の学習指導要領には「内容の取扱い」に「互いの個性を生かし合い協力して創造する喜びを味わわせるため、適切な機会を選び共同で行う創造活動を経験させること。」とある。共同制作では特別活動や総合的な学習と連携する取り組みも有効であろう。

グループ活動の工夫

　グループ活動は様々な場面で状況に応じて展開できる。例えばグループで意見を出し合ったり、作品などを紹介し合ったり、意見や考えを交流し学び合う活動として有効である。個人作業になりがちな美術の表現活動においても、制作の途中段階で適切なグループ活動を入れることにより、その後の制作活動が充実することも考えられる。創造的な話し合いを行う手法として、近年ワールドカフェ方式[*3]なども注目されている。

　グループ活動のメリットとしては、発想、構想段階や鑑賞活動において様々な意見と交流しやすいことがあげられる。個人で発想を広げにくいときや、多様な視点や考えが必要なときなどに効果的である。

デメリットは他者の意見に流されやすい点や、考えが平均化してしまう点があげられるが、指導の工夫によって改善できる。

個人制作を深める工夫

　個人制作は自己と向き合う重要な時間になる。そのような個人制作を充実させるには、学習者自身の目標把握と自己評価の充実が重要である。そこで、制作カードの工夫などにより、制作の過程を自己管理したり、毎時間の学びに対する自己評価を充実させたりすることが大切である。他には授業中において適宜、制作を止め他者と比較し自身の表現を確認させたりする場面も必要であろう。例えば、作業の途中にクラス全体でお互いの作品を鑑賞し合うとか、教師が特徴的な作品を取り上げ紹介するとか、小グループで対話するとか、自分自身を客観視する機会を持つことで自分と向き合う時間の充実が可能となっていく。

　掲載した制作カードは左頁に「今日の発見・気づいたことなど」「次回の挑戦・やりたいことなど」「次週の持ち物」、そして「自己評価」（A、B、C）の欄があり、各自自分の学習状況に応じて記入するようになっている〔3〕。

作制作過程で、作品が徐々に小さくなり、最終的に消滅してしまう出来事があった。その際、生徒の思考の過程が本人の自己評価と写真の記録（制作カード）によって残されていたので妥当な評価が可能となった。

〔3〕制作カード（自己評価カード）

「今日の発見・気づいたことなど」は、毎時間実感的に理解したことを記録することになる。「次回の挑戦・やりたいことなど」は発想や構想の能力に位置付けられるだろう。また、「次週の持ち物」は計画性につながり、技能の獲得に位置付けられる。このように制作カードを書くことは1時間の授業を振り返り、身に付けた能力を整理し言語化することで、授業で獲得した資質・能力の定着を図ることになる。

右頁には、毎時間の進捗状況を写真に撮り貼っている。完成時に制作の過程を、映像記録を通してリアルに振り返ることができる。このように制作カードは、自分の学習状況や進捗状況、そして毎時間の学びを把握する上で有効な手段となり、生徒の主体的な活動につながるカルテとなる。

学習環境　小学校の事例から

茅野市美術館（長野県）が行うアウトリーチ活動「お出かけ美術館」を、市内小学校で4年生と6年生の2学年合同授業として行った。「お出かけ美術館」とは、開催中の「中林忠良展」の作家（版画家）自身が作品を学校に持参し、美術館サポートスタッフのファシリテーションにより小グループで作品鑑賞をした後、鑑賞を生かした表現の活動を行う取り組みだ。

表現活動ではフロッタージュを行い、写し取った模様から描きたいものを発想し、切って貼って絵に表す活動を行った。フロッタージュでは45センチ四方の板に、ひもや、おはじきなどを貼り付けてマチエールをつくったボードを8枚用意した〔4〕。そのボードを他の授業の邪魔にならない玄関や廊下、ちょっとした広いスペースを見つけて床に点在させた〔5〕。通常は図工室などで行う活動を、教室を出て校舎全体を使って活動エリアを設定したのである。児童は、最初は点在させたフロッタージュボードを探し模様を写し取っていたが、徐々に活動エリア内の様々な物のマチエールに気がつき、児童の能動的なマ

〔4〕　　　　　　　　　　　　　　〔5〕

チエール採集が始まった。

　集めたフロッタージュを構成して絵に表す活動では、エリア内で自分が一番気に入った場所で作業してよいとした。階段の踊り場で座り込み制作する児童や、教師用の机で作業をする児童、また、使いたいフロッタージュが足りなくなり採集に出かける児童など、各自が自分のペースに合わせ、そして自分の制作環境をつくり出し、のびのびとした表現が生まれていった。

　最後は広い教室に集まり、4年生と6年生の入り交じった小グループごとに作品発表会を行った。活動の場の工夫や異学年交流により、子どもたちの主体性が引き出された時間になった。

＊註

1 —— 中央教育審議会「幼稚園、小学校、中学校、高等学校及び特別支援学校の学習指導要領等の改善及び必要な方策等について（答申）」（2016年12月21日）などが参考になる。

2 —— 大坪圭輔編『求められる美術教育』武蔵野美術大学出版局、2020年、pp.142-150。

3 —— カフェのようなリラックスした雰囲気の中で、時間を区切ってメンバーの組み合わせを変えながら、4～5人単位の小グループで話し合いを続ける手法。アニータ・ブラウン（Juanita Brown）氏とデイビッド・アイザックス（David Isaacs）氏によって、1995年に開発・提唱された。

学校をひらく Ⅱ

三澤一実

小さな新聞記事から

初任校は地域でも有名な荒れた中学校だった。毎日非常ベルが鳴り響き、ガラスが割れ、帰宅は午前様であった。

「授業が命」と言われ、授業開始後5分で後ろ3分の1の生徒が授業を抜け出すクラスもある中、「生徒を50分間教室に留めておくような楽しい授業をしろ！」が命題であった。新任教員に、いきなりそれは酷な話であるが、みんな必死であった。

生徒も荒れた学校で生きることに必死であった。良い方にも悪い方にもその場の力関係によってなびく中間層の生徒たち。彼らはできるだけ火の粉をかぶらないように、風向きを見て動く。

「正しいことは正しい」と言える学校に変わっていったのは外部からの評価であった。PTAがない学校であったが、保護者が学校をサポートする会ができ、授業中、校内の見回りをしてもらった。そして教室から抜け出す生徒に一言、声をかけてもらった。保護者の見回りによってそれまで見えていなかった生徒のよさも発見されていった。

生徒自治にも力をそそぎ、生徒会中心に校則を見直し、生徒会憲章を作った。そして、その理想のもとに各委員会を動かした。

書き初めの展示がライターで燃やされる中、美術科の教員は廊下のコンクリート壁にアルミの頑丈な額を設置し、生徒作品を飾った。学校の美的環境が重要だと、生徒が下校したあと毎日昇降口をピカピカに水洗いをした。半年たち、ついに誰も土足で上がらなくなった。

あるとき、学校前の通学路を生徒会が掃除している記事が新聞に載った。その出来事は早速全校朝会でも話され、地域の話題にもなった。それ以来、地域住民からの中学校への冷ややかな目線が徐々に応援へと変わっていく。

今まで悪い点ばかりに目がいっていた教師や生徒にも、よい学校に変わり始めたのではという希望が芽生える出来事になった。こんな小さな記事でも、新聞に載った社会的な評価は大きい。

メディアの機能

　生徒に自信を付けさせること。社会の一員だと実感させること。

　素行不良で孤立化する荒れた生徒を救うヒントもそこに隠れている。メディアは評価の機能を持っている。そんな生徒会の清掃が取り上げられたのは、学校から新聞社へ出した取材依頼であった。

　メディアを扱う教科として、私たち美術科教師は情報発信に長けているはずである。また、情報に載りやすいコンテンツも沢山持っている。学校の中でも発信力を持った存在であることを改めて自覚したい。例えば、個人が作品を展覧

「黒板ジャック」は新聞やテレビなどにより広く知られるようになった（*The Japan News*, 讀賣新聞 2015 年 2 月 14 日）

会に出すことも、社会に向けての情報発信だ。表現することは情報発信なのである。美術教育自体の発信も増えれば、今よりも美術教育に対する理解は増すだろう。

　新聞社は、学校に関する記事や動物の記事は書きやすいと聞く。それは政治的な色がついていないからだ。テレビでは黒板ジャックなど非日常の造形イベントがもてはやされている。硬直した世の中を少しでも柔らかくしてくれるからだ。一方、ネットでは授業実践に人気がある。指導法に悩む先生が多いからだ。

　大切なのはメディアに載ることではない。子どもたち一人ひとりに、一生忘れられない美術の取り組みを心に刻むことである。しかし、一方で、メディアも、一教員にできない応援をしてくれる大きな存在であることを忘れてはならない。そして社会に発信することで、発信した美術科教師も鍛えられていく。情報発信は自分自身を鍛える最大の手段なのかもしれない。

第3節　ICT機器を活用した授業

大黒洋平

ICTとは

　ICTとは、Information and Communication Technologyの略称であり、「情報通信技術」と訳される。学校で使用、活用される電子機器の総称として「ICT」とひとくくりにされていることが多いが、使われる機器としては、コンピュータ、デジタルカメラ、デジタルビデオカメラ、電子黒板、プロジェクター、実物投影機（書画カメラ）、スキャナー、プリンターなどが挙げられる。

学校現場におけるICT機器の活用に向けて

　「平成29年度 青少年のインターネット利用環境実態調査 調査結果（速報）」（内閣府、平成29年2月）によれば、青少年（調査対象となった満10歳から満17歳までの青少年5000人）の82.5％が、スマートフォン、タブレット、携帯ゲーム機、ノートパソコンなどのいずれかの機器でインターネットを利用し、動画視聴、音楽視聴、コミュニケーションツールなどとして使用している。1990年代後半以降に生まれた人は、幼い頃からデジタル機器に囲まれてインターネットやパソコンなどが身近に使える環境で育ってきている。2007（平成19）年に発売されたiPhoneの登場により、世界中で瞬く間にスマートフォンが普及し、タブレット端末が飛躍的に生活の中に浸透した。このような状況で育ってきたデジタルネイティブ世代とも言われる今の児童生徒にとっては、学校のICT機器の状況は極めて貧困だと言わざるを得ないのが現状ではあるが、各自治体の財政面での支援により、ここ数年で少しずつ整ってきている。
　さらには「学校におけるICT環境整備について（教育のICT化に

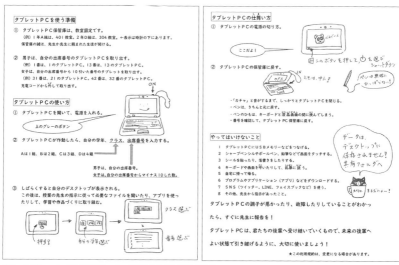

〔1〕タブレットPC使用ルール（2019年9月改訂版）

向けた環境整備5か年計画2018 ～ 2022年度）」（文部科学省、平成30年）などの国の方針により、今後数年で劇的に進化していくと思われる。筆者の勤務校がある荒川区では、2009（平成21）年度に区内全小中学校の普通教室に電子黒板が配備され、2013-14（平成25-26）年度にかけて生徒ひとりに1台のタブレットPCが配備された。その時、図1のような生徒向けの使用ルールを作成した。タブレットPC導入に際しては、全教職員で使用に関する研修や予想されるトラブル、生徒指導についての話し合いや議論を重ね、共通の使用ルールを定め、全校生徒に対して導入ガイダンスなども行った。学校現場でタブレットPCを使用する場合には、利便性の裏側についても的確に理解をしておくことが必要であり、教職員同士で十分に話し合い、確認し、対処法までの検討が必要である。

図画工作、美術、芸術科美術・工芸でのICT機器の活用について

「中学校学習指導要領 総則」（平成29年3月告示）では、主体的・対話的で深い学びの実現のために「情報活用能力の育成を図るため、各

学校において、コンピュータや情報通信ネットワークなどの情報手段を活用するために必要な環境を整え、これらを適切に活用した学習活動の充実を図ること。また、各種の統計資料や新聞、視聴覚機材や教育機器などの教材・教具の適切な活用を図ること。」と示され、各教科の指導の随所でICT機器の活用が示されている。これは、一つの教科の一題材に留まらず、児童生徒の実態に応じて多面的、多角的にICT機器の活用を示していることになる。単に、タブレットPCや電子黒板などの機器を学校に導入し、それを授業で使えば、ICT機器の活用につながる訳ではない。大切なのは「児童生徒にその授業でどんな力を身に付けさせたいか」を考えた上で、最良の方法を探ることであり、活用が目的になると本末転倒の授業になってしまうことを肝に銘じて、ICT機器を授業で取り入れていかねばならない。

　今の児童生徒は、インターネットで検索して体裁よくまとめる編集能力が高い。そのため自分が検索した情報が本当に正しいかどうか、その正確性に疑いをもつことがない場合が多い。図画工作や美術の授業においても、図書資料などの紙媒体の資料の重要性について教師が随所で触れたり、示唆することで、表現と鑑賞の活動を深めていくことができる。表現活動で参考となる資料や鑑賞活動で調べ学習などを行う際には、学校図書館司書とも連携し、図書館の活用も図っていきたい。では、授業におけるICT機器の活用について「小学校学習指導要領（平成29年告示）解説　図画工作編」では、どのように示されているのだろうか。「第4章 指導計画の作成と内容の取扱い」に次のように示されている。

> コンピュータ、カメラなどの情報機器の利用
> 　（10）コンピュータ、カメラなどの情報機器を利用することについては、表現や鑑賞の活動で使う用具の一つとして扱うとともに、必要性を十分に検討して利用すること。

　「中学校学習指導要領（平成29年告示）解説 美術編」では下記の

ようになっている。

映像メディアの活用

　映像メディアによる表現は、今後も大きな進展性を秘めている。デジタル機器の普及などにより、映像メディアの活用は従前に比べると図りやすくなってきているといえる。これらを活用することは表現の幅を広げ、様々な表現の可能性を引き出すために重要である。

　また映像メディアは、アイデアを練ったり編集したりするなど、発想や構想の場面でも効果的に活用できるものである。

　また、「高等学校学習指導要領（平成30年告示）解説　芸術（音楽　美術　工芸　書道）編　音楽編　美術編」では、高等学校芸術科美術Iに関しては、次のように示されている。

（3）映像メディア表現

　映像メディア表現に関する次の事項を身に付けることができるよう指導する。

　ア　映像メディアの特性を踏まえた発想や構想

　　（ア）感じ取ったことや考えたこと、目的や機能などを基に、映像メディアの特性を生かして主題を生成すること。

　　（イ）色光や視点、動きなどの映像表現の視覚的な要素の働きについて考え、創造的な表現の構想を練ること。

　イ　発想や構想をしたことを基に、創造的に表す技能

　　（ア）意図に応じて映像メディア機器等の用具の特性を生かすこと。

　　（イ）表現方法を創意工夫し、表現の意図を効果的に表すこと。

　高等学校美術Iでは、A表現の内容の一つとして映像メディア表現があり、美術II、IIIへと発展していく。そのため、小中高の接続や連携を念頭に、児童生徒の発達段階に応じて、適切にICT機器を活用した授業を設定することが、図画工作・美術を担う教師には求められている[2]。絵具や彫刻刀などと同様に、一つの表現手段としてICT機器に触れると共に、自分の作品を記録したり、振り返ったり、友達や作家の作品を見たりする鑑賞手段としてもICT機器の活用が図られる必要がある[3]。

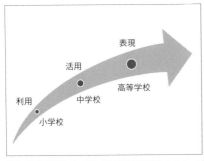

〔2〕発達段階における ICT 機器の活用のイメージ　〔3〕タブレット PC を活用した鑑賞活動

図画工作・美術の授業での ICT 機器の活用例

①導入での活用

　電子黒板やプロジェクターなどで、道具の使い方や手順についての動画や画像を児童生徒に見せることで、題材の理解を深めたり、興味・関心を高めたりするために有効である。また、教師が手順などを動画で撮影し、表現活動の際に再生することも考えられる。インターネットで公開されている「武蔵野美術大学 造形ファイル」は、様々な用具や技法の解説などがあり、小中高の学校現場でも活用しやすい。

②展開

表現活動例：題材名「アニメーションづくり　保育実習で保育園児に喜んでもらおう！」中学校 3 年生

　家庭科の保育実習で、園児に喜んでもらうためのアニメーションづくり。コマ撮りアニメーションでの映像づくりを通して、映像表現の基本や可能性について学習をする。粘土のフィギュアや身近なものを使って 30 秒ほどの映像を 3 〜 5 名程度の班でグループ制作を行う〔4〕。無料で使用できるコマ撮り編集ソフトやアプリをタブレット PC にダウンロードすれば、中学生でも簡単に映像作品をつくることができる。保育実習では、効果音や曲も入れて編集したものを上映した。

鑑賞活動例：題材名「比べる鑑賞　自分の視点で作品を選ぼう！」中学校 2 年生

　表現活動の作品づくりを深めたり、発想を広げたりするための鑑賞

〔4〕　　　　　　　　　　　　　　　　　　〔5〕

活動。参考になる作品を10作品ほど教師が予め選び、PDFデータに
し、各生徒のタブレットPCに配信する。生徒は、それらの作品の中
から、形や色彩、イメージなどの造形的な特徴を基に自分でテーマを
決めて2作品選ぶ。教科書や資料集、配色カードなども活用しながら、
形や色彩から受けるイメージをワークシートにまとめる〔5〕。班や学
級全体での発表活動を通して、作品から受けるイメージや選んだ視点
などを共有する。

③まとめ

　表現活動においては、教師が児童生徒の活動をデジタルカメラで随
時撮っておき、前時の振り返りの際や、題材の総括の場面で活用する。
それだけでなく、児童生徒が自由に記録できるように、デジタルカメ
ラやタブレットPCの場所を決めておいて、いつでも気になった瞬間
や、見てほしい場面を共有するためにICT機器を活用することも考
えられる。

　また、鑑賞活動では、発表の際にプロジェクターや実物投影機（書
画カメラ）などを活用することで、クラス全体で共有して一つのもの
をじっくりと鑑賞することもできる。表現活動の過程を記録しておき、
振り返ることも学びにつながる。

　筆者は、タブレットPCを活用した鑑賞活動の利点を、何といって
も高精細な画像を生徒一人一人が見ることができる点であると考えて

いる。

　タブレットPCがタッチパネルのモニターであれば、生徒は指で拡大縮小ができ、簡単に比較することができる。また、教師にとっては、紙媒体よりも格段に容易に鑑賞教材を準備できる。生徒人数分の紙媒体を印刷する準備や手間、費用などを考えるとタブレットPCを活用した鑑賞活動は、ICT機器を活用した大きなメリットである。しかしながら、実際の作品でないと感じられないスケール感やマチエールなどを味わうために、児童生徒が実際に美術館や博物館に行くことを勧めることも忘れてはいけない。

①題材の設定

・めあて、身に付けさせたいことを決める（目標、資質・能力）。

・どのような活動で、どのように児童生徒の様子を見取り、評価につなげていくかを考える（指導計画、評価規準）。

②鑑賞題材の精選

・児童生徒の発達段階、前後の学習内容などから、鑑賞する題材を選ぶ。

・国内外の美術館・博物館のホームページを活用する。現在、国内外の様々な美術館が所蔵作品をデータベース化し、高精細な電子データで作品を公開している。著作権を踏まえて、教育利用をしたい。

［海外］ニューヨーク近代美術館（MoMA）、グッケンハイム美術館、メトロポリタン美術館（Met）、テイト（Tate）、ルーヴル美術館、ベルリン美術館（SMB）

［国内］「想—IMAGINE」国立美術館、鑑賞教育.jp、東京国立博物館、京都国立博物館、奈良国立博物館、九州国立博物館、e国宝（国立博物館所蔵 国宝・重要文化財）

③教材準備

・電子データの作成

　児童生徒のタブレットPCに配信したり、例示する際には、Word等

でデータの作成をしてPDFに
変換して提示すると、作品がず
れたり、色の設定が変更されな
い。また、タブレットPC上で
データの操作も容易である。

〔6〕

・ワークシートの作成

　造形的な見方、考え方を踏ま
えためあての設定や、題材の目
標などを示したワークシートの作成は重要である。タブレットPCを
活用した鑑賞活動では、児童生徒の見方の変化や考え方の深まりの変
化を辿ることが難しい場合が多い。1時間の鑑賞活動の中でも大きく
変化するため、児童生徒の鑑賞活動の流れや様子、過程を見取るため
にワークシートの活用を随時行うとよい。ただし、ワークシートを埋
めることに重きが置かれないよう工夫することが大切である。ワーク
シートは、あくまで情報整理や思考の過程の記録として活用すること
を念頭に作成するとよい〔6〕。

④題材の評価（振り返り）

　授業の後には、必ず評価が必要になる。評価の手立てとなるのが
ワークシートであるが、これだけでは個々の児童生徒の図画工作・美
術での学習の成果を正確に見取ることはできない。そのため、授業の
様子を随時、教師自身がデジタルカメラで記録したり、、ビデオ撮影
などにより、授業観察、発言、行動、ワークシートなどを総合的に踏ま
えて評価をする。

●事例　比べる鑑賞「あんな人？こんな人？どんな人？」

①題材の概要

　造形的な視点でレオナルド・ダ・ヴィンチの《モナ・リザ》と東洲
斎写楽《三代目大谷鬼次の江戸兵衛》とを比較し、それぞれの作品か

ら受けるイメージの差に気づかせ、西洋と日本の人物画の描き方や捉え方の特徴を理解する。

②学習の流れ

　ふたりで1台のタブレットPCを準備させ、まずは個人で作品の造形的な特徴とイメージをまとめる。次にペアの生徒同士で意見交換をしたり、作品と同じポーズをしてみたりする。教師がファシリテートしながら、生徒の意見をまとめて板書する。その後、4～6名ほどのグループになり、浮世絵と油絵の描き方やイメージの差などについて話し合い活動を行う。教師が美術文化についての解説や作品紹介などをしながら、グループの意見を板書して整理を行う。最後にワークシートに学んだことの振り返りを記入する。

●事例 Discovery Museum「私だけのコレクション」

①題材の概要

　タブレットPCおよび学校図書館の図書資料を活用して、自分の視点で作品をいくつか選び、美術館をつくる計画を考える。

②学習の流れ

　教師が任意の美術館・博物館（なるべく学校からアクセスが可能なところを取り上げると児童生徒に親近感がわき、興味・関心が高まる）を取り上げ、その館のコレクションについて簡単に説明する。その際、電子黒板やプロジェクターを活用する。その後、教科書や資料集などを活用し、さらには国内外の美術館・博物館をタブレットPCで検索し、自分なりの視点で作品を選ぶ。教師が準備したPowerPointのデータを生徒のタブレットPCに配信し、検索した作品などを基に編集を行う。最終的に班ごとまたはクラス全体で発表し、共有し、鑑賞活動を深める。

第 3 章　教科経営

第1節　美術室の経営

髙野　一

学習環境の整備

　生徒が美術室に来ると「何か創りたくなる」「早く続きを始めたい」という気持ちが高まるような学習環境を整えることが重要である。このような美術室の経営は、教科経営の重要な要素である。「美術室の整備と充実」を経営方針の重点目標に位置付け、常に生徒が活動しやすい学習環境となる美術室づくりを目指す。また、ユニバーサルデザイン（UD）の視点で美術室経営にあたることも大切である。

　そこで、学習環境の整備について「人的環境」「物的環境」の2つの視点で考えていく。人的環境とは、言うまでもなく教師と生徒にほかならない。教師と生徒、生徒と生徒がよりよい関係を作りあげていくことが授業の充実につながる。そのため生徒1人1人と積極的にコミュニケーションを行い、生徒理解に努め指導と支援にあたる。

授業規律の確立

　中学校の美術科における年間授業時数は第1学年が45時間、第2・3学年では35時間となっている（1単位時間は50分）。1年間を35週間で教育課程を編成していることから、1クラスで週に1回の授業が展開されることとなる（1年生の場合は年間10週間だけ週2時間となる）。このように週1回の授業を充実したものにするためには、どのように授業規律の確立を図ればよいか、その要点を次に述べる。

①時間を守らせる指導

　美術の授業は、週1回である。この1回の授業を大切にする指導を行うことが重要である。どの教科の授業もそうであるが、チャイムで始まり、チャイムで終わるよう指導する。授業は、多くの中学校が美

術室で行っており、普通教室から美術室への移動に時間がかかる。普段から5分前行動を励行するなど、学校ぐるみの活動を通して生徒自身が時間を守るよう指導する。また、教師自身が授業の開始と終了の時間を守り、気持ちのよい「あいさつ」をかわすことから信頼関係を築いていくことも大切である。

②忘れ物をさせない指導

　美術の授業では、1つでも忘れ物をすると50分間何も活動できないことが多い。年間で35回しかない授業で、そのうちの1回でも忘れ物をすると、そのときの授業内容を取り返すことができない。そこで、授業に必要なもの（教科書、資料集、スケッチブックあるいはクロッキー帳、絵の具セット他）をひとまとめにして手提げ袋に入れるなど、工夫して各自に持たせておくよう指導する。特に必要な材料や用具等は美術係を通じて事前に知らせる。

③話を聞く姿勢をとらせる指導

　美術の授業は自分との対話が制作活動の中心となる。生徒は、教師の話をしっかり聞いてから制作に入るよう、導入では教師の方を向いて話に耳を傾けるよう指導する。また、鑑賞などの活動に際しては、他の生徒の話もしっかり聞くように指導することが大切である。自分の思いを相手に伝えるためには要点を整理させ、わかりやすく話すよう指導する。その手本となるのは教師の姿勢である。教師自身が生徒の話に耳を傾け、伝え方を工夫するよう心がけたい。

④学習のルールを守らせる指導

　他教科の授業でもそうであるように美術においても学習のルールを定め指導する。例えば、右記の3項目に加えて「授業は活

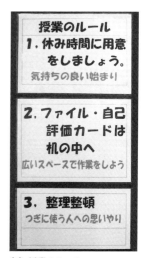

〔1〕授業のルール

動しやすい服装（ジャージ、体育着など）で行う」「限られた道具類は順番を決めて使用する」などが考えられる〔1〕。美術の授業では、刃物類や電動糸のこ機といった道具類を使い制作することもある。活動中にけがをせず安全に制作を行うためには、学習のルールを守るよう指導することが大切である。

教室環境・掲示等

美術室経営の大切なことは、生徒が美術室に入ると本時の活動がすぐにできるような教室環境の整備に努めることである。生徒の活動を中心とした「物的環境」の整備を以下に説明する。物的環境は、題材によって必要となる材料・用具が変わってくることから、生徒の動線を考え美術室のどこにどのように配置するか、指導計画の中に位置付けて考えていくことが大切である（UDの視点）。

〔1〕机の配置の工夫

生徒用の机には、1人1人が使える個人用の机、4〜6人のグループで使える比較的大きな机を設置している教室がある。活動の内容によりそれぞれによい点があるが、個人用の机を設置している学校が多いようである。個人用の机の場合は、題材の活動内容により個別の座席で授業を行い〔2〕、また机の配置をグループの座席にして授業を行うことが考えられ〔3〕、授業形態の変更がしやすい。生徒の座席は、授業規律の面からも1年間固定した方が生徒の状況を把握しやすい。

〔2〕個別の座席で行う授業

〔3〕グループの座席で行う授業

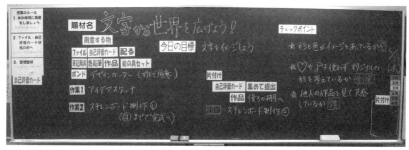

〔4〕板書はシートを活用し、はっきりと書く

②板書の工夫

　授業の板書は、生徒が本時に「どのような活動を行うのか」を具体的に示すことが大切である。そこで、毎授業で使用する「題材名」「本時の目標」といった表示タイトルはラミネート加工したシートを作成し〔4〕、板書は、いつも同じ箇所に書くようにする（UDの視点）。

③掲示物の工夫

　掲示は生き物である。常にいろいろな掲示を工夫して生徒の活動を支援できるよう工夫をしたい。題材の参考作品はもちろんのこと、次の題材に関係する参考作品や資料等も掲示する。また、制作を助ける技能面の資料も掲示したい。また、美術室の廊下壁面には、生徒作品や鑑賞作品を掲示し、鑑賞コーナーをつくるなど工夫する。

④材料・用具の配置の工夫

　授業中、生徒の活動に必要な材料や用具は、活動の動線を考え配置をしたい。生徒が安全に活動できるよう常に整理整頓を心がける。特に刃物類（カッターや彫刻刀）はどの刃物を誰が使用するかを決める。また、教師の目が届くところに置いておき、生徒が安全に使用できるよう注意を払う必要がある〔5〕。

安全指導と安全管理

①刃物類の管理

　生徒が主体的に表現活動を行うためには、題材の材料・用具・場な

どとのかかわりを広げ、思いを深めることが大切である。生徒の活動中にはあらゆる場面に危険が内在することは否定できない。安全指導は危険とのかかわりを知り、そこから危険回避の方法を学ばせることである。生徒は小学校の図画工作で、のこぎり、金鎚、錐（きり）、小刀、カッターなどを使って活動を行っている。その経験をもとに中学校においても技術家庭科など他教科とも連携を図りながら、もう一度用具の安全な使い方について指導する〔6〕。授業でよく使われる小刀、カッター、のこぎりなどは、使用目的に合わせて適したものを使わせるよう指導する。

　これらの刃物類の管理は、用具1つ1つに番号をつけ、保管箱にまとめ（のこぎり、金鎚、鑿（のみ）などは、保管箱にも番号をつける）、鍵のかかる戸棚等で保管する。用具を安全に使用するためには手入れも十分に行う。定期的に点検を行い、切れない小刀は研いでおいたり、短くなったカッターの刃は交換するなど日々の管理を心がけるようにする。

②危険物の管理

　美術の活動で考えられる危険物の1つに接着剤と塗料がある。接着剤は、紙や木の接合に用いられる糊やボンド、プラスチックや金属の接合に用いられる有機溶剤を使用した接着剤など種類も多い。また、塗料もアクリル系のもの、有機溶剤を使用するものとこれも種類が多い。最近は、アレルギーなどの問題もあることから有機溶剤を用いた接着剤や塗料は使われなくなってきた。

〔5〕カッターは班ごとに氏名を記入

〔6〕安全な活動のため左手の位置に注意

これらの塗料や接着剤なども使用後は容量を確認し、次の活動に備え補充し、鍵のかかる適切な場所で保管するなど管理に努める。

施設備品等

美術室の広さなど施設設備は共通であるが、美術室にどのような備品を揃えていくかは美術科の経営方針が優先される。

①機器整備

最近は、多くの学校でコンピュータ、プロジェクター、デジタルカメラ、デジタルビデオカメラ、大型液晶テレビなどの視聴覚機器が整備されてきている。美術の授業においてもこれらの視聴覚機器が使われるようになった。例えば、活動中の生徒の様子をデジタルカメラやビデオカメラで撮影し、授業の導入、活動中、まとめと適時に提示し、指導に生かす場面をよく見るようになってきた〔7〕（UDの視点）。また、授業のまとめに生徒と作品を撮影し評価に生かすよう工夫している。さらに生徒がデジタルカメラやビデオカメラを使って表現活動を行うような題材も増えてきている。このような現状から、積極的に視聴覚機器を活用するとともに計画的に整備するように努めなければならない。

②教材整備指針

学校で使われる教材は、教育効果を高め、基礎的・基本的な学習を助ける上で重要であり、その充実は不可欠である。そこで、文部科学省では、令和元（2019）年8月に教材整備のための参考資料として「教材整備指針」を改訂した。各学校では、現在整備されている教材を見直し、「教材整備指針」に基づいて必要な教材を計画的に整備していくことが必要である。

〔7〕大型液晶テレビを活用した展開

第2節　展示による学習環境の創造

小西悟士

展示活動とは

　これからを生きる子どもたちには、学習内容を人生や社会の在り方と結びつけて深く理解し、急激な社会の変化に対応できるような資質・能力を身につけ、生涯にわたって能動的に学び続ける視点をもつことが必要になる。そのために教師には、「主体的・対話的で深い学び」の実現に向けた授業改善が求められている。それに向けた授業改善を進める際には、深い学びの鍵として、美術科ならではの「見方・考え方」を働かせることが重要であり、教師には子どもたちが感性や想像力を働かせ、対象や事象を造形的な視点で捉え、自分としての意味や価値をつくりだす「造形的な見方・考え方」を働かせるための場面設定を、積極的に行っていくことが求められる。

　例えば、鑑賞の学習活動における造形的な視点を豊かに働かせるための場面として、子ども自身が制作した作品等を展示し、鑑賞し合う「展示活動」がある。

　展示活動には、授業における鑑賞の場面をはじめとして、普段の学校生活でも鑑賞できるよう、廊下等に掲示する「校内展示」、さらに、展示する場所を学校外の地域や社会に広げた「校外展示」が挙げられる。

　学校外に子どもたちの作品を展示することは、子どもたちにとって学校外の人々から評価されたり、認められたりする機会になるとともに、学校や教師にとっては、美術科という教科を学ぶ意義を発信することや、学校がどのような教育活動を行っているかを社会に伝えていくことにもつながり、「社会に開かれた教育課程」の実現を図る取り組みとしても有効である。

展示活動の目的

　校外活動における展示活動には、以下の3つの視点が考えられる。

（1）生徒の学習

（2）教師の授業改善、美術科の説明、理解の拡大

（3）社会と美術の関わり

　これら3つの視点から、校内展示、校外展示それぞれの事例を次に紹介する。

校内展示

●事例　美術室をリノベーションして新たな展示場所を創り出す

　校内展示では、生徒や訪問者の目に止まる場所に作品を展示したい。例えば、美術室や廊下、職員玄関、階段、空き教室など、様々な場所が考えられる。しかし、学校の実態によっては、展示場所が充分にない場合がある。そこで、空きスペースを活用するなど、教師自ら展示場所を創ることが考えられる。

　筆者が勤務していた学校では、作品を展示するスペースが充分になかった。そこで、新たにスペースを創るため、美術部の生徒と一緒に、美術室と廊下を仕切る壁を取り払い、ショーウィンドウのようなスペースを創り出した〔1〕。

　展示スペースには、作品とともに授業の概要や、美術科で育成する

〔1〕

〔2〕

力を紹介するポスターを展示した。また、作品の隣には、題名や作品で表したかったこと、制作したときの気持ちなど、作品に込めた思いを書いたカードを添えた〔2〕。このことにより、生徒が何を考え、表現しようとしていたのかを知ることができる。

　生徒の学びという点では、このカードと作品を同時に観ることで、作者の思いや表現の意図を知る手掛かりとなり、見方や感じ方を広げたり、深めたりすることができる。そして、互いの個性を認め合うことで、他者理解にもつながる。

　教師にとっては、生徒の新たな一面を発見し、生徒理解につなげ、学級経営や生徒指導に役立てることができる。作品を観た人が、単に作品の出来栄えだけを評価するのではなく、作者の思いや表現意図などをふまえた上で、作品を観ることにつながり、新たな価値を見出す機会となる。

　新たに展示スペースを創り出すことは、美術科の存在をアピールし、理解を拡大する機会になった。展示の意味を理解した管理職に、作品鑑賞をするには廊下が暗いことを相談すると、予算が確保され、照明が設置された。

　多くの人に作品を鑑賞してもらうためには、学校行事や授業参観日、保護者会等の学校公開日などに合わせて展示するなど、時期やタイミングを考えることが重要である。さらに、作品の入れ替えも頻繁に行いたい。作品を新鮮なうちに展示することで、空間が鮮やかになり、生き生きとした展示空間を演出できるからである。

●事例　空き教室をギャラリー化して作家の作品展示

　鑑賞の授業では、地域の作家や美術館の学芸員と連携して、可能な限り多様な鑑賞体験の場を設定することが望ましい。例えば、私たち教師が美術館で作品を見た後、刺激を受けて制作意欲が高まるように、生徒も作品を鑑賞したり、作者の話を聞くことで意欲が高まる。そこ

〔3〕　　　　　　　　　　　　　　　〔4〕

で、空き教室を利用してギャラリーを創り、地域の作家を招いて鑑賞の授業を行った〔3・4〕。

　生徒にとって、作家と出会い、作品に込められた思いを聞くことで、作品の見方が変わる。そうすることで、芸術は作者の生き方も含めて存在するものであり、様々な人生や考え方があっていいということに気づくことができる。このように、多様性を保障する「学びの場」がこれからの学校には必要である。

　このギャラリーには、保護者や他校の美術教師が訪れるようになり、学校と社会を結ぶ「アートスポット」となった。美術教師は学芸員や作家と連携するためにも、日頃から地域とコミュニケーションをとり、情報を集める能力が求められていると考えている。

●事例　日常的に美術に触れる創造空間を演出する

　展示活動は、単に、生徒の作品を展示するだけではない。美術室に、材料や道具、制作途中の作品を美しく並べるだけでも、生徒の制作意欲を高めることができる。さらに、造形的な視点を豊かにするために、学校生活の中で美術やデザインの情報に触れることができる「創造空間」を演出することも活動の1つである。

　例えば、校内の適切な場所に「アートコーナー」を設け、作家の画集や展覧会の図録を置いたり、映像作品を流して自由に閲覧できるよ

〔5〕　　　　　　　　　　　　　　　〔6〕

うにした〔5〕。さらに、美術館と連携して展覧会のチラシやポスター
を取り寄せ、美しく貼ることで、創造的な空間を演出することができ
た〔6〕。

　美術科は、他の教科と比べて授業数が少ないため、生徒の日常生活
全体に関わる視点で、美術に触れる機会を増やしたい。

校外展示

●事例　地域と連携して創る展示活動

　美術科は、作品を介して地域の人々と連携できる教科であり、身近
なところから社会に関わる活動を進めていくことは、生徒の学びを深
める上で効果的である。よって、教師は展示活動を校内のみならず、
校外でも発表する場をつくり、生徒の母校や、公共施設などで展示し
たい。また、題材のテーマに合わせて、生徒の身近な場所で展示する
ためには、新たに展示場所を開拓する必要がある。

　「音」をテーマにして制作した立体作品を地域のミュージックショッ
プで展示した際には、作品を飾るための展示台を用意したり〔7〕、QR
コードを読み込むと作者のことばを見ることができるようにキャプ
ションを工夫した〔8〕。さらに、授業の学びを地域や社会に向けて発
信するため、授業の趣旨や作品が生まれた背景を紹介するポスターも
掲示した。

また、生徒が制作したタンブラー（水筒）を、地域のコーヒーショップで展示した折には、より多くの人に作品を鑑賞してもらうため、レジとカウンターの間に展示台を設置し、コーヒーができあがるまでの間に作品を鑑賞できるように工夫した〔9〕。

　このように、美術教師は、作品の魅力を伝えるため、飾り方や見せ方にこだわりたい。立体作品を並べて展示する場合でも、展示台を用意して高低差をつけたり、照明を当てて演出する。生徒一人一人を尊重し、作品を丁寧に展示することで、生徒や保護者、地域から信頼される教師となる。

　この展示を観た人たちは、「今の中学生は、こんな作品を作っているのですね！」「来年も、生徒たちの作品を楽しみにしています。」と付箋に感想を書いてくれた〔10〕。その付箋をボードに貼って掲示し、生徒や保護者に見せると、とても誇らしそうにしていた。また、店側も宣伝用に看板を用意するなど、展示活動への協力を得ることができ

〔7〕

〔8〕

〔9〕　　　　　　　　　　　　　〔10〕　　　　　　　　　〔11〕

〔12〕

〔13〕

た〔11〕。

　生徒の学びとしては学校と地域の垣根を越え、身近な場所で作品を展示し、より多くの人から認められることで、創造活動の喜びを感じたり、自分では気づかなかったよさを発見し、自己肯定感を高めることができた。また、教師でも親でもない大人と対等に対話する機会は、生徒にとって社会に参加しているという実感が持てる機会になった。

　このような自己肯定感を高める体験を重ねていくと、生徒に変化が表れた。もっと自分たちの作品を見てほしいと、生徒自身が展示場所を選んだり、チラシをデザインするなど主体的に展示を企画し、母校である小学校や、美術大学でも作品を展示することとなった。

　小学校では、作品を観た小学生たちの「中学生になるのが、楽しみになりました」という声を聞くことができ、進学のギャップを和らげたり、美術への関心がより深まった〔12〕。小学校の教職員も卒業生の作品を観ることで、生徒の成長を感じたり、情報交換するなどして、小中連携をはかる機会にもなった。

　美術大学での展示では、生徒自身が作品を飾り展示した〔13〕。展示空間と作品の関係を考え、作品の位置を何度も並べ替えて試行錯誤する姿は、図工の時間で体験した造形遊びの学びが生きていると感じた。そして、生徒にとって美大生は身近なアーティストであり、彼らから認められたり、アドバイスをもらうことで、さらに制作意欲や自己肯

定感を高めることになった。

　このように、身近なところから社会に関わる活動を進めていくことは、生徒の学びを深めていく上で効果的である。また、地域の人々にとっては、作品を観ることで、学校で行われている授業を知り、その授業によって生徒にどのような学びがあり、美術にはどのような価値があるのか理解を得ることができるなど、展示活動が学校と社会をつなぐきっかけになる。

　展示活動は、美術科の授業を学校で終わらせるのではなく、生活や社会と関わりをもたせ、そのつながりに気づかせる工夫をし、主体的に生活や社会の中で美術を生かし、豊かな生活を創造していく態度を養うことにつながる。

●事例　インターネットミュージアム

　現代社会では、スマートフォンが普及し、私たちの生活の中にインターネットがより身近になった。それは、生徒にとっても同様である。そこで、美術をより身近に感じるため、SNS（ソーシャルネットワーク）を活用した展示空間を創り、学校や自宅など、いつでも作品を鑑賞できるようにした〔14〕。

　インターネットミュージアムには、作品の写真と、作者のことばを掲載している。さらに、放送委員による音声ガイドの作品解説を聞く

〔14〕

〔15〕

ことができたり、作品の画像を360度回転させ、好きな角度から観ることもできる。

　生徒の学びという点では、作品を撮影するときに、魅力的に見えるアングルや構図を探したり、光を和らげたりするなどして、様々な視点で作品のよさを発見することができた。そして、その写真を観た人から「いいね」と評価され、コメントが投稿されることで、生徒たちの自信につながり、自己肯定感を高める要素の1つとなっている[15]。

　また、インターネットミュージアムは、アーカイブとしての役割をもつ。先輩の作品を観ることで、「先輩のような作品を創りたい」と憧れを抱き、制作意欲を高める手掛かりとなる。

　教師にとっては、スマートフォン1つで手軽に活動することができ、継続的に展示を行うことができる。また、社会に向けて中学生のよさを発信できるという点でも、インターネットミュージアムは効果的である。しかし、不特定多数の人が展示を観るため、否定的なコメントが投稿されないように、管理を充分に行う必要がある。

アートディレクターとしての美術教師

　以上をふまえ、美術教師には自らが担当している授業や美術室の経営をはじめ、学校内外における展示活動などを総合的に手掛けることで、生徒の学習に主体的に取り組む態度や、美術を愛好する心情、豊かな感性や情操を育むとともに、社会に向けて生徒の学びを周知していく「アートディレクター」のような働きが求められるのではないかと考えられる。

　また、そのような取り組みによって、自らの授業を継続して向上させていくことができると同時に、学校の教育活動を社会に開いていくなど、学校全体にとって有益な働きが可能となり、生徒や保護者、地域の人たちから信頼される教師として成長していくことができるのである。

第3節　地域社会とつくる学び

高安弘大

社会に開かれた教育課程とは

　2016（平成28）年12月に中央教育審議会において示された「幼稚園、小学校、中学校、高等学校及び特別支援学校の学習指導要領等の改善及び必要な方策等について（答申）」（以下「答申」）では、「社会に開かれた教育課程」について次の3点が指摘されている。

> ①社会や世界の状況を幅広く視野に入れ、よりよい学校教育を通じてよりよい社会を創るという目標を持ち、教育課程を介してその目標を社会と共有していくこと。
> ②これからの社会を創り出していく子供たちが、社会や世界に向き合い関わり合い、自らの人生を切り拓(ひら)いていくために求められる資質・能力とは何かを、教育課程において明確化し育んでいくこと。
> ③教育課程の実施に当たって、地域の人的・物的資源を活用したり、放課後や土曜日等を活用した社会教育との連携を図ったりし、学校教育を学校内に閉じずに、その目指すところを社会と共有・連携しながら実現させること。

　各学校においては、地域と認識を共有し、子どもたちが地域や社会の変化に目を向け、身近な地域を含めた社会とのつながりを意識しながら学ぶことができるよう、教科等を超えた横断的な視点で教育課程全体を見渡して相互の連携を図り、教科等や学年を超えた組織運営の改善を行っていくことが求められている。

　美術科は、教科の特性から地域連携について親和性が高いと考えている。筆者が勤務する青森県では、地域住民の学校教育への関心が高く、「おらほの（私たちの）学校」という意識が強いため、学校に対する協力的な風土がある。後に紹介する「商店街の包装紙デザイン」の実践では、当初教師が商店を一軒一軒訪ね、協力を依頼して回った。最初は訝しげだったお店も、そこに生徒や作品を介すことで、どんど

ん表情も和らいで協力的になっていった〔1〕。また、現代美術作家の作品を中学生が校内に展示した「学校を美術館にするプロジェクト」においても、プロジェクトの半年後、地域の祭りに作品が再登場するなど、ねぶた祭りに見られるような青森のお祭り気質が、活動そのものを支えてくれたとも言えるだろう。

　学校運営協議会制度（コミュニティ・スクール）の広がりとともに、地域と学校の交流や協働への意識が高まりつつある現在、美術を通して解決できる地域活性化に向けたプロジェクト型の授業や、中学生が自分たちの目線で地域社会に参画するような題材など、新しい連携のスタイルを創造していきたい。

　これまで美術科で実践されてきた地域との連携では、地域の人的資源の活用や、学校で子どもが制作した作品の地域展示など、断片的に行われるものが少なくなく、子どもたちの学びの深まりにつながっていなかったという指摘もある。また、学校現場では、家庭や地域との連携の必要性を認識し、交流や連携、協働などを進めていこうとする気運は高まりつつあるが、一方では、日々の授業や学校行事に加え、今日的な教育課題を見据えた学級経営、休日返上の部活動指導、煩雑な事務処理、予期せぬ生徒指導や、保護者からの相談への対応と、慌ただしい業務に追われ、地域との連携の機会を生み出す余裕がなかなかないという実態もある。しかし、そのような実態だからこそ、教室での学びを学校だけで閉じたものにせず、地域社会へと開いていかなければならないのである。

　地域社会と連携した授業を実践するにあたっては、①生活や社会の中の形や色彩などの造形要素との関わり、②自他のコミュ

〔1〕

ニケーションや地域との交流活動などの対話的な要素という2つの視点で、授業づくりを進める必要がある。他教科や特別活動、総合的な学習の時間等と下請的に連携したとしても、造形要素をどのようにおさえ、その授業を通してどのような力を身に付けさせたいのかが明確にならなくてはならないし、一方通行ではない対話的な要素を教師側が仕掛けていく必要がある。これらを踏まえ、筆者がこれまで実践してきた2つの取組みを例に挙げ、地域社会と連携した授業実践のあり方について考察したい。

●事例　地域商店街の包装紙のデザイン

　中学校第2学年、「A 表現」（1）イ「B 鑑賞」（1）イの題材（総時数11時間）。本題材のねらいは、地域の商店で実際に使用されている包装紙のデザインから、身の回りや生活の中のデザインの働きに関心をもち、生活を豊かにするために色彩や形がどのような働きをしているかを理解し、商品を買った多くの人が楽しくなるようなデザインのイメージをもって自らも関わりながら心豊かに生活を創造していこうとする態度を養うことである。また、学区内の地域の商店街や商工会等との連携を図り、自分たちの住む地域の活性化など、社会へ参画しようとする意識も育てたいと考えている。

①題材をつかむ（1時間）

　包装紙の要素等について理解し、味や特徴、イメージ、購入する人の気持ちなどを意見交流する。

②発想する（2時間）

　デザインしたい店舗を決め、店の雰囲気やイメージ、客層などからコンセプトを考え、企画書をつくる。次に自分の店舗の企画に必要な資料を集め、アイデアスケッチをする。

③構想を練る（2時間）

　企画書やアイデアスケッチを基に、各自のデザインのコンセプトを

班で説明し合う。その後、他者の助言等を基に構想に修正を加え、アイデアスケッチを練り直す。

④デザインする（4時間）

　企画書を持ち寄り、商品のイメージが的確に伝わるかなどグループ内で検討する〔2〕。描画材やコンピュータなどの特性を生かし、表現方法を工夫して表現する。

⑤PC処理と発表準備（1時間）

　できあがった作品をスキャナーで取り込み、文字入れやプリントアウトなどを行う。

⑥プレゼンテーション（1時間）

　お互いの完成作品を鑑賞しデザインのコンセプト、形や色彩の効果などの工夫を捉え、批評し合う〔3〕。グラフィックデザイナーをゲストティーチャーに招き、講評してもらう。

授業実施後の生徒感想から

　「今日の授業では、他のグループの発表を聞いて、自分には思いつかないようなアイデアや表現がたくさんあってすごくびっくりした。発表が全部終わったあと、自分の考えたデザインをみたら、この店の良い所を工夫して伝えられたらもっといいデザインにすることができたなぁと思った。」

　「包装紙のデザインはふだん何気なく見ているけど、自分たちでつくってみるとすごく大変で、この仕事をしている人はとてもすごいと

〔2〕

〔3〕

思いました。デザインは自分の案にならなかったけど、みんなででき
たので良かった。」

　生徒の感想等の記述から、包装紙のデザインを通して、身の回りや
生活の中のデザインの働きに関心をもち、生活を豊かにするために色
彩や形がどのような働きをしているかについて理解を深められたこと
がうかがえる。商品を買った多くの人が楽しくなるようなデザインの
イメージをもつことや、自らも関わりながら心豊かに生活を創造して
いこうとする意識へとつなげることができたと言えよう。また、地域
で活躍するデザイナーの話を直接聞くことにより、デザインの奥深さ
へと関心をもたせることができ、その後のデザインや美術の学習への
資質・能力を育むこともできた。

　生徒に、自分と社会とのつながりを意識させ、学ぶ価値を感じさせ
ていくことができれば、自己肯定感を高め、学習意欲の向上、そして
未来をたくましく生きていく自信につながる。美術科として育みたい
資質・能力を意識した授業実践では、「生活や社会の中の形や色彩な
どの造形要素との関わり」や「自他のコミュニケーションや地域との
往還的な交流活動などの対話的な要素」をどのように位置付け、実施
していくかが重要になる。

●事例　「学校を美術館にする〜中ハシ克シゲ展 in 小湊中学校〜」

　中学校第1学年で実施（総時数10時間）。学校を美術館にするこの
プロジェクトは、青森県立美術館「出前講座」と美術の授業との連携
から始まった。美術館の協力で、作品の輸送並びに作家の招聘、授業
でのサポート等が行われた。授業では展覧会の企画立案、作家との交
渉、広報活動、展示、鑑賞という一連の流れを生徒達の手でつくりあ
げた。

①青森県立美術館出前講座（2時間）

・学校にある作品を鑑賞しよう（対話による鑑賞）：学校に飾ってあ

る油彩や、県立美術館スタッフが持参した作品を基に、小グループでギャラリートークを体験する。

・アートカード「○○美術館をつくろう」：青森県立美術館のアートカードを使って疑似キュレーションを体験。それぞれが考えた○○美術館の館長になり、ミニ美術館をつくる。

②行きたくなる「○○美術館」のポスターをつくる（2時間）

出前講座「○○美術館をつくろう」の展覧会ポスターをアートカードの図版を使用し、デザインする。

③中ハシ克シゲ氏の作品に触れてみよう（1時間）

中ハシ克シゲ氏の作品のパーツ、プロジェクト映像を鑑賞し、疑問点や気付いたこと、印象などを話し合う。

④中ハシ克シゲ展のポスターをつくろう（2時間）

上記の鑑賞後、それぞれが感じ取った印象を基に、展覧会のタイトルを考え、ポスターをデザインする。展覧会の名称とポスターは、56人の56通り。

⑤中ハシ克シゲ展の展示計画を考えようI（1時間）

中ハシ克シゲ氏の作品《OHKA 43-b》（旧日本軍の特攻機「桜花」をモチーフにした立体）を狭い教室にどうやって展示するか、教室や飛行機の模型を使い、各自が展示計画を練る。

⑥中ハシ克シゲ《OHKA 43-b》との初対面（0.5時間）

体育館に、飛行機の形状に並べられた《OHKA 43-b》のパーツを見て、生徒たちはその大きさに驚く〔4〕。初めて作品の現物を目にし、それまでのイメージとの違いや、気付いたことなどを話し合う。最後には作家本人が登場し、より一層対話を深める。

⑦中ハシ克シゲ展の展示計画を考えようII（0.5時間）

生徒一人一人が考えた展示のアイデアを、グループごとに発表して意見交換した後、全体の場で共有。作家本人の意見も聞きながら、より具体的な展示計画の案を練る。

〔4〕 〔5〕

⑧展示作業（実行委員）

　前日の授業で話し合われた《OHKA 43-b》の展示計画や、生徒一人
一人が考えたアイデアを基に、より詳細な展示計画を立てる。前日の
中ハシ氏の言葉「ここでしかできない展示」について、来場した一般
の人も巻き込んで意見を交換し、生徒、作家、来場者など大勢で展示
作業を行う〔5〕。最終的な展示のテーマは「教室に墜落してきた桜花」。
教室の床にはたくさんの紙が散乱し、机や椅子もなぎ倒され、翼の曲
がった特攻機が窓から飛び込んでいた〔6〕。

⑨展示された《OHKA 43-b》の対話による鑑賞（1時間）

　最後のトークでは「時が止まっているように見える。」「平和への
祈りが感じられる。」等の発言があり、作品《OHKA 43-b》だけでなく、
展示されている教室や、自分たちがつくりあげた展覧会そのものにも
目を向けることができた。

　この実践は、たくさんの方々の協力によって実現された取り組みで
あり、どこででも簡単にできることではない。子どもたちにとっては
幸運に恵まれたと言えるものの、持続性という点では課題が残る。し
かしながらこのように地域社会を巻き込んで（半年後には地域の祭り
とも連携）、美術館の新しい活用方法を考えていくことはこれからも
必要であり、継続していくべきであると考えている。そういう意味で
本実践は、筆者自身にも大きな契機になった。

美術館と学校の連携といっても、美術館から学校へ出向いていくアウトリーチや、児童生徒を対象にした美術館でのワークショップ、今回のような学校と美術館が組んだプロジェクト型など、その形態は様々である。いずれにせよ、その連携が単発のイベントで終わるのではなく、地道な実践を積み重ね、点と点を線で結び、それがやがて面になるようにはたらきかけていくことが必要である。

　学校と美術館が連携する上で最も大切なことは、お互いの立場での情報交換にある。学校は、美術館の所蔵作品や美術館そのもののシステムについては疎く、一方、美術館は、児童生徒との関わり方や教育課程、学校教育の実情についての理解は乏しい。お互いが必要な情報を交換し、それぞれができることは何かについて共有することが重要となる。学校と美術館は、児童生徒が生涯にわたり美術を愛好し豊かな感性を育てるための様々なプログラムづくりや、美術館での鑑賞の必要性について、これまで以上に話し合っていかなければならない。

〔6〕

第4節　「朝鑑賞」とカリキュラム・マネジメント

沼田芳行

　カリキュラム・マネジメントとは、学校の教育目標の実現へ向けて、子どもや地域の実態を踏まえ、教育課程を編成・実施・評価し、改善を図る一連のサイクルを計画的・組織的に推進していくことである。本校（埼玉県所沢市立三ヶ島中学校）では「朝鑑賞」を媒介にカリキュラム・マネジメントを進めている。

朝鑑賞

　「朝鑑賞」とは、毎週金曜日、朝の10分間を使って絵画等の作品を鑑賞し、教師と生徒が対話をする時間である。本校では余裕教室を「むさしの美術館」という校内美術館に衣替えした。ここに武蔵野美術大学と埼玉県立芸術総合高等学校美術科の学生・生徒作品を展示している。

　毎週金曜日の朝、全クラスの教師が校内美術館に足を運び、どの作品を鑑賞に使うかを決めて教室に持参する。8時半のチャイムと同時に朝鑑賞が始まる。教師は「何が見える？」「どこがそう見える？」「もっと違う何かが見える？」とファシリテーターとして、生徒の発見と思考をつないでいく。最後には生徒から出た意見を整理するか、オープンエンドの形で終える。

　この時間は誰もが自由に思ったことを言う。もしくは言葉にしなくても頭の中で考える。これまでの学校の教育活動で、「正答」を求めずに、このようにじっくりと自分の頭の中でただ思い巡らせる時間があっただろうか。作品を見て、考えたことを自分の言葉にし、人の意見を聴き、見る人によって様々な解釈の仕方があることを、生徒それぞれが理解するという朝鑑賞が、本校の教育活動の中に位置づけられ

た。

教科の広がり

　生徒がわくわくしながら、今か今かと迎えることのできる授業。そんな授業が各教科で展開されるようになった。それは授業に「面白くて楽しい」場面が数多く取り入れられ、生徒の好奇心をくすぐる仕掛けがふんだんに取り入れられているからである。

　例えば、保健体育科「創作ダンス」の単元では、朝鑑賞で使用した絵画作品を題材に、生徒がグループで情景を考え〔1〕、その情景にダンスの動きをあてはめる。次にどんな音楽がそのダンスにふさわしいかを考える。保健体育と音楽という異なる教科がコラボレーションしていく。生徒は様々な意見を出し合いながら、試行錯誤し、創作ダンスの作品をつくりあげていく。これには埼玉県立芸術総合高等学校で舞台芸術を専門に学ぶ高校生がゲスト・ティーチャーとして加わり、社会に開かれた教育課程が具現化されている。

　また、社会科の授業では、ある時代をテーマに調べ学習を行い、生徒がとことんテーマを追究する。事実の積み重ねから課題を明らかにしたのち「もしもこのとき違う歴史的事実があったら？」と、単元の補充・深化の時間を活用してパラレルワールドの世界を想像する。このような正解のない学びを活用しながら、最適解・納得解の考え方を

〔1〕朝鑑賞の作品を貼ったワークシートを使用

〔2〕生徒がファシリテーションに挑戦

学んでいる。

　こうした授業のあり方は、朝鑑賞により見えないものを心の目で見る取り組みを重ねているからこそ可能になった。生徒が「やりたくなる気持ち（学びに向かう力の芽生え）」になったとき、授業はひとり歩きし始める。生徒が自ら学びを進めていく「楽しみ」は、その知的好奇心がくすぐられ、学びに向かう力が大きく高まる現代的な学びの展開にある。教師は授業のファシリテーターに徹し、生徒の学びを支える役割なのである。

朝鑑賞の効果

　対話型の鑑賞を行うことで、ビジュアルリテラシー、思考力、（傾聴や自己表現という）コミュニケーション能力が身につく。見ることと考えることが結びつき、認知プロセスが活性化される。生徒からは、この取り組みについて次のような感想があげられている。

　「見て考える力がつき、自分の考えが広げられた。」

　「自分の思っていることが人に伝えられるようになり、表現力がついた。」

　「朝鑑賞を通してついた力が、たとえば数学の考え方に活かされている。」

　「互いの考えを交換していることで自分自身の『見方・考え方』が変わった。」

　「自分が思っていることと人が考えていることは違うということがよくわかり、人の考えを受け入れられるようになり、人に優しくなれ、友達を大切にすることにつながった。」

　生徒は「ああでもない、こうでもない」と口々に言葉を発し、黙っていたとしても作品を見ながらよく考える。生徒同士、互いの意見を聴き「そういう考え方もあるよね」と他者の意見を否定しない。自分の考えと他者の考えを擦り合わせ、新たな考え方を生み出す。他者を

理解するには対話が重要だということにも気づく。この過程で生徒は多様性を理解していく。21世紀型スキルとして必要とされている「創造力」「批判的思考」「コラボレーション」など、例えば思ったことを口にすることが習慣化し、それを磨くことで論理性が身につく。隅々まで作品を見て、描いてあることに気づき、作者の描いた意味まで考えるようになる。アートは「答え」がどこにあるのかわからないことが面白く、優れた知的作業がアートを通して身につく。アートならではの「クリティカルシンキング（批判的思考力）」は生徒の可能性を大きく広げる。その例として、第2学年の総合的な学習の時間で行った「職場体験」は、今までは体験を発表するだけであったが、「14歳の視点で社会に提言する」という他者に対しての「表現」の取り組みにまで進化した。

　また、第3学年の生徒が校区の小学校に出向き、朝鑑賞のファシリテーターを務めるなど〔2〕、朝鑑賞によって近隣の幼稚園・保育園、校区の小学校・高等学校、そして大学との連携が大きく広がった。

　朝鑑賞から始めた本校の校内研究「アートプロジェクト」によって大人も子どもも変化し始めたのである〔3〕。

〔3〕朝鑑賞（所沢市立三ヶ島中学校）

学校が変わるとは？

　毎週金曜日、朝のたった10分の取り組みで学校が変わった。教師も相手の発言をよく聴く習慣ができたためか、学校へのクレームがなくなった。学習指導要領の目指すこれからの「学び」を手に入れ始めたのだ。

　生徒自身の変化に押されるように、教師の行う授業が大きく変わったことは特筆すべきだろう。指示や指導の声が中心の授業から、生徒の声が学びを進める授業へと、教師と生徒、生徒と生徒の学び合いが可能になった。また、教師は「学びに向かう力」（学習意欲）を高める教材研究に意識して取り組み「授業研究」に力点を置くようになった。

　各種学力調査の結果では、朝鑑賞を行うようになってから埼玉県学力学習状況調査において経年比較で学力を伸ばした生徒の割合が県平均を上回った（第3学年の数学74.2％）。その大きな要因は、毎週金曜日の1校時に校内研修部会を設定し、異なる教科同士の教員が授業力向上研修を積み重ねてきたことにある。始めた当初は「他教科のことはよくわからない」等、それぞれの意見がかみ合わず苦しい思いもしたが、全員が取り組む「朝鑑賞」がベースとなり、また、全教科共通の3つの資質・能力に指導目標が揃ったことにより、各教科に分化されていた専門性を超えて学びの共通理解が生まれていった。

　朝鑑賞という我が国で初めての取り組みは、お手本がないという大きな課題があり、これには教師自身が大きく戸惑った。朝読書などと違い、美術作品の対話による鑑賞は、生徒も教師も能動的に活動する時間である。しかも、アートの見方には正答がない。この「答えがないことに取り組む」ことにはすべての教員が慣れを要した。正答という落としどころがないから、毎回の朝鑑賞がどのように進んでいくのか、進める側にも全くわからない。沈黙もあり、飽きているのか、つまらないのか、と不安に感じることもある。しかし徐々に鑑賞が想定

通りに進まないことに教師が慣れ、その場その場で解決手段を幾通りも考えて柔軟に対応をしていけるようになる。このような過程を経て生徒の変容の様子が理解できるようになったり、教師自身の人間関係調整力のスキルアップにつながったりするなど、課題が生きた成果としてつながっていく点が、この取り組みの醍醐味なのかもしれない。それは新しい学習指導要領にある「未知の状況にも対応できる思考力、判断力、表現力」でもあり、私たち教師にとっても必要な能力なのである。

マネジメントという能力

　朝鑑賞に端を発した本校の授業研究の取り組みは、様々な形の相乗効果をもたらした。まず、教員が学びの道筋を示す「学習指導要領」をよく読みこむようになった。生徒に学びの道筋を示すのは教師にとって重要な役割であり、これがうまくいけば、その授業の計画はほとんど成功したと言っても過言ではない。

　学びの道筋である各教科の指導計画を大事にして、新しい学習指導要領における、主体的・対話的で深い学びの実現へ向かって、教職員がチームで考え、実践するようになった。アクティブ・ラーニング型の授業のあり方を本校の誰もが当たり前として捉えられるようになった。「全教員で、生徒が楽しく学べる単元計画の作り方を学び共有する」「生徒の学びに向かう力を高める視点で授業を構築する」「面白くて楽しい授業とは」等、「何を教えるか」ではなく「何を学ぶのか」を理解した授業づくりができる教員へと大きく変化した。いわば授業づくりのマネジメント能力が朝鑑賞によって身についたとは言いすぎだろうか。

　美術という教科の持つ可能性は、教育課程の中にアートを巧みに組み込んでいくことで、こんなことも面白い、あんなことも面白いという文化や創造性を味わう心の豊かさにつながることを実感している。

第5節　輝く教師になるために―研究・研修―

道越洋美

法に定められている教員の研修

　教員の研修について、教育公務員特例法第21条では「教育公務員は、その職責を遂行するために、絶えず研究と修養に努めなければならない。」とされている。また、第22条では「教育公務員には、研修を受ける機会が与えられなければならない。」とされ、第22条2には「教員は、授業に支障のない限り、本属長の承認を受けて、勤務場所を離れて研修を行うことができる。」とされている。このように教育公務員には、一般の地方公務員に比べて主体的な研修が求められている。

　教員として常に子どもに向かい合い、これからの未来を切り拓いていく子どもの力を引き出すためには、教員自身が自らを磨き続けていかなければならない。そのために行うものが研修である。

教員育成指標

　2016（平成28）年11月28日「教育公務員特例法等の一部を改正する法律」が公布された。これを受け、各都道府県教育委員会が策定したものが「教員育成指標」である。この指標は、教員等の養成・採用・研修を通した一体的な改革を推進するために、各都道府県教育委員会が大学等との共通認識のもと、教員が職責・経験及び適性に応じて身に付ける資質・能力を明確にしたものである。それぞれの教員等がその経験年数に応じて、どのような資質・能力を発揮し、どのような姿を思い描きながらキャリアを積んでいけばよいかが示されている。

　これによって、キャリアステージで目指す資質・能力を身に付けるために、それぞれの研修が計画、実施されている。

　「教育公務員特例法」では、二つの経年研修が義務づけられている。

第23条の「初任者研修」と第24条「中堅教諭等資質向上研修」である。また、「教育職員免許法」によって「免許状更新講習」の受講が義務づけられている。ここでは、初任者研修と教員免許更新制について紹介する。

初任者研修

　初任者研修とは、採用から1年間行われる研修であり、都道府県が実施している研修である。校内においては指導教員及び拠点校指導教員を中心として、指導や助言による研修が行われる。指導教員の師範授業を参観したり、自らが指導案を書いて授業を行い、事後指導を受けたりする時間が、時間割の中に組み込まれている。教科以外にも生徒指導や特別活動などの実践的指導力を養うため、年間で300時間以上が計画的に実施されるものである。

　また、校外においては各都道府県立の教育センター等での初任者研修が年間20日ほど行われる。この研修では、教員としての服務、教育課程、生徒指導、教育相談など教員として必要な知識技能を学ぶ。さらに、都道府県の指導主事によって、専門的な教科指導が行われる。学習指導要領を基に授業づくりの基礎や教材研究の仕方など、初任者が課題を出し合い、互いに協議しながら学ぶことができる。各都道府県でその年に採用された新任教員が集まる場であり、自身の研修の成果や課題だけではなく、日頃抱えている悩みなどを共有できる貴重な場でもある。

教員免許更新制

　2007（平成19）年に教職員免許法が改正され、2009（平成21）年から教員免許更新制が導入された。教員免許更新制とは、その時代に求められる教員として必要な資質・能力が保持されるように、定期的に最新の知識技能を身に付け、教員が自信と誇りを持って教壇に立ち、社

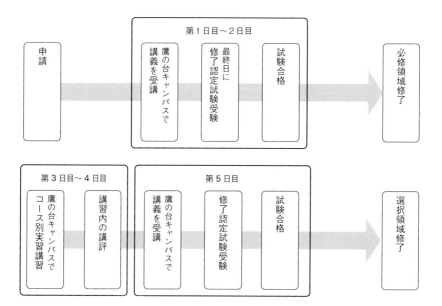

第1日目〜2日目

申請 → 鷹の台キャンパスで講義を受講 / 最終日に修了認定試験受験 / 試験合格 → 必修領域修了

第3日目〜4日目

鷹の台キャンパスでコース別実習講習 / 講習内の講評

第5日目

鷹の台キャンパスで講義を受講 / 修了認定試験受験 / 試験合格 → 選択領域修了

〔1〕免許状更新講習申請から受講・認定まで（武蔵野美術大学）
　＊各大学・研修機関により特色がある。通信教育による免許状更新講習もある。

会の尊敬と信頼を得ることを目的にしたものである。各自が免許状の有効期間を確認し、大学等に受講を申し込み、免許状更新講習を受講する〔1〕。この講習では、必修領域が6時間以上、選択必修領域が6時間以上、そして選択領域については18時間以上を受講する。現職の教員が更新講習を受けるのは、主に長期休業（主に夏季休業）の期間である。自らの専門性を高めるため、そして広く教育への視野を広げるために、このような更新講習は主体的に選び活用したい。

地区ごとに行われる教育研究会への参加

　前項では「法定研修」について述べたが、それ以外に、学び合うことのできる研修の場を次に紹介する。

　各都道府県では教科ごとの研究会が組織されている。また、都道府県の研究会を受けて、各市町で主催される研究会では公開授業や協議会が行われ、教材研究や授業改善について様々に意見が交換されて

	区市町村	郡・地区	都道府県	全国ブロック・全国/他
行政機関主催（公的）	区市町村教育委員会研修（教育センターを含む）	地区教育事務所研修/教育委員会研修（教育センターを含む）	都道府県教育委員会研修（教育センター	中央研修（文科省） 芸術系教科等担当教員等全国研修会（文化庁）など
教育団体主催（準公的）	区市町村教育研究会（図工・美術部会）	地区教育研究会（図工・美術部会）	都道府県教育研究会（図工・美術部会）	ブロック教育研究大会 全国造形教育研究大会（全国造形教育連盟） 日本教育美術研究大会（日本教育美術連盟）
上記以外	大学附属学校研究発表会など 美術館主催ワークショップなど			公益法人日本美術教育連合(InSEA Japan) 美術科教育学会／大学美術教育学会／日本美術教育学会など 創造美育協会／造形教育センターなど

〔2〕研修制度

　＊InSEA(国際美術教育学会) 公益社団法人日本美術教育連合が日本の窓口となっている。

いる。筆者の地区では、三つの市の教育研究会（市教研）による合同の図工・美術研究会が組織されており、年度当初には各市における美術教育の年間の研究テーマや、年間の研修計画を立てる。そして5月、6月には市教研美術科研究部での代表者が研究授業を行い、部員全員が授業参観をして事後の研修を行う。夏季休業中には3市合同の図工・美術研究会が行われ、それぞれの市で行われた実践の報告、発表に多くの美術科教員が集まる。また、秋から冬にかけては各校が生徒の作品を持ち寄って展覧会を開き、題材についての協議が行われる。このような研究組織は全国の区市町村単位で行われ、そして、郡、地区、県、全国ブロック、全国、世界と広がっていく〔2〕。

　近年、学校現場において、美術教員が複数配置されることは少ない現状がある。このような地区ごとの研修会の場では、教員同士のつながりを大切にし、常に情報を交換できるような関係をつくることが望ましい。このようなコミュニティでは、それぞれの地域の特性に応じた教材や題材の開発が期待できる。例えば、教員が地域の美術館と連携、協力したり、文化や産業などを生かして特色ある題材を開発したりすることは、生徒の学びを広げることになり、主体性を育てること

につながることにもなる。

自らの研修の場を広げる

　一方で、自らの地区や所属している研究会とは別に、任意で参加することができるものもある。大学附属校や、先進的な研究を行っている学校の研究会や研究発表会がそれである。このような場には全国から多くの教員が集まって情報交換が行われたり、国や都道府県の動向を伝える講演会が行われたりする。日頃から教育雑誌に目を通したり、インターネットで各学校などのホームページを閲覧したりすることで、このような各種研究会や発表会の情報を得ることが可能である。

　筆者がこれまでの研修を振り返ってみると、教員となって最初の2、3年は、自分の学級の生徒と日々向かい合うことで精一杯であった。目の前の生徒のためにどんな授業ができるか、自分の美術の授業を通してどのような力を付けたいのか、自分自身で追究を繰り返していたと思う。1年に1本、自分の学級の子どものために新たな題材を考えた。そしてその授業での生徒の成長を記録するものとして、実践報告や論文にまとめ、地域の研修会で発表した。

　研修の機会は、教員として働いていれば誰にでも与えられるものである。しかし、それ以外の場で、自らがいかに創造的に学ぶことができるかは、その後の教員人生に大きな影響を与える。

実践発表の機会

　題材開発をし、授業実践を行い、生徒の学びを振り返って形にまとめる。それを繰り返しているうちに「実践を発表してみないか」という声をかけてもらうようになった。

　地区の代表者として県の教育研究大会で発表をしたり、全造連（全国造形教育連盟）の大会に参加したりするようになると、次第に自分の学びの場が広がり、より広く、より多くの仲間とつながるように

なった。目の前の子どものために授業をつくる、という教員としての信念は変わらなかったが、より多くの仲間と語り合い、一つの授業をつくるために様々な立場の人々とつながるようになっていった。

美術館との連携から自主的な研修会へ

　ある年の研究授業の題材に尾形光琳の《紅白梅図屏風》を選んだ。所蔵館であるMOA美術館（静岡県熱海市）を訪ね、勉強させて欲しいとお願いをしたところ、庭園に復元された「光琳屋敷」に招き入れていただき、ぼんぼりの明かりの中でレプリカの屏風を鑑賞させてもらった〔3〕。この時の感動を子どもにも伝えたいと強く思い、屏風を模写して自作のレプリカを制作した。

　こうしたMOA美術館での自主的な研修をきっかけに、筆者は自ら美術教師が集まって研修する場を創り出すようになった。例えばバスを借りて美術館を訪れ、学芸員の方々と交流をしながら勉強をした。美術館が主催するワークショップに参加し、題材開発のヒントを得ることも多い。その他にも休日に、お互いの実践を持ち寄って話し合ったり、学習指導要領に基づいた授業研究を行ったりして、年齢や経験を問わず、誰もが気軽に参加できる研修会を企画している。自らが他者とつながる楽しさだけではなく、美術を通してより多くの人々

〔3〕熱海MOA美術館にて、日本美術体験の教員自主研修会を開催

〔4〕授業実践研究会を自主的に開催。生徒の作品を持ち寄ってフリートーク

が様々な形で学び会える場をコーディネートすることができるように
なっていった〔4〕。

終わりに

　2015（平成27）年12月21日、中央教育審議会がまとめた「これから
の学校教育を担う教員の資質・能力の向上について〜学び合い、高め
合う教員育成コミュニティの構築に向けて〜（答申）」の中で「変化
の激しい社会を生き抜いていける人材を育成していくためには、教員
自身が時代や社会、環境の変化を的確につかみ取り、その時々の状況
に応じた適切な学びを提供していくことが求められることから、教員
は、常に探求心や学び続ける意識を持つこととともに、情報を適切に
収集し、選択し、活用する能力や知識を有機的に結びつけ構造化する
力を身に付けることが求められる。」とされている。

　「社会に開かれた教育課程」の実現に向けては、教員が学校の中だけ
ではなく、学校の外に向けて、主体的につながり、発信していく力が
求められる。教員として与えられた研修の機会を、積極的に活用し、
主体的に学ぶことはもちろん大事である。しかし、それだけではなく、
自らがクリエイティブな仕事をする人間として、人と人との関係をデ
ザインしたり、子どもと社会とのつながりを考えたりすることは、生
涯を通じて学び続けることの楽しさを証明してくれるとともに豊かな
教員人生を歩ませてくれるであろう。

美術という「文化」を考える

神野真吾

美術のコードは学校で習得可能か

　「コラム1」で取り上げた美術の複雑で無数のコードについて、教育という視点から考えたとき、これは義務教育で学ぶ価値のあるものだと言えるでしょうか。別の言い方をするなら、美術の世界のすべてのコードを義務教育の限られた期間、時間でマスターすることなど到底無理なことですから、美術の複雑で無数のコードのうち、教育内容としてふさわしいものを選ばなくてはならないということになるでしょう。

　多くの教育現場で見られるのは、教師の恣意的な教育内容の選択です。例えば表現の領域で、篆刻とか木皿のレリーフなどを制作させている教師の大学での専門は、彫刻である場合が極めて多いのです。これは自分の個人的な経験や都合に合わせた内容の選択だと言え、もっと意地悪な言い方をすれば自分のアイデンティティを主張するための選択に過ぎないのかもしれません。そこには、無数に存在する美術の内容の中から、教育内容としてふさわしいものを精査したという痕跡はほとんど見られません。鑑賞についても同様です。何を対象として見せ、学ばせるべきなのかが問われないまま、「よい作品と触れあう」とか、「作品との出会い」とか、そんな曖昧な美しい言葉でその点がごまかされています。何を見せ、何を視点として与えるのか、言い換えるなら、どのコードを習得するのかということが問われるべきなのです。

「文化」という枠組み

　「美術」という語は、美術に専門的にかかわっている者に限らず、疑う必要のない当たり前の言葉となっています。日本では義務教育としての教育課程である中学校において「美術科」という教科があるわけですから、当然のことと言えるでしょう。しかし、この美術というものは、今私たちが思っているようなものとして最初からあったわけではありません。

　美学の授業を大学で受講すると必ず、その語源がギリシャ語のtechné（テクネー）であるとか、ラテン語のars（アルス）であるとか、そういっ

た話を聞くはずです。この言葉は最初、「技術（制作術）」という意味でしかなく、絵を描いたり、像を刻んだりすることは、船を造るとか、医術などと同じカテゴリーの「わざ」であったのです。したがって、その頃の絵や彫刻には、現在の私たちが美術に期待するような内容は込められてはいませんでした。例えば、当時の絵は個人の思想や心情が込められた「作品」というような存在ではありません。「何かを写したもの」、という意味で、「ミメーシス（模倣）」のテクネーと絵を描く技術は呼ばれましたが、何を写したかと言えば、神の世界にしかない理想的な存在を「写した」ものだったのです。現代に生きる私たちとは随分と異なった捉え方だということがわかるはずです。表面的には同じような「絵」という存在に見えていても、実はその存在を成立させている背景は時代によって大きく異なっているのです。

　誰かがラスコーの壁画を取り上げて、「有史以来、人は絵を描き続けてきた」と言って、造形活動が人間の本質的にかかわるものだと主張するのを聞いたことがあるかもしれません。それは色と形で何かを表したものが、常にどの時代でも描かれてきたという意味では正しい指摘ですが、一方でその人が「絵というものは、自己表現なのだ」という立場で語っているとするなら、果たしてその壁画は現代の絵へとつながる連続性を有しているのかどうか疑うべきでしょう。つまり、表面的には同じ「絵のようなもの」であったとしても、それが生み出された理由や、それが帯びている価値は時代によって異なるということです。そして、それに価値を与える枠組みが「文化」なのです。あるものを「美術」として私たちが捉えるとき、そう捉えることを可能にする枠組みが「美術文化」ということになります。

そもそも文化とは

　何かを価値あるものとして定義づける枠組みが「文化」だと言いましたが、この定義に違和感を覚える人もいるかもしれません。私たちの多くは、伝統文化とか芸術文化と言うとき、文化を何か価値のある具体的な「もの」と結びつけて考える傾向が強いと思います。能や狂言、クラシック音楽や絵画、彫刻のようなものを文化として捉えるのがそれにあたります。この考え方では、価値がもの自体の中に含まれているというようになりがちですが、先述の文化の定義からすると、文化とはもの自体の価値ではなく、ものに価値を与える意味の体系ということでした。さて、こうし

た考え方の違いはどこからくるのでしょうか。

　文化という語は、もともとラテン語のcolere（コレレ）を語源としています。その意味は「気をつける、心を煩わす世話をする、守る、養育する、耕す、住む」といったもので、プロセスとしての穀物や動物の手入れを指す語という性格をもっていました。それがその後「知的に耕される」というニュアンスへと転じ、「知的開発、人間の成長」という意味をもつようになっていきます。cultivatedという語には耕されたという意味以外にも「教育された」「啓蒙された」「洗練された」という意味も与えられていきます。イメージとしては、野蛮な、粗野なものが洗練されて高まっていくという感じです。上流階層のもつ知的で洗練された精神世界が、絶対的な価値をもっているという考えがその背景にあり、そうした絶対的な価値をもつと（当時は）思われていたものが文化とされていたわけです。そうだとすると、学ぶべき文化はあらかじめ決まっています。

「高級文化／低級文化」なんてない

　美術はそうした上流階級の間で支えられてきたものですから、教養ある人間が身につけるべきものとして美術に関する知識は位置づけられていました。今なお美術を特別なものとする振る舞いの多くは、そういう「高級な」文化としての美術の位置づけからきていることが多いと言えます（百貨店で展覧会が行われることも、美術を「高級な」文化とみなす文化観と結びついていることと関係しています）。

　さて、私たちが美術を学ぶのは、それが貴族たちの大事にした高級な文化であり、私たちを野蛮な状態から救い出してくれるものだからでしょうか？　もちろんそうではないはずです。しかし今の日本の美術、あるいは美術教育ではそこが整理されていないように思われます。

　「〈文化〉とはひとつの社会集団あるいは社会全体の、生活様式の全体[*1]」であるとイギリス人のレイモンド・ウィリアムズは定義づけています。彼の指摘の中には、高級とか低級といった絶対的な価値の物差しではなく、あらゆる人間の生活様式（人々の行動、振る舞いや様々なものへの価値づけ）にはそれぞれ固有の文脈があり、根拠があるのだというメッセージが込められています。

　例えば身近な例で言うと、アニメやマンガの好きな人たちは固有の世界観をもって、個々の対象にそれぞれ明確な意味づけを行っているはずで

す。高級、低級という見方をするなら、マンガやアニメは、絵画などよりも低級なものとして扱われてきたはずですが、そこにも確固たる価値の体系があり、それが成立した背景があって、それは文化と呼びうるのだということです。近代以降の世界においては、正統な、洗練されたものとしての西洋の文化以外は、劣った野蛮なものだと考えられてきました。しかし、西洋以外のものも、実は明確な文化的背景を根拠としてもっているということが見出され、西洋文化のみが唯一の正しい文化なわけではないという見方が生じていきます。

　こうした文化の捉え直しは、カルチュラル・スタディーズと呼ばれる文化研究の立場から提唱されました。先述のレイモンド・ウィリアムズやスチュアート・ホールという人たちがその代表的な存在ですが、非西洋世界のフィールドワークを行った文化人類学、構造主義などを背景としてカルチュラル・スタディーズは誕生しました。その成果として、文化の多様性が広く認識され、ジェンダーの視点や植民地主義の捉え直しなど、現在我々が当たり前だと思っている「もの」や「こと」が何によって意味づけられているのかを考える視点を与えてくれます。

　そうすると、文化のレイヤーは大きな括りでは民族や国、地域などになりますが、趣味的な領域として扱われてきたサブカルチャーももちろん文化ですし、最も身近な層では、それぞれの家庭にも固有の文化があり、さらには個人個人がそれぞれ異なる文化を保持しているということになるでしょう。この視点は、個人を重視する美術という教科では、決定的に重要であるはずです。

*註

1 ──レイモンド・ウィリアムズ著、小池民男訳『文化とは』晶文社、1985年。

第4章　題材開発研究

第1節　題材開発

三澤一実

魅力ある題材

　題材とは、生徒が取り組む学習の課題（教材）である。多くの教科では単元と呼ぶが、各自が表現及び鑑賞の活動を通して、問題解決を図りながら学んでいく美術の学習では題材と呼ぶ。例えば「色彩」という単元ならば、色についての知識や性質、使い方など、色彩全般に関する学習内容でくくられる。一方、題材は「色を探そう」というように、具体的なひとつの学習活動を示し、色彩についての学習を深めていく学習活動の提案と言える。このように考えると、題材は問題解決を図るプロジェクト学習と言える。即ち、単元は学習内容のまとまりを示し、題材は個々の学習教材と考えられる。現在、知識や技能を体系的に学ぶ教科では、単元の配列で年間の学習が計画され、一方、体験を通して問題解決を図る美術や音楽などは、題材の配列で年間指導計画が組み立てられている。

　さて、そのような題材は、第1に学習活動の目的が何より明確でなくてはならない。目的とは「知識・技能」と「思考力・判断力・表現力等」でくくられる能力と、そして、その能力獲得に向かう「学びに向かう力・人間性」のことである。往々にして美術では作品に表すこと、また美術品などを鑑賞することが目的化されがちであるが、大学での専門教育とは異なり、作品制作や鑑賞は子どもたちが未来を生き抜くための資質・能力を身に付ける手段であることを自覚したい。

　第2に、生徒が意欲的に学習に参加できる楽しい題材であることが求められる。「好きこそものの上手なれ」という言葉があるように、意欲を持って学ぶことが学習を定着させる。楽しいとは、自分の思いや考えを表現できる楽しさである。よって、表現では「主題」が重要

となる。主題とは「強く表したいことを心の中に思い描くこと」と学習指導要領では解説されている。つまり、自分の心の中に描いた形を持たない思い（イメージ）が、材料との出会いを得て、誰もが見える形を持った作品やデザインとして現実社会に出現することは、個人の思いが美術を通して社会に関われる喜びであり、自分の存在の証明でもある。

　教師は、そのような学びの目的と楽しさを子どもたちが十分に味わえるように題材を開発する必要がある。そのためには、題材開発において題材内で扱う材料や技法、道具や用具の使い方などについて修得し、十分に研究しておく必要がある。

　さて、魅力ある題材開発は常に学習者の視点を持ち行う必要がある。教師自身が楽しいと思う題材でも、学習者の学習欲求に合わず、彼らの生活文化や生活環境とかけ離れていては、教師の思いを押し付けるだけの、学習者にとって魅力ある題材とは映らない。常に子どもの学習欲求（表したい・見たい・学びたい）をいかに引き出せるかを考える必要がある。教師が面白いと考え行っている授業が、生徒にとってはただやらされているだけの、つまらない授業であったりする場面をよく見るので十分に注意したい。

表現のための研究

　題材の魅力と可能性の発見は、素材研究、技法研究の2つの研究から行うことができる。

①素材研究

　造形表現は頭に浮かべたイメージを具体的な形や色彩を使って表現し、可視化、可触化していく学習である。どのような材料を使って表現するかにより、作り手や受け手の印象が大きく異なってくる。例えば、紙をくしゃくしゃに丸めた物体と、アルミホイルを同様にしたときでは、感じ取る印象が異なることは容易に理解できる。すなわち、

素材（マテリアル）自身が持つ物質的特徴が、視覚的、触覚的印象に大きく作用し、そして作品に反映するのである。よって、生徒の表現したい思いを十分に発揮するためには、事前に教師自身の様々な素材体験が必要となり、その体験が生徒の表したい内容に対して教師の的確な助言を可能にするのである。学習内容に合わせて最も適した素材を準備することが、教師の授業力や指導力となる。

　素材研究については授業題材の目的に合わせて、以下のような視点で材料を検討することが考えられる。

・物質から考える　（紙、粘土、木材、金、石、ガラス、光など）

・形状から考える　（丸い、四角い、鋭い、薄い、細い、塊状など）

・特徴から考える　（軽い、重い、軟らかい、硬い、光沢、透明など）

・操作から考える　（折る、曲げる、切る、ちぎる、つなげるなど）

・質感から考える　（ざらざら、ゴツゴツ、つるつる、ふわふわなど）

　これら以外にも様々な視点が考えられる。このように、扱う材料に対して、いくつかの視点を持つことにより、幅広い材料の研究が可能になる。例えば紙1枚でも、形状、特徴、操作、質感と検討していくと、数え切れない紙の種類から授業の目的に合った紙の選択と扱う技法などの設定が可能となる。

②技法研究

　技法とは材料の加工法や表現方法、道具や用具の使い方など、また伝統的な技から制作中に各自が生み出した個人的な技まで幅広く捉えることができる。ここでは育てるべき能力と関連させ、技法をどのように扱い、また考えるかを述べる。

　まず、美術の授業では、単に技法を学ぶという目的の授業は避けたい。その上で技法について2つの考え方、3つの視点を示す。

　ふたつの考え方のうちひとつは、技法は表現したい主題をもった時点で初めて必要となるものであり、一人ひとりの表現意図に応じて一様ではない。すなわち、生徒が思い描いたイメージをどのような技法

を使って表現できるかという、個に応じた技法の選択または開発という考え方がある。中学校学習指導要領ではA 表現 (2) ア (ア) に示された創意工夫して表す技能。

　もうひとつの考え方は、版表現など一定の技法に則った上で表現する題材も存在し、その場合は全員が同じ技法を習得する必要がある。中学校指導要領ではA 表現 (2) ア (イ) に示された見通しをもって表す技能。

　上記のことを整理してみると、表現能力を育てるための技法の活用に関しては以下の三つの視点が考えられる。

・技法の選択（すでに知っている技法を表現意図に合わせ使う）
・技法の開発（すでに学んだ技法などの知識を生かしたり、試行錯誤しながら、自分の意図に合わせた表現技法を組み合わせたり開発したりする）
・技法の習得（必要に応じて新たな技法を学ぶ。特定の表現方法をするために必要な技法を学ぶ）

　特に技法の開発に関しては、生徒が試行錯誤する時間や材料、実験できる場づくりなどの学習環境の充実が重要になってくる。いずれにしても教師は、様々な技法に精通しておく必要がある。

造形実験という考え方

　2017（平成29）年版の学習指導要領（高等学校学習指導要領は2018（平成30）年では、育む資質・能力が「知識・技能」「思考力・判断力・表現力等」「学びに向かう力・人間性等」に整理された。今日、美術がコミュニケーションの手段としてその価値を増している状況で、今後の美術教育を見据えると、三つの資質・能力の伸長を網羅し、かつ造形の基礎を担う知識の獲得を重点的に行う学習が必要となってくる。

　美術の知識は〔共通事項〕を指すが[*1]、この〔共通事項〕はコミュニケーションを生み出すための「造形の言葉」と言い換えることができ

る。表現においても鑑賞においても、この造形の言葉を基に豊かな感じ方や解釈を生み出しているのである。

この〔共通事項〕をあらためて見てみると、中学校では「ア 形や色彩、材料、光などの性質や、それらが感情にもたらす効果などを理解すること。」「イ 造形的な特徴などを基に、全体のイメージや作風などで捉えることを理解すること。」となっている。アは、個々の造形の要素が、人の感情にどのように関わるかを示し、イはそれら造形の要素が集まって構成されている作品などが、人々にどのようなイメージを与えるかということである。学習指導要領の解説では、アが、木を見る視点（部分を見る視点）、イが森を見る視点（全体を見る視点）とある。

さて、この造形の要素の働きであるが、この〔共通事項〕は「『A表現』及び『B鑑賞』の指導を通して…指導する。」となっており、題材に取り組む中で獲得する能力として位置付けられている。しかしながら、この造形の基礎とも言える知識が、時間数の少ない中でどれだけ習得できるだろうかという疑問も浮かぶ。美術が社会において創造的な役割を果たすためには、多くの人々が造形の言葉を理解し、活用していく中で、ものの見方や感じ方、また表現の幅を広げていく必要があるだろう。

そこで新たな学習領域として、表現と鑑賞の双方に関わる知識〔共通事項〕習得のための「造形実験」という活動が考えられる。

この造形実験は、小学校の造形遊びの中学生版と捉えることもでき、図画・工作での学びを中学校の美術につなぐ活動にもなっていく。

造形的な実験は、例えば「緊張感とは」とか「美術で考える光とは」など、共通事項に示された造形的な視点から、研究テーマを見いだせる。また「ものが集まると美しいか」などのテーマも面白いだろう。そして研究の仕方は、「緊張感」ならば、立体で緊張感を表してもよいし、平面で表して考えてもよい。もちろん鑑賞でも、緊張感を感じる

作品を集めてきて、作品のどこに緊張感を感じるか、造形的な視点から述べてもよい。

そしてこの授業の最大のポイントは研究発表である。各自が同じテーマである「緊張感」をどのように捉えたかを発表することで、色彩や形、材料や技法、美術作品などの捉え方が一人ひとり異なる点や、多様な表し方、感じ方があることを理解するとともに、他者の表し方や感じ方との相違を自分の学びとして習得していく時間となる。この体験がその後、表現や鑑賞の幅を広げ、時間数の少ない教科の学びを充実させていくことにつながっていく。授業時間数としては、実験、まとめ、発表を考えるとある程度まとまった時間数が必要である。

そして題材研究へ

今日の美術教育では、一人ひとりの発想を大切にし、その思いを追求し表現していく中で、創造の楽しさを実感し、多様な文化理解を進め、生徒一人ひとりが社会の中で自分らしく生きていく基盤をつくり、美術によって社会とつながる体験を実感していく必要がある。そのためには教師は、不易と流行を踏まえ時代に応じた題材開発を考えていかなくてはならない。

題材研究は、学習目標を踏まえ、素材の選定や技法の扱いなどを組み合わせ、学習のプロセスを考えながら授業としての題材を練りあげていくことである。題材開発は、指導方法や評価方法まで含まれるが、この章では題材で扱う学習のプロセスを参考事例として紹介する。授業づくりは第2章の「授業の組み立てと学習指導」を参照されたい。

また、インターネットで公開されている「武蔵野美術大学 造形ファイル」なども参考にするとよい。

＊註

1── 小学校図画工作では造形経験の少なさから共通事項のイは「思考力・判断力・表現力等」に位置付けられている。

第2節　表現技法から―平面―

1―描画題材　　　　　　　　　　　　　　　　　　　　　大成哲雄

絵画について

　絵画とは、平面である支持体に鉛筆や絵具などの描画材料を用い、線や色彩を使って表現されたものである。美術史を繙くと、先史時代のラスコーやアルタミラに代表される洞窟壁画がその起源と言える。

　人の成長過程では、幼児のなぐり描き（スクリブル）に始まり、年齢があがるにしたがって、見たこと、感じたことをより目的をもって表現したいという欲求が出てくる。特に小学校の高学年になる頃からこのような傾向が現れ、その後、学年があがるごとに高くなる。時々「私は美術は苦手です」と言う成人に出会うが、話を聞くとそれは「絵が苦手」と同義であるように感じる。この言葉の背景には、いわゆる観察をもとにした、見たものを忠実に絵に表すことが十分にかなわなかったため、苦手意識につながっていることが往々にしてある。

　「絵が苦手」と言う生徒に対し、解決の手だての1つとして、ものの見方や、表し方を丁寧に教えていくことがまずあげられる。対象を観察し忠実に再現することは、彫刻やデザイン、工芸などの他の表現にも共通する基本的な事柄である。しかし、同時に、表現方法は様々であることも伝えるべきである。観察をもとに発想を広げていくことや、技法を用い偶然できた色や形から発想していくこと、感覚の赴くままに内なる世界を自由に描くことも表現なのである。そして、それぞれの表現には、目的や学習の意図があることも伝えなければならない。必ずしも具象表現に縛られることなく、ある時は抽象表現、ある時は具象と抽象の中間に位置する表現など、その時々によって表現を

楽しめるよう工夫したい。教師は様々な描画材料の特性とその使い方を理解した上で、より生徒が主体的に、自由な表現や、多様な価値を認め合える場をつくる題材設定をしていく必要がある。

　以上をふまえ、中学校や高等学校の美術科で一般的、または専門的に使われる描画材料について、「線的表現」「面的表現」に大きく分けて、それぞれの特性やどのような支持体に描くのが適切であるかなどを見ていく。

線的表現に適した描画材料と技法

　クロッキーは、鉛筆などを使って5分や10分といった短時間で線描を主に対象をとらえる方法である。

　デッサンは、単色で描かれたものを指すことが多いが、線だけではなく形体、明暗も意識し、比較的長い時間をかけて描かれたものを指す。素描とも呼び、じっくり対象を観察するためや、油絵の下絵、構想を練る段階で描かれることもある。石膏デッサンや人体デッサンでは、形や明暗を大きくとらえやすいことから初心者は木炭を使用する場合が多い。

　スケッチも短時間で対象をとらえる方法だが、鉛筆などで線描したのち、水彩絵具で着色し仕上げる方法が一般的である。最近は、思いついたことを書き留める発想、構想の段階で行われる例も多く、表現方法も自由度が増している。

　ドローイングはデッサンと同じく素描と訳されるが、最近ではスケッチと同様の意味で使われる場合が多い。ドローイングは対象にとらわれない、より自由な表現を短時間で描くときに用いられる。また使用する用具も、刷毛や指を使うなど工夫しても面白い。

　エスキースは作品の構図、配色などを考えるための試し描きである。

　これらの名称は、語源になる文化圏の違いから、同じような意味でも受け取り方に若干の違いがあることや、最近では、描画材料の変化

や表現が多様化していることから容易に線引きができない。

①鉛筆・練り消しゴム

　鉛筆の芯は、黒鉛、粘土、ワックス、樹脂を練り合わせたものである。鉛筆軸に記されたHやBなどの記号は、薄いほうからH（hard）、F（firm）、HB、B（black）、EB、EEとなっている。一般的にはBや2Bあたりの硬さを中心にすると使いやすい。主にデッサンやクロッキーで使われ、鉛筆を立てた状態では線描や点描をし、寝かせて使えば広く明暗をつけるのに適している。また、描いたあとに指や、ティッシュペーパーを用いてぼかしの効果を出すこともできる。初心者には削り方の指導も必要である。文字を書くときよりも芯を長く出すことで多様な表現につながる〔1〕。

　クロッキーでは、線の強弱で対象をとらえる。デッサンでは、主に線の掛け合わせ（ハッチング）によって明暗を出す。必要以上に重ね塗りをするとのらない場合もあるので、適切な濃さのものを選んで描くほうが発色がよく、仕上がりは美しい。シャープペンシルは、線描には向いているが、力を入れると折れやすいことや、線が均一なことから、クロッキーには不向きである。

　消し具として、練り消しゴムを使う場合は、消すための道具というよりは、描画材としてとらえたい。例えば、よく指先で練り、鉛筆で塗った黒い面に練り消しゴムで白い線を抜いて描いたり、適当な柔らかさにし、叩いて色を抜いてみたり、先端の形状を変えることで様々な表情も出せる。最近は、電動消しゴムの独特の振動から生まれるマチエールを作品に生かす例もある。しっかり消したい場合はプラスチック消しゴムを使うとよい。

〔1〕鉛筆の削り方、芯の出し方

②色鉛筆

　顔料、染料、粘土、ワックスなどを配合したものが芯になっている。鉛筆の芯は焼成して仕上げるが、色鉛筆は行わない。配合比によって硬さが違い、油性と水性がある。鉛筆同様、色鉛筆は様々な線描ができるが、一度描くと消し具では完全に消えにくく、重ね塗りにはあまり適していないが、画用紙などの凹凸のある紙との相性はよく、色の組み合わせによっては淡い感じの独特の画面ができる。

　また、水性である水彩色鉛筆は、描画後、水を含ませた筆（持ち手の中に水が入れられる専用のものもある）でぼかすこともでき、スケッチやイラストなど幅広く使うことができる。

③パステル

　顔料に白粘土や接着剤を加え固めたもの。パステルは顔料に最も近い固形画材であるため、発色が鮮やかなのが特徴である。描画方法としては、直接描くだけではなく、指や、手のひらを使いぼかしたり、色を抜いたりすることもあり、色を塗り重ねて色幅を増やしたり、淡い独特のマチエールをつくることもできる。画面への定着力は弱いため、制作後はスプレータイプのフィキサチーフを全体にかけ定着させる。

④クレヨン・クレパス

　クレヨンは顔料に蝋を混ぜて固めたもの。クレパスは、クレヨンとパステルの長所を合わせて日本で作られたものである。幼児教育や小学校などでよく使われているクレヨンは硬いため線描に適しているが、クレパスは面描にも適している。これらをオイルパステルと呼び、水をはじく性質をもっているため、水彩絵具と合わせ、はじき絵（バチック）の技法を使って表現することも多い。

⑤木炭・チャコールペンシル

　ヤナギ、ブドウ、ホウなどの木を乾燥させ蒸し焼きにしたもの。石膏デッサンや油絵でのキャンバスの下描きに用いる。その際、消し具は練り消しゴムではなく、食パンの柔らかい部分を使うこともある。

木炭粉末と粘土を混ぜて芯にした鉛筆型のものをチャコールペンシルと言い、細かい描写をしたいときに木炭と併用する。

〔2〕木炭の削り方

木炭の削り方は、不用である芯の部分を芯抜きで取り、カッターナイフで斜めに削る〔2〕。石膏デッサンなどで大きく明暗をつけるときは、先のほうだけでなく、木炭を寝かせ、斜めに削った腹の部分で描くとのりがよい。その場合、指先だけでなく肩から大きく動かすように描くとよい。

用紙は一般的に木炭紙（MBM）に描く。左脇にMBMと読める透かしがあるほうが表である。木炭紙の表面には小さな溝が沢山あるが、木炭をのせたままでは定着力も弱く、手のひらや指先を使ってその溝に炭がしっかり入るよう重ねていく。木炭は線描というよりも、木炭を取ったりつけたりしながら表していくイメージである。また、ガーゼで余分な木炭を取ると淡い調子がつくれ、反射光の表現にも適している。細かい箇所はガーゼではなく擦筆を使ってぼかす。

また、サンドペーパーや乳鉢で木炭を粉にしたものを、水やアルコールで溶いて筆を使って描くこともできる。墨汁とは違った独特な墨の表現になる。描画後はフィキサチーフを使って定着させる。

⑥コンテ

粉末化した白亜（白）、黒鉛（黒）、サンギン（茶色）を蝋や粘土で四角柱に固めたもの。この3色はコンテの基本色であり、デッサンで明暗をとらえるのに適している。のちに色数も増え、パステル画につながっていく。デッサン、ドローイングに適している。定着力が弱いため、木炭同様フィキサチーフを使って定着させる。

⑦ペン

　金属ペンをペン軸に取りつけてインクで描くつけペンタイプと、マジックインキなどの軸内のスポンジにインクをしみ込ませてあるマーキングペンとに大別できる。原材料は染料を主に使っている。油性や水性のもの、色数も豊富である。先がフェルトやプラスチックなど、太さも違うので用途によって使い分ける。

　マンガの表現では、主につけペンや製図用の先の細いペンを使う。また、割り箸を削って墨汁などで描く割り箸ペンや、あしや竹の茎を斜めに切り、割れ目を入れた、あしペンや竹ペンは自分で作ることもできる。ボールペンや製図用のロットリングは、細い線も描け、クロッキーや細密画に適している。毛筆風に描ける筆ペンなど、選択肢は幅広いので用途によって選ぶ。これらは、持ち運びが容易なため、手軽にクロッキーを楽しむこともできる。

⑧インク

　顔料をもとにしたものと、染料をもとにしたものとがある。ペン先につけて線描として表現したり、絵皿に出し、水で薄め刷毛などで面描もできる。

面的表現に適した描画材料と技法

　ここからは主に、面的表現、ペインティングに適した描画材、絵具について見ていく。絵具は顔料と乾くと固まる液体（展色剤）を混ぜ合わせたものでできている。それぞれの特徴を理解し描画に生かしたい。

① 水彩絵具・顔彩

　水彩絵具は、主に顔料とアラビアゴムを混ぜたものである。透明水彩（ウォーターカラー）と不透明水彩（ガッシュ）がある。それぞれは、18世紀から19世紀初頭にかけて、イギリスやフランスなどで作られた。固形から始まりチューブ絵具が作られるようになった。日本の小

学校などで使われる学童用の水彩絵具はマット水彩とも呼ばれ、透明水彩と不透明水彩の中間的な性質をもっており、薄く重ね塗りに適した透明水彩と、マットで重ね塗りに適した特性をもっている。

　ポスターカラーは不透明水彩絵具の部類に入り、デザインの題材でよく用いられる。塗りむらをなくすために顔料の粒子を細かくしてある。支持体は画用紙や水彩紙などを使う。

　また、顔彩、鉄鉢や棒絵具は日本画のスケッチでよく使われる。顔彩、鉄鉢は、顔料をアラビアゴム、蜜で練り合わせ固めたものである。また、棒絵具は、顔料を膠液で練り固めたものである。

②油絵具とその描き方

　油絵具は、顔料と空気に触れると固化する展色剤であるリンシードやポピーオイルを混ぜて作った絵具である。油絵具は耐久性に優れていることや、つやと透明感があり、重ね塗りやタッチを生かせるなど幅広い表現が可能である。また、蒸発によって乾くのではなく、空気に触れ、酸化によって固化するため乾燥が遅い。よって、画面上で乾く前に削いだり、拭き取ったりできることから、絵具の厚みやタッチなど独特のマチエールがつくれ、容易に修正も可能である。

　油絵の第1発明者は、フランドルの画家ヤン・ファン・アイクと言われている。ファン・アイクは、白色に塗られた木製パネルに絵具を薄く何層も重ね表現した。この頃の絵具は、粘度も低く厚塗りには適しておらず、工房などで画家やその弟子が手作りしていた。16世紀になると支持体は布製のキャンバスに描かれるようになり、粘度の高い絵具が開発され厚塗りも可能になった。ヴェネチア派のティツィアーノは褐色と白色による下描きをし、暗い部分は絵具を薄く仕上げ、明るい部分は不透明の絵具で厚塗りをした。この頃の技法が今日の一般的な描き方の発端と言われている。18世紀にチューブ絵具が発明された頃は屋外での制作も可能となり、印象派が生まれるきっかけの1つになったと言われている。

日本では、江戸時代の後期から明治にかけてフォンタネージによっ
て油絵が伝えられ本格的に描かれ始める。近現代においては、古典技
法にとらわれない様々な表現方法が画家によって生み出されている。

　以下は、主に初心者を対象にした描き方である。油絵の一般的な描
き方を体験することで、基礎的な事柄を理解し、自由な表現へとつな
げたい〔3〕。

　支持体は、市販のF10号（530×455mm）あたりのキャンバスが適
切である。枚数を重ねて慣れてくれば、ヒッパラー（キャンバス張り
器）とタックス（キャンバス釘）、金鎚を用い、木枠を組み立て自分で
キャンバスを張ることも試したい。

　あらかじめデッサンで構図などを決定したあと、キャンバスにシル
バーホワイトやジェッソを下塗りし、木炭で下描きをする。木炭は、
布で容易に消すことができるので、修正が必要ならば消しゴムなどの
消し具は特に必要ない。フィキサチーフで木炭を止め、ターペンタイ
ン（テレピン）などの揮発性油で溶き、画面全体に気をくばり、形を

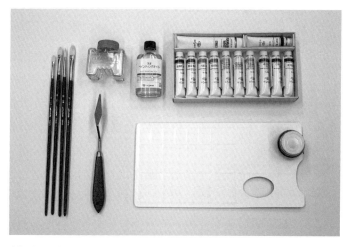

〔3〕 油絵の初心者のための用具一式
左より、2号平筆、6号平筆、6号丸筆、10号平筆、ペインティングナイフ、ペー
パーパレットと油壺。左上より、筆洗油（ブラシクリーナー）、ペインティングオイル、
油絵具12色セット。

取り直したり、明暗をつけていく。木炭では描かず直に油絵具を多め
のオイルで溶いておつゆ描きをしてもよい。

　その後、まだ、色数を増やさずに単色系統の絵具で描き進めていく。
明るいところは白色で描いていく（グリザイユ）。油絵でデッサンを
するような感覚で描き進める。溶き油は描き進めるにしたがってリン
シードなどの乾性油を加えていく。揮発性油は、光沢があまりないが、
乾燥が早い。一方、乾性油は、乾きが遅いが光沢があり、双方の特性
を生かしながらその都度調合し描き進める。初心者は、これらがあら
かじめ調合されたペインティングオイルを使用してもよい。徐々に必
要なところは厚塗りをし、色数も増やしていく。大まかに描き込んだ
ら、乾性油や樹脂を多く調合した溶き油で溶いた絵具を刷毛などで塗
り重ね透明感を出し（グラッシ）、明暗を整えていく。細部は面相筆
などで描き込む。

　油絵の場合、主に豚毛などの硬質の平筆を使用する。また、厚塗り
や、絵具を削ぎ落としたい場合、ペインティングナイフを使う。ペイ
ンティングナイフは、パレットで絵具を練る際にも使う。パレットナ
イフは、パレットについた絵具を取るために使う。

　油絵と水彩画の描き進め方の大きな違いは、水彩絵具は他の色を使
いたいときには水で洗うが、油絵の場合は筆の本数を多く用意し、同
系色ごとに使い分ける。そして、その日の制作の終わりに余分な絵具
を布で拭き取り、筆洗油で落とし、石けんで余分な油分を洗い流し自
然乾燥させる。つまり、描いている最中に頻繁に筆洗油を使って洗わ
ないのが油絵の進め方である。最後に、保護用のニスをかけて完成さ
せる場合は、十分に時間をかけて乾燥させてから塗るのが適切である。

　また、最近では速乾性のメディウムもあり、絵具に混ぜると早く乾
き制作効率を高めることもできる。その際は、パレット上で絵具に対
して1：1以下で混ぜて使うとよい。あまり使いすぎると黄変や剥離
の原因となるので注意する。

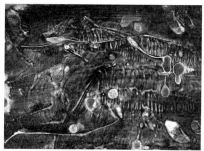

〔4〕ジェッソの下塗り　　　　〔5〕ジェッソによる表情

③アクリル絵具

　顔料とアクリル樹脂を混ぜて作った絵具である。比較的新しい描画材の1つであり、1950年頃にアメリカを中心に販売された。ほとんどが水溶性であり、乾燥が早いことと、乾燥後に耐水性となることから絵画のみならず、様々なペイントに使われている。

　例えば、陶器やガラス、金属にも描くことができ、立体作品に用いられるケースも多い。その際は、専用の下塗り剤を塗っておくと耐久性も増す。

　アクリル絵具には、主に絵画修復に使われる溶解型と、一般的に使われている水性アクリル絵具がある。特にデザインの分野では不透明のアクリルガッシュがよく使われている。エアーブラシ用のアクリル絵具もあり、用途によって使い分ける。

　水を使い、乾くと耐水性になることや、比較的手入れが容易なこと、様々な補助剤（メディウムなど）を使ってマチエールをつくったり、厚塗りの表現もできることから、油絵具の表現の代わりとして使われる例も多い。

④ジェッソ

　主にアクリル絵具用の下塗りに使うものであるが、油絵などあらゆる描画材の下塗りにも使える〔4〕。これを塗っておくと絵具の固着力や発色もよくなる。近年は、粘度にも段階があり、表現したい内容に

よって使い分ける。白以外の色もあり、有色地を作ることもできる。また、荒く刷毛目をつけたり、ドリッピングをするなど、あらかじめマチエールをつくっておくと、乾燥後、そのマチエールが表現に生かされる〔5〕。アクリル絵具のメディウム類は色々と種類があるので、ジェッソと合わせて試してみるとよいだろう。

⑤岩絵具

　顔料である岩絵具と展色剤である膠液とを混ぜて作る。主に日本画の画材として作られ、画家自らが絵皿の中で指を使って混ぜて作る。岩絵具には、天然岩絵具、人工岩絵具、合成岩絵具などがあり、天然のものは価格も高い。

⑥墨

　松などの木を燃やしてできる煙のすすを集め、膠で固めたもの。水を用いて硯ですって液状にして使う。墨を液状にしたものを墨汁または墨液という。また、すすや蝋、油などを混ぜて紙にしみ込ませたカーボン紙は、下描を転写する際などに使われる。

　美術では水墨画の題材で主に使う。今まではどちらかと言うと西洋の美術を下敷きにした題材や表現方法が多かったが、日本の美術を理解していく上でもこうした日本の描画材に触れることは大切である。

●事例　絵具を作る

　すべての絵具は色のもとである顔料と、乾くと固まる液体（展色剤、メディウム）からできており、この大枠が理解できていれば絵具を手作りすることも可能である。例えば、顔料とアラビアゴムをパレットやビニール袋の中で混ぜれば水彩絵具は簡単にでき、それらをチューブに入れれば市販されているものに近い絵具ができあがる。同様の方法で油絵具やアクリル絵具を作ることもできる。また、身の回りにある色のついた粉と乾くと固まる液体を探し、これらを使って簡単に絵具を作る方法もある。

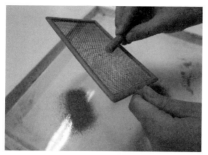
〔6〕 チョークを粉末状にする

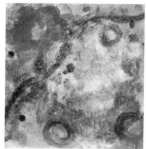
〔7〕 チョーク絵具を使った作品

・色のついた粉＝土、貝殻や石を砕いたもの、チョークの粉など
・乾くと固まる液体＝液体のり（アラビアゴムが主成分のもの）、木工
　用ボンド、アクリル絵具のメディウムなど
　これらの組み合わせによって、いくつかの題材が考えられ、絵具作
りの体験から絵具や色への興味をもつといったねらいを設定し行うこ
とができる。ここでは、チョーク絵具と泥絵具を紹介する。

①チョーク絵具
　短くなって使いづらくなったチョークをスパッタリング用の網や紙
ヤスリで粉状にし、顔料のようなものを作る〔6〕。そこに液体のりか
木工用ボンドを混ぜ、水を適量加え混ぜ合わせるとできる。
　チョークには赤、青、黄の色があり、三原色にたとえ、色の知識や
混色の学習にもなる。粉、のり、水の配分によって透明度や粘度を調
節することができ、独特の質感の絵が描ける〔7〕。筆についた絵具は、
のりが固まる前に洗い流す。

②泥絵具
　身の回りにある、色のきれいな土や石を乳鉢で砕き粉状にする。何
度か水に沈殿させ、残った土を液体のりなどで混ぜて作る。木工用ボ
ンド、アクリル絵具のメディウムなどと混ぜれば、紙だけでなくキャ
ンバスや板などにも描くことができる。

フレスコ

　西洋の油絵以前の絵画表現の中から、フレスコ画とテンペラ画を紹介する。なお、制作の詳細については『絵画組成　絵具が語りはじめるとき』(武蔵野美術大学出版局、2019年) などの専門書を活用してほしい。

　フレスコ (fresco [英語]、affresco [イタリア語]) は、壁などに塗られた乾ききっていない漆喰に水または石灰水で溶いた顔料をしみ込ませて描く方法である。その方法で描かれたものをフレスコ画と言う。漆喰が乾く過程で生じる消石灰 (水酸化カルシウム) の化学変化により、顔料は壁に定着する。古くはラスコーの壁画やポンペイの壁画も天然のフレスコ画の範疇に入る。ほかに代表的なものは、ミケランジェロの《最後の審判》(1535- 41年) やラファエロの「アテネの学堂」[8] (1509-10年)、フラ・アンジェリコ《受胎告知》(1440年頃) があげられる。それらは、バチカン宮殿やシスティーナ礼拝堂などの天井や壁に描かれ、建築の一部として表現された。この方法は、漆喰が乾くまでの短時間の制作であることや、やり直しが利かないため、計画性や高度な技術力が求められていた。失敗した場合は漆喰をはぎ取り再び塗り直して制作した。

　現在でも画家の表現として使われているが、壁ではなく、板に描かれ持ち運びができるようになっていることが多い。また、日本では一般的にフレスコ画というと、壁に塗ったマルタ (石灰モルタル) が乾かないうちに顔料を水だけで溶いて描くブオン・フレスコ (buon fresco) を指す。

　フレスコ画 (ブオン・フレスコ) の初歩的な描き方を説明する。支持体はキャンバスの木枠 (F15号 [652 ×530mm]) に石膏ボード

〔8〕ラファエロ《アテネの学堂》
　　バチカン宮殿 (バチカン市国)

を打ちつけたものを使い、周りには木製のふちをつける。フレスコ画は、描き始めると構図や形など大きな修正が難しいため、下絵の段階で構想をしっかり練っておく必要がある。実物大の下絵（カルトーネ）を紙に描き、描かれたものの輪郭に線香等で穴を開け、紙の裏のバリを紙ヤスリで取る。

　次にマルタを作る。砂と消石灰を1：1から2：1の割合で混ぜる。支持体に霧吹きで水を含ませ、コテを使ってマルタを平らに地塗りをする。地塗りを乾燥させたあとに中塗り（シノピア）をし、支持体の上部に下絵をめくれるようにつけ、顔料を包んだガーゼ（タンポ）を使って画面に写す。マルタは乾燥が早いため1日で描く範囲を決め、本塗りのマルタを塗る。下絵はいったん最後のマルタを塗った段階で消えるが、再度、タンポを使って写す。顔料を水のみで溶いて筆で描く。その日のぶんを描き終えたら余分なマルタを画面に対して斜めに削り落としておく。次回の最初に、継ぎ目にマルタを塗って描き始める。基本的にマルタが乾くことで顔料が画面に定着するので、乾燥後は描くことができない。

テンペラ

　テンペラは顔料と乳化作用をもつ物質を展色剤にした絵具のことである。代表的なものに卵黄テンペラがある。卵黄テンペラは比較的乾くのも早く、絵具が乾けば重ね塗りができ、水にも溶けなくなる。卵黄と油と顔料を混ぜた全卵テンペラもある。これらが混ざり合うのは卵黄の中に乳化成分が含まれており、水と油をつなげているためである。水

〔9〕ボッティチェッリ《ヴィーナスの誕生》
　　ウフィッツィ美術館（イタリア）

彩絵具と油絵具との併用が可能であることや、顔料の色を生かした表現が可能なこと、乾燥が早いことなどが、テンペラ絵具の魅力である。

　テンペラで描かれた代表的な作品は、ボッティチェッリ《ヴィーナスの誕生》（1485年頃〔9〕）やマンテーニャ《死せるキリスト》（1480年頃）があげられる。近現代では、クリムト、クレー、ワイエス、クレメンテなどがこの技法を使って表現をしている。

　テンペラを使った題材は、鑑賞と合わせ、古典技法に触れる機会として、また、油絵具や水彩絵具ができる前の絵具として学習することも考えられる。テンペラの描き方を理解するには模写も有効である。《ヴィーナスの誕生》などの一部を小さな画面に写すなら比較的短時間でも可能である。

①卵黄テンペラ

　卵黄テンペラの絵具作りには、メディウムと顔料ペーストを作る2つの工程がある。まずは、卵黄メディウムを作る。必要なものは、鶏卵と食酢である。大まかに白身と卵黄を分離し、手のひらに布をのせ、卵黄をころがし数回繰り返しながら余分な水分を布に取る。表面が乾いたら容器の上でカッターを使って切り込みを入れると中から黄身の部分が出てくる。カラザと膜とを分離し、黄身のみを取り出す。

　次に顔料ペーストを作る。顔料は、動植物から作った有機顔料と、鉱物から作った無機顔料に分けられるが、現在はほとんど天然のものは使わず合成顔料である。この顔料を絵皿などに入れ、少量の水をスポイトで足して練る。顔料によっては水と混ざりにくいものもあり、その場合、アルコールを少量加えると混ざりやすい。

　卵黄テンペラ絵具は、このペーストと卵黄を同量混ぜて作る。防腐剤として食酢を少々加えれば完成である。食酢の代わりに市販の防腐剤を加えてもよい。描画の際に、そのままでは粘度が高い感じであれば、水を加え薄めて使う。

②全卵テンペラ

　卵黄テンペラとの違いは、油と樹脂を加えることで、より画面への固着力が増し、強い画面が作れることである。まず、樹脂であるダンマル樹脂溶液を作る。必要なものはダンマル樹脂（100g）、テレピン（200g）、ガーゼ（ナイロンストッキング）、糸、ふたつきのビンである。ガーゼにダンマル樹脂を包み、糸で結ぶ。ビンにテレピンを入れ、樹脂の入ったガーゼをひたす。その際、ビンの底にガーゼがつかないようにしたほうがダンマル樹脂は溶けやすい。約1日から3日かけて溶かし、完全に溶けたら暗色のビンに詰め替えておくと変質を避けられる。溶液を作るには時間もかかるので多めに作っておくとよい。

　このダンマル樹脂溶液、卵、リンシードを混ぜて全卵テンペラのメディウムを作る。まずカラザを取り、白身と黄身をよく混ぜ、ふたつきのビンに入れる。次に、リンシードを全卵の半分の量を入れる。続いてリンシードと同量のダンマル樹脂溶液を入れ、防腐剤を数滴入れる。ビンのふたを閉めてよく振り、これらをなじませることでマヨネーズのような全卵メディウムができあがる。顔料と同量混ぜ、絵具を作る。

③テンペラ絵具の支持体・白亜地

　テンペラ絵具は水溶性であるため、紙や木、布などの吸水性のある支持体が適している。また、木製パネルはシナベニヤなど、なるべく反りづらいものを選ぶ。

　白亜地は木製パネルに綿布や和紙を膠水で貼り、その上に石膏と膠水を混ぜたもので下地を作る方法で、テンペラで描く場合よく使われる。白亜地のような白く均一な画面のほうが発色もよい。これを作るには、水を加えても固まらない非晶質石膏である白亜（ボローニャ石膏）と膠が必要である。膠を水に入れて（膠1：水10）半日から1日おいて膨潤させ、60℃位のお湯で湯煎し膠水を作る。白亜2、膠水1、水1〜2の割合でゆっくり混ぜ石膏液を作る。シナベニヤに直接塗っ

ても構わないが、綿布や和紙を膠水であらかじめ貼っておいたものに地塗りをする。反りを防ぐために表に3回、裏に1回塗る。

　1日ほど乾燥させたあと、紙ヤスリで表面を平らに研磨する。その際は、粉塵を吸い込まないようマスクを着ける。白亜地はオーソドックスな地塗りの方法だが、代用としてジェッソを使う方法もある。その場合、薄めたジェッソを何回か重ね塗りするとよい。

　テンペラ画はヨーロッパ中世では、祭壇画として金箔地に多く描かれていた。これを黄金背景テンペラと言い、板に石膏の地塗りののち、凹凸をつけその上から金箔を貼った。金箔はあかし紙でしわにならないよう丁寧に移し取り、膠水を塗った画面にのせて貼る。完全に乾いたあと、筆などで余分な金箔を取り除けば完成である。

④テンペラによる描画

　テンペラ絵具を使った描き方は色々あるが、点描やタッピング、ハッチングといった点や線の掛け合わせで濃淡をつくっていく方法がある。また、テンペラ絵具は白を混ぜると不透明色になることから、白色系を重ねるほど明るくなり、あえて有色地を使うこともある。下地に反対色を置くことで、人物の肌の表現などでは色に深みを増すことができる。筆は柔らかいナイロン製のものを使って描くとよい。

　テンペラでもマチエールを工夫した表現も可能である。例えば、支持体が板であることから、紙ヤスリで表面を削って下の絵具層を出す方法もある。テンペラの表現でも後述の「様々な技法」を参考にし応用してほしい。

　制作時の注意点として、顔料の不意な散布があげられる。顔料にはシルバーホワイトやカドミウム系など人体に有毒なものもある。傷口や目、鼻、口に入らないようにする。

⑤テンペラ絵具と油絵具の混合技法

　油絵具と併用できるのがテンペラ絵具（全卵メディウム）の大きな特徴である。使い方は、テンペラで描いた層に油絵具のグラッシ層を

交互に重ね、画面に奥行きを出していく。この混合技法では、油絵の有色地に白色のテンペラ絵具でハッチングなどの技法で描く。さらにその上にテレピンとリンシードを混ぜた溶き油で油絵具を薄く溶き、刷毛で塗る。生乾きのうちにテンペラ絵具でハッチングをするとよい。テンペラの不透明さと油絵の透明性を合わせることでより深い色合いや独特の表情を出すことができる。

日本画

　日本画は、岩絵具（天然顔料）と膠、水を混ぜた絵具で描かれる表現である〔10〕。粒子の粗い顔料を、膠のわずかな接着力で画面に定着させるため、粒子や色がそのまま表現されることが特徴である。日本画の由来は、明治初期に西洋絵画が日本に紹介され、それに対抗できる絵画表現として名づけられた。

　日本画の場合、展色剤（メディウム）は、膠である。牛の皮を煮出して抽出し棒状に固めた三千本膠や、より透明感のあるパール膠がある。

〔10〕日本画の初心者のための用具一式
下段左より、硯と墨、絵刷毛、平筆、面相筆2本、削用筆、則妙筆、彩色筆、連筆、水さし、梅皿と丸皿、筆洗。中段左より、乳鉢と乳棒、三千本膠、膠鍋とさじ。上段左より、胡粉、岩絵具（ビン入り）、水干絵具（1箱）、岩絵具（袋入り）。

これらを水に入れ一晩ほど寝かせて膨潤させる。それを60℃位で湯煎し、膠液を作る。膠液は冷えると固まりゼラチン質になる。保管は冷蔵庫で行う。

　支持体は木や木製パネルに和紙を水張りする。または、絵絹を絹枠に張って描く。パネルに和紙の場合は、にじみ止めとして明礬を膠水で溶いた礬水を刷毛で裏表に塗り、礬水引きを行う。また、大作を描く場合には、画面の剥落や亀裂を防げるよう強化したり、ベニヤ板などに付着する化学薬品から劣化を防ぐために裏打ちを行う。接着には、小麦から取れるでんぷん質でできた生麩糊を使う。

　用紙である和紙には、様々な種類があるが、厚く、丈夫で、大きいものもあることから、雲肌麻紙が使われることが多い。ほかに鳥の子紙、薄美濃紙、画仙紙、裏打ち紙がある。

　岩絵具は、主に天然に産する鉱物や植物から作られる。原料となる原石を機械や手作業で砕き、丹念に粒子分けや不純物を除去して乾燥させて仕上げる。近代以降は、人工的に作られた絵具も開発され、安価で耐久性にも優れ、色数も豊富である。

　日本画で実際に描画をする際は、岩絵具を自分で溶いて作らなければならない。岩絵具を紙に定着させるには、乾いた絵皿の上で中指を使ってしっかりと膠液と混ぜ練る。全体に膠液が行き渡ったら水を加えて溶きのばして完成である。

　粒子の粗い岩絵具は、何度か重ね塗りをしないと下地が透けてしまう。基本的に画面を寝かせて描画を行う。

　日本画で使用する筆は毛筆と言われ、本来は書のために使われていた。大きくは筆と刷毛に分けられる。筆は、線描筆、彩色筆、平筆など用途によって使い分ける。連筆は羊毛を奇数本連ねて束ねたもので、水の吸収がよく、刷毛にはない効果も出せる。刷毛には均一の幅や広い面を塗るための絵刷毛や、ぼかしの効果を出す唐刷毛などがある。

筆について

　筆は、古代エジプトでは、藁などの植物繊維をほぐし束ねたものがすでにあった。西洋東洋を問わずその歴史は古く、美術の歴史とともにあると言ってもよいだろう。

　水彩や油彩用の筆は、平筆、丸筆、筆先が楕円形のフィルバートが基本形である。ほかにおつゆ描き用の扇型のファンブラシがある。市販されている筆は一般的に1から12までのサイズがあり、数が小さくなるほど細くなる。油彩では、固くしなやかな筆質が求められることから、豚の毛がよく使われる。また、セーブル筆は黒テンの毛からできており、油彩、水彩ともに使える。

　ほかに美術科の授業で使う一般的なものは、水彩画ならば専用の平筆、丸筆、彩色筆、刷毛、面相筆があげられる。水墨画では、刷毛、付立筆、削用筆、面相筆を用意する。筆は、絵具との相性を理解し、使用後の手入れもしっかり指導したい。

支持体について

①紙

　描画材と用紙の基本的な相性は押さえておきたい。例えば、鉛筆で表現する際、クロッキーとデッサンでは選ぶ用紙も違う。クロッキーは短時間で数枚続けて描くことも多く、薄手の紙を綴じたクロッキー帳を使う。また、時間をかけて表現するデッサンの場合は、厚手の画用紙を使ったほうがよい。水彩表現も同様であるが、ワトソン紙などのより専門的な水彩紙を使うとにじみにくく水に対して丈夫である。また、水を使った表現では、パネルに水張りをしてから描くと乾いたあと、しわが寄らない。

　表面が少しザラザラしているミューズ紙などは、パステルの表現にも適している。逆に表面がつるつるしたケント紙は、製図やデザインの平面構成、ペン画に適している。木炭は前述したように木炭紙に描

くのが望ましいだろう。水墨画では、画仙紙や麻紙、半紙を使う。

　いずれにしても、描画材と支持体である紙との相性は、知識だけではなく実際に教師が体験して、その特性を理解する必要があるだろう。特に水彩紙は紙によって吸水性も違うため、裁断の際に出た不要な紙を使って試してみることも１つの方法である。

　また、画用紙には色がついた色画用紙もある。目的に応じて用意し、色の選定にも気を配りたい。黒い紙に白の絵具で描いたり、中間色の紙を用意し、白と黒を加えてデッサンをする題材も考えられる。

②布

　布を支持体として使うものは、油絵具やアクリル絵具である。油絵具の場合は専用のキャンバスを使う。キャンバスの大きさは８号か10号くらいが初心者には適切だろう。部活動等でより専門的に行うのであれば、木枠とロールになったキャンバス布を別々に購入し、自分で張る方法もある。25号や30号といった大作をつくる際には、あらかじめ張られたものより安価である。

　最近では、油彩とアクリル併用可のものもある。油彩用のキャンバスにアクリル絵具で描く場合は、表面を紙ヤスリで軽く落とし、ジェッソを塗ると水性地になり、水分をはじかずに描くことができる。また、木枠ではなく、木製パネルに張る方法もある。

③木、金属、ガラス

　木、金属、ガラスなどに描く場合、特に耐久性を求めなければ、油絵具でもアクリル絵具でも描けるが、アクリル絵具専用のプライマー（下地塗料）を塗れば、より絵具の固着力を増すことができる。木製のものに描く場合は、下塗りにジェッソを用いれば十分であるが、木目の表情を生かしたければ、乾くと透明になるアクリル系のメディウムを一層塗るとよい。

様々な技法

　ここであげる様々な技法は、前述した材料や用具を使って、いわゆるモダンテクニックと言われる一般的なものや、今日の画家が使っている比較的新しいものを取りあげる。これらの多くは偶然を生かした技法と言えるが、慣れてくるとある程度完成を予想しながらつくることもできる。また、その過程も十分楽しむことができ、「みたて」など鑑賞活動を合わせ、学習の幅をもたせることもできる。ここで注意すべき点は、技法のみの習得ではなく、それらを使って各々が表したい事柄と結びつけ、いかに表現につなげていけるかがポイントである。

　以下に紹介する技法は、水彩絵具を主に使った場合として記すが、油絵具やアクリル絵具を使った表現にも応用でき、支持体を紙だけではなくキャンバスや布などに置き換えてもよい。

①デカルコマニー（合わせ絵）

　紙の上にチューブから直に絵具を出したり、水彩の場合は水で溶いた絵具を垂らしたりし、別の紙に押しあて写し取る〔11〕。二つ折りにした紙でもできる。粘性の高い絵具をたっぷり使ったり、水分が乾く前に写し取らないとうまくできない場合があるので注意する。

②スパッタリング（霧吹き）

　専用の金網の上から絵具をブラシでこすると、紙の上に小さな粒状の模様ができる。あらかじめ用意しておいた自由に切った形の型紙を置くと、その形の周りにその模様がつく〔12〕。何色か重ねる方法や、

〔11〕デカルコマニー

〔12〕スパッタリング＋ステンシル

〔13〕フロッタージュ　　　　　　　〔14〕バチック

　型紙をずらしてさらに自由な形や濃淡をつくると、奥行きのある空間を表現することもできる。絵具の水分が多すぎると垂れる場合があるので注意する。

③ステンシル

　型紙を作り、その周辺を絵具やクレヨンの粉をつけたタンポンでたたいて型の形を浮き出たせる技法。スパッタリングと合わせて使うこともできる。

④フロッタージュ（こすり出し）

　身の回りにある凸凹の上に柔らかい紙を置き、鉛筆や色鉛筆でこする〔13〕。できたものを部分的に切り取り貼り合わせ、絵をつくる展開も考えられる。トレーシングペーパーを使えば、フロッタージュの際にも見当がつけやすく、貼ったときに下の色が透けて見える効果も出せる。この活動では、身の回りにある自然物や人工物のもつ表面に興味をもたせ、視覚的な理解だけではないものとのかかわり方を学ばせることもできる。教室の壁や床など、普段生活している場所にも興味を広げ、場所のもつ意味も考える題材設定も可能である。

⑤ドリッピング（吹き流し）

　水を含ませた絵具を叩いたりして勢いよく飛ばす。また、多めに垂らして、紙を傾斜させたり、ストローを使って強く吹く。風の強さやあて方によって表情も異なる。粘性がやや強い絵具にドライヤーで風

〔15〕スクラッチ　　　　　　　　　　〔16〕にじみ

を送れば、波状の模様をつくることもできる。

⑥バチック（はじき）

　クレヨンで下描きしたものに水彩絵具を塗ると、油性であるクレヨンの線が水をはじいて浮きあがる。クレヨンは立てたり、寝かせたりすることで表情がつくれる。また、使う絵具の色の組み合わせによっても、コントラストがはっきりするなど効果は違う〔14〕。

⑦マーブリング

　大きめのバットにゲル状の洗濯糊を静かに注ぎ、表面をならす。絵皿に油絵具を出し、テレピンを少々加え、濃度を調整する。筆で絵具を洗濯糊の表面にのせ、竹串で絵具を動かす要領でマーブル（大理石）模様を描く。その上に紙をそっと置き、すぐに端からゆっくりとはがし、平らなところで完全に乾燥させる。油絵具の濃度調整のコツさえつかめば、数色を使用した複雑な文様まで楽しむことができる。また最近では市販のマーブリング液もある。

⑧スクラッチ（ひっかき）

　鮮やかな色のクレヨンで下塗りをし、その上に黒色などの暗い色を一面に塗り、尖ったものでひっかいて下の色が出てくるよう描く〔15〕。ひっかくものは釘やニードルなどが一般的ではあるが、より豊かなマチエールをつくるには、ペインティングナイフをはじめ、フォーク、スプーンなどの日用品を使ってみるのもよい。画材とは、画材屋で購

〔17〕 ウォッシング

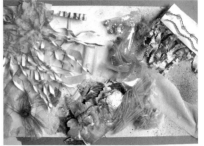
〔18〕 コラージュ

入するものだけではない。身の回りに画材として使えそうなものがあ
れば、日頃から集めておき、試してみる習慣をつけておくのもよいだ
ろう。

⑨にじみ、ぼかし

　水を刷毛などで一面に塗り、その上に絵具を垂らしたり描いたりし、
偶然の混色や形をつくる〔16〕。この場合、一般的には画用紙で行うが、
水墨画の場合は画仙紙や麻紙を使う。

⑩かすれ

　絵具に水分をあまり加えないで描くと、かすれた感じの効果が出る。
例えば、石の表面を表す際などにも適している。ドライブラッシュの
ように筆に水分を含んだ絵具をつけ、指先で絞って描く方法もある。

⑪ウォッシング

　紙に絵具で描かれたものを水で洗い流すことで、独特の表情をつく
る〔17〕。水彩絵具やアクリル絵具を用いると水で洗い流せる。洗い流
す際には、手を使ってもよいし、柔らかいスポンジやたわしを使って
もよい。洗い流す前にドライヤーを使って意図的に乾かすところをつ
くると、乾いている箇所以外が洗い流され、独特のマチエールがつく
れる。通常、絵具は重ねて表現するものだが、この方法はいったんつ
けた絵具を取って表現する逆の方法である。しかし、絵具をつける行
為と同じような感覚をもち、洗い流している途中で納得いく画面が現

〔19〕ローラーワーク　　　　　　　　〔20〕ローラーによる水玉表現

れれば、その段階で作業を止めるとよい。

⑫コラージュ

　様々な紙などを画面に貼る技法〔18〕。日頃から新聞の切り抜きや、色紙、包装紙、チラシなど身の回りにある平面素材にも目を向け、集めておくとよい。それらの組み合わせ方によっては、意図していなかった意味が表れたり、色や形の組み合わせを発見したり、作品をつくるための基礎的なトレーニングとしてもコラージュは有効な表現方法である。

　発展の仕方も様々考えられる。例えば、同じ紙でも、しわを作って貼ってみたり、貼ったものを部分的にはがしてみると独特の効果が出る。また、エアパッキングや毛糸など少し凹凸のあるものを貼ると、筆では描けないマチエールが生まれる。そこにスプレーやジェッソ等で1色に仕上げると、凹凸が強調された画面ができる。さらに、版画用のインクをローラーでのせ、ばれんを使って紙に写し取ると版画技法のコラグラフにもなる（pp.232-234参照）。

⑬ローラー

　ローラーにはスポンジ製とゴム製がある。ゴム製は主に版画用なので、描画にはスポンジ製を使うのが一般的である。基本的な使い方はパレットやバットにのせた絵具をローラーでころがし、紙に写し取る〔19〕。ペンキをローラーで塗る要領と同じである。絵具の量によって

かすれの効果も出せる。

　発展例として、パレットにチューブから直に出した絵具を水玉のように描いてみる。それをローラーで写し取ると、紙にはパレットに描いたときより長く水玉の模様ができる〔20〕。これは、版画技法の応用だが、パ

〔21〕マスキングテープによる表現

レット上にどのような色や形を描くかによって表現は異なる。ローラーに直に模様を描いても同様の効果は出せる。また、ローラーに凸凹のあるものを貼るとその表情が写し出せる。例えば、ラップをくしゃくしゃにしたものを巻けば、しわの寄ったマチエールができたり、エアパッキングを巻けば、これも水玉模様ができる。ほかには、梱包用の巻きダンボールや、紐を巻く方法もある。

⑭マスキングテープ、マスキング液

　マスキングテープは粘着力が弱く、貼っても紙をいためずはがすことができる。マスキング液は、筆で紙などに塗ると乾いてゴムのようになるので、容易にはがすことができる。どちらも白く抜きたいところや絵具を塗りたくないところにつけ、その上に絵具を塗って乾いたらはがすという手順である〔21〕。マスキング液は、不定形に適している。これらの手順を繰り返すだけでも抽象画のような趣の画面ができあがる。マスキングテープは用紙との隙間があかないようしっかり貼ることが綺麗に仕上げるこつである。また、マスキング液は筆に付いたまま放置しておくとすぐ固まってしまうので、専用のクリーナーで適宜洗う。

　以上のような技法は、幼児や小学校教育でも広く行われており、学年があがるにしたがって経験者も増えていくことになる。しかし、一

度体験した内容も、年齢に応じた発展形としてねらいを設定し、描画材料や支持体の組み合わせ、新たな道具の導入によって変化をつける工夫により、多様な表現へと導くことができる。

●事例　３つの静物

　この題材では、「静物デッサン」を行う。台上に置かれた自然物と、人工物である幾何形態、ガラス質（透明なもの）の３つのものをよく観察し、画用紙に鉛筆で表現する。観察を主に、ものの見方や形のとらえ方、質感の違い、ものの重なり、奥行きなどの空間を意識し、絵画表現の基礎的な事柄を学ぶ題材である。

　本題材の扱いに関しては、中学校では時数の関係で長時間題材にすることなく、質感の違いを感じ取り基礎的な立体表現ができればよしとする程度にとどめ、用紙も小さくするなど工夫する必要がある。高等学校では長時間題材が可能なので、生徒の実態に応じて展開させたい。また専門コースのある美術科では素描として基礎的な描写力まで追究させたい。

　モチーフとなる３点は、教師が用意しても構わないが、生徒が選んでもよい。例えば、自然物で考えられるものは、石や枝、花、葉、木の実、りんごなどの果実や野菜などがあげられる。花は、週をまたいで制作する場合、枯れないよう保管に注意しなければならないことから、ドライフラワーを用いることも考えられる。また花の代用品として造花の使用は避けたい。ガラス質のものは、コップやペットボトルならば同じ大きさ、形のものを揃えやすい。ここでは、ドライフラワーと幾何形態、ガラスのコップを使った例で話を進める。

　この題材の大まかな流れは、①モチーフセット　②エスキース　③描画　④鑑賞である。

①モチーフセット

　モチーフセットでまず気をつけなければならないのは、平らな面を

確保し、そこに3つのものをバランスよく配置することである〔22〕。

〔22〕「3つの静物」モチーフセット例

1つのモチーフをグループで囲んで描く場合は、机を合わせて1つの台を作ることもあるだろう。その場合、段ができないよう平らな板を用意し、その上にセッティングする。そして、台上に落ちる影を観察しやすいよう白い紙や布を敷く。どこの位置から見てもバランスがよくなるよう、大きいものから順に配置していく。

特に気をつけたいのは、光の方向とものの重なり、背景である。できれば、光源は一方向からが望ましいが、全体的に明るくモチーフを観察しやすい場所にセッティングする。逆光は対象が観察しづらいので注意する。さらにガラス質を表現しやすくするためにモチーフの1つをコップの後ろに重ねるとよい。背景によってもものの見え方が違うので、背景にどういったものが画面に入るのかも確認し、モチーフがよく見えるようなるべく余分なものは排除する。

モチーフがセットされたら、生徒の目の高さや、体の向きが適切であるかを確認させ、観察を行う。体の正面がモチーフのほうを向いてないと目線が定まらないので注意をはらう。また、全体が見渡せるよう、モチーフとの適切な距離も確認する。

②エスキース

いきなり画用紙に描くのではなく、全体を大まかに把握するためや、構図を決めるためにスケッチブックに鉛筆でエスキースを行う。

構図は、まず全体を描き、枠取りをし、縦横どちらのバランスがよいか決める。3つのモチーフが切れずに入ると形をとりやすい。また、手前の空間を少し広めにとっておくと窮屈にならず台上の広がりを表現しやすい。明暗は、白から黒の諸調を5段階くらいに大まかに分け

てつけておくと、本制作に入った際に進めていきやすい。

　モチーフを見て綺麗だと思ったことなど、部分的でも構わないので興味を示したところ、描きたい箇所を書き留めておくと、目的が明確になり表現意欲も高まる。この段階で表現したい事柄が生きる構図を再度考えるとよい。

③描画

　画用紙に描画をする。対象と画面を常に見比べて進めていく。エスキースで決めた構図をもとに、大まかにものの輪郭をとって全体の陰影をつけていく。徐々に形を決定していき、手前と奥の位置の描き分けを行う。手前のほうを強く描くと前後感が出る。ここで観察において注意したい事柄は、形、色（白から黒）、質感、画面の中でのものの適切な位置である。例えば、幾何形態が立方体ならばパースペクティブを注意する。コップならば、左右対称であるか中心線を引いて確認する〔23〕。

　色に関しては、一番黒い箇所、白い箇所を明確にし、それらとの比較でその他の色を決定する。一番白いところは、紙の白を利用する。

　質感は、それぞれのモチーフを触ってみることも大事である。視覚だけではなく、触覚も含めると、よりモチーフの理解も深まる。生徒がセッティングをした場合には、その段階で感触の違いにも着目しておくとよい。

　ガラス質の表現は手前の面に映り込む風景や、透けて向こうに見えるものや背景をよく観察する。よく見ると湾曲していたり、屈折していたりするので、それを描くことで質感表現につながる。ものの位置については、ものとものとの間に手のひらを

〔23〕木製のタル、グラス、果物、布、ブロックを描き分ける例（埼玉県立芸術総合高等学校３年生）

通して距離を確認したり、違う方向からモチーフを観察する。画面上で一番手前と背景も含めた一番奥も意識する。台に落ちる影をよく観察することも、ものとものとの隙間を意識することにつながる。

　背景に関しては、紙の白を生かす方法もあるが、もし、背景が暗い場所であるならば、思いきって見えた状態のまま暗くする選択肢もある。今回のモチーフは、幾何形態が白なので、背景を暗くすることでその白さがひきたつ効果も得られる。同時に鉛筆の使い方にも工夫をし、感じたことが適切な箇所に生かせるよう指導する。

　今回の題材は、見たものを絵に表す手だてを学習するトレーニングの意味合いが強いが、自己表現であることに変わりはない。この題材をとおして、基本的な事柄をふまえ、さらに自分が感じた事柄をより強く表現して作品として結実することが望ましい。これらの項目をワークシートに整理し、毎時間、生徒に自己評価をさせ、目標を見出すのも1つの手だてだろう。

④鑑賞

　完成した作品を紹介し合ったり、各々のこだわった箇所や、よいところを見つけ合いながら、描画への自信がつけられるような鑑賞の時間を工夫する。ワークシートでの自己評価もすべてがクリアできなくても、1つでもよいところがあれば次の表現へつながるよう助言する。

●事例　油絵で描く自画像

　自画像は、顔を描くという行為の裏に自己と向き合うという意味がある。表層としての顔を手がかりに、自己の内面を表に出していくことが自画像の表現である。画家の多くは、自己確認として節目節目に自画像を描く。レンブラントのように生涯自画像をモチーフに描いた画家もいる。この題材では、まず、古今東西の自画像を鑑賞し、画家がどういった心情でその絵を描いたのかを考え、その心情と合った表現方法についても学習する。特に、近現代になってからは、表現方法

も多様になっている。自分を表すためには、どういった描画材を使うと適切なのか考えることは重要である。しかし、ここではあえて、油絵を用いて、顔の骨格を意識した、人体表現の1つとしてオーソドックスな自画像の題材を設定する。

　用意するものは、鏡と油彩に必要な道具である。進め方として、まずは、胸から上の像を鏡を見てよく観察し、スケッチブックにエスキースを描く。その際、鏡を置く場所にも気を配り、鏡にどういった位置で顔が写るのか、どういったポーズがよいかなどを検討する。特に重要なのは、光の方向である。この題材は骨格を意識し、立体感を表現したい。そのためには顔の正面に光が当たり、側面には影が落ちるよう設置したほうが立体感をとらえやすい。ポーズは不自然で大げさなものはなるべく避け、描画中無理のない姿勢をたもてるほうが、よく観察ができる。顔の立体感を解釈するとき、往々にして顔は球体だと思われがちだが、顔はむしろ直方体と解釈したほうが理解しやすい。直方体の胴体に円筒形の首がつき、直方体の顔がのっているという解釈である。

　今回、油絵で描く意味の1つとして、油絵は絵具を取ったり、つけたりしながら描くことができる。また、絵具の厚さによって量感を表現しやすいといったことがあげられる。これは、彫塑で顔をつくることと似ているだろう。大きな形をつくって粘土をつけたり、取ったりしながら画面上で立体感をつくっていくのである。そのためには、まず自分の顔を手のひらや指先を使って凹凸を確認する。手のひらを使うと大きな面を意識でき、指先を使うとまぶたのへこみや鼻の細かい形も意識できる。普段、鏡で顔を見る意識とは違った観点で観察をしてみる。また、正中線を意識することも大事である。これは立体感とは別に、人体の動きに対しての確認事項である。人体には芯がある。その芯に対して肩の向きや顔の向きがどういった方向にあるのかを観察する。たとえ体全体が画面に入っていなくても、芯がずれていると

不自然な感じがするはずだ。つまり、自画像は胸から上を表現しては
いるが、体全体を意識し、その中の一部を描いているのだという観点
をもって表現する必要がある。

　油絵による進め方は、初歩的な描き方（pp.186-188参照）に則って行
うとよいだろう。最初は、茶系統の絵具で形をとり、大きく明暗をつけ
けていく。最初の絵具層が最後まで肌の色として残ってもよい色を選
ぶと、描き進めていきやすい。その際、背景色にも気を配る。絵画表
現では、奥の空間から描いていくとよいとよく言われるが、画面全体
を常に意識し、顔のみに意識を集中することなく、空間の中にいる人
物を描いている意識をもつことは必要である。それがたとえ架空の空
間を設定したとしても、背景との関係性で顔を描いていることを意識
しながら表現していく。

　大まかな立体感がつかめたら、骨格をより意識し細部を描いていく。
顔全体の中で目や鼻、口の位置が適切であるかを計り棒や筆を使って
測ってみるとよい。その際も、正中線を意識して位置を決める。目の
表現は、目も立体であることに注目する。目は、頭蓋骨のへこみに球
体である眼球が入っている。そこにまぶたが覆っているといった構造
をとらえる。指先で触ってみるとその立体感を意識することは容易で
ある。さらによく観察すると、白目にまぶたの影が落ちていたり、案
外肌の色に近かったりすることにも気づくだろう。また、黒目には反
射で光っている部分があるなど、よく観察することでより自然な感じ
に近づいていく。

　顔を触ると硬い部分と柔らかい部分がある。硬い部分は、骨に近い
部分である。顔を自然な感じに描くには、この硬い部分と柔らかい部
分を描き分ける必要がある。鼻とあご、頬は特に骨を意識しなければ
ならない箇所である。一方口は、柔らかい箇所であり、口を動かす筋
肉も意識する。自然光の場合、上部から光が射すことを考えると、鼻
の下や上唇の面は暗くなっている。こういった明暗にも気をつけなが

ら観念的に鼻や口といった表現にとらわれず、その周りからどのように形がつながっているかをよく観察する。

〔24〕自画像を発展させた表現（埼玉県立芸術総合高等学校３年生）

絵画表現は、常に部分と全体を見ながら進めていき、単に説明的に描写をするのではなく、全体の中で必要な部分を強調したり、省略しながら描き進めていくものである。時には、離れて画面を見ることや、鏡に画面を写して客観的に見ることで、形の狂いを見つけることも必要である。以上にあげた工程を経て自分で納得のいく自画像が表現できるよう、指導者は適切な場面でアドバイスを行う。

よい自画像は、単に技巧的な面だけにとらわれず、画面からにじみ出るその人らしさが出ていることが望ましい〔24〕。どのような作品であれ、作品とは制作しているその時にしか表現できないものである。その中でも自画像はそれが顕著に現れるといった意味において、貴重な１枚としてじっくり取り組みたい題材である。

● 事例　マイ・アートブック

この題材は１枚の絵を時間をかけて制作するのではなく、比較的短い時間の中で表現したドローイングをもとにアートブックをつくる。沢山の枚数を描いてまとめることで、新たな自己発見や次の表現への手がかりを見つける試みである。アートブックとは、絵のある本という解釈においては絵本と似た部分があるが、この場合、特にストーリーには固執せず、よりビジュアルを重視した美術作品としてのアートブックを目指したい。大竹伸朗は描きためていた膨大なスクラップブック（アートブック）で話題になった。各ページには画家の日々の

感情や気持ちがドローイングやコラージュで表されている。導入では、こういった画家の表現を鑑賞教材として使うのもよいだろう。

　アートブックに使う用紙はB5程度の大きさの比較的厚手のしっかりしたものを用意する。4時間ほどの授業でドローイングを行ったあと、アートブックとしてまとめていく。ページ数は10枚から20枚で、大きさは範囲を設けて自由に設定する。本の形も正方形や横長、円形等自由に設定し、綴じ方も工夫する。表紙にはタイトルと名前を入れるが、その他のページには文章は入れない。

　大まかな流れは、まず、意図的ではなく自由になるべく多くのドローイングを行う〔25〕。具体的なものはこの段階では描かないようにする。描画材料は、各々が用意した水彩絵具のほかに、ペンやアクリル絵具、クレヨン、墨なども用意する。ローラーやスポンジ、身の回りにあるもので筆の代わりに使えそうなものも用意し、今までに習った技法を振り返りながら発展させていく。

①自由に5枚ほど度描いたあと、並べて鑑賞を行う

　偶然できた色や形、マチエールに興味をもち、みたてをしたり、タイトルをつけてみたりし、画面から感じる事柄を書き留めておく。また、あらかじめ紙で作っておいた枠で気になる箇所をトリミングし、素材として残しておく。できたものを手がかりに徐々にテーマを絞っていき、そのテーマに則りさらに表現を進めていく。

〔25〕様々な技法を用いた作品を1冊に

〔26〕マイ・アートブック

②描きためたドローイングをもとにアートブックをつくる

　絵の裏を貼り合わせて切る。大きさを揃え（作者の意図があれば、大きさはばらばらでも構わない）紐などで綴じて完成させる〔26〕。

③鑑賞

　できた作品を手に取って見られるようにし、そこに感想カードをはさむ。見た人はそこにコメントを書いていく。作品タイトルはアートブックを見る際に1つの手がかりになるが、見る側は自由に作品を解釈し、具体的によいと思ったところなどを書くとよい。作者は感想カードを見て、自分の感じたことや意図を汲み取ってもらったり、違った感じ方があることも発見し、自信や次の表現意欲につながっていくような鑑賞会にする。

　こういったドローイングをもとにした題材は色々と考えられるが、できれば、日々のスケッチブックワークとして継続的に行うことを試みたい。その場合、短時間で行うことを考慮し、紙は小さくてよい。色鉛筆や、ペンなど手軽な描画材に絞ってもよいだろう。また、最初は、イメージが広がりやすい言葉を与える方法もある。慣れてきたら自分でテーマを決めて表現していく。

　ドローイングを重ねることで、1つの作品では気づききれなかった生徒の一面が表れることがある。複数枚の絵を通すことで共通項が見えてくるのである。例えば、よく使う色や、構図、気になる素材、筆圧など、着眼点によって生徒の個性がより鮮明になる。それらの事柄を生徒と共有しながら指導を行う。

2―色彩について

色についての研究

　色彩は美術の学習では形とともに不可欠な要素であり、古代より常に研究の対象となってきた。今日では古典とも言われる色彩論の代表にニュートン（1643-1727）とゲーテ（1749-1832）があげられる。

　ニュートンは光をプリズムで分析し、そこで生成される光の帯をスペクトルと命名した。そして、色彩は光が作り出すものと捉え、もともと物体には色彩はなく、物体に当たっている光の中に存在するという考えを提唱した。それに対しゲーテは、光は人の目の感覚と、自然である光との共同作業で生まれると言い、光と感情の結び付きや、闇と光と色彩の関係を考えたり、青、赤、黄を色の三原色とした色相環を提唱したりした。

　美術を学ぶ上で色彩についての基本的な知識の習得は、美術の表現や鑑賞の活動をより深化させるとともに、意図的な表現を可能にし、色を使って人の感情や行動に訴えかけたり、コミュニケーションを図ったりすることに大きく寄与する。色彩の学習は美術を学ぶ上で必要不可欠な基礎学習である。色彩学習においては以下に記した太字部分は必要最低限の知識であり、各自で詳細に調べ十分に理解してほしい。

色の属性

　色の三属性は、色相、明度、彩度のこと。色相は、赤、青、黄色など色合いを示す規準（有彩色）。現在は主に以下の2つの色系が一般的に使われている。

・**マンセル表色系**：アメリカの画家マンセル（1858-1918）が創案した表色系。色相、明度、彩度のそれぞれ、色の差が等間隔に感じられるように色が配列されている。「三属性による色の表示方法」として

広く用いられている。

・**PCCS表色系**：日本色彩研究所が1964年に提唱したカラーシステム。色彩のハーモニーを考慮した色系。最高彩度の色が知覚的に等間隔で配列された色相環を提案している。トーン（明度と彩度の複合概念。彩度を同じにした色相グループの明るさの尺度［冴えた、濁ったなど］）を用いている。

〈**色相環**〉色合いの近い色を並べていくと環状になる。その代表的な12色で作った色環を12色相環、24色を24色相環と言う。色相環上で中心を挟んで向かい合った色を補色（色相環上で最も遠い色）と言う。

〈**明度**〉明度とは色のもつ明るさのこと。いちばん明るい色は白で、暗い色は黒であり、段階的に分けている。

〈**彩度**〉色の鮮やかさを示す規準。白、灰色、黒は、彩度がない無彩色と呼ぶ。

〈**色立体**〉色の三属性を立体的に表したモデル。

混色

〈**純色**〉各色相において最も彩度が高い色。原色のうち2色を任意の比率で混色した色。それ以外の色を濁色と言う。

〈**清色**〉純色に白または黒を混ぜたもの。白＋純色＝明清色。黒＋純色＝暗清色。純色＋グレー＝濁色。

〈**加法混色（RGB）**〉光の三原色である赤（R）、緑（G）、青（B）の混色で作り出される色。3色を等量で混ぜると白になる。カラーモニターなど。

〈**減法混色（CMY）**〉色料の三原色であるシアン（青 C）、マゼンタ（赤紫 M）、イエロー（黄 Y）の混色で作り出される色。3色を等量で混ぜると黒になる。カラー印刷では黒色を鮮やかに出すために、キープレート（黒 K）を加え4色で印刷する。

〈**色空間（カラースペース）**〉色を3次元で表したもの。座標の数値で表す。映像や印刷が精細になるにつれ、色の入力と出力を同一に管理する

（カラーマネージメントシステム）、色の特定を行うカラープロファイルなどがある。

〈**色温度（K）**〉例えば宇宙にある星には様々な色があり、星の温度によって色は変化する。このように色と温度の関係を色温度と言い、ケルビン（K）で表す。主に映像関係で扱う。照明にも色温度があり、白を白に写すためには色温度の調整が必要となる。日中の太陽光はおおよそ5500K。白色蛍光灯では4200K程度。白熱電球は2800K。色温度が高いほど青く、低いほど赤くなる。

色の組み合わせ

　対比とは2色を組み合わせたときに起きる現象であり、主に以下の4つがある。また日本の伝統的な色の組み合わせとして色目（いろめ）がある。

〈**色相対比**〉色相が異なる2色を並べると2色の色相はいずれも色相環上の反対の方向に移ったように見えること。赤とオレンジでは赤が青っぽく、オレンジが黄に近づいて見える。

〈**明度対比**〉明度の異なる2色を並べるとき、明るい色はより明るく、暗い色はより暗く見えること。

〈**彩度対比**〉彩度の高い鮮やかな色と彩度の低い濁った色を並べると、鮮やかな色は一層明るく、濁った色は一層濁って見えること。

〈**補色対比**〉赤と緑、青とオレンジのような補色同士を並べると、互いに他の彩度を強調し合うため一層鮮やかに見えること。

〈**色目**〉十二単（じゅうにひとえ）などに見られる色の組み合わせを言い、複数の衣の組み合わせや、衣の表裏の組み合わせ（襲（かさね）の色目）、縦糸横糸の組み合わせなどを色目と言う。

色の性質

　同一平面上に描かれた複数の色面を比較した際、前に出てくるように感じる色を前進色、後退して見える色を後退色と言う。明度が高い

ほど前進色になり、明度が低いと後退して見える。同様に、同じ面積でも膨張して見える色を膨張色、収縮して見える色を収縮色と言う。

〈グラデーション〉徐々に変化していくこと（漸進）をグラデーションと言う。色彩では複数の色の間を段階的に、または無段階に変化させた表現。色の前後、奥行きや、動き、時間的などの変化を感じさせる。

色と文化

　人が色から感じる感情は、その人が所属している気候風土、文化に少なからず影響を受けている。例えば、季節を代表する植物や自然現象から色名を取っている日本の伝統色は、物資的な色を示すだけでなく、色の感情や季節、空気感まで伝えるイメージをもっている。同時に同じ色でも北と南では異なるイメージを想起させる。例えば、白のイメージを語らせると、北海道出身者と沖縄出身者では異なる内容を話すであろう。このように色と感情の関係は国や民族、地方によって異なることを十分に理解しておく必要がある。

色の感情

　色や色の組み合わせは人の感情に作用する。そのような作用を色の感情という。色は人の本能に働きかけたり、経験と結び付けてイメージしたりするからである。例えば寒色や暖色は温度にかかわるイメージを想起させ、色の軽重では重さをイメージさせる。一般的に明るい色は軽く、軽やかで、暗い色は重く、重厚感を感じさせる。ほかには気持ちが高揚する色、落ち着かせる色など。また、このような色の感情を治療に生かした色彩療法（カラーセラピー）などもある。デザイン領域などでは、色が人の感情に働きかける作用を考える上で重要な要素である。

版画のおもしろさ

　私たちの身の回りには、「版」やそれを用いてつくられたものが数
多く存在している。印章や紙幣、書籍・雑誌などの印刷物のようにわ
かりやすいものから、電子部品の基板など目に見えないあるいは気づ
かないものまで、普段意識していないだけでその種類は実に幅広い。
しかし、それを自ら制作するとなると、途端に身近なものとはいえな
くなるようだ。一般的に版画制作というと、技術的に難しいもの、面
倒なものと受けとめられている印象がある。

　確かに本格的な版を用いた表現を指向すれば、それなりの技術・知
識の習得や経験を積み重ねることが求められる。しかし、版画の原理
は基本的に単純なものであり、専門的に行おうとするのでなければ制
作はそれほど難しいものではない。そして重要なのは、高度な技術を
もった専門家が行う制作であれ、子どもたちが行う制作であれ、版を
用いた表現から得られる制作上の感動、おもしろさには変わりがない
ということである。

　では、その版画のおもしろさはどこにあるのか。それは刷り上がり
の瞬間にあると感じている。刷りたての版画のインクや絵具の鮮やか
さ、瑞々しさはその後の姿とはまた違った魅力をもっており、それを
目にできるのは制作者の特権ともいえるが、それとはまた別に、良く
も悪くも感情の高まりがそこにあるのだ。それはどんなに経験を積ん
だ専門家にも変わらずある、ごく自然な感情の働きだろう。どのよう
な種類の版画でも、版をつくり、それを 摺刷し、期待と不安の入りま
じった、祈るような心持ちで用紙をそっとめくるその瞬間に、版画制
作の醍醐味はある。

　版画は印刷との関係において、版ができ上がりさえすれば、全く同

じものが何枚も刷れるという誤解を受けている。極端ないい方をすると、版画で全く同じものを刷ることは、それこそ技術的に熟達した専門家をもってしても無理である。版画は、同じ版から刷ったとしても1枚1枚違うのだ。

　たとえば、木版画をバレンで摺るときに、部分的に力の加減をしたり、バレンの種類を替えれば作品の表情はさまざまに変化する。リトグラフでローラーを使って版にインクをのせるときに、ローラーを早く転がせばインクは薄くつき、ゆっくりと転がせば厚くつく。これもまた刷り上がりの表情に変化を与える。銅版画では、余分なインクの拭き取りを・どの程度行うかによって、薄いインクの膜の残り具合が変わり、作品の表情を全く違うものにする。同じ版を使っても、最終的な作品の表情は多様に変化する可能性を有しているわけだ。だからこそ、摺刷するたびに、今度の刷り上がりはどうだろうという思いで紙をめくる瞬間が訪れる。その瞬間をおもしろいと感じられるか否かは人それぞれかもしれないが、この1枚1枚が違うということは、美術教育の題材としてとても有効な要素となるはずである。

　専門家は作品が「商品」となることを主な理由として、それらの変化を最小限に抑えて一定の数をほぼ同じ表情で摺刷することが求められる。しかし、子どもたちにはぜひ、その変化を肯定的に受けとめ、創意を作品として表す上での技能的な工夫や発想を楽しむことへとつなげてほしい。摺刷の工程で、試行錯誤しながら自分が求める作品の表情を探ることは、たとえ失敗を繰り返すことになったとしても、表現活動としてはとても有意義だろう。その結果、思うような表情をもった作品がたった1枚でもでき上がれば、それはかけがえのない1枚となるはずだ。その1枚をめくる瞬間の感動やその後の達成感は、作者をさまざまな表現に積極的に向かわせるきっかけとなるかもしれない。版画だからといって、何枚も同じものを刷ることにこだわる必要はないのである。大切なのは、子どもたち1人1人の創造的な

イメージがいかに表されるか、ということだ。その実践のための手段として、発想、製版、摺刷という明確な工程をもつ版画は、とても有効なものの1つだといえる。

　版画は原理も単純で、制作は難しいものではないと述べたが、実際に題材として取り上げるにあたっては最低限の基礎知識は必要だろう。そこで次に、版画とはどういうものなのか簡単に解説する。

版画とは

　世界各地の洞窟や岩棚に残された先史の人々の手形の例が見られるように、版や型と人類とのかかわりには長い歴史がある。その中でも、人類の歩みに最も大きな影響を与えたのは「印刷術」だろう。同一のものが複数得られる印刷術は、支持体としての紙と出会うこと、時の権力や宗教と深く結びつくことなどにより、知識や情報を記録し、それらが広く伝搬するのにおおいに役立ってきた。そしていうまでもなく、印刷術には必ず「版」が用いられた。

　制作年が特定できる版による印刷物としては、法隆寺などに伝来する「百万塔陀羅尼」（764年、版材は木材と考えられるが不明）が世界最古のものとして有名だが、これは文字のみであり、絵画的イメージの印刷いわゆる「版画」としてのそれは、中国・敦煌で発見された「金剛般若波羅蜜経」（868年、木版、大英図書館所蔵）の見返し絵とされる。そして、この見返し絵に見られる高い技術や造形性からは、版画の歴史はさらに数百年さかのぼることが推測できるという。いずれにせよ、版画の始源は印刷術にあり、その関係性は現代においても強い。

　では、美術としての「版画」とは、どのようなものだろうか。端的にいえば、さまざまな技法・素材を用いてつくられた「版」を介して、紙などの支持体上に表された絵画的イメージの総称ということになる。その版画の特性としては、次の4つがあげられる。版画のおもしろさ

とともに、これらの特性をよく理解することが、題材として版画や版を用いた表現を取り上げる端緒となるだろう。

①複数性

　同一とみなされる作品が複数得られること。これは、多くの人がその作品を鑑賞したり所有したりできるということであり、美術が一部の特権階級だけではなく一般民衆の間にも広まり社会性をもつための大きな力となった。一方で、印刷との関係において「複製」のイメージをもたれやすいことなどから、時には１点しか存在しない絵画や立体などと比較され、美術作品としては特殊な扱われ方をすることも事実である。版画は、美術的なものとそうでないもの、両方の多様な要素を含んだメディアなのである。

②技術性

　絵を描く以外の技術を必要とすること。本格的な版画の制作では、版画の種類ごとの版材や用具・用材が多種多様であり、それらについての知識や扱い方の高いレベルでの習熟が求められる。それは、いわゆる職人技に例えられるものであり、ここにも版画における美術的なものと、そうでないものの共存が見て取れる。

③計画性

　決まった工程をもつこと。版画の制作はどのような版の種類であっても、テーマやモチーフを選び下図を描く（発想）→版をつくる（製版）→プリントする（摺刷）という明確な工程をもつ。したがって、その工程にそった計画が立てやすい。やるべきことが決まっているため、逆算的に進行を見通すことが可能となる。工程ごとに用具・用材を揃え、適切に扱うことや、掃除を行うことを通して、ものをつくる上での「段取り」の重要性が実感できる。

④間接性

　間接的な表現であること。明確な意志をもった一筆で完成をみる絵画とは異なり、版画の制作においては、最後の工程、すなわちバレン

やプレス機により圧力を加えることでインクや絵具が支持体に写し取られる瞬間を、他に委ねる形で迎える。摺刷は、精密な型による彫刻の鋳造よりも曖昧で、炎の中の偶然性をも制作の範疇とする陶磁器の焼成に似ている。そうして産まれた版画作品は、作者との間に独特の距離感をもつ。

　以上のような特性をもつ版画は、現代においては他のメディアと結びつきながらさまざまな展開を見せている。たとえば、急速に進歩したデジタル技術を活用した制作もさかんに行われるようになっている。作品の原稿作成に用いたり、従来の版画技法と併用したりする他に、パソコンを使って作画し、そのままプリンタで出力したものも版画作品として受け入れられるようになってきている。この流れは、海外において顕著である。

　また、海外主導の傾向としては、版画制作用材のエコ化が見られる。有機溶剤などに代表される、今日、人体や環境に悪影響を与える可能性が強いとされる用材は、代用品が開発され版画制作の現場から徐々に排除されている。ただ、その代用品は機能性が低いことが多い。同じ作業をするにも、より時間がかかったり、望む効果が高いレベルでは得られないことも希ではない。それらのことも理由として、日本の版画制作の現場では、機能的かつ使い慣れたものに固執する傾向は強いように感じる。この問題は、エコロジー意識が諸外国ほど高いとはいえない日本においては、版画の範疇を超えた意識改革も含めて今後取り組むべき課題であり、学校の授業においては十分に配慮されなければいけないことだろう。

版画の種類

　版画は、版の形式上の違いにより分類することができる。凸版・凹版・平版・孔版の代表的な4種類があり、これを「版形式」という。この4種類の版形式に、木版画や銅版画といった「版種」が属してい

〔表1〕版画の種類

版形式	版種	細目	印刷方法	版と絵具と紙の関係
凸版	木版	板目木版 木口木版	・バレン（紙／版木） ・木版用プレス（紙／版木）	（紙／絵具／版木）
	リノカット			
	コラグラフ			
	紙版			
凹版	銅版 （亜鉛版・鋼鉄版）	○直接法（直刻法） ドライポイント エングレーヴィング メゾチント ○間接法（蝕刻法） エッチング アクアチント フォトエッチング グラヴィア	・凹版用プレス（紙／版）	・ドライポイント（紙／インク／版） ・エングレーヴィング（紙／インク／版） ・エッチング／アクアチント（紙／インク／版）
平版	リトグラフ	石版 アルミ版 亜鉛版 PS版 木版	・リトプレス（紙／版）	（紙／インク／版）
	オフセット			
	コロタイプ			
孔版	スクリーンプリント （シルクスクリーン・ セリグラフィ）	感光法 写真製版法 カッティング法 ブロッキング法	・スキージー（版／紙）	・スクリーンプリント（インク／版／紙）
	ステンシル	合羽版 型染	・ローラー（版／紙）	・合羽版（絵具／版／紙）
	謄写版			
その他	コピー			
	レーザープリント			
	NECOプリント			
	インクジェットプリント （ジクレー）			

る。次に紹介する4種類の版形式以外にも、拓版、エンボスなどの技法がある。それらも含めて、複数の技法を組み合わせて用いる場合（併用版）も多い。版形式、版種については〔表1〕も参照してほしい。

①凸版

　図像とする部分を凸部として残すようにその他の部分を彫り下げたり、ベースとなるものに凸部となる部分を貼り足したりして凹凸をつくり版とする。版の凸部にインクや絵具をつけて紙などの支持体をのせ、その上から圧力を加えて図像を写し取る手法である。この形式の代表的な版種は何といっても木版画であるが、その他にゴム版画、リノカット（リノリウム版画）、コラグラフ、石膏版画などさまざまな素材・技法による表現が見られる。

　木版画は最も古くから用いられてきた版画技法だが、それは版の材料が身近にあり、加工がしやすく、繰り返しの摺刷への耐性もあることが大きな理由だろう。

　木版画は、板目木版と木口木版に大別できる。板目、木口とは原木からの材の取り方のことで、板目は幹に対して垂直（縦）に、木口は

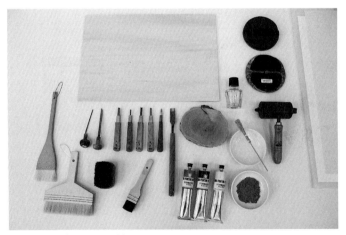

〔1〕木版画の主な用具・用材
中央右、切り株のようなものが木口木版用の版木（黄楊材）。その左、鑿（のみ）、彫刻刀（5種類）、木口木版の彫刻に用いる刃物ビュラン（2種類）。

水平（横、輪切り）に切り出したものである。一般的に木版画といえば板目木版を指すことが多い。浮世絵も板目木版である。板目木版の版には桜、朴、桂などの広葉樹の木材が適しているが、原料の枯渇などの理由により、近年ではシナやラワンの合板が版材の主流となっている。支持体としては、和紙、洋紙ともに使用できる。

　摺刷には、伝統的な技法では水性の絵具を用いるが、油性のインクなども使用できる。使用するものにより作品を、水性板目木版、油性板目木版のように区別することもある。また、摺るときに用いる「バレン（馬楝、馬連）」は、日本独自の伝統的な道具である。そのバレンと柔軟性に富みなおかつ丈夫な和紙の存在が、版を多数使い、繰り返し擦る日本の伝統的な木版画の制作を可能にしたといえる。

　木口木版は、西洋において書物や新聞などの印刷物の挿絵技法としてさかんに用いられた。版材としては、黄楊や椿といった木目がつまった堅い材質のものが用いられる。木を輪切りにしたもの以外に、切片を寄せて四角く成形した版木もある。この堅い材をビュランという特殊な刃物を使って彫刻することで、細密、精緻な表現が可能であることが、木口木版の大きな特徴である。彫った部分を白い線による描画部とすることが多い。

　木口木版画の制作は、彫る前に紙ヤスリなどを用いて版の表面が極力平滑になるように磨くことなど、板目木版と異なる点はあるが、基本的に同様である。ただし、ビュランによる彫刻には慣れが必要である。摺刷には油性インクを用いて、雁皮紙のような薄い和紙に摺り、乾燥した後により厚い洋紙などで裏打ちして作品とすることもある。

②凹版

　凸版と逆に図像とする部分を凹ませて版とする。凹部にインクや絵具を詰め、凸部についた余分なインクや絵具は拭き取り、支持体をのせた後プレス機などで強い圧力を加えて写し取る手法である。主な版種は銅版画であるが、その他に亜鉛、鉄、プラスチックなどの樹脂、

木などの素材も用いられる。

　代表的な版種である銅版画の最初期のものは、1420 〜 30年頃、ヨーロッパの金属細工師たちにより制作されたとされる。技法はエングレーヴィングで、銅板を木口木版で用いるのと同じビュランという刃物で彫刻して版とするもので、木口木版同様、細密な表現が可能である。その後16世紀には、腐蝕液を用いたエッチングの技術も開発され、印刷技術として広く用いられるようになる。エングレーヴィングのような熟練の技術を必要としないことから、好んで用いる画家も現れた。その代表的な存在がレンブラントであり、絵画技法としての可能性を広げる優れた作品を数多く残した。

　日本への伝来は、16世紀末、キリスト教布教のために来日したイエズス会士によってなされた。その後キリスト教の禁止などによりいったん途絶えるが、18世紀後半に司馬江漢がエッチングによる《三囲景》を発表し、国内の銅版画を再興すると、亜欧堂田善や安田雷州らがそれに続いた。

　銅版画の製版法は、図像となる凹部のつくり方の違いにより、道具

〔2〕銅版画の主な用具・用材
左下、左からニードル（3種類）、ビュラン（2種類、木口木版用と同じ）、スクレーパー、バニッシャー、メゾチントの目立てに用いるベルソー（ロッカー）。

（ニードルやビュラン等）を使い直接銅板を加工するドライポイント、エングレーヴィング、メゾチントなどの直接法（直刻法）と塩化第二鉄液などの腐蝕液に浸けて銅板を蝕刻するエッチング、アクアチントなどの間接法（蝕刻法）の2つに大別できる。

③平版

版に凹凸がないため平版と呼ばれる。水と油の反発作用を利用した版画技法である。油脂成分を含む描画材で版材に直接図像を描き、薬品を用いた化学的な処理を施すことで版上に親水性面（油分をはじく部分）と親油性面（水分をはじく部分、図像部）をつくり版とする。あらかじめ水で湿らせた版にローラーで油性インクを盛る（この時、インクは親油性面にのみつく）。そこに支持体をのせ、プレス機で圧力を加えて写し取る手法である。描画したままを版にするため、他の版種に比べてより微妙なトーンの再現が可能である。この原理をもとに印刷技術として発展したのがオフセット印刷である。

平版といえば版種はリトグラフと考えてよい。1796年にドイツでアロイス・ゼネフェルダーによってその原理が発見され、その後改

〔3〕リトグラフの主な用具・用材
中央上、リトグラフ用の石版石（ドイツ産）。大きさや質に、さまざまな種類がある。右が、現在一般的なアルミ材の版。これらの版に、直接描画して版をつくる。

良が行われ1798年に印刷技術として完成した。ゼネフェルダーが用いた版材が石灰石であったため「リトグラフ（石版画）」と呼ばれる。「リト（litho）」はギリシャ語の「石（lithos）」に由来する。石版石によるリトグラフは、トーンの再現性が高く美しい表情が得られるため現在も用いられているが、重く扱いにくいことや高価であること、良質なものが採れなくなったことなどから、アルミ板や亜鉛（ジンク）板が版材として主流になっている。

　リトグラフは複数版による多色刷りにも向いていて、複雑な画面づくりも可能である。ここで紹介したもの以外に、感光法を用いるPS版によるリトグラフや木の板を版とする木版リトグラフなどがある。

④孔版

　紙や布にインクや絵具が通る部分（孔、図像部）と通らない部分をつくり版とする。筆やローラー、スキージーという専用のヘラなどを使い、版の下においた支持体に孔を通してインクや絵具を刷り落とす手法である。版種としてスクリーンプリント（シルクスクリーン、セリグラフィ）、ステンシル（合羽版）などがある。布の型染や謄写版

〔4〕水性スクリーンプリントの主な用具・用材
中央手前がさまざまな幅のスキージー（4種類）。枠やイメージの大きさに合わせて使い分ける。その右は、刷るときに枠を作業台に固定する器具（2個）。

（ガリ版）も同じ原理である。他の版形式と違い、版のイメージが反転することなくそのまま支持体に定着する。

　代表的な版種はスクリーンプリントである。布目を通して印刷する原理は、19世紀のヨーロッパで開発された。元々は商業・工業用印刷の分野で用いられていたものが、20世紀に入り特にアメリカの作家たちにより美術作品に応用されるようになる。版の特性により、版画としてのみならず、キャンバスに描く絵画や立体の制作などに取り入れられた例も多く見られる。その後、大衆文化のイメージを再現する表現手段としてポップアートで多く用いられるようになると、普遍的な美術の技法として一気に広がりをみせた。

　金属製あるいは木製の四角い枠に布（メッシュ、紗と呼ばれる）を張り（スクリーン）、下図にそってその布にインクを通す部分と通さない部分をつくり版とする。この布にかつては絹が用いられていたことから「シルクスクリーン」と呼ばれるが、現在はナイロンやテトロンなどの合成繊維が一般的である。製版方法には、カッティング法、ブロッキング法、そして最も一般的な感光法・写真製版法などの方法がある。

　油性インクが主流であったが、近年は水性インクが普及してきている。油性よりも扱いやすいという利点はあるが、油性のような物質感の強い表情は得られない。インクの種類にもよるが紙以外にも布や金属、樹脂など幅広い支持体にプリントが可能である。また、版に弾力があることを利用して平滑でない面にも刷ることができる。

　各版種の制作方法については、紙幅の都合もありここで詳しく解説することはできないので、武蔵野美術大学のWEBコンテンツ「造形ファイル」（zokeifile.musabi.ac.jp）や、技法書『新版 版画』（武蔵野美術大学出版局、2012年）などをぜひ参考にしてほしい。

　版表現を用いた題材の事例として「コラグラフ」を取り上げる。コラグラフとは、さまざまなもの（イメージ）を貼り合わせて作品化する「コラージュ（collage）」と、「図像」や「図案」を意味する「グラフ（graph）」を合成した言葉であり、多様な素材を台紙（木や樹脂の板も可能）に貼りつけて凹凸をつくり版とする版画のことである。コラグラフは手軽な版表現技法であり、小学生から高校生まで幅広く対象とすることができ、学年や個人の能力に応じて複雑な表現も可能なことから汎用性は高いと考えられる。コラグラフで作品を完成させてももちろんよいが、ここでは発展としてコラグラフ作品を使った「コラージュ」を最終的な作品とする。摺り上がりの表情を想定しながら質の違う素材を構成することや、その後のコラージュ制作を通して、絵画表現とデザイン表現を組み合わせた形での学習が可能となる。

　コラグラフの制作では、プレス機が使用できる環境ならば、凹凸版の刷りが行えて表現の幅は広がるが、それらの環境が整わない中でも取り上げられるように、油性版画用インクとバレンを用いた例を紹介する。この例では、水性絵具は扱いが楽だが乾燥が早く、摺りに適さないため油性インクを使用することになるが、ローラーの掃除などに有機溶剤などの使用が考えられ、その実施の方法には工夫が必要となる。

　コラグラフ制作に引き続いて、摺り上がったコラグラフを素材の1つとして、雑誌などから切り抜いた写真や模様のある布など他の素材と組み合わせながらコラージュ制作を行う。ここで「自分のつくったコラグラフは使用せず他人がつくったコラグラフを使用すること」という条件をつける。これは、自らのコラグラフを使用すると思考が滞り、小さくまとめてしまう可能性があるためである。コラグラフで生まれた表情を客観的にとらえ、コラージュの材料としてどう生かせるかを工夫する。自分の中にない表現や発想に出会うことが、自身のイメージを拡大することにつながるように促したい。

コラージュの素材とするために、コラグラフは必ず複数枚作成する。単色を基本とするが、本人の意志により多色も選択可とする。多色の場合、複数枚の同一の再現はほぼ不可能だが、その違いもまた他人が素材として選ぶ際の選択肢となる。

　コラグラフの素材は、使いやすいものを教員がある程度用意した上で、子どもたちにも事前に知らせて使えそうなものを持参するとよい。コラージュの素材についてはよく説明して、その用意は完全に子どもたちに任せる。コラグラフ、コラージュともにテーマは提示しないものとする。

　なお、ここでは中学1〜2年生を対象とする内容で、授業時間は計7〜8時間程を想定している。授業の流れは、コラグラフおよびコラージュについての解説→ドローイング→コラグラフの版制作→コラグラフの摺り→コラグラフの選択→コラージュ制作→鑑賞となる。

〔5〕コラグラフの主な用具・用材
白ボール紙（版台紙用、見当用）、ローラー、ペーパーパレット、油性版画用インク、ジェッソ、接着剤（木工用ボンド・工作用接着剤など）、ローラー、バレン、用紙（画用紙・新鳥の子紙など）、カッター、はさみ、台紙に貼りつける素材（白ボール紙・ダンボール・布・アルミ箔・エアキャップ・毛糸・スポンジ・マスキングテープなど）。

〔6〕版の下図を考える
ドローイングを行う。具体的なものでも、模様の繰り返しのようなイメージでもかまわない。素材を見て発想した形態も取り入れるとよい。どこにどんな素材を貼りつけるかイメージしながら図案を考える。
ドローイングを元に、白ボール紙を台紙として、大まかなイメージを直接描く。

〔7〕 コラグラフ制作 ①版をつくる
下図にそって、素材を加工（切る、くしゃくしゃにするなど）しながら台紙に貼っていく。台紙にニードルなどで傷をつければ、白抜きの線が得られる。極端な凸部ができると、摺る際に用紙が破れたり、他の部分がうまく摺れなかったりするので注意する。摺る際に剥がれたりして壊れないように、丁寧にしっかりと貼りつけることが大切である。

〔8〕 コラグラフ制作 ②インクをのせる
版が完成したらローラーでインクをのせる。必ず版の外までインクがはみ出るので新聞紙などの上で作業する。素材を見ながらのせるインクの量を調整し、効果的な表情をさぐる。
多色の場合はあまりきっちりと色分けするのではなく、色が濁らないようにだけ気をつけて、自由に色彩をおいていく。

〔9〕 コラグラフ制作 ③摺る
白ボール紙に、摺るときに版と用紙をおく位置をそれぞれ印しておく（見当）。見当に合わせて版、その上に用紙を重ねておき、上からバレンで圧力をかける。貼りつけた素材によっては圧力で変形するものもあるので、その効果を予測しつつ力を加減する。1枚摺り上がるたびに、新たにインクをつけ直し複数枚摺る。1枚1枚違ってしまっても問題はない。

〔10〕 さまざまな表情のコラグラフ
素材が多様なこともあり、具象的、抽象的、さまざまな表情のコラグラフが生まれる。摺り上がったものは全て並べて、全員で見ながらコラージュで使用するコラグラフを選択する。コラグラフを複数枚摺るのは、この時に1人1点ではなく複数選択できるようにするためである。全員のコラグラフが使用されるように、選択の方法を教師が提示するのもよい。

〔11〕コラージュ制作

制作の日までに、使用するコラグラフの表情や、考えたテーマにそって素材を集める。

コラグラフや写真などの素材をアイデアに応じて切り、台紙の白ボール紙に貼っていく。絵画と同様、単調にならないように画面構成をよく考える。言葉（雑誌の活字部分など）を用いることも禁じる必要はないが、テーマを直接示すような安易な使用は避けるよう促す。

〔12〕コラージュの完成

写真や印刷物のパターンをうまく用いて、コラグラフの表情が生きる構成とする。コラグラフの部分は、画面の主とする必要はないが、その効果を実感できるようにある程度大きく扱う方がよい。そうすることで、鑑賞の際にコラグラフの作者が感想や意見を述べやすくなるだろう。

（協力：武蔵野美術大学油絵学科版画研究室）

　鑑賞のための時間は、十分に確保したい。コラージュ作品にはタイトルをつけ、カードに書き込んで作品の側に提示する。意図したイメージについて、なぜそのコラグラフを選んだのか、またうまく生かせたかなどをコラージュの作者本人が話すとともに、コラグラフの作者にも自分のコラグラフの使われ方や完成作品に対する感想を述べてもらう。クラス全体で、気に入った作品などについて自由に感想を発表してもらえるような雰囲気づくりができれば理想的である。

　今回は、他人のつくったコラグラフを使用する条件のもとで個人の制作を行う例を紹介したが、コラージュ制作を大きな画面でグループ制作とすることも考えられる。複数人で意見を出しながら考えることで、個人では発想できない表現が生まれる可能性も高い。全体に緩やかなくくりのテーマを与え、グループごとの表現の違いを鑑賞することにも意味があるだろう。条件や環境に応じて、さまざまな工夫、応用を行ってほしい。

第3節　表現素材から―立体―

1―土、石材　　　　　　　　　　　　　　　　石上城行

歴史的変遷に見る立体表現

　立体表現と聞いて皆さんはどういったものを思い浮かべるのだろう。歴史的偉人の肖像彫刻や記念碑、または神や仏など信仰の対象となる像、あるいは抽象的なオブジェを配した環境芸術であろうか。立体で表現するという行為を美術表現の一領域としてとらえると、非常に高度なことのように思われるかもしれない。しかし見方を変えると、極めて身近な営みとも感じられる。子どもの造形行為として最も早く行われるのはなぐり描きだが、それとほぼ同時に始まるのが、手近にあるものを並べたり積み上げたりする行為である。子どもは、石ころを車にみたてたり泥団子をパンにみたてたりして、ママゴトなどのゴッコ遊びに興じる。遊びを繰り返しながら創造的な活動のシミュレーションを行っているのだろう。

　人類は新石器時代の女性像から始まり、信仰の対象として様々な人物像をつくり出し、時代を象徴する記念碑として造形してきた。この時代に各地でつくられた豊満な女性像は一般的に原始美術と呼ばれる、豊穣を希求する人々の想いを形象化したもので、パーソナリティーを特定する顔は省略され、全体のプロポーションも大胆にデフォルメが加えられている。また古代文明の時代につくられた王の像は、威厳を示すために、表情をリアルに再現するというより、崇高で完璧であることが重視された。表現はときに幾何学的な理想美を、ときに構築的な法則などが探求され、いずれもシンプルな造形の中に普遍的な美しさとメッセージを両立させることに全精力が注ぎ込まれた。

この文脈から外れる造形志向がギリシア文明に端を発する古典彫刻である。ギリシア彫刻は初期において、いかにもシンプルな原始美術としてスタートするが、エジプト彫刻の影響を受け、土着の神話に登場する神々の姿を造形していた。しかし、次第に現実世界の写実を基盤とした理想美の追求が行われ、結果として自然界に偏在する理想的なバランスを探求し、探求に基づく様々な法則と造形思想が確立されていった。

　キリスト教が偶像崇拝を禁じていたにもかかわらず、やがて信仰の対象となる聖像が出現したように、ギリシアの古典彫刻は巨大宗教の意匠にも深く関与し、いったんは衰退するものの、折々の時代に復活し、美術表現全般に対して多大な影響を与え続けたのである。

　時代が進み18世紀中盤に英国で起こった産業革命は、19世紀に入ると各地で社会の構造を大きく変容させた。造形美術の世界においてもその影響は大きく、造形美術を創り出す環境は様々な変革を余儀なくされた。1つは科学技術の発展による素材の多様化と世界の拡張、もう1つは主要な施主（発注者）の変化による主題の変容である。世界にはギリシア古典彫刻の影響を直接受けずに発展してきた造形思考が数多くあり、人々は原始美術に通底するデフォルメと象徴化が色濃く残るプリミティブな表現と対峙することになった。アフリカのマスクなどに代表されるシンプルな造形は、抽象表現として解釈・受容され、抽象彫刻の発祥を強く牽引していくことになる。

　一方、施主の変化は時代の変容と連動していて、しばらくは人間性を賛美する人間賛歌が重要な主題とされる時代が続いたが、次第に歴史的事象を個人の姿に象徴させることが難しくなっていった。そこで伝えたいイメージを直接表現することに適した抽象彫刻が登場する。やがて抽象彫刻はより大規模な展開をするようになり、空間そのものを表現の主題としてとらえる、ランドスケープデザインやインスタレーションといった空間表現へと発展していったのである。

立体表現の技法

　立体表現の技法は、大きく2つのアプローチに分けることができる。1つは「モデリング（塑造）」と呼ばれ、もう一方は「カービング（彫造）」と呼ばれている。モデリングとは、可塑性のある素材（主に粘土など）を用いてかたちを造形する行為で、カービングは塊状の素材（石や木など）を用いて削りながらかたちを造形していく行為である。ここからは、立体造形の主要な素材である粘土と石材を比べながら具体的な技法について述べていく。

粘土

　粘土は、鉱物が細かく砕かれた粒子と粘りを生じさせる物質、そしてその粘り気を調整する液体とで構成されている。素材としては、一定の粘りがあり、伸ばしたり丸めたりが容易で、分けたり、くっつけたりすることも簡単にできる可塑性という性質を有しており、仮に初心者であったとしても速やかにモデリングに臨むことができるところが、最大の特徴と言える。ただし難点をあげるとすれば、素材のもつ可塑性が逆に形態を維持することを阻害する場合があるので、粘土の形態を維持するための工夫が必要になる。粘土の形態を維持する方法は、2つ考えられる。1つは粘土の内部に心材を設置する方法、もう1つは粘土自体がもつ強度を最大限利用して造形する考え方である（こちらは陶芸技法に相当する）。

　●事例　塑造制作（頭像）

　ここでは特に心材を用いて造形する「塑造」の実際を見ながら制作のプロセスを解説する。
・材料：粘土（15kg）、しゅろ縄（1.5m）、角材（30cmを1本、7cmを2本）、木ネジ（もしくは釘）
・用具：塑造板、練り板、頭像用アングル、塑造用ヘラ、ビニール袋

（2枚）、作業台、モデル、霧吹き、スケッチブック、画材ほか

①デッサン

　塑造制作（頭像）を行うにあたって一番初めにすることは、対象となるモチーフの形態を把握するためのデッサンである。この場合のデッサンは、絵としての完成度を求めるものではなく、あくまでも制作に臨む者の感覚で対象の形態を把握する行為となる。できれば3方向以上の角度から描くことを推奨する。

②心棒制作

　デッサンを通じて対象の形態や構造、質感などを把握したら、描いたデッサンを基に心棒を制作する。まず塑造板に頭像用アングルを、木ネジ（もしくは釘）などを用いて固定する。そのアングルを支持体として角材（30cm）をしゅろ縄で縛りつけ、頭部の中心に短い角材（7cm）が交差するように同じくしゅろ縄で固定する〔1〕。

③粘土の準備

　粘土は、使用する前に練り板を用いて充分に練っておく。そのときに留意すべきポイントは、粘土の硬さを耳たぶより少し硬い程度で均一な状態にすることである。自身が扱いやすい硬さになるまで、水を加えたり、硬くなった粘土を加えたりして調整をしておく。

④粘土付け

　粘土付けは、粗付け、中付け、細部の順に進めていくが、粗付けに先立って、まず心棒に密着するように粘土を付けていく。このとき心棒と粘土の間に隙間ができないように注意する必要がある。そこに隙間があると、制作途中に塑像に亀裂が入ったり、崩れたりする原因となるので注意深く進めたい。

⑤粗付け

　粗付けでは、対象となるモチーフの全体像を把握することに最大限の注意を払いながら粘土を付けていく〔2〕。できるだけ大きな粘土の塊を付けたり取ったりすることが重要である。つくろうとしている頭

像のプロポーションと組み立てが、どのようなバランスとなっているかを把握するためには、細かな現象にとらわれていては全体的な印象を見逃してしまう可能性があるので特に注意してほしい。このような制作行為を「粘土を動かす」と呼ぶ。

⑥中付け

　中付けでは、粗付けよりも一段階細かなバランスや形態の特徴に視点を移行していく作業となる。後頭部と前額部の関係や顎、首の位置、そして目、耳などの基準となるパーツの位置関係を慎重に確認しながら粘土付けを進めていく。このとき、あくまでも全体の中の位置を確認することに注意し、決して部分的に仕上げるようなことが起こらないようにすることが肝要である。

⑦細部、仕上げ

　ある程度すべてのパーツの位置関係が整い、バランスによって生じる特徴をとらえることができたら、徐々に細部を仕上げる作業に入っていく。この段階に至って初めて、皮膚の下にある筋肉や脂肪、骨などの表情に着目し、さらに髪の毛や服などの質感の違いを注視しながら細部を表現していく。

⑧塑造原型の完成

　一連の作業を通じて塑造制作は進められるが、最も肝心なことは、全体のバランスを正確にとらえることである。バランスが狂ったままの粗付けにいくら優れた細部をつくったとしても、それはチグハグな状態になってしまう。もし、破たんが見つかったならば臆することなく、問題の箇所を壊してはじめからやり直すことを推奨する。実際その方が、早く軌道修正をすることができ、より深みのある表現につながるのである〔3〕。

⑨最終的な完成

　塑造原型が完成してもそれは最終的な完成とは言えない。紙粘土などで造形された作品であれば、乾燥させて着色して完成させることも

〔1〕　　　　　　　　　〔2〕　　　　　　　　　〔3〕

できるが、土で生成された粘土であれば、石膏による型取りの作業を
経て素材を置き換え、石膏像として完成させるか、塑造原型の表面を
少し乾かしてから内部をくりぬいて乾燥、焼成のプロセスを経てテラ
コッタ像として完成させるなどの工程が必要となる。

　以上が塑造制作の大まかな流れである。塑造技法の特徴としては、
型取りや焼成など、間接的プロセスが含まれる点があげられる。
　塑造制作において粘土という素材は極めて繊細で、制作者の心情を
その都度、直接的に作品世界へ表出させる。一瞬モデルの表情が曇っ
たとか、体調が悪くて制作に集中できないなどの心的な要因がつぶさ
に作品世界に残ることがしばしば起こり得る。一方作品として結実さ
せるためには、間接的な作業工程で不測の事態が起こる可能性がある。
実際は仮に破損などの事故が起きたとしても、そこから新たな着想を
得て結果的に新たな表現へ昇華する可能性も大いにあり得る。つまり
粘土による立体表現とは、非常に多様で複雑な要素をはらんだ造形行
為ととらえることができるのである。

●事例　テラコッタで作る私の靴

　「事例　塑造制作（頭像）」の応用を紹介する。本題材の目的は2つ
ある。1つは再現する活動を通じて形態の特徴や構造、質感などを見
つめ直し、概念的理解を超えた空間把握能力を育むこと。もう1つは、
自分の持ち物をモチーフとすることによって内面に目を向け、自己の
心情を象徴的に表わす造形表現に挑戦することである。以下、学習過
程にそって指導する際の支援と評価、留意点をまとめておく。

①靴を観察してみよう

・制作の動機づけとして履いている靴を鑑賞し合い、ものに宿る持ち
　主の存在について考える。

・支援：全体像を素早くとらえるとともに、表面的な美しさより、年
　月を経た風合いや変化に着目するよう促す。

・評価：全体と細部を同時にとらえる多角的な観点をもっている。

②デッサン

・対象の観察と再現を通じて見慣れたものの形態や構造、質感などを
　見つめ直す。その対象にしかない特徴を探す。

・支援：見慣れたものを見直す活動を通じて既成概念にとらわれた見
　方をしがちな事実に気づかせる。

・評価：些細なかたちの変化や特徴に着目し、全体と部分との関係か
　ら対象の特徴をとらえることができる。

③制作（粗付け）

・ものの形態を塊としてとらえ直し、量感として再現に取り組む。粘
　土という素材に親しむため、色々と試してみる。

・支援：細部の表情を無視し、量塊として全体をとらえるよう促す。

・評価：細部を気にせず大まかに形をとらえている。

④制作（中付け）

・ものの存在を形態としてとらえ直し、その特徴の再現に取り組む。
　粘土による表現の幅を広げる。

・支援：全体のボリュームの中に靴の特徴を取り入れている。

・評価：状況に応じて観点を変えたものの見方ができる。

⑤制作（細部、仕上げ）

・細部や質感に着目し、微細な部分も見過ごすことなく表現する。さらに粘土による表現の幅を広げる。

・支援：細部を表現する手段を工夫するように促す。

・評価：マチエールなどにもこだわり、靴らしさを追求している。

⑥掻き出し、乾燥

・作品の表面を少し乾燥させた後、ワイヤーで半分にカットし、中の粘土を掻き出す。カットした面にドベ（乾燥した粘土を砕いて水と混ぜペースト状にし、粘土同士の接着に使用する。「ノタ」とも言う）を塗って接合、修正し、乾燥させる。

・支援：切断する位置や掻き出しなど一連の作業に気を配り、粘土の様子をうかがいながら触覚的に行うように促す。

・評価：原形の姿を損なうことなく作業を進めている。

⑦窯入れ、焼成

・充分に乾燥させた後、窯に入れて800℃で焼成する。窯の温度管理など一連の作業を体験する。

・支援：窯入れや温度管理など技術的な作業に対しても興味を抱くよう指導する。

・評価：温度管理等、焼成作業に興味をもって取り組んでいる。

⑧窯出し、着色

・窯の内部が充分に冷めてから作品を取り出す。最終的な仕上がりを考えながら、自分らしい表現を模索し、着色などの作業を行う。

・支援：焼成して変化した作品の表情から新たな発想が起こるように促す。

・評価：作品のイメージを大切にし、着色などの仕上げ作業ができる。

⑨相互鑑賞会

・作品のタイトルとコメントを併せて展示する。作品に対する思いや
　考えを語り合うことで、他者を理解するとともに自己をふりかえる。
・支援：それぞれが作品に込めた意図について考えるように配慮する。
・評価：作者の心情や意図、造形的なよさや表現上の工夫などを自分
　なりの価値観で感じ取り味わっている。

⑩その他の留意点

・安全管理を徹底し怪我や事故が起こらないように、適宜休憩時間や
　鑑賞の機会を設けて集中力が途切れないよう留意する。
・作品の焼成については、細心の注意を払う。

石材

　石材とは、岩石を建築や美術作品の材料として切り出して生成され
た素材のことを指す。学術的には、火成岩、堆積岩、変成岩の3種に
分類され、それぞれ固有の名称があるが、石材として市販されている
ものは、産地の名称で呼ばれることが一般的である。岩石の中でも
加工に適していて石材として活用できるものでは、花崗岩（御影石）、
砂岩、石灰岩（大理石）などが一般的で、また近年は人工的に生成した
「人造大理石」なども幅広く活用されている。

　石材の特徴は、硬く重たい点があげられる。一般的に石材は硬く加
工が困難なように思われがちだが、衝撃には意外と弱く、制作に伴っ
て石材を移動する場合や、細く長く繊細な形態を彫り出す場合には、
細心の注意が必要となる。そもそも石材には生成されるプロセスに
よって様々な層ができており、それが美しい模様として現われる場合
もあるが、層を境に簡単に剥離したり、瓦解したりするようなことも
しばしば起こる。このような層のことを「石目」と呼び、石材を加工
する場合には、この石目を読み、目の前の石材を活かす造形を創り出
すことに最も留意しなければならない。

また石材は、ある程度以上の硬度があれば磨くことができる。たった今、石目に鑿を立てて割ったばかりの岩肌から、筋彫りをした粗々しい様子、粗いヤスリで磨いただけのマットな表面、そして砥ぐように磨き上げられて模様がくっきりと浮き出た鏡面仕上げまで、作業の進め具合によって素材の表情は刻々と変化していく。このような特質に石材の魅力が最も強く表れる。

　以上のような特徴を勘案すると、石材を用いて造形するのに適した内容とは、具象的で精密な再現性を目指すよりも、シンプルな造形の中にテーマを浸透させる抽象的な形態を創り出す行為の方が適しているとも言えよう。

●事例　石彫制作（抽象）

　ここからは特に石材を用いて抽象的な形態を造形する「石彫」の実際を見ながら制作のプロセスを解説する。
・材料：人造大理石もしくは滑石など（1kg）、発泡スチロール（適宜）
・用具：石鑿（大中小）、ハンマー、石材用ヤスリ、ゴーグル、手袋、
　　　砥石、紙ヤスリ、耐水ペーパー、スケッチブック、画材ほか

①構想

　石材を観ると同時に、自身の心に問いかけて創り出そうとするイメージを増幅していく。このときに実際に素材に触れたり、場合によっては少し彫ってみたりして素材と触れ合うことが、その後の制作をスムースに展開することにつながる。ときには石を観ながら構想画をスケッチすることで優れた発想が得られる場合もある。

②疑似素材による雛型作り

　カービングという作業は、実際は相当の経験を重ねないと思ったとおりの造形ができない。そこで加工しやすい素材（発泡スチロールなど）で疑似的に作業体験をしながら、簡単な雛型をつくることも有効である（なお、①と②の工程は、同時に行っても入れ替えてもよい）。

③デッサン

　ここで言うデッサンとは、石材に直接構想した作品のかたちを描く
ことを意味している。石材の正面、側面、上面（最低でも3面以上、6
面すべてにデッサンしてもよい）にそれぞれの方向から見えるかたち
をデッサンし、各々の関係が成立するまで何度でも描き直しながら、
創り出す形態をイメージトレーニングしてほしい〔4〕。

④粗彫り

　石鑿とハンマーを使って必要のない部分を大きく削り取る〔5〕。こ
のときに留意すべきは、確実に石目（層）を読むことである。石材に
刻まれた石目が作品として残したい方向に走っている場合は、その層
に刃先がかからないように、巧みに鑿をあてる角度を変えながら作業
を進める必要がある。またこの作業では、大きな石の破片が跳ねたり
落ちたりすることがあるので、ゴーグルや手袋を装着するなど安全対
策に充分注意する必要がある。

⑤小作り

　粗彫りの作業が終わった段階では、自身がデッサンしたよりもかな
り多めに余分な石が残っている。この工程ではその余分な部分を小さ
な石鑿や、石材用ヤスリで削り取っていく。このときに留意すべきは、
できるだけ少しずつ取り除くように作業を進めることである。ここで
焦ると思わぬところが破損する原因となる。素材と対話をするように
作業を進める中で、新たな発見が起こる場合があるので、じっくりと
取り組んでいきたい。

⑥細部（磨き）、仕上げ

　ある程度かたちが決まってきた時点で磨きの作業に入る。磨きは石
材用ヤスリや、砥石、紙ヤスリ、耐水ペーパーなどを使って作業を進
めるが、これらの研磨用具にはそれぞれに磨くことができる細かさが
決まっている。目の粗い道具から順番に目を細くしていかないと美
しい研磨はできない。仮に途中の工程を飛ばして先へ進んだとしても、

〔4〕　　　　　　　　〔5〕　　　　　　　　〔6〕

最終的な段階で初期の削り痕が浮き出てくることがあるので、くれぐれも作業は丁寧に進めるように努めたい〔6〕。

⑦完成

　どの段階まで磨き上げるかは、制作している作品の内容に密接にかかわっている。磨きや仕上げは、ただ作業的に磨き上げるのではなく、自身のイメージした完成像と照らし合わせながら作業を進めるようにしたい。石を磨いていて輝きが出てくる瞬間は、扱いにくいと思っていた石がようやくこちらの声に応えてくれたような感慨があるが、あくまでも作品としての完成度を保つために、常に仕上がりのイメージをもち、完成にたどり着きたいものである。

　以上が石材を用いた制作「石彫」の大まかな流れである。石という素材は、一見堅物で扱いにくいように感じるが、作業を進めていくうちに不思議な愛着が湧くことが多々ある。作業を始めると、到底完成させることはできないのではないかと思ったり、また作業を進めていても、いつまでたっても大きな変化が見られない素材の様子に途方に暮れることもあるだろう。しかし、無心になって作業を進めるうちに、いつの間にか石の作品はできあがってくるのである。

●事例　石に込める心のかたち

　抽象形態に自身の心情を投影する造形表現に取り組み、カービング技法による空間把握能力を体験的に学習し、石材加工における一連の作業内容を理解するための題材を学習過程にそって解説する。

①カービング体験

・発泡スチロールを削ってかたちをつくる（作業の進め方や用具の使い方）体験をする。かたちを面で落としていく（面取り）。

・カービングに適した形状と、そうでない形状の違いを理解する。

・支援：用具の用途と安全上の注意点を説明して、自由に削る体験をする。削ってかたちをつくる様子を用具の実演をしながら示す。

・評価：それぞれ用具の特徴を理解し、状況に応じ工夫して使用できている。

②アイデアを練る

・シンプルな形状が発するイメージを解釈する面白さを体験する。自身の心情をふりかえり、単純な線でドローイングしてみる。これまでの学習を踏まえてアイデアスケッチを描く。

・支援：シンプルな形状を例示しながらそこから触発されるイメージについて語り合う。自由にドローイングできるよう肯定的な声掛けをする。

・評価：これまでの学習を理解し、意図に応じたかたちを工夫できる。

③デッサン

・石の3面にそれぞれの方向から見た完成時の想像図をデッサンする。3つのデッサンに齟齬（そご）が出ないように注意する。

・支援：3つの方向から見たデッサンがイメージしやすいように、デッサンのシルエットを切り抜いたサンプルを用いて確認する方法を助言する。

・評価：3方向からのかたちをイメージして、齟齬のないデッサンができる。

④制作（粗彫り）

・デッサンの線に従って不要な部分を取り除くように彫っていく。制作の過程で自分の作品を鑑賞し、全体の構成を確認、さらに検討する。

・支援：用具の扱い方を説明した後、面でかたちを取り除いていくように指示し、安全に留意しながら作業が進むよう注視する。

・評価：全体のかたちを意識しながら面取りをし、かたちをつくり出している。

⑤制作（小作り）

・デッサンの線に肉薄するようさらに細かく彫り進んでいく。削り取る量やかたちを勘案しながら用具を工夫し、作業を進める。

・支援：用具の特徴を理解し、削り落とす量に応じて道具を使い分ける工夫をするよう促す。

・評価：制作工程の全体像を把握しながら、状況に応じて道具を使いこなしている。

⑥制作（細部、仕上げ）

・石材用ヤスリ、紙ヤスリ、耐水ペーパーなどを作業内容に応じて使い分け磨き上げていく。全体の仕上がりを考えながら自分らしい表現を模索していく。

・支援：用具の特徴を理解し状況に応じ工夫するよう促す。完成時をイメージしながら作業を進めるよう促す。

・評価：自分らしい表現について、磨き方などを工夫して表現している。

⑦相互鑑賞会

・作品のタイトルとコメントを併せて展示する。作品に対する思いや考えを語り合うことを通じて、他者を理解するとともに自己をふりかえる。

・支援：それぞれが作品に込めた意図について考えるように配慮する。

・評価：作者の心情や意図、造形的なよさや表現上の工夫などを自分

なりの価値観で感じ取り味わっている。

⑧その他の留意点

・安全管理を徹底し、怪我や事故が起こらないように、適宜休憩時間や鑑賞の機会を設けて集中力が途切れないよう留意する。

・片付けや道具の管理、鑑賞会の設営などを通じてメリハリある授業運営を心がける。

●事例　空間表現（イメージと場の対話）

　最後に現代的な立体表現の展開を体験的に学習するスチレンボード（板材）を使った簡単な空間表現の題材を紹介する。

・材料：スチレンボード（5mm厚程度、適宜）、専用接着剤（適宜）

・用具：カッターナイフ、カッターマット、定規、スケッチブック、画材

①作品鑑賞による導入

・スチレンボードのパーツを構成した参考作品を用いて対話型鑑賞を実施、作品が表現する世界を味わうとともに、置く場所をアレンジするなどの実演を通じて構成や展示による効果について考える。

・支援：構成や場との関係など造形的視点に着目するよう対話を工夫する。

・評価：かたちや構成などの造形言語を、感性や想像力を働かせて読み解いている。

②アイデアを練る

・自己の心情を表現するための抽象的な言葉（感情、時間、形容詞、擬態語など）を書き出させ、それをイメージできるデザイン案を描かせる。

・支援：様々な事例を示すなど、言葉と形象の関係に着目するように促す。

・評価：考えたことや目的などに基づいて創造的に構想を練っている。

③制作（構想を練りながら）

・描いたデザインを基にパーツを切り出し、組み合わせや置き方を工
　夫することで湧き上がるイメージを感じながら、表現する内容を検
　討する。

・支援：すぐに接合しないよう、様々な可能性を試すように促す。

・評価：材料の特性や表現意図に留意し、想像力を働かせて取り組ん
　でいる。

④制作（組み立て、展示）

・パーツを接合して作品を完成させ、任意の場所に設置。タイトルを
　つける。

・支援：タイトルも1つの表現として工夫して考えるように促す。

・評価：発想した構想を感性や想像力、そして造形感覚に基づいて創
　意工夫し総合的に表現している。

⑤相互鑑賞会

・それぞれの設置場所でタイトルを伏せた状態で主題を想像しながら
　対話を行い、相互に作品を鑑賞し合う（最後にタイトルを確認して
　もよい）。

・支援：適宜、質問や助言などを行い対話が円滑に進行するよう努め
　るが、単なる答え合わせに陥らないよう充分留意する。

・評価：作品が映える場所を見つけ、思いに合わせた展示ができる。

⑥その他の留意点

・刃物を使用する際は安全管理を徹底し、怪我や事故が起こらないよ
　う注意する。

・あえて熟考させずにテンポよく作業を進め、即興的なアイデアを尊
　重し、創造的に思考することの魅力を実感させる。

表現領域の可能性と育まれる力

　立体造形に取り組むことによって育まれる能力は多岐にわたる。そ

れぞれの道具を目的に応じて使いこなす技能が高まり、作業の性質から長時間の制作に向き合う必要があるので集中力や忍耐力も向上する。また、素材を見つめると同時に自身の作品と対峙する時間は、観察力を高めることにつながるであろう。つまり、この表現活動を通じて育まれる能力とは、立体的な空間把握力や計画性とリアリティに基づいた実行力ではないかと考えられる。

　立体は、まず対象を見つめ、形態や構造、そして、そのものを取り巻く空間を含めて把握する能力が求められる。土を付けたり取ったりしながら、または、削り取られた岩肌を見つめながら、形態の把握に努め、一見、遅々として進まない造形行為を繰り返しながらかたちが発する声に耳を澄ましているのだ。このような行為を続けていると、次第に目の前に現れていないかたちが見えるようになっていく。そして制作者自身のかたちのイメージと、実際に目の前にあるかたちとの差をなくすように、少しずつ作業を進めていく。この感覚が空間把握力であり、これこそが立体造形に勤しむことによって育まれる能力の1つなのである。

　また立体を創り出す活動は、作業をより計画的に進めることが求められる。一度削り過ぎてしまうと取り返しのつかない石材はもとより、たとえ粘土であったとしても、心棒のつくり方や粘土の水分調整、場合によっては乾燥、焼成、型取りなど、常に次の工程を見据えて現在の作業を行わなければならない。そのため制作の開始から完成までを俯瞰してとらえる計画性と実行力が求められる。はじめは考えが及ばず、作品を完成させることができなくなってしまう場合もあるかもしれないが、繰り返し取り組むことによって計画的に作業を進める能力が育まれていくのである。

　次に立体を表現する造形活動の可能性について考えてみたいと思う。立体による表現の最大の魅力は、モノが目の前に存在するというリアリティーを味わうことに尽きる。何もないテーブルの上にコップを1

つ置くだけで、テーブルの上の景色は一瞬にして変容する。置くコップの数を増やしたり、種類を変えたりすることで状況はさらに複雑になり、表現の厚みと可能性が広がっていく。つまり立体を表現する行為とは、そこに出現するモノのかたちをつくるだけにとどまらず、そのモノが現われたことによって、その場（空間）が更新されるといった、多角的な視点を内包した空間の表現行為なのです。

　このような視点の在り方は、ただ単にかたちをつくる行為にとどまらず、幅広く3次元空間を構成したり、演出したりする場合にも能力を発揮するであろう。こうした能力は近年進歩の著しい3Dのグラフィック表現においても同様にとらえることができる。ただし、どのように表現するメディアが変化しようとも、自身の手を使って造形した経験が基盤となる事実は変わらない。従って粘土や石材を用いて立体造形に挑むことは、大変貴重な経験となることは言うまでもない。

　最後に立体に表す行為の起源はどこまでさかのぼることができるのか考えてみたい。自由に想像を拡げることが許されるならば、先史時代にまでさかのぼることができるのではないだろうか。原人と呼ばれる当時の人々は、死んだ仲間を埋葬していた可能性があると言われている。どのような狙いをもってその行為に臨んだのかは定かではないが、遺体を放置せずに埋め、その場所に土なり石なりを置くことで、故人への思いを馳せたものと考えられる。人がモノに自己の思いを託す行為、私はこのような行動を起こそうとした瞬間こそが、立体に表すという行為の起源ではないかと考えている。おそらく私たちの祖先は、造形的な活動ができるようになったその瞬間から、立体表現に取り組んでいたはずである。このように考えてみると、たとえどのような技術革新が起ころうとも、自身の手でモノを掴み、並べたり、積み上げたりしてかたちを変えていく中に、自身の思いを託すことの意義を改めて感じる次第である。

立体表現としての金属造形がめざすもの

　立体表現が平面表現と異なる点は、二次元から三次元に文字通り1つ次元が多くなることである。そして、我々の身の回りにある形はそのほとんどが三次元の立体であり、様々な素材（マテリアル）からできている。あるイメージが空間の中に立体作品として形づくられるとき、そこには重力や耐久性などのリアルな諸条件が付随し、多くの素材や、いくつもの制作方法の選択が求められる。

　実際の立体表現は、作りたいイメージの構想と素材・技法との感情のせめぎ合いから成立する。複雑で多様なプロセスを理解することは簡単ではない。しかし素材とかかわる体験である美術・工芸の立体表現は、感性を育む絶好の機会になるだろう。

　幼い頃金属を扱った経験が少ない教師は、金属＝鉄というイメージから硬くて歯が立たないと考え、授業で扱うことに二の足を踏むのではないだろうか。ここでは、金属の立体表現を中・高の美術・工芸で題材として実践できるように、金属の特性とその造形の諸相を提示する。さらに、制作にかかせない工具の使い方、安全面の配慮、素材とフォルムの関係について事例を挙げて解説していく。

人類と金属

　長く続いた石器時代に金属と出会ったことは、人類にとって最も大きな事件であったはずだ。メソポタミアで発見された、金属材料と加工技術は徐々に世界各地に広がり、日本に金属が伝わったのは、弥生時代前期・紀元前4世紀あたりとされ、7世紀後半に稼働した奈良県の飛鳥池工房跡が現在確認できる日本最古の金属工房であるとされている[*1]。

金属は強度や耐久性・加工性の面で、それまでの木や石などの自然素材に比べ格段に優れた材料であり、先史時代からの人類の長い歴史を形づくってきた。また、貴重品であった金属は貨幣はもちろんのこと、富の象徴として美術工芸品に用いられ、装身具、武器武具、鐘（鉦）、楽器など価値の高い文化財は枚挙にいとまがない。このように金属は古くから人間の科学的思考や文化を進化させてきた。そして、今後も人類の未来と密接なかかわりをもつことだろう。

金属の技法

　金属加工の技法は一般的には、造形技法によって鋳金（ちゅうきん）、鍛金（たんきん）、彫金の3つに分類される。

　鋳金技法は、金属を融点よりも高熱で溶解し、型に流して固める。そして型を取り外し、目的の形を取り出す。同じ形を量産できる特徴をもち、古代の銅鐸（どうたく）や貨幣、圧延材料の元となるインゴット（鋳塊）が代表的な造形物である。ただしそのままでは重くてもろく、実際に使われる刃物などの利器には向いていない。

　鍛金は、金属の展延性や塑性を利用して、棒材や板材をハンマーなどで加工する技法である。金属は、塑性加工をすることで硬く強くなるが、さらに加工を繰り返すと疲労し破壊してしまう。その場合、加熱し、焼き鈍す（なま）ことで、金属組織が再結晶して復元し、再び加工できるようになる。

　「焼き鈍し」の技術と混同してはならない技術が「焼き入れ」「焼き戻し」である。「焼き入れ」は鋼材を照柿色（てりがきいろ）にまで熱し、急冷することで硬度をあげ、焼き戻しによって使用目的に合わせた硬度に調節する技術である。こうした性質をもった鋼は、薄く、軽く、強く成形できるので武具や刃物として利用されている。

　彫金は、鋳金や鍛金で作られたボディ（胎）（たい）の上に装飾を施す技法で、タガネを使って打ち込んだり、嵌（は）めたり、絞ったり、削ったりして文様

を作る。また、装身具としてのジュエリー・アクセサリーや、家具などの飾り金具を制作する技法の総称としても用いられる。

金属素材研究

　金属素材は、あまたある造形素材の中でも展延性や塑性加工性に富み、耐久性に優れ、重量感や存在感は他の素材を圧倒する。例えば、金の展性は1gを1㎡の箔に打ち広げることができ、延性は1gを2.8kmの糸に引き延ばすことができる[*2]。また、溶接やロウ付けにより金属同士の接合や腐食による加工も可能である。奈良の大仏やスカイツリーのような大きな構造物に用いられる。

　現在、私たちの身の回りにプロダクト製品として存在する金属は、そのほとんどが複数金属の合金で、その代表が、ステンレススチールやアルミが主成分のジュラルミンである。人類は様々な新金属や合金法則を発見し、火力・電力を駆使した量産技術の確立により、今や我々の生活基盤ともなっている。

　一方で、金属のもつ視覚的、触覚的な魅力を引き出すことを目的とする造形表現においては、量産技術や大がかりな動力を使った加工技術の必要は感じない。むしろフレキシブルに自由な表現に対応できる手作業と、手の延長である利器を使うプロセスから素材を捉えていくことが求められるからだ。ここでは美術・工芸の授業で取り扱いやすい金属として、アルミ、銅、真鍮、銀、鉄、ピューターの6種類に、ロウ材とハンダ材の接合材を加えて、それぞれの金属の概要を述べる。

①アルミニウム

　比重は2.7と金属の中では軽く、軟らかで加工性が高くリサイクル率が高い。軽くて硬いアルミ合金のジュラルミンは、飛行機のボディなど現代の工業製品にはなくてはならない金属である。最小規格サイズは小板の400×1200mmである。

②銅

　銅の比重は8.92と石の約3倍もあり、金属らしい重厚感をもち、色味は赤く温かい印象である。科学的には酸化しやすいので、エッチングや銅版画にも使用される。展延性・塑性加工性・耐食性に優れ、非常に扱いやすい。鍛金や彫金では最も多く扱う金属であり、ロウ付け（⑦参照）が容易にできる。銅合金であるブロンズは一般的に銅85％、錫5％、亜鉛5％、鉛5％で鋳造性が高い。最小の規格サイズは小板の365×1200mmで、アルミ材とは少しだけ異なる。

③真鍮

　銅と亜鉛の合金で、その配合比が6：4から7：3の間でいくつか種類がある。銅の配合比が多いほうが軟らかくて扱いやすい。銅に比べるとやや硬く、色味は金色に近い黄銅色。規格サイズは銅と同じ。

④銀

　銀は光の反射率が高く美しい金属光沢があり、金やプラチナなどの貴金属の中では安価である。展延性も金に次いで高く、電気伝導や熱伝導は金属の中で最も高い。ジュエリーとして扱う場合は軟らかすぎるので、銅などを加えて使用する。銀の品位は通常1000分の1で表示し、特に925以上には銀製品の証明としてSILVERの刻印をする。規格サイズは特になく、目的に合わせて専門店で相談し購入する。

⑤鉄（鋼）

　鉄は最も身近な金属ではあるが、展延性・塑性加工性・耐食性は非鉄金属よりも落ちる。鍛冶のような熱間鍛造による造形、刃物づくり、廃材を使ったジャンクアートなどで取り扱うことが多く、堅牢で魅力的な金属である。板材の規格サイズは900×1800mmが基本。黒い酸化皮膜がついている「黒皮」と鉄の地色そのままの「ミガキ」がある。

⑥ピューター

　錫とアンチモンの合金。融点が約250℃と低温で溶解し、鋳造性に優れ、軟らかい。ハンダとよく似た素材であり、両方ともに銅や真鍮

に付着したまま焼き鈍しをすると、その部分が合金化してしまうので取り扱いに注意する。鉛色で変色しにくいので、そのままで仕上げることが多い。規格サイズはなく、専門店で相談しながら購入する。

⑦ロウ材とハンダ材

　ガスや電気による溶接は母材同士を溶かし接続するが、ロウ付けは母材を溶かさずに、すり合わせた隙間にフラックス（酸化物除去剤）を塗り、母材よりも低温で溶ける合金であるロウ材（銀ロウは銀と真鍮の合金で一般的）が、毛細管現象によって隙間に充填され接合される。ハンダは溶融温度が450℃以下のロウ材の総称で、主成分は鉛と錫である。

　さらに金属素材のイメージを広げるには、授業題材の目的に合わせて板材以外の形状から考える必要がある（例えば棒材、パイプ材、アングル材、チャンネル材、塊材）。また、どのような技術を使って表現するかにより、作品の印象が大きく異なる。同じアルミニウムの板材でも0.5mmをシワにした表情と、0.8mmのそれは形状も印象も、まるで変わってしまう。素材がもつ物質的特徴は、素材の種類や形状と制作技法によって多様なイメージをもたらす。

技法研究

　立体表現として、素材を変形させるための工具とそれを扱う技術は切り離すことができない。授業では、タガネや金鎚のように多少熟練を要する工具も、作品制作に入る前の素材遊びとして、楽しみながら体得していけるように組み込みたい。また、金工の工具は伝統的な技法に則ったものが多く、正しい姿勢や扱い方が求められる。一方で造形表現では工具を工夫して使う姿勢を評価し、その技術によってできる素材の変化に着目させるように導くことが教育的配慮となるだろう。1つ1つの工具を説明し、生徒が素材の特徴を理解した上で、金属の変形を体験することは、表現のイメージを補強していくことになる。

金属加工で使用する工具は、鎚や糸の
こなど原始的な工具から溶接機や旋盤
などの機械まで多種多様である。ここ
では専門的な機械は除き、制作目的別
に加工工具を解説していこう。

①切断工具・切削工具

　金属を切る日本の金バサミは、柳刃、
曲刃、直刃があり、目的によって使い
分ける。柳刃は長い直線を切ってもハ
サミが手にあたらないように少しつけ
根が曲がっている代表的な金バサミで
ある。曲刃は筒状になった切り口に使
う特殊なハサミである。直刃は一般的
なハサミと同じ形状で、板厚0.5mm
以下のアルミ材ならば、工作用やキッ
チン用のしっかりしたハサミで代用で
きる。金バサミは、切り屑がきれいに
カールするように切ることで、必要な
部材をあまり変形させずにすみ、最も
短時間で手軽に切断できる工具である〔1〕。

〔1〕捨てる材料がカールする（柳刃）

〔2〕金のこは材料を万力で固定する

〔3〕すり板を用意して糸のこを使う

　金のこは、棒材や帯材の厚みのある材料に使用し、両手でしっかり
持って押して切る。糸のこは、2mm厚までの板材の中抜きや、小さな
曲線や細かい透かし作業に適し、糸のこ刃は引くと切れるように取り
つける。金のこは材料を万力で固定する〔2〕。糸のこ作業のポイント
は、すり板の上に金属を手で固定し〔3〕、糸のこ刃を押しつけずに真
下にゆっくりと刃全体を使うよう引いて切っていくことである。すり
板はヤスリなら押す力、糸のこなら引く力を受け止める補助工具であ
る。木の板を卓上に固定して作業の効率性を高められる。イスを低く

して視線を素材の近くにもっていき、背筋を伸ばして正確に作業をするよう指導する。

　ドリルによる穴加工は、ドリル刃の回転方向と先端の摩耗や破損に注意する。穴あけ後にバリと呼ばれる金属のカエリが生じるので、大きめのドリル刃を、回してバリを取り除き、怪我に配慮する。充電式のコードレス電動ドリルも廉価になったので積極的に取り入れたい。

　切削工具としての棒ヤスリは各種様々な形があり、鋼材の表面にタガネで目をたて、焼き入れをして切削性を高めている。金属の素材や大きさや形に合ったヤスリを選択できるよう、目の粗さや種類別に取り出しやすいように保管する。

②加熱工具と焼き鈍し

　焼き鈍しなど加熱作業は、換気を考慮した設備のもとで行うことが望ましい。専用の設備がない場合は、換気に注意しながらコンロやカセットボンベ式のバーナーを使用し、耐火煉瓦を置いて簡易的な火床を設置する〔4〕。その際、金属材料は煉瓦の上にベタ置きせず、煉瓦と隙間を作ることで、煉瓦に熱を吸収されないように留意する。ほかにもコークス炉、電気炉、ガス炉、ハンダゴテなど多くの加熱工具がある。

　銅の焼き鈍し温度は約600℃で、目視で赤熱色が出るまで加熱すればよいので判断しやすい。焼き鈍し後は、水に入れて急冷し、希硫酸で酸化膜を取り除く。作業中に酸化膜を吸い込む心配がなく、衛生的である。

　銀の焼き鈍しは銅と同じであるが、熱伝導率が高いので早く焼き鈍し温度に達するため溶かさないように気をつける。真鍮の焼き鈍し温度も同様だが、急冷せずにそのまま火床の上で徐冷する。銀や真鍮は厚い酸化膜が発生しにくいので、銅のように必ず毎回酸洗いする必要はない。

　アルミニウムの焼き鈍し温度は約450℃と低く、他の金属のように

目で見分けることが難しい。油性ペンのインクが消えるまで、または石鹸で描いた跡が黒く変色するまで加熱を行い、酸洗いは不要である。

③鍛造工具

　金鎚によって塑性加工を加えることが鍛造の基本であり、金鎚の鏡（打面）の形状により金属が延びる方向が決まる〔5〕。また金鎚による鎚目模様のある鍋は、表面積を多くすることでより早く調理ができるという機能が加わる（ゆきひら鍋）。荒鎚目はスタンプの要領で、金属に様々な表情を与えることができる。

　鍛造加工には、鉄など硬い材料を赤く熱した状態で金鎚により素早く打って変形させる「熱間鍛造」と、焼き鈍し後に酸化膜を取り除いた状態で鍛える「冷間鍛造」がある。どちらも金鎚による打撃を素材の裏側で受け止める金床が必用である。西洋鍛冶が使う角床（アンビル）も金床の一種である〔6〕。三次曲面を作る「当て金」も金床と同じで、「ぶったて」や「への字」を形によって使い分ける〔7〕。

④切削工具と研磨材

　金属加工では、切断工具で切断したあと切削工具である棒ヤスリで形を

〔4〕耐火煉瓦による火床。手前がバーナートーチ

〔5〕金鎚は鏡の形などを工夫して自作するとよい

〔6〕アンビルの上で鉄を熱間で加工

〔7〕当て金は木台の四角い穴に固定して使用する。上2本「ぶったて」、中央「角床」、下2本「への字」

整える。研磨材の1つであるサンドペーパーは、主に傷を消すことを目的とする。形を作りながら傷も消したい場合には、木片に巻いて使うなど、形の面がダレないように注意する。

〔8〕左からブラインドリベット、銅丸リベット、鉄丸リベット、アルミ製の平リベット

金属磨き液やクリームは布地に適量をつけて使用するほか、バフなどの回転工具に使用して金属表面にツヤを出すことができる。金属の魅力の1つが鏡面仕上げであるが、生徒に金属の表情がほかにもあることを気づかせることも重要である。それは、制作プロセスで垣間見せる金属の表情を受け入れる感性を育てることに繋がる。教師が「この表情が面白いね」と声を掛るだけで気づける生徒は必ずいる。

⑤リベット接合

リベット接合は鉄橋の欄干や駅ホームの鉄骨の接続などに見られる。重ねて孔を穿った金属にリベットを差し込んで、金鎚やタガネでかしめて接合させる技法である。ブラインドリベット（片側からしか作業ができない場合のために考案され、リベッターが必要）も金属接合として有効である〔8〕。ネジの接合はボルトとナットによって結束する一般的な接合である。リベットやネジによる熱を加えない接合は、不要な焼き鈍しを回避するので材料の硬さを活かせる。さらにリベットやネジ自体が金属らしい装飾の一部となる。

⑥固定工具・折り曲げ機・雑工具

万力は代表的な固定工具であり、卓上に固定されているものと、C型のシャコ万力がある。折り曲げの加工は、身近な曲面や木片と万力を工夫して組み合わせることで制作が可能である。折り曲げ加工に特化した機械として折り曲げ機があるが、成形する形に制限があり万能とは言えない。三本ローラーも機械的に整った曲線を作り出せる〔9〕。機械を用いた形は誰がやっても同じになってしまうが、組み合わせや

アレンジ次第では個性的な表現ができる。ヤットコ（曲げ専用）、ペンチやニッパー（針金の切断や喰切り［ネジ・くぎの頭の切断］）などは細かい作業に欠かせない雑工具である〔10〕。

⑦打ち出し

　打ち出しによる初期段階のレリーフは、金属を焼き鈍し、臼や砂袋（帆布などの丈夫な布製の袋に砂を入れた用具）の上で、木槌を使って大きく打ち出す〔11〕。金鎚と同じく塑性加工であるので、硬化して作業効率が低下してきたら、その都度焼き鈍しをする。大まかな成形ができたら、細部はヤニ台（地ノ粉、松脂、菜種油を加熱して混ぜ合わせて作る。熱すると軟らかくなり、常温で硬くなる）に固定し、タガネ〔12〕を使って仕上げる。

⑧彫り

　線を毛筆のように表現できる毛彫りや片切り彫りのほかに、けり彫り〔13〕やなめくり彫りは切り屑を出さずに、タガネ痕を連結することで線を表現す

〔9〕三本ローラーで整った曲面を作る

〔10〕ラジオペンチ、番線カッターなどの雑工具

〔11〕砂袋を作りたい形に変形させて、木槌で成型する

〔12〕各種のタガネ。右は木タガネ

〔13〕金銅板にけり彫り

る技法である。けり彫りは先端の形が横から見ると三角屋根のような
タガネをわずかに傾けながら蹴るように連打する。なめくり彫りは
薄い楕円系のタガネをスライドさせるように打ち込んでいく線表現
である。タガネによる表現のほかに塩化第二鉄により腐食させて作る
エッチングなどで文様を表すことも可能である。

⑨着色

　金属製品は、何も施さずにまっさらな状態のまま大気中に放置する
と、表面に酸化や硫化などの化学反応によって黒く変色し、緑青や赤
錆が生じ劣化が進む場合がある。そのために古くは銅に金鍍金をする
か（金銅板）、あるいは人工的に煮色着色やお歯黒焼きなどの色上げ
方法で酸化皮膜を作り、その皮膜を安定化させることによって、金属
表面の保護と視覚的な美観を同時に施してきた。

●事例　アルミ板材による抽象形態・銀板材によるタンブラー

　イメージの源は自然物の観察から行い、紙材でエスキースのあと、
アルミの素材遊びを経て本制作に入る。そのプロセスで、抽象的イメージの展開方法を学習する。また、様々な道具の使い方とともに素材遊びからできた形を自然物の造形要素と連結させて、新しい造形イメージへと導けるように課題設定を行う。

〔14〕鍛金作例1

　この課題のポイントは形態を抽象化することで、シンプルに金属と向き合い、

〔15〕鍛金作例2

素材と表現について考える点である。素材遊びでは技法やテクスチャーを実際に提示しながら、既存の金属の概念を崩す重要な時間でもある。数多くの選択肢を紹介し、自分でイメージを深く掘り下げる体験を得ることを目指したい。この題材は線材やパイプ材による造形にも応用できる。ただし、線材では素描のクロッキーのように、具体

〔16〕鍛金作例 3

的な形で展開することを考慮してもよいだろう。いずれにせよ、それぞれの技法を選択したことによってできる形に注目させ、表現のイメージを更新させていくことが重要である。

〔14〕はアルミ板材0.8mmを焼き鈍して、万力を使い蛇腹に折り曲げたものである。万力は咥え幅や奥行きなどに制限があるので、木片を併用することで、シャープな折り目や階段状の形を得ることができる。さらに木槌と砂袋で慎重に成形し、自然物のうねりを抽象的な形で表現した。

〔15〕は糸のこの練習をしながらイメージを膨らませ、木漏れ日を連想させる作品となった。紙ではできない金属素材の塑性という特徴を活かした造形である。

〔16〕は絞りの技術を使った銀製のタンブラーである。絞りとは、平面の板を立体化するときに、ビール瓶の王冠のようなヒダ状の部分の金属の余分が生じる、その部分を当て金と金鎚で金属板の厚みの中に絞り込んでいく技術である〔17・18〕。1枚の丸い板を円形に切り取り、デザインに応じて自作したゲージに合わせながら、焼き鈍しと金鎚による加工をひたすら繰り返す。開口部の大きいほうに向かって絞っていき、底の部分を別づくりにすることもできる。絞りの技術のポイントは、作りたい形に適した当て金を選び、鍛えて硬くなった部

分と、鈍して軟らかい部分の差を利用して成形することである。金鎚のあご（打面の下の部分）の角をとって、金属を傷つけないように注意する。さらに絞り成形後、打ちタガネを横に羅列し、波のような文様に表現した作品である〔16〕。

〔17〕「絞り」の最初は臼を用いる

すべての作例に共通することは、イメージと技法を連動させて表現することで、明快に他者に伝わる作品になっていることである。

〔18〕絞りの技法

●事例　ピューターによる鋳造「鋳型の工夫から構想する造形」

一般に鋳造は、原型制作、鋳型制作、鋳込み、仕上げといった長い工程をかけて作品が完成する。鋳型は石膏取りのように原型の表面を反転写する方法と、梵鐘作りなどに用いられる直接鋳型を作る惣型法（そうがた）がある。多くは鋳型には中子（なかご）を作ることで作品を空洞化し、溶けた金属（湯）（ゆ）を注湯（吹き）するため、湯口、湯道、堰（せき）（溶湯［金属］が鋳型に注ぎやすいように作ったすり鉢状の湯留り部分）を設ける。鋳造用の地金は溶解、湯流れをよくする目的で合金にすることが多く、ブロンズや真鍮は鋳造に適した金属である。合金は単金属に比べ多少硬くもろくなる性質があるが、鋳造は複雑な形や同じ形を複製できる利点がある。大げさな設備を必要と考えがちな鋳造だが、工夫次第で身近なモノを用いて鋳造体験ができる。

ここでは糸のこで切り出した厚紙を積層させて鋳型にした作品例を紹介する〔19・20〕。この事例は鋳型を直接作る方法であり、原型制作は必要なく、型の素材も厚紙で、ピューターを溶解する熱源はコンロ

である。手軽にできる反面、しっかりとしたプランニングが必要で、教師は無理なプランを的確に排除し、作業の安全に留意しなければならない。

まず、構想に沿って型を作る〔21〕。構想時に、積層させてできるイメージで発展できるように工夫する。切り取った形がずれないように、重ねた厚紙の側面2カ所に、線などの印をつけておく。湯口、湯道、堰といった部分は、作品の形状により一概には言えないが、教師のアドバイスがなければ難しい場合がある〔22〕。鋳型が完成して金属を鋳込む前に安全を考え、万一こぼれたり漏れたりすることも考慮する。

金属溶解はコンロを使用し、ピューターのインゴットや失敗作品はステンレス鍋で再溶解できる。溶け終わった後に5秒ほど割り箸を入れ、きつね色に焦げる程度が溶解温度の目安である（約250〜260℃）。

〔19〕鋳造作例1

〔20〕鋳造作例2

〔21〕厚紙による鋳型の制作

〔22〕鋳型の固定と吹き（金属の流し込み）

冷えて固まった金属から鋳型を取り除き〔23〕、湯道・バリ等を切り取り仕上げる。

〔23〕型の紙を取り除く

いずれにせよ湯道や堰の大きさや、量をどの程度設けるか、湯を流すタイミングは経験値によるところが大きい。まずは〔19〕のような単純な形から始めて、金属の特性を少しずつ理解してみよう。

教育における金属造形の可能性

金属造形の授業としての題材について考えたとき、屋外での恒久的な設置や、風や水力を生かしたモビール、反射・音・磁性を活かした造形、または機械部品の既製品を利用したスクラップアートなど、様々な造形活動が思いつく。金属造形における題材研究は、金属素材の特徴や機械、工具の使い方により表現できる形が変化していくため、教師自らが積極的に金属と向き合って、多様な金属表現を許容できる物的環境の準備と、金属に挑む心の準備が必要である。

身近でありながら近づきがたい金属だからこそ、きっかけは慎重に準備したい。経験上、いきなり生徒に「自由な表現」を求めても無理がある。素材や技術との出会いや感動があり、気持ちが動かされるから、形に表現したいと思うのではないだろうか。そのためには具体的な表現を求める課題設定は避け、素材との対話に重きを置く必要がある。いかに金属と遊ぶ時間を確保できるか、それが重要である。

例えば無心になって金属を鍛えて変形させる行為をしているとき、生徒にどんな心的変化が起こるのであろうか？　鍛造ワークショップをすると、最初は怖くて腰が引けているが、「もっともっと！」と声を掛けるだけで、だんだんフォームがよくなって強く打てるようになり、鉄の棒がどんどん延びていく〔24〕。逆にフォームを正しく矯正し、金

鎚の持ち方やスタンスの取り方を細かく指導すると、不思議に強く金属を打つことができなくなり、鉄はほとんど延びない。前者は素材の変化に集中し、後者は周りの人的環境によって意識が拡散され、金属との対話の機会を失ってしまったのではな

〔24〕鍛造ワークショップ（中学 3 年生）

いか。金属はこちらのアクションに対して、鏡のように自分を映す素材なのだ。勇気をもって全力でどうしたいのかという気持ちを伝えれば、金属はその気持ちに応えてくれるはずだ。単純に金属と対話できるからこそ、その造形に感情移入できるのである。

　金属ほど存在感が強く、幅のある造形表現ができる素材はほかには見当たらない。専門的な機械や大きな動力がなくても、身近にある用具や火力を最大限に工夫して、金属を自分の手で加工できたら、人類が初めて金属を発見したときのように、必ず「未来への自信」につながるはずだ。

　教師にとっては安全に対する配慮など、しっかりとした準備が不可欠であり、初めはなかなかうまくいかないかもしれない。しかし生徒たちを、強く、しなやかな人間として育てたいのであれば、金属造形は、まさに打ってつけの題材と言える。

＊註

1 ── 村上隆『日本の美術 4』（No.443 金工技術）至文堂、2003年、p.41。

2 ── 水野孝彦・影山公章・石崎文夫『ジュエリー・バイブル』美術出版社、1996年、
　　　p.53。

3—紙材

紙の歴史と文化

　世界最古の紙は紀元前150年頃に中国で発明されたものだと言われている。日本に紙が伝来したのは諸説あるが、大陸文化との技術交流が盛んになった7世紀頃だと考えられている。もとは麻を原料としていたが、繊維をほぐす作業に手間がかかったため、日本原産の植物（雁皮^{がんぴ}）や、楮^{こうぞ}、三椏^{みつまた}を原料に用いるようになった。

　紙の材料や製造方法は表面のなめらかさやにじみの少なさ、強度などの改良を重ねながら、シルクロードを通り西洋へと伝えられていった。

　日本での製紙は、9世紀初頭に確立したとされる流し漉きによる製法で行い、近代に西洋から洋紙の製紙技術が導入されるまで主に職人の手仕事によって作られていた。和紙は洋紙よりも強度があり、応用力もあった。江戸時代に成熟期を迎えた和紙の生産は、洋紙の製紙技術が導入され機械化が進む明治時代を経て、大正時代には衰退し、現在では国内の和紙の生産量が紙全体の0.3%程度となっている。

　日本における紙の文化は、書から生活用品、建築まで多岐にわたる。障子や襖にはいずれも和紙が使われており、外光をやわらかく透過するなど障子は光との関係が深い。襖は空間を仕切るだけでなく、装飾の意味合いも持っている。

　また、和紙に柿渋や漆、油を塗ることによって防水加工を施し、器や雨傘、衣類といった生活用品としても広まっていった。年中行事（正月飾りや七夕飾りなど）に用いられる各種飾りも、和紙を折ったり切ったり貼り合わせたりしながら現代の生活にまで残っている。今もなお小さな子から高齢者まで幅広く遊ばれている折り紙など、日本における紙の存在は非常に大きいものと言える。

広がる紙の可能性

　2011年2月の地震によって半壊してしまったニュージーランドのクライストチャーチにある大聖堂。その仮設大聖堂は、日本人建築家である坂 茂 によって手掛けられた。紙製のパイプを用いた建築で知られる坂

〔1〕紙管による間仕切り（ボランタリー・アーキテクツ・ネットワーク提供）

は、被災地の避難所等で容易に組み立てられる紙管を用いた間仕切りを提唱し、各地の被災地で使用されている〔1〕。

　また、環境保全としての紙の可能性にも注目が集まっている。マイクロプラスチックによる海洋汚染が問題視され、脱プラスチックの流れが世界中で起きている。そこで再利用できる紙製品への転換が各国で取り組まれている。

　日本では、早くも江戸時代には古紙回収の業者があり、紙のリサイクルは古くから行われていた。高度経済成長期にはリサイクル技術も高まり、日本独自の文化ともなっている。

紙の種類

　以下の紙素材は図工・美術の授業でよく使われるものである。

> お花紙、和紙、新聞紙、千代紙、色紙、上質紙、水彩紙、画用紙、木炭紙、ケント紙、クラフト紙、ボール紙、ロール紙、紙管、ダンボール、イラストボード、トレーシングペーパー

　紙と言ってもこのように様々な種類がある。題材の設定において種類と造形技法をよく考慮して選択する必要がある。業者から購入する以外にも、家庭や地域の協力を得て集めることもできる。包装紙や牛乳パック、梱包材やダンボールなどを地域の商店からもらうこともできるだろう。日頃から集めておき、美術室内に「素材バンク」として

種類ごとにストックしておきたい。

紙の大きさの規格と斤量 (厚さ)

　私たちが普段よく使う紙の大きさの単位に、A4やB5というものがある。A判、B判は規格の違いである。A判はISO (国際標準化機構) による規格で、A0を基準として新聞紙を開いた状態がA1、それを半分に折りたたむとA2となる。B判は日本の美濃紙をもとにB0を基準としたJIS (日本産業規格) で、原稿用紙はB4、漫画の単行本はB6である。画用紙の大きさでよく使われるのが四つ切り、八つ切りであるが、これは四六判、菊判など印刷関連業者で多く使われる表記である。

　斤量は用紙の厚さを示す単位であり、原紙1000枚の重さ (kg) で表している。数値が低いほど薄く、高いほど厚くなる。例えば、一般的なコピー用紙は70kg、ファッション誌等の表紙は135kg程度、名刺などは180kg程度ある。

　紙は非常に扱いやすく、入手もしやすい。しかし、授業のねらいや子供の発達段階に合わせて、紙の種類や規格、厚さを考慮する必要がある。特に小学校段階では力の差もあるため、紙の厚さには配慮しなければならない。描く活動においても紙の大きさは非常に重要な問題であり、常に子供の実態を把握して選択する必要がある。

紙素材の造形活動で使う道具と注意点

　幼児期からハサミを使うが、小学生の低学年からカッターの使い方を習うことになる。はじめにカッターについてここで触れておく。カッターの刃の種類には、厚いものと薄いものがあり、使い分けることで作業効率がよくなる。封筒などの薄手の紙の切断には薄い刃 (小型のカッター) を、ダンボールや薄手のベニヤ板などのカットには厚い刃 (大型のカッター) を使うとよい。

　使用する際の注意点として、必ずカッターマットを敷くこと。小型

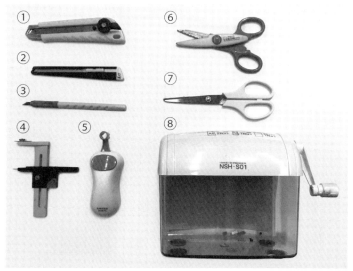

〔2〕①大型カッター（厚い刃）　②小型カッター（薄い刃）　③デザインカッター（細かい作業に向いている）　④サークルカッター（容易に円を切り抜くことができる）　⑤マウス型カッター（上のボタンを押すと力を入れた方向に刃が回転し、自在に切り抜きができる）　⑥波型ハサミ　⑦ハサミ（左利き用のハサミもあるとよい）　⑧手動型シュレッダー（均一な太さで大量に切ることができる）

のカッターは鉛筆を持つ形をとり、力を入れるときや大型のカッターを使うときは、カッターの背の部分に人差し指をあてがって力を入れて切る。刃をあまり長く出し過ぎないようにして切ることと、寝かせて切ることを意識させるとよい。また、押さえる方の手をカッターの進行方向に置かないように注意することも重要である。切れ味が落ちてきた際は、こまめに刃を折るようにする。切れ味を保ち、切り口をきれいに仕上げるだけでなく、怪我の防止にもなる。切れ味の悪い刃を使うと、余計な力が入り怪我をする原因となるからだ。

　図画工作や美術の授業で主に使う道具類は〔2〕を参考にしてほしい（刃物類の管理についてはp.135参照）。

　接着剤に関しては、のり、木工用ボンド、セロテープ、ガムテープなどがある。

●事例　1枚の紙から100のテクスチャー！ 紙の可能性の追究

　切る、折る、丸める、裂く、編むなどの多様な技法を学ぶ実践。紙1枚に様々な行為を施すことによって、何かを描くための紙が多様なモノへと変化する。この過程を通してひとつのモノから新たなモノを生み出す面白さを味わい、試行錯誤することの重要性と楽しさを味わうことをねらいとしている。

・材料
　コピー用紙（A4サイズ）、新聞紙、ハサミ、カッター、のり、木工用ボンドなど、彩色用の絵具やパステル、色鉛筆

・制作過程
①紙1枚で何ができるかやってみる

　「この紙1枚で何ができる？」と問いかけて、コピー用紙を1人1枚渡す。紙飛行機や折鶴などをつくる生徒が多くいるが、本当にそれだけなのか考えさせる。次に、作ったものを見て、どんな行為をしたのかを問う。そこから他にどのような行為ができそうかを生徒に挙げさせ、その意見を板書する。

②行為をもとにもう一度、紙で試す

　コピー用紙を再び配布し、切る、結ぶ、引っ張る、引っ掻く、折るなど様々な行為によって紙の変化を楽しむ。ここではとにかく手を動かして試させる。そうすることで発想は広がり、トライ＆エラーを繰り返すようになる。

③1人でふたつのテクスチャーをつくる

　「みんなで紙1枚から100種類のテクスチャーをつくる」という課題を出す。試してきたことをさらに深化させて制作するが、他の人と同じようなテクスチャーは認めないことを伝える。そうすると近くの人がどのようなものを作っているか観察し出し、コミュニケーションが生まれる。全体で声をかけながら新たな方法を試したり、バリエーションを変えたりして制作するようになる。10cm四方のボール紙に

〔3〕

貼り付けて提出するように伝える。絵具やパステルなどを使ってもよいことを伝える。

④集めて並べて鑑賞する

　出来上がったテクスチャーを並べて鑑賞する。はじめはツルツルの紙が、多様な種類のものに変化している様に驚く。1点ずつどのように制作したかを聞いていく。細かくちぎった紙をビニール袋に入れ、その中にパステルの粉を入れて振ると、ちぎられた紙の部分に濃く色が付着し、面白い表現になることを発見したり、シワシワにした紙に黒のポスターカラーを塗ってニスでコーティングすると革のような表情になったりと、多くの発見をすることになる〔3〕。

　造形遊びに似た活動をすることで、ひとつの材料が多様な表現ができる材料になるという見方・考え方に変容する。この活動のあとは様々な題材へと発展できる。

●事例　紙の加工法に関連した題材

「自己の思いや願望を靴に表す題材」

　機能性を追求する靴のデザインではなく、あくまで自己表現として制作するものである。進級前の自分の足元を見つめさせることは、自己を見つめることになる。それらを主題として創造的に表す授業だ。

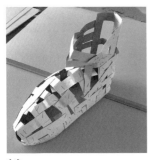

〔4〕

〔5〕

紙素材のみに限定すると多様な表現が生まれる〔4〕。

　小学校高学年、中学校低学年では、同様に帽子の題材、仮面の題材、紙のドレスの題材がよく行われる。「なりたい自分」から主題を生み出し、紙の可塑性を生かして様々な形態で表すことができる。色紙やボール紙、画用紙やクラフト紙等を使用し、折る、切る、重ねる、捻る、編むなど多様な行為で変わる印象を捉えながら自己のイメージに合わせて制作することになる。

「灯り」

　ほかに紙を扱った題材に「灯り」がある。和紙の特性を生かすとともに、生活と豊かに関わる美術の働きをここで学ぶことができる。自然素材と合わせて扱ったり、光の特性についても学んだりしながら、紙の可塑性を生かして取り組ませるとよい。児童生徒に人気のある題材である〔5〕。

　紙の素材は、多様な題材へと発展できるだけでない。子供たちは与えられた材料をそのまま使うのではなく、自分の表したいことに合わせて自在に変化させながら試行錯誤するようになる。教師はこうした経験を意図的な仕掛けとして年間の題材配列に組み込み、子供たちの表現の可能性を広げていくことが、今後求められる教師の資質・能力である。

●事例　ふるさとをパッケージング！ 地域のよさを発信しよう

　地域のよさや、特産品をお土産のパッケージとして表すことにより、

伝達に関する発想や構想の能力を高めるとともに、地域の課題を美術で解決する姿勢を養う。美術が生活や社会と豊かに関わっていることを知り、今後の生活に生かしていけるようにすることをねらいとしている。

・材料・用具
コピー用紙、画用紙、ボール紙、トレーシングペーパー、クラフト紙、各種接着剤、色鉛筆、絵具など

・制作過程
①地域のお土産を調べる

　生徒が暮らす地域のお土産には、どんなものがあるのかを調べる。社会科や総合的な学習とつなげて考えるとよりよい。例えば「もっとこんな商品があればいい」とか、「今ある商品デザインを若者向けにすればよい」など。このような言葉が出てきたらデザインの授業の始まり。いかに問題意識を持たせるかが重要である〔6〕。

②授業の目的を理解する

　生徒一人一人が会社の代表となる設定で、これまでの授業の復習も兼ね、会社名やロゴマークを考案する。その会社が売り出す商品には、どんな目的があるのか、誰に売りたいのかなど、この授業の意味を全体で共有し、考えるべきポイントを明確にしてから、各自で発想に入るようにする。

③身近な商品からデザインの意図を探る

　普段よく購入するお菓子などの空容器や箱などを持ち寄り、みんなで分析する。文字や写真、イラスト、箱の形状など造形的な視点をもとに鑑賞することによって、様々な企業側の意図が見えてくる。

④商品のパッケージを発想する

　商品を開発することは時間の関係上、またこの授業のねらいから少しずれるので、ここではあくまでも「パッケージ」に限定して考えてさせる。地域のよさを発信する目的、購入する世代や性別等もパッ

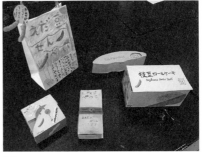

〔6〕　　　　　　　　　　　　　　　〔7〕

ケージの図案や形状に影響してくる。

⑤制作する

　この授業の一番の難所はパッケージを組み立てること。形状は重要
な要素だが、展開図が必要になることもある。各種形状の展開図サン
プルを用意することを勧める。生徒の実態に応じて、形状は2種類で
ビジュアルデザインのみに限定する方法もある。要は、伝達するデザ
インをどのように表現するかについて思考し、判断し、表現してほし
いのである。

⑥鑑賞する

　批評的に鑑賞する〔7〕。市販品とも比較しながら、デザインの奥深
さや面白さについて理解し、色や形やイメージが身近な生活にも関係
していることに気付く時間にする。

●事例　ズートピア：私の性格ってこんな動物！？

　自分の性格や行動を見つめ、動物に例えて彫刻に表す。自分らしく
表すために、ポーズや表情などを考えるとともに、量感も意識して制
作することをねらいとしている。

・材料・用具
新聞紙（持ち寄り）、針金、和紙（障子紙）、木工用ボンド、セロテープ、
水彩絵具、テグス、ペンチ

・制作過程

①動物に対する印象を知る

　動物のアニメや映画などで、それぞれの動物が一般的にどのような印象を持たれているかを知ることから始める。自分の容姿を動物に表すのではなく、あくまでも性格や行動面で、自分はどんな動物っぽいのかを考える。

②動物の骨格を知る

　自分が決めた動物の骨格をインターネットで調べる。スケッチブックに簡単にスケッチしておくとよい。その動物特有の形があり、どのように動くか、どのようなポーズをとるのかなどを知ることで、イメージしやすくなる。

③針金を使って骨格をつくる

　動物の骨格を針金で作っていく。スケッチをもとにして全体の大きさを考えながらつくる〔8〕。

④新聞紙で筋肉、和紙で皮膚をつける

　針金の骨格に新聞紙を巻きつけ、セロテープで止める。この工程を繰り返し、全体的な形を意識して肉づけしていく。この際に、ポーズを決めておく必要がある。紙の造形の面白い部分であり、頭の中のイメージを立体的に表現する醍醐味がここにある。

　和紙を破きながら木工用ボンドと水で合わせた接着剤を筆で塗り、貼りつけていく。ここで張り子の技法について、伝統工芸や民芸等の資料や映像などを観せてもよい。

⑤絵具で彩色する

　水彩絵具を使い、彩色する〔9〕。動物本来の色から離れてもよいこととし、自分らしさを出すために、筆遣いや重色など工夫するように伝える。毛の表現はシュレッダーのクズを使ったり、液体粘土などを使ったりして表面処理に工夫をさせる。

〔8〕 〔9〕

⑥鑑賞する

　作品カードには自分をどんなイメージで捉えているか、なぜこの動物なのかを明記させる。工夫点としてポーズや彩色の方法など、その根拠を書かせるとよい。ぜひ、校内のいたるところに動物たちを点在させ、学校全体を楽しい動物園のようにしてほしい。作品を見た他学年の生徒や教師とのコミュニケーションが生まれるはずだ。

●事例　デザイン領域の題材

「メッセージカードの題材」

　紙の切り起こし等を習得させ、渡す相手を意識した構造や装飾を考える学習である。開いた時の驚きや意外性など切り起こしの面白さを感じさせながら試行錯誤させるとよい。

「条件をもとに橋をつくる題材」

　地域にある橋を新たにデザインする設定で、チームで制作をする。重さ1kgに耐えられる構造とし、長さは30cm、材料はボール紙2枚とタコ糸、画用紙3枚という条件を出して取り組ませる。紙を折る、重ねるなどして構造の強度を高める課題に主体的に取り組む姿が期待できる。

「廃材等を使った題材」

　トイレットペーパーの芯を使って、芯の中に小さな物語をつくる題

〔10〕　　　　　　　　　　　　　〔11〕

材。シルエットで物語の一場面を制作する。

　黒いケント紙を切り抜いて物語の登場人物や景色をつくり、トイレットペーパーの芯の中に立たせる。1人1点制作し、作品を積み上げて展示する〔10〕。

「ダンボールを使った協同制作」

　グループでテーマを決め、ダンボールを様々な形に切ってつなげたり、縫い合わせたりしながら抽象的な造形物を制作する。〔11〕は「学校生活」をテーマにして制作したものである。4〜5人程度のグループで、みんなで話し合いながら構成を考えて制作した。横幅約100cm。

　可塑性と安価であること、試行錯誤がしやすいことで、授業では身近に使われる「紙」。子供の発達段階を考慮し、教師のねらいに応じて授業を展開していくことになる。例えば、同じ時期に学年を超えて同一の素材などで題材を設定することにより、紙素材の可能性の幅が広がり、より素材に対する理解が深まる可能性がある。

表現領域の特徴

　テキスタイルの語源は、ラテン語のテクスティリス（textilis 織る）であると言われ、一般的には「織られた布地」を指す言葉だ。ただし、アートやデザインの文脈では、もう少し広い意味で用いられている。

　まずはデザインの文脈で考えてみたい。布は、古くから私たちの身体を覆い、また、実用的にも装飾的にも生活空間を構成する重要な役割を担ってきた。世界各地には、それぞれ特徴的な織りや染めの歴史的文化が残っている。例えば日本では正倉院に天平時代の布が現存するが、それらには精緻な織り文様や、優美な染め文様が施され、当時の高度な美意識と卓越した技術を今に伝えている。近代以降は織機の機械化などで量産が可能となり、複雑化した社会と人々の多様な生活スタイルに合わせて、様々な布が量産されるようになった。そして現代は、手織りの希少な布から、新しい化学繊維素材の布まで、それぞれの目的に沿ってデザインされた多種多様な布が、私たちの暮らしを支えている。壁紙やカーテン・家具などのインテリア・ファブリックは、空間のイメージ演出には欠かせないものと言えるし、衣服のデザインは、図柄・模様だけの問題ではなく、構造そのものが身体の在り方や動き、文化までをも創造する力をもっている。さらには、科学や医療の場でも、最先端の素材や技法によるテキスタイルが使われている。テキスタイルのデザインは、色や形だけではなく、素材や空間など、多様な「世界」を対象としていると言ってよいだろう。

　一方アートの文脈でテキスタイルをみると、どのようなことが言えるのだろうか。美術と工芸、アートとデザインが近代のようなかたちで分化されていない時代には、染めや織りで精緻な絵画的表現を実現した華麗で豪華な作品の芸術性が高く評価されていた〔1〕。

また近代にあっても、画家が下絵を描き、職人が工房で織りあげるのが、タピスリーの一般的な制作方法であり、多くは平面的な作品であった（ただし、ミロなどは後年、抽象的で立体的な作品も制作した〔2〕）。

　そこから一転し、素材が空間に広がるようなレリーフ的展開を加速させる大きなきっかけとなったのは、1962年にスイス、ローザンヌで開催された「第1回国際タピスリー・ビエンナーレ」である。マグダレーナ・アバカノヴィッチらの立体的な作品により、開催当初にあった「織機による織物」という規定もやがてなくなり、タピスリーの造形作品化が加速した。

　やがて「繊維素材による造形美術」を意味するファイバー・ワーク（ファイバー・アート）という概念が世界的な広がりをみせ、各地の国際展などでは、繊細な感性

〔1〕《貴婦人と一角獣「我が唯一の望み」》(部分) 1500 年頃（フランス）

〔2〕 ジョアン・ミロ 《Sobreteixism No.3》 1972 年

〔3〕 田中秀穂《Scorched Earth》 1984 年

の日本人作家も高い評価を得ていった。彼らが制作した作品群は、単なる立体的な織物でなく、糸や布を空間に大胆に展開させるなど、素材のあらゆる可能性を追求したものであった。一般的な彫刻素材とは異なる、柔らかで独自の量感をもつ繊維素材の質的特徴は、それまでにない空間の表現を可能にしたのである。その中には、空間だけでは

なく、消失する時間をも取り込んだ造形の展開もあった〔3〕。

　その後現在まで、造形素材としての繊維素材は、数多くの作家たち
の手によって、そのポテンシャルをおおいに引き出され、空間（時に
は屋外をも）を多様に変容させたり、身体や生命の新しいかたちを現
前させてきた。現在、テキスタイル・アートは、現代美術の重要な位
置にあると言ってよい。ただし、それらの展開は、単に実用性を排除
することで、美術作品を志向したものではない。テキスタイル・アー
トの展開は、布という人間にとって欠かせない存在との長い関係の
DNAを維持し、そこにある文化的記憶等を意識しつつも、アートと
いう表現の世界へ布を展開させたものと言えるだろう。

　このようにみると、現代のテキスタイルの表現領域としての特徴は、
アートとデザイン、身体と空間、さらには伝統と現代を結ぶ広がりに
あると言えよう。もちろん、実用性や機能性を起点とした目的造形と
してのテキスタイル、伝統的工芸としての織りや染めもまた、テキス
タイルの重要な要素である。また、生活の様々な道具への関心をもつ
きっかけとしても、テキスタイルの視点は有効だ。織られたり、編ま
れたりした道具の機能性や美しさは、人間の生活文化の豊かさを教え
てくれる。例えば、漁に使う投網は、道具の機能的な美しさと同時に、
造形的な美しさも感じさせるものである〔4〕[*1]。

　以上のことから考えると、この領域の題材の学習課題は、多様な方
向に想定することが可能であることがわかる。伝統的な織りや染めの
技術を知ることや、連続する文様の構造や意味を知ることは、それら
のよさや美しさ、文化的な価値な
どに気付くことにつながる。また
デザインによる現代的課題への取
り組みや、素材を生かしたインス
タレーション作品への展開なども
考えられる。中学校学習指導要領

〔4〕「投網」柏崎さけのふるさと公園（展示館）

にしたがって考えると、A表現（1）、（2）のアの内容としても、イの内容としても取り上げることができるのである。

表現領域の可能性

　テキスタイルの表現領域としての特徴は先に示したが、これからの美術教育を構想するとき、小学校図画工作科における「造形遊び」と中学校美術科との連続は、1つの重要な観点となるだろう。

　小学校図画工作科の造形遊びは、当初は低学年の内容として導入され、現在は全学年に位置付けられている。学習指導要領図画工作科「第2　各学年の目標及び内容〔第5学年及び第6学年〕」では以下のように指導事項が示されている。

（1）表現の活動を通して，発想や構想に関する次の事項を身に付けることができるよう指導する。
　　ア　造形遊びをする活動を通して，材料や場所，空間などの特徴を基に造形的な活動を思い付くことや，構成したり周囲の様子を考え合わせたりしながら，どのように活動するかについて考えること。
（2）表現の活動を通して，技能に関する次の事項を身に付けることができるよう指導する。
　　ア　造形遊びをする活動を通して，活動に応じて材料や用具を活用するとともに，前学年までの材料や用具についての経験や技能を総合的に生かしたり，方法などを組み合わせたりするなどして，活動を工夫してつくること。

　図画工作科の教科書などでも、紙や紐等を使ったスケールの大きな活動が紹介され、実践研究も進められてきた。かつての主題重視から、材料や場所との関わりへと、発想の基が転換されたのが造形遊びであり、それは、子どもの造形思考や学びに対するパラダイムチェンジでもあった。教師の技術的内容の教え込みから、児童の柔軟な発想の実現への転換や、限定的な技法習得ではなく、身体経験としての技能獲得など、造形遊びによって示された学びの意義は大きい。

　中学校学習指導要領では、この造形遊びを引き継いで発展させるような領域は想定されていない。むろん、造形遊びは、表現の「様式」や「分野」ではないので、領域として直接連続するものが必ずしも必

要という訳ではない。造形遊びによって
培われた能力が、中学校でも十分に発揮
されることが大事なのである〔5〕。例え
ば限られた材料で場所へ関わっていく活
動の経験や、逆に多種多様な材料でつく
りたいものや状況をつくっていく経験は、
イメージと材料との柔軟な関係をつくり
出す力となる。中学校美術科においては、
材料の新たなイメージをみつけ出して表
現していく活動や、スケールの大きなイ
ンスタレーション的な表現展開などにお
いて、そのような能力が存分に発揮され
るだろう。

　造形遊びとテキスタイルを直接つなげ
るのは強引かもしれない。しかし、紐を
部屋中に張りめぐらせ、そこに全身で関
わる造形遊びの活動と、テキスタイル・
アートの距離は思いのほか近い。ただし、
それは、単に素材の共通性や見た目の類
似ではなく、〈造形の思考の問題〉と言え
る〔6・7〕。材料や行為と離れた「主題」
や「テーマ」が先行するのではなく、「材
料・素材と行為」との不可分な関係、〈身
体の具体的な関わりから造形が展開す
る〉という考え方である。

　様々な素材を実験的に使うことで、新
たな題材開発に取り組みたい。

〔5〕 造形遊び「編む」経験を生かした
中学生の作品

〔6〕「ひもひもジャングル」
東京都新宿区立落合第六小学
校、横内克之教諭の実践

〔7〕 同上

テキスタイルの技法

テキスタイルの技法は実に多様であって、厳密なカテゴリーの分類と網羅は難しい。ここでは「染め（後染め＝布を染める）」と「織り（糸などを織る）」「その他の技法」に分けて概説する*2。以下に記すのは、あくまでも基本的知識としての技法の概略である。題材開発・実践に向けては、巻末に示す資料その他を参照し、自分で試すなどして素材の特性、技法の原理・特徴を理解しておく必要がある。

染め

ごく簡単に言うと、染料は色の水であり、布は水を吸うものである。したがって布も染料もそのままの状態では、何らかの形・模様を染めることは難しい。そこで、様々な模様染めの技法が発達したのである。

布に模様を染めるためには、大きく2つの考え方がある。1つは、染料自体に糊分を加えるなどして「滲まない」ようにする方法で、様々なプリントや、シルクスクリーン捺染などがこれにあたる。もう1つは何らかの方法で布に「染まらない部分をつくる」方法で、これを防染と言う。防染には、糸で絞る、板で挟むなど、物理的な圧力を加える方法と、蝋や米糊などの「防染剤」をあらかじめ布に付着させる方法がある。さらに、同じ防染剤を用いても、それをどのように布に置くかで、「筒描き」や「型染め」など異なる技法名となる。

このように、布を染める技法は実に多種多様だが、ここでは中学校などで、教材として比較的実践しやすいシルクスクリーン捺染とロウケツ染め、そして自然のよさを生かした植物染料による染めを取り上げる。

①シルクスクリーン捺染

シルクスクリーン捺染は、目の細かい紗を張った枠を使い、染料を布に捺染していく技法で、版のリピート（繰り返し）によって、大きな布にパターンを連続させていくことができる。染料は、糊（CMC）と

染料を混ぜた色糊のほか、プリント専用のインク等も用いられる。

・製版：枠に張った紗に感光乳剤を塗り、版下と重ねて感光製版する。感光製版設備がない場合は、グランド原紙のカッティングによる製版方法もある。

・色糊：CMCと染料を混ぜたものが色糊。染料の段階で混色する場合と、原色の色糊を混ぜて混色する場合がある。本制作の前に十分に色を試しておく。

・捺染：布の上に版をのせ、スクリーンの端に色糊をのせて、スキージで刷っていく。ムラにならないよう、のせる色糊の量を適量にし、重ね刷りする際は順番を考えて刷る。

・仕上げ：直接染料の色糊の場合は、蒸して染料を定着させ、水洗して仕上げる。仕上げの工程は染料によって異なる。

②ロウケツ染め

ロウケツ染めに用いるロウは、パラフィンなどの油性ワックスのほか、湯で脱ロウできるワックスも開発され普及している

・ロウ置き：電熱器やサーモスタット付きのフライヤーなどで、ロウを150℃前後（場合によって異なる）に熱して溶かし、筆描きやスタンプなどで布に置いていく。

・染め：布は、ロウ置きのときから、伸子や木枠で平らに張っておき、その状態のまま、刷毛で染料を引き染めする。場合によって、さらに、ロウ置き→染めを繰り返す。

・脱ロウ・仕上げ：染料を定着させた後、熱して脱ロウする。ただしこの工程の順番・方法は、ロウや染料の種類で異なる。

③植物染料による染め

「草木染め」などとも言われる植物染料による染めは、化学染料のような鮮やかさは得られにくいが、天然の素材ならではの自然な色合いを楽しむことができる。乾燥保存した高価な植物染料を用いる方法もあるが、ここでは学校で実践しやすい、生の葉を用いた方法を簡単

に紹介する。使用する植物は、特別なものである必要はない。校庭などの樹木や道端の草

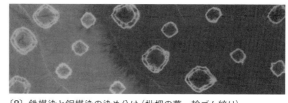

〔8〕鉄媒染と銅媒染の染め分け（枇杷の葉、輪ゴム絞り）

などでも十分に濃い色が得られ、染まったときの驚きや感動も大きい。得られる色は、季節や状態によって一定ではないが、一般的には肉厚の葉が色素やタンニンを多く含み、濃い色に染まりやすい。生徒にとって、自分で染料からつくって染める体験は、大変貴重なものとなる〔8〕。

・布の下処理：木綿の場合、呉汁（大豆をふやかして擂り潰し、漉した液）に浸すなどして蛋白質の付着処理をする。この工程を外すとよく染着しないので注意する（木綿の成分がほぼセルロースで、植物の色素と固着しにくいため）。ただし絹やウールの場合は必要としない。絹やウールの主成分は蛋白質で、色素と固着しやすいためである。

・植物採集：被染物（染めたい布）の100〜400％の重量の葉を採集し、軽く水洗する。

・染料づくり：細かくちぎった葉（ミキサーなどを使うとより細かくちぎることができる）を鍋で煮て（沸騰後20分以上）、布で漉し、染液とする。同じ工程を2度繰り返し、一番液と二番液を合わせて染液とすることもある。

・染色：室温に戻した染液に布を浸し、徐々に温度を上げて染める（沸騰後20分以上）。その後、室温まで冷ます。

・媒染：金属イオンが溶け出した媒染液に染めた布を浸す。鉄媒染は黒褐色系に、銅媒染は黄褐色系に発色することが多い。なお、媒染液は金属イオンを含むので扱いに注意する。市販の「浸染用媒染原液」を用いるのが安心だが、焼ミョウバンなどでも媒染できる。

・水洗・仕上げ：水洗して余分な染料と媒染液を流し、乾燥させる。

　このほかにも、絞り染めや、型染め、ステンシルなど、様々な技法がある。また化学染料、植物染料のほか、藍など天然染料での染めも楽しいものである。ただし、決まった技法だけをハウツー的に取り上げては、生徒の発想や創造性が伸長されない。生徒自身が様々な技法を試すことが大切だ。その一方で、染着（せんちゃく）の失敗がおきないよう、教師は染料や技法の特性をよく理解しておかなくてはならない。

織り

　経糸（たていと）と緯糸（よこいと）を交差させ、組織をつくることが織りである。植物の繊維や動物の毛など、それだけでは細く弱い繊維が撚り合わされて糸になり、さらにその糸を一定の法則で織りあげると一枚の布になる。布は、柔らかく身体を包むだけではなく、時に人の命を守るほどの強靭なものでもあり、また様々な生活用具や装飾品にもなる。

　最も単純な組織は、経糸と緯糸が交互に浮き沈みする「平織り」〔9〕*3で、そのほかにも無数の複雑な組織織りがある。

　織機は、簡単な卓上織機から、大きな機械織機までいくつもの種類があるが、基本的な動作原理は同じで、強く張った経糸を、規則的に上下させ、その間に緯糸を繰り返し通すものである。工程は場合によって異なるが、おおよそ次のようなものである。

・糸の準備：使用する糸を、糸玉にしたり、糸枠や大管（おおくだ）に巻く。
・仮筬（おさ）・巻き取り…織機に巻き取るときに、織幅が合うように、筬に仮通しする。その後織機後方に巻き取る。糸は綜絖（そうこう）通しの前に筬から抜く。

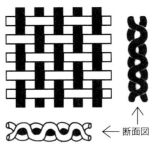

← 断面図

〔9〕経糸と緯糸による「平織り」

・綜絖通し：綜絖とは、緯糸を通すために経糸を規則的に上下に開く装置で、これによって様々な組織がつくられる。

・筬通し：筬に糸を通す。目を飛ばさないよう注意する。

・織：手前の棒（フロントビーム）に緯糸を結び、張りを調整して織る準備が整う。杼（ひ）に緯糸をセットし、綜絖を開く→杼を通す→筬で手前に打ち込む、を繰り返し織り進める。

　ただし、実際には細かい工程とポイントがいくつもあり、上に記したのはごく簡単な概略でしかない。織機を使うには、専門的な知識・経験が必要なので、教材として採用するときは、指導者は十分な経験を積んで、題材研究をしておく必要がある。

その他の技法

①オフルーム（Off-Loom：織機なしの織り）

　幅広や長尺の布、あるいは複雑な組織の布を織るには、本格的な織機を用いる必要があるが、比較的小さなサイズのものであれば、木枠を使った簡単な道具で織ることができる。縞模様などの模様織りのほか、ノッティング（経糸に糸を結び、毛足のある織りものにすること）の技法を使って、立体的なタピスリーをつくることもできる。

・木枠づくり：角材などで必要な大きさの木枠をつくる。キャンバスの木枠でもよい。上下の枠に5mm間隔で釘を並べて打っておく。
　経糸を掛ける：織幅に合わせて経糸を上下の釘に掛けていく。張りを均等に。

・糸綜絖：経糸が交互にもち上がるよう、経糸一本おきに薄板を通す。この板を立てて糸を通す。この糸をもち上げることで経糸が開口する。

・織：毛糸の色糸など、緯糸を通して織っていく。ノッティングなど様々な技法を使って立体的なテクスチャーをつくることもできる。織機から離れて、比較的自由に織りを楽しむことができるのがこの

技法の特徴なので、柔軟に考えて楽しみたい。机上での作業が可能で、材料も色々と試せるので、実験的な織りに挑戦できる。生徒の創造性を生かした授業題材に向く技法と言える。

②テキスタイル・アート／ファイバー・アート

　ここまで、染めと織りの最も基本的な技法をみてきたが、美術表現としての題材開発を考えるときは、より柔軟に、素材と方法の組み合わせから発想してみよう。

　本章第1節 (p.175) には、材料研究の視点例が示されている（物質・形状・特徴・操作・質感）。これを参考に、物質・形状と操作を組み合わせて、造形の類型を考えることも有効だ。

　例えば「繊維」を「絡める」ことで何ができるか…柔らかい繊維を絡めればフェルトができるし、麻などの繊維と再生紙などを絡めて漉けば、オリジナルの紙ができる。細い針金などを「絡める」ことでも造形ができる。また、「編む」や「結ぶ」でも、どんな素材を、どのように「編む」「結ぶ」のかで、いくらでも造形の可能性は広がる。

　下図のように、素材・材料と造形操作のまとまりから、それぞれの関係や組み合わせを考え、様々な技法の原理・構造を理解し、自分なりの技法を考えてみよう。

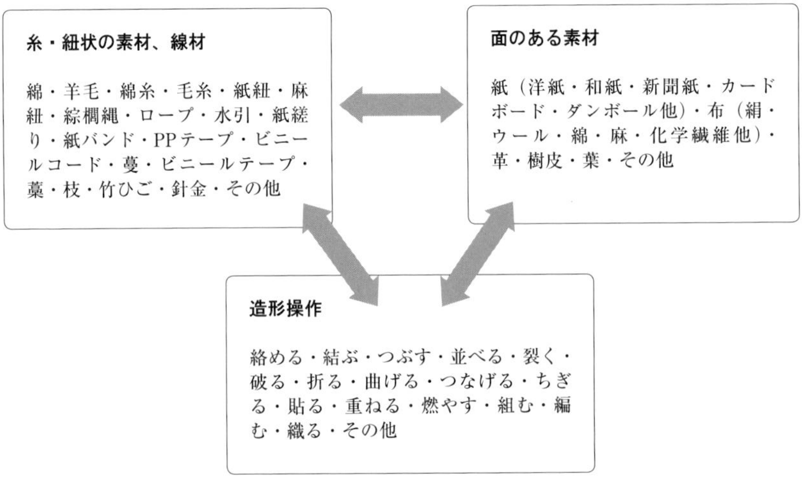

糸・紐状の素材、線材

綿・羊毛・綿糸・毛糸・紙紐・麻紐・綜櫚縄・ロープ・水引・紙縒り・紙バンド・PPテープ・ビニールコード・蔓・ビニールテープ・藁・枝・竹ひご・針金・その他

面のある素材

紙（洋紙・和紙・新聞紙・カードボード・ダンボール他）・布（絹・ウール・綿・麻・化学繊維他）・革・樹皮・葉・その他

造形操作

絡める・結ぶ・つぶす・並べる・裂く・破る・折る・曲げる・つなげる・ちぎる・貼る・重ねる・燃やす・組む・編む・織る・その他

このような題材研究の姿勢が、生徒の創造性を伸長する、新しい題材開発につながっていくと思われる。

●事例　シルクスクリーンで捺染「つながる模様」

①題材の概要

　心象や身近なもの等をモチーフに四方連続の模様を考え、デザインする。シルクスクリーン製版し、同一色や異なる色などで連続模様を捺染する。また日常生活への活用などへと視野を広げる〔10・11〕。

②題材の目標

　模様のリピートに関心をもち、シルクスクリーン捺染の特性を生かして、創造的に表現するとともに、他者の作品の意図や工夫を感じ取り味わう。

③学習の流れ

　連続模様の理解→モチーフのスケッチ→版のデザイン→製版→試刷り→捺染→相互鑑賞（→生活の中の連続模様などの鑑賞）。

④材料・用具

　布、シルクスクリーン木枠、スキージ、染料と糊（CMC）、またはシルクスクリーン用インクなど、その他。

⑤発展

　ファッションやインテリアへの活用、伝統文様の鑑賞など。

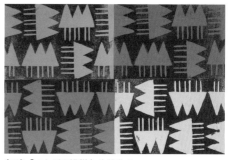

〔10〕「つながる模様」生徒作品
　　　（大阪教育大学附属天王寺中学校）

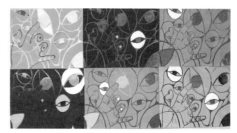

〔11〕同上

●事例　木枠で織ろう「タピスリー・ミニアチュールの制作」

①題材の概要

　簡単な木枠機で織りの基本的な構造を学びながら、綴れの模様織りや、ノッティングによるタピスリーなどを制作する〔12・13〕。

②題材の目標

　経糸と緯糸でつくられる織りの成り立ちに関心をもち、道具や材料の特徴を生かして、創造的に表現するとともに、他者の作品の意図や工夫を感じ取り味わう。

③学習の流れ

　織りの原理と木枠機の理解→技法体験・材料選び→制作→相互鑑賞。

④材料・用具

　木枠機と付属用具（薄板、綜絖用糸、竹串、打ち込み用櫛ほか）、綿糸（経糸用）、緯糸（毛糸、染色済毛糸、麻糸、綿糸、リボン、紙テープほか必要に応じて）、はさみ、補修針（仕上げ用）など。

　※糸染めを行うときは、染料など染色用具一式ほか。

⑤発展

　大型の木枠を使った作品制作、織りの構造理解に基づくインスタレーション、腰機（こしばた）など他の織物技法への展開など。

〔12〕藍染め糸によるコースターの制作

〔13〕作品部分

●事例　オリジナルの素材と技法で「アート・バスケット」

①題材の概要

　様々な材料を用いて、編む、つなぐなどして造形的な「かご」を制作する〔14・15〕。実用性を重視する、造形性を重視する、材料に社会的メッセージを込めるなど、多様な主題のもち方がある。

②題材の目標

　線から面へ、紐状から立体へなど、材料の変化や構造などのかごの造形要素に関心をもち、自ら選んだ材料や技法の特徴を生かして、創造的に表現するとともに、他者の作品の意図や工夫を感じ取り味わう。

③学習の流れ

　身近なかごの鑑賞・造形作品の鑑賞→基本技法体験→素材集め→技法実験→制作→相互鑑賞。

④材料・用具

　麻紐、棕櫚縄、竹、紙、針金、小枝、その他生徒が集めた身辺材料など、接着剤、糸、はさみ、工具類。

⑤発展

　大型の作品制作（〔16〕参照）、かごの構造理解に基づくインスタレーション、世界各地の民具の鑑賞など。

〔14〕新聞紙の紙縒りで網をつくる

〔15〕ゼムクリップをつなげて網をつくる

●事例　包まれる空間「私たちの場所」

①題材の概要

新聞紙、不要な布などの材料で、人間を包み込む空間をつくる。編む・織る・絡めるなど、各自技法を工夫して制作し、屋内外のふさわしい場所に設置する〔16〕。

②題材の目標

空間の成り立ちに関心をもち、素材の特性を生かして、自分なりの技法を編み出し、創造的に表現するとともに、他者の作品の意図や工夫を感じ取り味わう。

③学習の流れ

様々な空間・テントや動物の巣などの鑑賞→材料集め→イメージスケッチ→制作→設置→相互鑑賞。

④材料・用具

新聞紙、雑誌（写真の作品）などの紙、不要な布、木の枝、藁、その他繊維素材、ニス等の塗料、各種接着剤、工具等必要に応じて。

⑤発展

大きな作品の場合、数名での共同制作が考えられる。行事や学内展示、他教科（社会科など）との関連など。

〔16〕屋外に設置した作品例（古紙・ニスほか）

*註

1 ── IPA「教育用画像素材集サイト」http://www2.edu.ipa.go.jp より。

2 ── 田中秀穂監修『テキスタイル　表現と技法』武蔵野美術大学出版局（2007年）などの分類に従った。

3 ── 同上、p.50 より転載。

生活の中で使うものを自分たちの手で作る

　日本は地域によって様々な気候風土が見られ、その土地土地でよく育つ植物や採れる材料が異なる。地域で豊富に採れる個性的な材料と、それを生かす職人たちの確かな技術と知恵が今日の伝統工芸を支えている。本項では、生活の中で使うものを自分たちの手で作ったり、鑑賞したり、使ったりすることを通して、日本にすでにある工芸品や伝統工芸品への興味を広げ、理解を深めるきっかけにするとともに、美術科全体の目標である「生活や社会の中の美術や美術文化と豊かに関わる資質・能力」を伸ばしていけるよう、生徒に最適な題材や学習環境について考えていく。

　中学校美術科の学習の中での工芸の位置付けは、学習指導要領の領域「A 表現」項目「(1) 発想や構想に関する資質・能力」指導内容「イ 目的や機能などを考えた発想や構想」、指導事項「(ア) 構成や装飾を考えた発想や構想」「(ウ) 用途や機能などを考えた発想や構想」、項目「(2) 技能に関する資質・能力」指導内容「ア 発想や構想をしたことなどを基に表す技能」、指導事項「(ア) 創意工夫して表す技能」「(イ) 見通しを持って表す技能」などである。A 表現 (1) ア (ア) 感じ取ったことや考えたことなどを基にした発想や構想とは違い、自分の感じたことや考えたことではなく、制作活動の目的（なんのためのものか）や条件（場所、材料や用具、作品に兼ね備えるべき機能など）に基づいて制作活動が始まるところにデザイン・工芸分野の特徴があるといってもいいだろう。教員は、生徒が実感を伴いながら発想や構想ができるように、生徒の実態や興味・関心を考慮し、必然性のある目的や条件を設定できるように工夫する必要がある。

●事例　藁で作るリース

　生徒は初めて手にする素材や道具に、より興味関心を抱く傾向があ
る。このことから生徒にとってあまりなじみのない素材で、手にした
時の感触や香りなどに面白みのある自然素材で、学びのある題材が作
れないか…という観点から、藁で作るリースを考えた。

　まずはじめに素材体験を通して藁の特性を感じ取ったあと、飾る
時期、飾る場所、どんな印象にしたいかなどのアイデアを練り、藁
の編み方などを工夫しながら土台となる輪を作る。最後に羊毛、紙紐、
ビーズなどで飾り付けをする。なお、リースといえばクリスマスを思
い浮かべる人が多いと思うが、空間を飾る「輪飾り」と捉えると自由
度が上がり発想が広がる。

①素材と用具

・藁：稲や小麦などを刈りとった後に残った茎の部分を干したもので、
　編んで縄やわらじに、また雪囲いにするなど、昔から日本で生活に
　役立てられてきた素材である。保温性やクッション性に優れてい
　るという利点もある。今回は「編む」ため、サイズは1m程度の長
　さのあるものが使いやすい（短くても継ぎながら使用することは可
　能）。近くの農家などで調達できなければ、ネット販売を利用する。

・用具：バケツ、ビニール紐、グルーガン、ボンド、ハサミ、タオル。

・装飾材料：松ぼっくり、南天の実、くるみ、貝殻などの自然素材、羊
　毛、毛糸、紙紐、色紙など。

②素材体験

　土台となる輪の部分の作り方を教える前に、生徒が自由に藁を触っ
たり折り曲げたりする素材体験を行う〔1〕。素材を触るだけでは生徒
たちはすぐに飽きてしまうのでは？と思うかもしれないが、自然素材
の存在感は生徒たちにとって十分に魅力的なもので、いきなり素材
に触るだけでも、形、質感、量感、硬さ、香り、淡く美しい自然の色味
など多くを感じ取ることができる。この素材体験は、〔共通事項〕（1）

ア 形や色彩、材料などの性質、そ
れらが感情にもたらす効果、といっ
た部分の学習になるものである。藁
を水に浸けて繊維をよく揉むと柔
らかくなり、より加工しやすくなる、
といった加工方法を学習すれば学習
指導要領A 表現（2）ア（ア）材料

〔1〕断面の観察も含めて素材に触れる

や用具の生かし方などを身に付ける「技能」の学習となる。

　また、素材体験前の導入として藁でできた工芸品を前に、生徒に
「どのように感じる？」と問い、「和風っぽい」「日本のもの」などと
生徒が答えるとする。学級全体でどこからそう感じたかを掘り下げて
いく活動などを行えば、対象をイメージで捉える学習とすることが可
能であるため、〔共通事項〕（1）イ 造形的な特徴などを基に、全体の
イメージや作風などで捉えることを理解する学習を行うこともできる。

③リースの土台作り

　いよいよ土台となる輪の部分を藁で作っていく。藁は5分程度水に
浸してから折り曲げ、柔らかくしたひとつかみ分をぐるっと巻いて輪
にし、上部をビニール紐で仮に結んでとめる。輪の部分の作り方・編
み方は自由度が高いため、生徒に工夫させたい部分である。隙間を多
く取って藁一本一本の流れが見えるようにすれば細く繊細な印象にな
り、隙間なくきっちりと編み込めば太く力強い印象になる。ただ闇雲
になんとなくでも輪の形を作れてしまうので、ここでは事前に飾る場
所、出したい雰囲気などを元に自分の作りたいものを発想する時間を
十分取り、学習指導要領A 表現（1）イ（ア）構成や装飾の学習を押
さえたい。しかし、手を動かして制作をしながら新たな発想が生まれ
てくることもあるため、アイデアスケッチ等に固執しすぎずに臨機応
変に取り組ませることも重要である。

④飾り付け

　藁で作った土台にボンド、グルーガン等でパーツを付けていく。藁の淡い色合いを生かすためには、同程度の彩度の色彩のパーツを選んだり、同じ自然素材のものなどで飾り付けをするとなじみがよい。ここでは、藁の素材を生かすには、という視点を生徒に投げかけることで、素材の色彩・配色や質感に着目するよい機会になるし、よいバランスを探そう、という声かけでどの位置にどの大きさのパーツを持ってくるか等のバランスを見る目が養われる〔2〕。これは〔共通事項〕ア　形や色彩などの性質や感情にもたらす効果の理解についての指導上の配慮事項（ア）色彩の色味や明るさ、鮮やかさを捉えることや、(エ) 形や色彩などの組み合わせによる構成の美しさを捉えることなどに繋がる。

〔2〕リースの完成
　　（提供：小山美香子教諭）

〔3〕教室に小さなクリスマス・リース

⑤実際に使う

　授業で制作した作品は、ともすると「作っておしまい」になりがちであるが、工芸作品の場合は実際に使うところまでを授業計画に組み込んでおきたい〔3・4〕。特に今回のようなリースは、生徒にとって作ったあとの工芸品を実際に用いる場面を設定しやすく、自分たちの生活にどのように生かすか（使う、飾る）を実感しやすい。この実感こそが「学びに向かう力、人間性

〔4〕学校のお正月飾りのリース

等」の涵養に繋がる部分である。このことを教員の側から捉え直すと、「教科としての学びを実生活や実社会とつなげ、生かしていく中で、これまで気付かなかった美術の働きがどれほど豊かなものかということについて実感できるように」したり、「美術科の授業の内容を学校内で閉じることなく、生活や社会とつなげて関わりをもたせ、気付かせる工夫をしながら、主体的に生活や社会の中で美術を生かし、創造していく態度を養うこと」ができるようにする必要があるということである。授業時間内に飾ることが難しければ、家に持ち帰って実際に自分で使ってみて、まとめを作成したりすることもこれに当てはまるだろう。

　工芸の題材では、作っておしまいではなく、自分で使って楽しんだり、第三者に使ってもらうところまでを含めて計画したい。そこで考えたのが、スクールカフェ用菓子皿の題材である。勤務校では学校公開日にPTAが図書室をカフェとして公開しており、お茶などが振舞われている。生徒にもよく知られたこのPTAカフェには、学校公開にやってきた保護者の他にも、近隣住民や、入学を検討している近隣の小学生とその家族も大勢来場する。こうした人を対象に、ちょっとしたお菓子をのせてサーブするための菓子皿を作ったら、という発想である。

①素材と用具

・板材：厚さ15 〜 20mm、20cm四方ほどの大きさの天然木（くるみ、カツラ、朴など）。天然木の板材が手に入りにくい場合は、教材として売られている木彫用、深彫り用の厚さのある板材でも代用可能。

・切る：電動糸鋸。

・彫る：丸のみ、木槌、ハンマー、彫刻刀（大丸刀、平刀）、滑り止めの手袋など、版画作業台、万力、あて木。

・削る、磨く：ベルトサンダー、万能ヤスリ、木工ヤスリ、サンドペーパー（＃80 〜 320）。

・塗装：水性着色剤、ウレタン塗料、塗料薄め液、刷毛、ボロ布、耐水ペーパー。オリーブオイル、サラダ油など。

②使う人のことを考えてデザインする

　PTAカフェには保護者、近隣住民（年配者が多い）、小学生や幼稚園生など様々な年代の人が訪れる。生徒は、自分が作る菓子皿はどんな人向けかを想像してアイデアスケッチを行っていく。この部分は、学習指導要領A表現（1）イ（ウ）用途や機能などを考えた発想や構想の学習になっている。中学2 〜 3年生の工芸の題材では、不特定多数の人に対する心遣いや遊び心などを大切にして発想・構想するような機会を作ることが重要である。ここでは、菓子皿の機能性をふまえた上で、よさや美しさ、あるいは使って楽しめるようなユーモアのあるデザインを探していきたい。また、生徒の中には、細かい部分が多いデザインなど、木の皿として実現が難しいアイデアを考える者もいる。動物などの具体的なものをデザインに落とし込むにしても、既習事項の省略・単純化の効果などをここで再度引き合いに出して説明し、学びを一層確かなものにすることもできる。

③皿の制作手順について知る

　生徒が自分の作りたいものを迷いなく作れるように、プリント、掲示物、板書などを工夫し、いつでも必要な時に生徒が制作手順を確認できる学習環境を用意しておく。皿は一見すると平面的な印象を受けるが、実際にはありとあらゆる角度から木材を加工する立体物の制作である。一度彫り出すとやり直しがきかない制作でもあるため、その都度、丸のみや彫刻刀の使い方、効率的な制作の順序を実演しながら伝え、生徒が見通しを持って主体的に制作に取り組めるよう配慮したい。この部分は、学習指導要領A 表現（2）ア（イ）見通しを持って表す技能の学習になっている。見通しを持つとは、生徒自身が表現の

効果などを考えながら計画を立てて表すことを指す。制作手順を自分で書き込めるような学習カードを活用すると、生徒自身が次はどの手順までやるのか意識化できるようになり、見通しが持ちやすくなる。

④木工作業に入る

　下絵を板材に写す〔5〕。次に、版画作業台に板材をのせ、その2つを万力で動かないように机にしっかりと固定する。その際、あて木を用いる。板材を彫る際は木目に対して直角に、木の繊維を断ち切るようにする。皿の中心部分が最も深くなるように注意しながら、丸のみとハンマー、彫刻刀で彫っていく〔6〕。

　次に、板材から皿の外側の部分を電動糸鋸で切り取っていく。小学校で電動糸鋸を経験している生徒も多くいると思うが、ベニヤ等と違い今回の板材は厚みがあるため、曲線などが多い場合は一度ですべて

〔5〕下絵を写した板材

を切り取ろうとせず、何回かに分けて正確に切り取るよう指導する（教材用ではない天然木は全体的に硬めで、節で刃が引っかかったりするので特に注意する）。あらかじめ端材などで電動糸鋸の練習をしてから臨むとよいだろう。

　皿の縁になる部分の仕上げが見た目の美しさに大きく関わるため、彫りはじめのキワの部分のラインを揃えることや、底の深さの丸みを揃えること、ベルトサンダーで研磨して外側の側面の丸みを均等に出すことなども美しく仕上げるポイントである。塗装に入る前に、皿の内側と外側をサンドペーパーで磨く。

　塗装では、まずは水性着色剤をボロ布で木に塗り込み、乾燥させた後、布で拭き上

〔6〕板材の木目に垂直に彫り進める

げていく。その後ウレタン塗料を十分に染み込ませ、乾燥させてから表面を耐水ペーパーで軽くやすり、白くなった表面を乾いた布で拭いたら、再度ウレタン塗料で仕上げ塗りをする。天然木を使用している場合は、オリーブオイルやサラダ油などを染み込ませるオイルフィニッシュもよい。塗装をすると色合いの変化が楽しめるが、これは学習指導要領の〔共通事項〕アの指導で配慮することとされている（イ）材料の性質や質感を捉えることの学習に繋がる部分である。艶のないマットな質感と、塗装後の艶のある質感を比較してそれぞれのよさを感じ取らせるだけでも、材料に対する経験が高まるよい機会になる。

⑤使って味わう

　制作中は机の上の削りくずや道具に埋もれていた木の皿も、生活の場に移して卓上で改めて見てみると、木の風合いの美しさや、手作りの味わいが際立って感じられる〔7〕。鑑賞の授業では、できあがったお互いの作品を手に取って、じっくり見せ合う相互鑑賞や、お茶と簡単なお菓子などを用意して行う「お茶会鑑賞会」など、様々な方法が考えられる。特に後者は、使用者としての観点から作品を捉えることで、客観的に作品を見ることができ、新しく改善点を見つけることにも繋がるなど、制作とは別の角度から学習を深めることができるよい機会である。長期休業中の宿題として、自宅で菓子皿を使用している様子を写真に撮り、まとめを作成するのも同様の効果が得られるだろう。

〔7〕完成した木の皿を実際に使用　　　〔9〕落とし込み技法によるペン皿

友人と作品を見せ合う鑑賞では、生徒が友人の作品のよさや美しさを具体的に指摘できるよう、鑑賞を助けるキーワードを事前に明示しておくとよい。たとえば、丸み、曲線、直線、手触り、風合い、質感、艶、マット、仕上げ、色合い…こうしたキーワードは鑑賞が苦手な生徒の支援にも、その他の生徒の学習の定着にも繋がる。なお、実際にPTAカフェで生徒の木の皿を使用する場合は、カフェ利用者に生徒作品

〔8〕落とし込みによる制作

への感想などを自由に付箋に書いてもらい、カフェの入り口に掲示することで、制作した生徒たちに鑑賞者の声を返していく。自分で使ってよさを味わい、使ってもらった感想も味わう、そんな経験ができれば最高である。

⑥丸のみや彫刻刀を使わないで作る木の皿

のみや彫刻刀など、刃物で彫る作業が難しい場合、電動糸鋸の「落とし込み」という技法を応用することで、1枚の板から木の皿を作ることができる。落とし込みは、通常水平に保たれている電動糸鋸のおさえの台を内側に少し傾けた状態で使用し、板材を斜めに切り抜くことで、斜めになった分だけ内側に板材を落とし、深さを出すという技法である〔8〕。

板材の厚さ、切り抜く角度にもよるが、1回の落とし込みで5〜6mm程度の深さを出せれば、3回4回と落とし込みを重ねて、皿のような深さを出すことも可能である。縁を等間隔に作るのも均整がとれて綺麗だが、不定形な形を組み合わせるのも面白みがあってよいだろう。1回の落とし込みではあまり深さが出ないが、ペン皿など浅いトレー型のものの制作には向いている〔9〕。

●事例　ツートンウッド・キーホルダー

　木は、その木肌の色味も1つの魅力である。赤味、黄味、くすんだ灰色や、濃い茶色など、様々な色味に触れ、楽しみながら木工の学習ができないかと、ツートンウッド・キーホルダーの題材を考えた。これは、多様な種類の木材から木肌の色味が異なる2つを選んで接着し、その色味、木目など木の持つ特徴を生かしながら、自分で使って楽しめる木製のキーホルダーを作る題材である。切断・接着・研磨といった木材加工の技術のみを学ぶ題材にならないよう、美術科の学習として、木材の形や色の組み合わせから具体物に見立てることや、美しい構成を考えるなど、発想・構想の段階を大切にしたい。キーホルダーのためサイズが小さく、比較的短時間で制作できるのも利点である。

①素材と用具

・木材（サクラ、ケヤキ、タモ、トチ、ウォルナット、チークなど）。サイズは5cm四方3cm厚程度の手のひらサイズのものが扱いやすい。インターネットで端材の詰め合わせが購入できる。可能な範囲で様々な色の木材を集めるようにしたい〔10〕。

・貼る：木工用ボンド、クラフトテープ、紐。

・切る：電動糸鋸、手動糸鋸。

・削る、磨く：ベルトサンダー、彫刻刀（平刀）、木工ルーター、木工ヤスリ、サンドペーパー、版画作業台。

・仕上げ：ボール盤、ダボ、キーホルダーパーツ、ブローチパーツなど。

②組み合わせ、見立てる楽しさ

　導入では「自分で使って楽しむキーホルダーをいろんな色の木で作ろう」と提示する。生徒の中には木工作品のイメージが湧かない者も少なくないため、実物の参考作品や教科書などを使用して、木の持つ木目

〔10〕材料となる多種の木材片

の美しさや、木肌の温かさ、自然の色味などを簡単に鑑賞させるとよい。

　その後、机の上に様々な色の端材を出し、2つの木材の組み合わせから「この2つで何に見える？」と生徒に問いかけ、色と形の見立てから発想することや、美しい構成を考えることを伝える。たくさんの木材に触れ、色の組み合わせから何に見えるか発想するのが楽しい活動であるが、この部分は学習指導要領A 表現（1）イ（ア）構成や装飾を考えた発想や構想の学習になる。自分が使って楽しむものという目的、木材で作るという条件などを基にして、美的感覚を働かせながら自分なりの表現の構想を練っていく。作りたいもののアイデアスケッチから始める者もいれば、友人と一緒に見立てを楽しんだ結果、最終的に自分なりのアイデアを見つける者もいる。それぞれの生徒に合った発想・構想の手立てを保障したい。

③木目を生かして作る、キーホルダーの制作手順を知る

　作りたいものが決まり、アイデアスケッチで大きさの確認ができたら、木材の接着に入る前に「木目を生かす」という視点を確認する。空の絵を絵具で描く時、筆を走らせる方向（筆致）で空の広がりを表現できるように、木工でも木目の走っている向きを生かすことで、形をよりよく見せたり、面白い表現の効果が出せたりすることを伝え、木を接着する前に木目の使い方を生徒に改めて考えさせる。これは学習指導要領A表現（2）ア（イ）見通しを持って表す技能の学習になる。生徒が自分の表したいものを美しく効果的に表現する上で、制作の順序に意味があることや、制作には見通しが大切であることを実感できる場面でもあるだろう。

　接着する際は木工用ボンドを使用する。木工用ボンドは速乾性は低いが一度固まるとその後はしっかりとくっつく。圧着した時に縁からギリギリはみ出さない程度の量のボンドをつける。もしはみ出たら濡れ雑巾などで綺麗に拭き取る。ボンドがはみ出た部分は塗装が乗らな

くなるため注意する。その後、ずれてくっついてしまわないようにクラフトテープで仮止めをしておく。木材の接着した面を圧着するように紐をかけて縛り、木材と紐の隙間に木っ端などを挟んで立ち上げると、紐がよりきつく締まり、しっかりと接着することができる〔11〕。

〔11〕2種の木材片を完全に圧着

④木工作業に入る

接着した木材に下描きをして、電動糸鋸で切り取っていく。木材によっては硬いものもあるため、しっかりと押さえながら、慌てずゆっくりと切っていく。木材のサイズが小さく、電動糸鋸での作業が難しい場合は、万力とあて木で机に固定し、手動糸鋸で切り取っていく。ベルトサンダーで角をやすり、サンドペーパーで表面を整えたら、端の部分にボール盤で穴を開け、キーホルダーパーツ（木材の厚みや重さによってはブローチのパーツでも代用可能）をつけて完成である。ダボ（木の棒）を入れると、ちょっとしたアクセントにもなり面白い〔12〕。ベルトサンダーがない場合は彫刻刀の平刀や木工ヤスリで角を徐々に取り、丸みを出していく。

使用する木材が厚い場合はころっとした手触りが楽しいキーホルダーになるため、十分にヤスリをかけ、触り心地のよさを追求させたい〔13〕。彫刻刀を使用する際は、刃の向きや押さえる手の位置などに十分気をつけるなど、事前の安全指導が欠かせない。特に、木材が小さくて押さえづらかったり、硬くて削りにくい場合などに怪我が起こりやすい。彫刻刀の進む先に木材を押さえる手を置かないなどの基本的な安全指導は、毎時間行うのがよいだろう。

〔12〕タボによる文様

〔13〕キーホルダーの完成

⑤使って楽しむ

　学校で使用しているバッグや自分の持ち物にできあがったキーホルダーをつけ、目印にしている生徒を見かけることがある。学校で制作したものを実際に使っていると、授業で鑑賞できなかった他のクラスの友人とも作品を見せ合うことができるし、他教科の先生に生徒の作品を見てもらう機会にもなり一石二鳥である。

木工で使用する道具

　ここでは主に木材の加工に使用する道具を紹介する。最近はあらかじめ使いやすく製材された木材や、電動の工具などが多く出回っている。学習に利用しやすいものを取り入れていく一方で、道具やその使い方の理解を深めることは、木材そのものの特性や、適した加工方法への理解を深めることに繋がるため、基礎的な部分はぜひとも押さえておきたい。また、気持ちよく道具を使えるようにするためにも、合わせて安全指導を確実に行うようにする。

○ 両刃鋸

　木材を直線的に切断することに長けた道具である。鋸の両側に、縦

挽き用と横挽き用の2種類の刃がついているタイプの鋸で、板材の木目に対して平行に切断した場合には縦挽き用の刃（木の繊維に沿って削りながら切るのに適した刃）を使い、板材の木目に対して垂直に切断したい場合には横挽き用の刃（木の繊維を切断しながら切るのに適した刃）を使う。鋸は、持ち手の柄の部分ではなく、持ち手の先の方を持ち、刃の全体を使うよう、大きく前後に、ゆっくりと動かすのがよい。

○電動糸鋸

　電動糸鋸は多くの小中学校で使用されているごく一般的な木材加工の道具で、あまり大きくない木材を、直線的・曲線的に切断することに長けた道具である。小さな金属の台に穴が空いており、そこから出た刃が上下に素早く動くことで木材を切断する。綺麗に木材を切断するためには、①切断する木材に合った取りつけ刃を選ぶ、②木材を上からしっかりと手で押さえながら切る、③木材を無理に早く押し出しすぎない、④急カーブのような形で切断したい場合でも動力を止めずに、木材の方を動かしながら切断する、などのポイントがある。それでも使用中に刃が折れてしまうことがあるため、刃の取りつけ方も合わせて指導する。この時、必ずコンセントを抜き、取りつけ中に誤作動しないように注意する。折れた刃を取りのぞいたら、①新しくつける刃の向きを確認する。刃が「もみの木」のように見えるのが正しい向き。②刃は下から取りつける。しっかりと刃を差し込んで止める。③片手でバネの部分を押さえながら刃の上を差し込んで止める。最後にコンセントを入れる。

○彫刻刀と版画作業台の使い方

　彫刻刀は木版画や木彫レリーフ、最近では消しゴムはんこの制作などでも使われる〔14〕。数種類の彫刻刀が1セットになって売られてい

ることが多いが、カッターの刃と形
がよく似ている「切り出し刀」（刃
先の辺すべてを板に当て、手前に引
いて切り込みをつけるように使う）、
使用する際の正しい刃の向きが分か
りづらい「平刀」（自分から見て、刃
の柄から先まで真っ平らになってい

〔14〕左：切り出し刀、1つおいて平刀

る方が上）については、使用方法を生徒に確実に指導したい。
　また彫刻刀を使用する際は、版画作業台を使うとよい。版画作業台
の裏側のストッパーの部分を手前の机の縁にひっかけて使うことで、
台の上の木材が固定され、彫刻刀を持つ手にしっかりと力を入れるこ
とができる。

第4節　映像表現

1―映像表現の基礎　　　　　　　　　　　　　　　　　米徳信一

　近年、学校教育に映像表現を取り入れようとする動きは、急速に活性化している。その背景にはPCやスマートフォンなどのデジタルデバイスの普及と、ネットワークによる映像の受容形態の変化があることは確かである。現代では、プロフェッショナルが制作し、マスメディアによって供給される映像をみるだけでなく、ネット環境において個人で映像を鑑賞しさらに、つくり、発信することまで可能となっている。こうした情報環境のパーソナルな大衆化を得て、子どもたちにとって身近な表現である「映像」は、実制作も含めた教育の対象として現実味を帯びてきている。同時に、これまでの教育において俎上に上がらなかった「映像をみる」意味を教育に携わる人々が改めて考える必要に気がついたということであろう。

　さて、それでは学校教育において、映像をどのように教えることができるだろうか。日常に増殖し供給され続ける様々な映像表現。それらを俯瞰し、考察するなかでたどり着くのは、多くの表現と同様、その基本に立ち返ることである。まずは、私たちに刷り込まれた映像に対するイメージを解体し、映像の構造を知り、それらの要素を吟味することである。映像とは何か。辞書をたどれば「光の屈折や反射で作られた像／映画やテレビの画面に映された像／心の中に描き出された像」とあり、広義には「写真」のような静止画もその範疇に含まれる。そのため、ここでいう映像は「動画」を指すこととする。動画のもつ情報伝達の特性を中心に、映像制作に関する用語を踏まえ、映像を教育に取り入れるための具体的な方法を考えていこう。

受動的な「みる」と能動的な「みる」

　情報は作り手から受け手へ正確に伝達されてこそ意味がある、と誰しもが思うだろう。しかし、本来映像はそれについては不向きである。なぜなら映像のもつ情報は、言語のような文法と意味をもたないからである。例えばある映画をみたとして、その作品を言葉で表そうとすると、どこか捉えきれないもどかしさを感じないだろうか。また、人によってその作品の評価が異なったりすることもある。その要因の1つが「状況把握」である。私たちは映像をみている間、そこに映し出される大量な情報（人物の動き、表情、台詞、空間、光、効果音、BGMなど）を視聴覚を通して受容し、状況を把握しようとする。それが映画なら約2時間もの間続くのである。

　こう考えると、映像をみるという行為はとてつもなく大変なことのように思えてくる。しかし、私たちがそれを簡単に受容できるのは、「みたいところ」だけをみているからである。私たちはものごとに対し、意味を抽出し理解しようとする。情報の取捨選択はみる人の価値観によって異なり、当然のことながら知識や経験などによる個人差が生じる。つまり映像から何を抽出するかによって、語ることはいかようにも変化するのだ。

　このことからニュースや情報系番組は、そうした状況ができるだけ生じないようにつくられる。ナレーションやコメントなどの音声や、テロップ（文字）が映像を説明することで情報の意味を限定し、みる者の負担を減らし理解を助長するのである。受け手は、音声で説明されてものごとを理解できた気持ちになるし、テロップはさらにそれを端的に視覚化してくれる（特に近年この傾向が強まっている）。この場合の情報理解は受動的な「みる」といってよい。テロップなどの文字表現は聴覚障がい者への配慮と受け止めることもできるが、他者（作り手）による言葉の意味づけに慣れすぎると、映像はそれ以外の情報価値をもたなくなる可能性がある。

一方で映像が視覚的にもたらす情報は、言葉で理解するプロセスを飛び越えてダイレクトに知覚される。この映像に含まれる情報を自ら意識することが、能動的な「みる」である。例えば同じ映像を2度、3度とみると1度目は状況把握に忙しいが、2度目になると映像の別の要素に意識を集中することができる。1度目に見落としている細部を発見することで、その情報価値は更新されるに違いない。映し出される画像の1つ1つには微細な情報が大量にある。それらは理解しやすい情報に覆いかくされて意識しにくいものでもある。映像表現において、作り手も受け手も、実はこの「感じる」と「わかる」のかけひきに揺れ動いているのである。

カットとは何か

　一口に映像といっても、現代ではその表現形式は多様化しており、つくられる目的も様々である。しかし、その本質をたどれば映像は非常に明確な構造をもっていることがわかる。つまりどんな映像だろうと基本構造は変わらないのである。

　まずはカット（cut）に注目してみよう。映画などの撮影現場で、監督の「用意、スタート！」の掛け声とともにカメラが回り、「カット！」の合図でカメラが止まるまでに撮影された動画をショット（shot）という。その撮影されたショットから必要な部分を取り出したものをカットといい、それらは後に編集されて一連のイメージをつくり出す。カットとは映像を構成する最小単位である。

　1895年にリュミエール兄弟が生み出した世界初の映像は、1分足らずの1カット映画であった。パリのグラン・カフェで上映され、多くの人々の熱狂とともに支持された。そこに写されていたものは、パリの街角であったり、工場の入り口であったり、列車の到着であったことはご存知であろう。

　この視覚革命に対し、そのときの観客の興味はどのようなもので

あっただろう。映像はレンズを通した作者の視点で世界を光学的に切り取る行為である。またそこには従来の絵画表現などにはない「運動」とそれに伴う「変化」が提示されている。いわば、動く写真である。しかも無声（サイレント）で白黒（モノクローム）であった。そのためか観客たちは「現実を人為的に再現した」映像を凝視し、日常生活では意識しなかった細部にその視線を向けたのである。知っているはずの日常風景をあらためて映像を通して確認することで、いかに視覚が漫然と世界を捉えているかを意識したのかもしれない。

　そこには映し出された光景に意味を求めるという行為は未だ発生せず、枠／フレーム (frame) で切り取られた世界から観客が能動的に何かを発見する自由があった。それを可能にしたのは、未熟な技術であるがゆえの情報の欠落であったと考えられる。色彩がないこと、音がないこと、空間がフレームで切り取られていることが、逆に「みる」という行為を刺激したのである。

1 カットを撮る

　「演出」という言葉は演劇用語である。演出家が舞台で芝居をつくっていくときに指示する事柄は、大別すると「光」「場所（舞台）」「人の動き」の3つになる。これらの関係やタイミングをコントロールし、観客に伝達することが演出であるが、映像の場合はさらにもう1つ加える必要がある。「カメラの眼」、つまりフレーミング (framing) である。対象は実在する空間であり、そこに在るものをどこからどこまで画面に映すのかを決定しなくてはならない。その大きさ／サイズ (size) と角度／アングル (angle) も十分考慮する必要がある。このフレーミングこそが映像表現の要となる。

　エスタブリッシング・ショット (establishing shot) は、登場人物が空間においてどのような位置関係にあるのかという「状況」を伝える画という意味で使われる。映画の冒頭や、場面が変わるときに観客にこ

れを提示することで、その後に展開するアクションなどを受け止めやすくするねらいがある。それはロングショット（long shot）であることが多い。遠くから状況全体を見つめると、見るべきものを自分で探すようになる。被写体をどれくらいの大きさで撮影したらよいか迷ったときは、できるだけ広い画を撮るとよい。

　では、ビデオカメラを使って、以下の条件で「1カット映像」を撮影してみよう。撮影後に暗い部屋で、できれば大きな画面で、音を消してひとり静かに映像をみてほしい。自分で撮影した映像を繰り返しみることで、そこに多くの発見ができるだろう。

〈撮影条件〉

　　・撮影対象を決める（ロケーションハンティング）

　　　自分が気に入っている場所などでよい

　　・構図を決める（フレーミング、サイズ、アングル）

　　　できるだけ広角レンズで広い画を意識する

　　・1分間撮影する（シューティング）

　　　撮影中はモニターを凝視する

　　・カメラは三脚にしっかり固定する（フィックス）

　　　三脚がない場合はカメラを安定した所に置く

　現代アートにおいて映像が使われるようになって久しいが、1カットで表現するアプローチは多くみられる。また、繰り返し／ループ（loop）を使い、短い映像を永遠にみせる表現もある。いずれにも共通するのは「ある状態の提示」であり、ゆっくり流れる時間のなかで、観客が映像を凝視し、感じ、味わい、思考する自由を提供していると考えられる。一見して意図を読み取りにくいものも、腰を据えてみるうちに、いろいろと思考を始めている自分に気がつくだろう。

シーンがつくる運動

　次に注目するのが場面／シーン（scene）である。シーンとは、映像

の編集において、撮影時のショットから必要な部分を抜き出したカットを、別の角度から撮影したカットとつなぎ合わせて1つの時空間を構成することである。カットの連続体を構成することで、1カットだけではできない時間と空間の視覚効果が生み出される。通常、シーンは一定の時間と空間を複数のカットによって構成することを指しており、時間と空間が変われば、それはシーンが変わったことになる。これにより物語の流れを形成し、登場人物たちの変化が提示されていくのである。ちなみにリュミエール兄弟の作品は、1シーン1カットの映像ということになる。

　また、カットとカットがぶつかる衝撃によって始まる運動がある。1920年代、旧ソビエト連邦の映画界で誕生したモンタージュ理論がその代表である。クレショフ効果が有名であるが、これは図のような、一見関係のない要素がつなぎ合わされることにより、そこに意味を発生させる手法である。カットとカットの間に因果関係を読み取らせる効果があるとされている。

　カットバックという編集手法は、2つ以上のショットを交互に切り返して編集することで、2カ所で行われていることが同じ時間軸で表

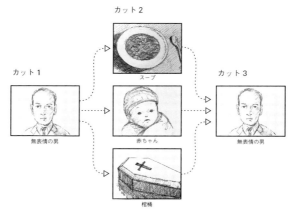

カット2
スープ

カット1
無表情の男

赤ちゃん

棺桶

カット3
無表情の男

〔クレショフ効果〕無表情の男（カット1）の次に映される画（カット2）の内容は、その後にもう一度映される無表情の男（カット3）と関係づけられる。このことにより、（カット2）が変化すると、観客は2度目に見る（カット3）に、様々な感情や意味を感じとることになる。

現されるので、作品の流れに緊張感を出したいときに使われる。また、シーンが集まるとシークエンス（sequence）を構成し、ストーリーを展開する際の1つのまとまりとなる。

　こうした編集技術により私たちは場面に意味を見出したり、物語の流れをつかんだり、ハラハラ、ドキドキしたりすることになる。これは先述したようにカット単体に文字のように意味があるわけでもなく、それを組み上げる明確な文法があるわけでもないが、カットとカットの関係性を強制的につくり上げることで、視覚的な要素から因果関係を感じ取ることになる。同じ撮影素材でも、編集によってみせる順番や長さを変えると、全く異なる作品ができるのが映像の面白いところである。

　編集機材がなくてもモンタージュは可能である。方法は単純で、撮影するものを予め決めておき、それを必要な時間だけ順番に撮影すればよいのである。最初は欲張らずに3カットで表現するなど、カット数を決めてやるとよい。撮影後は1カットのときと同様に鑑賞をする。はたして自分が意図したことが映像からみえてくるだろうか。もし、直したければ、この方法で何度でもトライしたり、また人にみてもらい、意図が伝わっているか聞くのもよいだろう。

感情は音でつくられる

　映像に音が正確に同期してつくようになったのは、1920年代後半のことである。映画史的な話はここでは省略するが、音が映像の受容形態を大きく変化させたことは間違いない。ここまで、映像は明確な意味と文法をもたないことに触れてきたが、音の要素はそのことを様々な角度から補強していく。音には大別して3つの要素がある。「台詞」「効果音」「音楽」である。

　まず台詞。人の声ということで、その種類は会話／ダイアローグ（dialogue）、独白／モノローグ（monologue）、語り・説明／ナレーショ

ン（narration）などがある。基本的に映画やアニメーションの場合、す
べての音は映像ができた後から録音して画と合わせることが多いが、
アニメーションでは台詞を先に録音してから、その声に合わせて動画
を描くこともある。音声は登場人物の動きとともに、キャラクターを
表現する要素として機能するだけでなく、物語を言葉によって牽引す
る役割を果たす。

　次に効果音（sound effects）である。これは、聞き慣れた日常の生活
音から架空世界の奇抜な音まで、台詞以外の世界で鳴っている音を指
す。音のプロフェッショナルが様々な道具を駆使して、それらしい音
を画に合わせてオリジナルでつくり上げる。画面外の音／（off-screen
sound）は、効果音のなかでもユニークな手法である。今みている画
面に写っていないものが出す音のことであり、音の情報から画面の外
を想像することができる。想像により、恐怖や笑いといった感情につ
ながるのである。この手法は映像の演出や編集そのものに大きな影響
を与えている。

　そして、音楽である。映像における情動は音楽によってつくられる
といってよいだろう。音楽は直接的に感情に訴えることで、映像の
場面を支配する。常套的な演出では、場面の感情表現（悲しい・楽し
い・恐怖など）に際し、画と音を同調させることで観客の感情を刺激
するが、その関係をわざと壊して新しい画と音の関係をつくることも
できる。例えば、悲惨な戦闘場面で明るい音楽が聞こえてきたとした
ら、その場面はみる者に複雑な感情を引き起こすだろうし、制作者の
意図を読み取ろうとする心の動きも起きるだろう。

　1980年代から日本でも始まったミュージック・ビデオは、音楽と
いう音ありきから映像がつくられる。映像によってイメージを可視化
し、固定する表現は当時斬新な表現形態であった。音楽のもつ世界は
聴覚によって形成された個人のイメージの世界であり、不定形である。
そのため、音楽を先に聴いてミュージック・ビデオをみると、そこに

違和感が生じることは予想できる。しかし逆に、音楽によって個人の
なかにイメージされた像と、ミュージック・ビデオで視覚化された像
の相違から、映像を吟味するのも面白いであろう。ちなみに1990年
代には、ミュージシャンが映像作家と共同して、作品世界を視覚と聴
覚で表現するようになってきている。

　映像の音の作りは基本的に足し算である。それは映画が誕生して、
フィルムの時代、ビデオの時代、そしてデジタルの時代と、映像を記
録する媒体の変化（物質からデータ）はあれど、映像をつくる際、表
現要素として何が必要かという問いが常にある。必要な音を見極め、
どのようにつけるとよいのか。現在ではビデオ撮影をすれば、音は同
時録音されてしまう。意識しなければその音を使うだろうが、その前
に一度音を消して映像をみてみることをお勧めする。

　また、映画では音楽はオリジナルスコアを制作するが、自主制作な
どで既存の音楽を使用する場合は、著作権に注意を払う必要があるこ
ともつけ加えておく。作品に音をつけることも、編集機材がなくても
できる。映像をサイレントで上映しながら、自分でモノローグを朗読
したり、効果音として鳴らしたいものを集めて、タイミングをみなが
ら音を鳴らすのである。これは映像パフォーマンスである。複数人で
手分けしてやってもよいだろう。あとはアイデア次第である。

おわりに

　映像は学ばなくてもみることができる。それは絵画をみるのと同じ
である。しかし、それを教科として位置づけるならば、学びの中心に
は何があるかを考えることが重要である。今回、映像を構成する基本
的な要素は伝わったと思う。これらを知識の下敷きとして、さらに必
要となるのは普段の生活での実践であろう。何も難しいことではない、
映像をみながら様々なことを考える楽しみを実感し、それを習慣にす
ればよいのだ。まずは今日から能動的に映像をみることから始めよう。

2—映像メディア表現の可能性

花里裕子

映像授業で大切にしていること

　机の隅の落書き、練りケシの動物…生徒達の気軽な遊びやいたずらだ。しかし、この生き生きとした感性は、授業になるとどこかで見たような無難な表現になってしまう。そのような子どもたちにとって、映像表現は「正解も制約もない」題材である。

　わたしは映像の授業では「絵や写真を動かせた！」「時間を切り取った！」という面白さと楽しさを大切にしている。映像の作り方、写真の撮り方には「こうしなくてはならない」という決められた手順がない。中学生、高校生はやりたいことを心の中にしまいこみがちな時期だ。ありのままの子どもたちの自己肯定感を高め、閉塞感から解放して、日常的な「作る・見る楽しみ」を感じさせたい。

　映像の魅力は、1枚の絵や写真では表すことのできない「時間」を表現できることだ。色や形が動き、言葉や音などの多くの要素を含んだ「時間」の経過が見る人にそのイメージを印象づけている。今日、映像があふれている情報社会において、その作り方と見方を知ることは重要な学びであると捉えられる。以下に3つの実践を紹介したい。

●事例　色と形の挑戦／OHPを使った光と影の造形遊びから

　「上手くできない。自分にとって美術は公開処刑です」。これは、ある生徒が絞り出した言葉だ。上手い下手という狭い価値観は、生徒自身が「自分でやれたと成長を実感できないから」かもしれない。そこで、仲間とかかわる学習方法がキーになると考え、自分で発見した色や形の美しさや奮闘の様子をお互いで称賛し合えるような「実験」の時間を持つようにした。中学校第2学年での実践。

①概要

　この題材は、光の効果、形や色彩の持つ特徴や美しさを生かして、光で映してできる影の世界を楽しみ、創造的に表す「造形遊び」だ。暗幕で暗くした美術室で、OHPなどの投映機を使った光の実験をする。身近な材料が光の当て方によって、影の色や大きさを変え、天井から垂らしたスクリーンとパネルに映し出される。生徒はグループごとに分かれて、試しながら美しさや新しいイメージを見つけ、スケッチするようにカメラで記録する。

②目標

　知識・技能：光と影、色彩と形の美しさに着目して、身近な材料と場所を生かして表し方を工夫する。

　思考力・判断力・表現力等：友達と出し合ったアイデアや心に浮かんだイメージをもとに、光の効果と場所との関係を考え、構想を練ったり鑑賞したりする。

　学びに向かう力・人間性等：感情やイメージを光と影、色彩や形で表すことに関心をもち、仲間との試行錯誤を楽しみながら、意欲的に取り組む。

③用意するもの

　OHP、スクリーン（トレーシングペーパーや障子紙、防炎シートなど）、様々な素材（カラーセロハンやペットボトル、透明なトレーやボウル、水や砂、針金、紐、ハサミなど）、カメラ、モニター。

　OHPがなければ、書画カメラ（OHC）とプロジェクター、トレース台で代用できる。トレース台なしだと透過光や影ではなく、光が当たった物体が映る。

④展開

　「最新機器?!」と、OHPを初めて見た生徒たちは大喜びだ。影の形を何かに見立てたり、組み合わせたりしながら美しさを発見する〔1〕。紐や針金の線、砂や水の影、大きく映るハサミ…。スポットライトに

〔1〕OHP で遊ぶ　　　　　〔2〕影絵で即興の物語

カラーセロハンを被せ、色光の三原色の実験をするグループもあった。ほのぼのとした見立て遊びだけでなく、どのクラスでも即興劇が自然に始まったことには驚いた〔2〕。OHP が舞台美術の影絵のパフォーマンスだ。男女がわいわいと物語を考え、小道具を作り、演出をつけていく。かすみ草のドライフラワーは桜の枝に、爪楊枝は100本の矢になった。楽しくてロマンチックな表現を生徒たちが生み出していく。グループに1台ずつ渡したカメラは映像表現の道具になり、撮った動画をスクリーンに映して全体で振り返った。生徒は仲間の姿と自分の工夫に時に歓声をあげながら、うっとりと画面を見つめていた。

　生徒作文には「OHP で人間大のはさみができたり、水の影ができることに驚きました。身のまわりにあるものでこんなに不思議で面白いものができると知って少し感動しました。影になると見えるものは減るのに、新しくわかることもあるんだなと思いました。」とあった。

●事例　水をつかまえる／写真と造形遊び

①概要

　この題材も、水をテーマに光の効果や美しさを写真で表す「実験」だ。暗くした美術室と屋外を行き来しながら、様々な光に彩られる透

明な水の美しさを捉える。その時その瞬間でしか見ることのできない美しさを、シャッター速度やアングルを試しながら、スケッチするようにカメラで撮影する。光によってどのような印象を受けるのか実験しながら、表現を深め、組み写真で表す。高等学校第2学年「映像メディア表現」の実践。

②目標

　知識・技能：水の輝きと影、形の変化を捉え、カメラの特性を生かして表し方を工夫する。

　思考力・判断力・表現力等：情景の中の水のイメージをもとに、光の効果を考え、構想を練ったり鑑賞したりする。

　学びに向かう力・人間性等：水のイメージを光の効果と美しさを捉えて表すことに関心を持ち、仲間との試行錯誤を楽しみながら、意欲的に取り組む。

〔3〕ミラーの工夫による撮影

〔4〕落ちる水を捉える

〔5〕投げた水を捉える

〔6〕友達と発見する水と光

〔7〕水をつかまえる瞬間を撮る

③用意するもの

　カメラ（またはスマートフォン）、透明なプラカップやボウル、スポットライトなどの光源。

④展開

　はじめにプラカップに水を汲んで、揺らした水面や透かした光などを観察しながら、光の印象に自分の思いを重ね合わせて表現する方法について発問した。シャッタースピードについて説明すると、水しぶきや流水の水の動きや量的な表現に興味を持ち、早く試してみたいと声があがった。撮影しながら、どんなイメージを表したいのかをピントや光を観察しながら探っていく〔3-7〕。

　プラカップの水のレンズ効果やカメラの防水機能など、クラスごとに新しい表現が発見され、授業の終わりに大きなテレビで鑑賞すると、どの生徒も自信たっぷりに「自分の写真です！」と名乗り、撮影時の説明やタイトルを発表した。上手く撮れなかったと嘆く男子生徒に、周りの仲間が写真をトリミング（切り抜き）して、明度や彩度を調整することを教えると、その瞬間、男子生徒の表情がぱっと笑顔に変わった。

●事例　リレーするパラパラ漫画／つくり出す力、つながる力、作り直す勇気

①概要

　中学校第2学年の実践。この題材は、共同で作るコマ撮りアニメーションである。まず、同じ絵を2枚描き、1枚を誰かに渡し、自分も他の生徒から1枚もらう。受け取った1枚の絵を最初の1コマとして、最後の1コマは手元に残した自分の絵とする。各自が10秒間のアニメーションを作るために、80枚のコマを制作していく。35人学級ならば、全員分で約6分のアニメーションが完成することになる。

　最初のコマと最後のコマをつなぐ80枚は、イメージを自由に広げ発想し、創造的に表す。1枚1枚のカットではアニメーションのモー

フィング(変化)や、置き換えなど
の多様な表現や実験を通して、一
人では思いつかなかった表現の
工夫を学び合い、失敗からも新た
な発見や挑戦を促したい。

〔8〕メモ帳の薄さやサイズを生かす

　実際に動かしてみて、気づい
た発見や作り直す場面を大切に
するため、使用する画材は手に
入りやすい白紙のメモ帳である。メモ帳はパラパラとめくることで、
なめらかに動くかどうかをその場で自分で確認できる。描画材も普段
の文房具を用い、絵が苦手な生徒でも気軽に描けるようにし、また制
作の途中でお互いの作品を見合って友達の動きとのつながりを確認し
ながら、自分らしい表現に挑戦していく〔8〕。

　実験や試作の段階では色彩と構図や動き、時間の経過などに着目し
て、身近な描画材とカメラの特性を生かして、メモ帳の絵と実物を絡
めたコマ撮りをするなど工夫して表していく。手順や表し方を生徒自
身が考えることを大切に、試す時間を十分に確保して「作り直せる、
複数作れる」ことを十分に保障し、思考力・発想力・表現力を伸ばして
いくと共に、アニメーションの基本的な知識や技能を身に付けていく。

②目標

　知識・技能：色や形、動きを生かす構図や時間の経過などに着目し
て、カメラとアニメーションの特性を生かして表す。

　思考力・判断力・表現力等：偶然の形から心に浮かんだイメージを
もとに、色彩や構図、動きの効果を考え、構想を練ったり鑑賞したり
する。

　学びに向かう力・人間性等：友達と意見を出し合い、つながりのあ
る作品を制作することに関心を持ち、動画ならではの工夫を生かした
制作に意欲的に取り組む。

③用意するもの

　100ページ程度の小さなメモ帳（名刺～ハガキ大）を一人3冊、カメラ数台（タブレットPC、コンパクトデジカメ）、編集用PC（補助としてiPod touch）、TV、三脚、懐中電灯など。

　カメラがない場合、名刺やハガキ用のドキュメントスキャナで、背の部分を裁断したメモ帳を読み込み、その画像を連続再生するアニメーション作りが可能。

　導入資料として、鉄拳「スケッチ」[*1]、高校生作品「落書きホワイトボードアニメーション『scribbling』」[*2]など。

④展開

　導入では「アニメーションは、少しずつ変化する絵を連続させることで動いて見える。それでは写真（静止画）を動かすためにはどうしたらよいだろう？」と発問をして、ピクシレーション（人物を使った静止画の連続再生）にも挑戦した。

　ほぼ全員がアニメーションの制作は初めての題材だが、クラス全体で「こんなこともできる」というひらめきを共有し、そのひらめきを実際に試す場を持つことで、素材や技法からの思いつきなどをもとに、構想を深めさせ、表現の多様性を促した。また、制作途中の振り返りで、友達同士の鑑賞と新たな問いかけをすることで自分らしく表せているかを確認し、新たにやってみたいことを掘り起こしている。たとえば、ピクシレーションの撮影で「面白い！と見る人の印象に残るように、どんな工夫ができるだろう？」と問いかけ、グループで挑戦できるトリック写真の撮影アイデアが考えられた〔9〕。「三脚を使う理由はなんだろう？」「シャッタースピードを変えるとどうなるだろう？」という投げかけからは、ライトアート（光の軌跡）の工夫が生まれている〔10〕。

　生徒自身がメモ帳をめくり、固定したカメラで1枚ずつ撮影し、動画をその場で確かめることで、より視覚的な工夫がされるようになっ

〔9〕遠近感でトリック写真を撮る

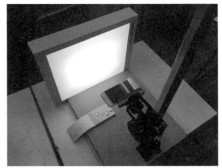
〔11〕パラパラ漫画撮影コーナー

〔10〕ライトアートにも挑戦!

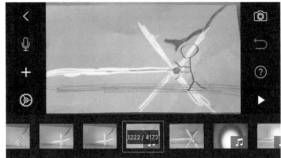
〔12〕特殊効果を使ったパラパラ漫画（編集画面）

た〔11〕。撮影するメモ帳に当たる光の影響に気づき、爆発や魔法の光などをペンライトなどで表現する特殊効果が付け足された〔12〕。撮り直しや付け足しも、デジタルなら簡単である。美術室の一角に撮影コーナーを作り、次の課題の合間に追加の撮影を続け、1年近くかけて完成した。

　また、途中でマイケル・デュドク・ドゥ・ヴィット監督作品の短編アニメーション「岸辺のふたり」（原題father and daughter）の鑑賞をしている。制作の工夫を考えている中での鑑賞は、ストーリーを味わうだけでなく、制作過程に思いを馳せて自分ごとと捉えたり、映っているものの意味を考えることで、自分の作品の重点部分を見直したりする効果があった。

これらの鑑賞活動を通して、友達と自分の感覚の違いを知り、お互いの「面白さ」への眼差しを持って、発想に滞る仲間へ「気づきの提案」をするなど、鑑賞と表現とのつながりが見られた。

まとめ

　生徒たちが素直な想いを自分の実感として言葉で表わせるか。造形的な表現で示せるか。映像や写真に表されている本質部分に心のアンテナで触れられるか。それは、人のありのままを認め、交流できる仲間と信頼できる美術の授業の環境づくりにかかっている。授業は生徒と作り、課題の未知の部分を共に学び、楽しむものだと思う。制作の過程や日常的な場面のひらめきや興味を大切にして、驚きと発見のある経験を積み重ねたい。

　子どもたちが映像から情報を読み解き、表現するメディアを選択し、責任を持って発信する「未来」は…いや、それはもうすでに来ているのだから。

＊註

1 —— 鉄拳。感動アニメ「スケッチ」　https://www.youtube.com/watch?v=iYd_ZBjnvcc

2 —— 自主制作「scribbling」落書きホワイトボードアニメーション
　　　https://www.youtube.com/watch?v=K9FTrmWhomg

第5節　デザイン

1—デザイン技法　　　　　　　　　　　　　　　　　　　清水恒平

デザインにおける技法とは

　デザイン技法、特に描画題材について、20年ほど前までは、烏口^(からすぐち)や溝引きの使い方など、確かにデザイン技法と言えるものがあった。それらは直接、デザイン業務の現場でも必要な技能で、どれくらい細い線をどれくらいの速度で描くことができるかが、デザイナーのスキル（技術）を測る目安の1つだった。今は、そういったスキルはコンピュータに取って替わられた。まっすぐな直線も細い線も、特別な訓練をしなくても、簡単に描けるようになった。

　誤解のないように言うと、現場での作業のほとんどがコンピュータになった今でも、手を使って描画する訓練は大切である。手を使って学んだことは身体的な記憶となり、制作に向かう中で違いが現れるからだ。そのため今でも基礎演習ではポスターカラーやアクリルガッシュを使用して、色彩や形態について学ぶことが多い。具体的には赤と緑などの補色の混色によるグラデーションの制作や、自作のカラーチップを使った色相環の制作などである（p.216参照）。コンピュータを扱う前に、自分の手で混色しながら色の変化を感じ、実際に目の前に現れる現象と対峙することで、色や形の原理を学ぶことができる。

　ポスターカラーやアクリルガッシュを直接デザインの現場で使用することはほとんどなくなったが、デジタル表現と組み合わせてアナログ表現を使うことは少なくない。例えば、デカルコマニーやマーブリングなど（pp.201-203参照）、偶然に出会う模様を応用することもあれば、コンピュータ上で作成したものを鉛筆や絵具でトレースすることもあ

る。そういう意味では、特定の技法を極める以上に、様々な技法を経験しておく方が、表現に広がりをもつことが可能になる。よって、このデザイン技法では、表現と技法の関係を4つの事例を通して考えていきたい。

　グラフィックデザイナー大原大次郎氏のワークショップ事例を紹介したい。

　参加者はまず、くじ引きの要領でことばが印刷された小さな紙片を1つ選ぶ。次に大原氏が描画用具として用意した貝殻や割れた陶器のかけらなどの中から、気に入ったものを1つ選ぶ。このユニークな道具とインクによって、紙片に印刷されたことばを紙に描くのである。

　大原氏が用意した道具は、鉛筆や筆などの一般的な描画材ではない〔1〕。使い方は参加者自身が決めなければならない。手にした道具を観察することから始まる。しばらくして、それぞれの道具のもつ曲線や模様、平たい部分や尖った部分など、特徴を見つけてインクをつける。通常のペンのように描いてみたり、転がしたり、引きずったり、あるいは紙の方を動かしながら道具についたインクを紙に転写していく〔2〕。

　最初は要領をつかめずに、予想外の線になってしまうが、その道具の特性がつかめてくると同時に、予想外に生まれた線の中から、自分

〔1〕大原大次郎氏の揃えた描画材

〔2〕小石で文字を書く

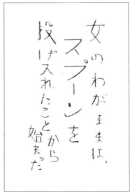

〔3〕 様々な描画材による文字

の感性を刺激するような線が見つかるのである。完成した文字は決し
て読みやすい文字ではない。けれども、誰にも真似のできない、自分
自身の想像を超えた文字になる〔3〕。この形は偶然生まれたものでは
ない、はっきりと意識して生まれた形である。その道具と出会って、
試行錯誤の結果、生まれた形なのだ。大原氏はこの一連の行為を「道
具のポテンシャルを引き出す」と表現する。

　道具はそれぞれ潜在的な力（ポテンシャル）をもっている。鉛筆に
は鉛筆の、筆には筆の能力があり、人間はその能力を引き出している。
けれども、描くという行為は、私たちにとってあまりにも当然のもの
になってしまっている。果たして私たちは描画材のもつ能力を最大限
に発揮することができているのだろうか？

　このワークショップでは、当たり前になってしまった「描く」とい
う行為の未熟さに直面させられる。道具として認識していなかったも
のを道具として手にしたとき、あらためて「描く」行為と対峙するこ
とになる。いわばあまり深く考えることもなく当たり前に行っていた
描く行為を脱皮して、新しい領域に足を踏み入れることができる。こ
の体験を通して、いわゆる通常の描画材を使うときの意識にも変化が
見られるはずだ。新しい道具との出会いが新しい線との出会いとなり、
新しい表現へと導かれる。

道具もさることながら、くじ引き方式で出会うことばも大切な要素である。文字の形は普段からよく目にしている慣れ親しんだ形であると同時に、様々なエレメントを内包した形だ。慣れない道具で文字を再現しようと試行錯誤することで、さらに道具の可能性を広げることになる。また、そこで生まれた形は、偶然出会ったそのことばの意味が大きく関係するだろう。

　ワークショップ後、個性的な文字で描かれたことばが並ぶ。その光景によって私たちはさらに創造力を喚起させられる。

●事例　ことばと形、ことばと色

　次に本学の白尾隆太郎教授が行ったワークショップを紹介したい。

　参加者それぞれに「sweet（甘い）」「bitter（苦い）」の2つのことばをテーマに絵を描いてもらうというシンプルな題材だ。全員が同じ条件、同じサイズであれば、どのような描画方法で実践してもよい。参加者が制作に不慣れな場合は、様々な色紙を用意して、切り貼りする方法がよいだろう。

　表現することも大事だし、参加者も楽しめるが、このワークショップの本質はそこではない。制作を終えて、参加者全員の作品を「sweet」と「bitter」に分けて並べると、そのことに気づく。示し合わせていなくても、「sweet」はいかにも「sweet」らしく、「bitter」はいかにも「bitter」らしい形や色彩になるのだ。これは、同じ文化圏で育っている人は、ことばからイメージされる色や形が似通ってくるということを示している。この題材では、自分自身がことばからどのようなイメージを受けるかを考えると同時に、いかにそれが他者のイメージと近いかを認識することができる。また、その中で他者との差異に着目するのも大切なことである。

　デザインは意味を抽象化した上で、正確にメッセージを伝えることが求められる。大多数の人がどのように感じるのかを把握することは

大切なスキルの1つだ。

　色彩をそのイメージから青系の色を寒色、赤や黄色系の色を暖色に分けて語られる場合があるが、はっきりとした境界線があるわけではない。けれども、色から感じる温度感の差異は意外なほど少ない。これは色や形など造形的なことに限らない。例えば音楽でも、メジャー（長調）／マイナー（短調）の旋律は、大多数の人が前者は明るく、後者は暗く感じる。旋律の場合、3度（ミ）の音が半音下がっているかどうかで長調か短調かが決定するが、なぜ明るく（あるいは暗く）聞こえるかはわかっていない。ただ、大多数の人がそう感じるというだけである。

　以上のように人間には他者と同じようにイメージする共通の感覚が存在する。これを知ることはデザインを学ぶ上でたいへん重要である。

●事例　コンピュータによる描画

　冒頭で述べたように、デザインの現場ではコンピュータによる制作が主流である。印刷会社など、関連機関も含めて、ほとんどの現場ではAdobe社のアプリケーションソフトを使用するのが常識となっている。

　もちろん、デジタルデータとしてアウトプットする前に、様々な技法によるアナログ素材の制作があり、そこでは常に新しい手法が模索されている。同じように、デジタルデータの操作も試行錯誤されている。フィルタ（自動加工機能）を利用して画像や図形に特殊効果を加えたり、新しい入出力機器を利用することで、表現の可能性を広げている。そもそも、既存のソフトウェアには使い切れないほどの機能が内蔵されているため、その扱い方には個性が現れる。

　一方で、デジタルデータを作成するにあたって、既存のアプリケーションソフトを使用しない方法がある。コンピュータプログラミングによる描画がそれである。コンピュータプログラミングと言うと、理工系、情報系の人の専門であると思われるかもしれないが、20年ほ

ど前から、デザインにプログラミングの手法を取り入れることの必要性が謳われた。当時、マサチューセッツ工科大学（MIT）メディアラボの助教授だった前田ジョン氏によって開発されたDesign By Numbersは、アーティストやデザイナーのための教育用プログラミング環境である（http://dbn.media.mit.edu/）。従来のプログラミング教育とは異なり、特別なコンピュータの知識がない美術系の人でも、すぐにモニタ上に線や面を描画することが可能であり、さらに描画したものに動きを付加することも難しくなかった。現在は、彼の教え子たちがこの流れを汲んで開発したProcessingというプログラミング環境が主流になっており、様々な教育機関で利用されている（http://processing.org/）。

　プログラミングによる描画の大きな利点として2つのことがあげられる。1つはコンピュータに対する理解を深められることである。普段、アプリケーションソフトを利用している人でも、コンピュータがどのように動いているのかについて、まったく意識をしていない（意識をしないように設計されているので当然のことかもしれない）。けれども、従来のデザイナーが自身の道具（筆や烏口など）への理解を深めていたように、道具へ対する理解が深い方がその可能性をより広げることができるはずである。プログラミングを経験することで、普段利用している道具に対しての理解が深まる。普段使用しているillustratorやPhotoshopの特性も見えてくる。道具に対する理解が少しでも深まれば、おのずと向き合い方も変わってくるはずだ。プログラミングの利点のもう1つは、論理的思考の訓練である。デザインには論理的な思考が求められる。そういう意味では、デザインの基礎訓練としてプログラミングが有効であると言える。

　プログラミングによる描画は、これまで筆やマウスを使って描いてきた点、線、面をことばに置き換える作業である。曖昧な表現では描画どころか、動いてさえくれない。融通が利かず、面倒くさく感じる

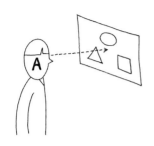

〔4〕Aがモチーフを見て把握する　　　〔5〕AはBにモチーフを言葉で説明

かもしれないが、ことばで描画することで、そのオブジェクトがそこにある必然性が生まれる。

デザインには1つ1つの要素に意味が必要とされる。1本の線に対して、意味と責任を感じるための基礎訓練としてはとても有効である。

誌幅に限りがあるため、Processingによるプログラミングに関してはウェブ上のチュートリアルや書籍などを参照してほしいが、ここではプログラミングに入る前の準備体操的な演習を紹介したい。

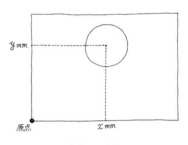

〔6〕指示を数値化する方法

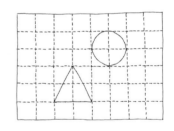

〔7〕ガイドラインを目安とする方法
（図4-7 イラスト：熊谷緑）

2人1組になって、1人が指示を出し、もう1人はその指示に従ってドローイングしていく。あらかじめ用意したモチーフを、指示を出す方に見せ〔4〕、ドローイングする方にことばで説明して描いてもらう〔5〕。短い時間（3〜5分程度）で区切って、なるべく多くのモチーフを試した方が面白い。1回ごとに描く人を交代したり、組を入れ替えたりした方がよいだろう。

この演習を何回か続けるうちに、学生たちは自然とルールをつくり

出す。正確な位置を指示するために、紙の左下や左上を原点と定める
チームもあれば〔6〕、目安となるガイドラインを引くことから描画に
とりかかるチームもある〔7〕。

　この演習では、ことばで描画する難しさを経験すると同時に、意思
を伝達するためにはルールが必要であることを経験的に学ぶことがで
きる。プログラミングに入る前の準備体操というだけでなく、コミュ
ニケーションの基礎的な訓練としての意味も併せもっている。

　プログラミングによる演習に関して、平面表現として取りあげたが、
Processingに関しては、3D表現や動きの表現などの展開が可能である。
しかし、平面表現（静止画）としてのみ扱うことも充分に意味がある。
特に、繰り返しの表現など、手描きでは簡単には表現できないプログ
ラミング特有の表現手法を充分に感じてほしい。手描きで100本の線
を描くことは骨が折れる作業だ。1000本となるとコンピュータを使っ
てもなかなか大変である。けれどもプログラミングならば1000本も
10000本も一瞬で描画できるのだ。

●事例　感覚の微分

　描画題材からは少し外れるが、デザインの題材として、感じ方の問
題について最後に取りあげたい。「気持ちいい」あるいは「かっこい
い」ということばは日常的に使われているが、非常に曖昧な表現であ
る。気持ちよいと感じることや、かっこいい、あるいは美しいと感じ
ることは、個人差がある。私が思うかっこよさと、読者が思うかっこ
よさは違っていて当然である。見る人、感じる人の100％が「よい」
と思うものは皆無だが、不特定多数の人が同じように「よい」と思う
ものは存在する。それはなぜだろうか？

　先の共通の感覚の題材とも通じる部分があるが、「第三者がどう感
じるか」を知る前提として、自分自身に問いかけることをテーマにし
た課題がある。本学通信教育課程の授業「マルチメディア基礎」（担

当：望月重太朗講師）で行った「感覚の微分」がそれである。

　この課題はまず、自分が「気持ちよい」と感じるモノや行為を発見することから始まる。例えば、手に持っているボールペンのフタを意識なく開けたり締めたり繰り返していることはないだろうか？　あるいはリビングでテレビを見ながら、ついつい、クッションを撫でていることはないだろうか？　意識的にしろ、無意識的にしろ、自分の手や耳が「気に入っている」モノや行為があるはずである。最初にグループでディスカッションしながら、なるべく多くそれを見つけ出す。

　この最初のディスカッションでは、自分が無意識に行っている行為に気づくことを目的としている。頭では意識していない身体が覚えている行為である。それは本能的に求めている行為であり、そこには個人差を超えた人間の根源的な欲求が含まれている可能性がある。

　次に、それらの行為を微分する作業に入る。デザインにおいて、情報を伝達する際に、情報をそのままの意味で、あるいは強調して伝える必要がある。そのためには、元の情報に対する理解が求められる。情報を正しく理解していなければ、あるいはことばで説明できなければ、それを表現として伝達することは難しい。ここでは、自身が感じた感覚を言語化する作業をしてもらうことになる。

　最初にあげたボールペンの例で説明する。ボールペンのフタを開け締めする行為はまず、フタを開ける、フタを締めるという2つの行為に微分できる。自分が気持ちよいと感じるのは、どちらの行為か、もしかすると両方かもしれない。さらに微分を進める。フタを開けるときも締めるときもストッパーによる抵抗を感じる。キャップの先が指に食い込む感覚を感じるだろう。さらに力を加え、均衡が破られた瞬間にキャップが開く（あるいは締まる）。そのときに小気味よくカチッと小さな音が聞こえるかもしれない。行為としてはこれで終了だが、さらに微分を続ければ、ボールペンの太さやテクスチャー、重さ、それぞれの指が当たる場所あるいはキャップを押さえつけるときに血

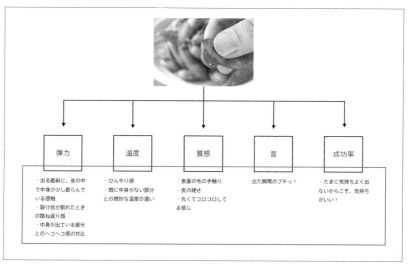

弾力
・出る直前に、皮の中で身が少し膨らんでいる感触
・裂け目が割れたときの跳ね返り感
・中身が出ている部分とのヘコヘコ感の対比

温度
・ひんやり感
・既に中身がない部分との微妙な温度の違い

質感
・表面の毛の手触り
・皮の硬さ
・丸くてコロコロしてる感じ

音
・出た瞬間のプチッ!

成功率
・たまに気持ちよく出ないからこそ、気持ちがいい!

〔8〕感覚の微分「枝豆をつまんで、ピュッと顔をだす瞬間の触感が気持ちいい」(制作:望月重太朗)

液の流れが遮られ変色する指先などの視覚的な要素も入ってくるかもしれない。この作業は自分自身の身体との対話である。自分自身は知らない身体だけが知っている事実を丁寧に言語化していく〔8〕。

　授業ではこの結果をビデオレポートにまとめてもらったが、ビデオに限らず、模造紙など大きな紙にまとめてもよいし、紙芝居形式にしても楽しいかもしれない。なるべく多くの事例を微分することで、それぞれの行為の共通性も見出せるかもしれない。重要なのは言語化すること、そして他者と共有することである。他者との感じ方の違いや共通性を見出すことで、その感覚が個人的なものなのか、一般的なものなのかを知ることができる。

2—デザイン行動　　　　　　　　　　　　　　　　清水恒平

生活とデザイン

　「デザイン」は、とかく誤解されがちである。この言葉を聞いたとき
に、一般的なイメージではファッションや広告など、特に装飾的で派
手な一面を思い浮かべられることが多いだろう。それらもデザインの
一部であるが、単に人目を引くことがデザインの主たる目的ではない。
デザインには常に社会的な意義や機能が求められ、それを実現してい
るかどうかが問われる。

　人間が生活するために必要な家、衣類、家具、電化製品、書籍…これ
らはすべてデザインされたものであり、それぞれ建築デザイン、イン
テリアデザイン、ファッションデザイン、プロダクトデザイン、グラ
フィックデザイン（ビジュアルデザイン）といった専門分化された領
域の問題として扱われる。公園や都市などを考える環境デザイン、都
市計画もまたデザインの専門分野の1つである。

　これらの専門分野はすべて、人間の生活をより豊かにするための、
よりよい環境づくりを目標とするものである。これまで各専門分野は
それぞれ別の分野として捉えられることが多かった。しかし今日では、
それらはすべて1つの「デザイン」であるという大きな捉え方が主流
になりつつある。

　この流れは、社会構造がますます複雑化する現代社会において必然
であり、専門分野が互いにオーバーラップすることで、新しい解決方
法が生まれる可能性が広がっていく。さらに、情報化が進む中で、こ
れまでデザインとは切り離されていた諸分野との連携も強く求められ
るようになった。

　社会の流れや人間の生活の変化とともに、そこに生まれる関係性や
問題も変化していく。それと同時に、当然、デザインに求められるも

のは変わる。デザインが導き出す答えは常に同じではない。人間の生活とともに変化を続けていくのである。よって、デザイナーは時代や文化の変化に敏感になり、情報収集をかかすことはできない。さらに、与えられた条件やニーズなどをもとに、必要な要素をリサーチし、デザインの源とすることが求められる。

装飾とデザイン

　装飾することの意義を考えてみよう。新しい商品を1人でも多くの人に広めるためには、目に入った瞬間に強烈に記憶に残るようなイメージが求められる。その方法の1つとして装飾的な表現が有効な場合もある。逆に、シンプルでストレートな表現が有効な場合もある。そういう意味では、「装飾」は目的を達成するための手段となる。

　同じように、部屋に置くティッシュペーパーのパッケージの例を考えてみよう。様々な種類のティッシュの箱があるが、そのパッケージにはどのような意味があるだろうか。ユーザーが、そのティッシュを気に入った場合、もう一度その商品を買ってもらうためには、「手がかり」が必要だ。つまり、どこのメーカーなのか、どの種類なのかを判別できるようにする必要がある。一方で、ティッシュは部屋の中の主役にはならない。主張しすぎるグラフィックを嫌う人もいるだろう。

　「手がかり」がない中で、最良のティッシュのパッケージを考えることは難しい。商店に陳列された場合の見え方、ターゲットとするユーザー層、部屋の中の様子など、その答えは1つであるはずがない。あるときは装飾的なものが好まれ、あるときは装飾をいっさい排除したものが好まれる。様々な条件や人や空間との関係性の中で1つのパッケージが決定する。

　このようにデザインされて創出するものは、単なる好みや閃きだけで生み出されるべきではない。デザインとは、社会や生活の中での関係性の中で、よりふさわしい姿を見つけ出す作業である。

機能とデザイン

　多くの場合、アウトプットの形式は決まっている。依頼主から本を作るように依頼されれば、最終的には本が出来上がる。ポスターや椅子なども同様である。しかし、その機能と目的を考えたときに、そのアウトプットの形式は最適なのだろうか？

　一般的に、ポスターは「情報を伝達する」という機能がある。この機能だけに注目してみると、その手段はポスターだけではない。ちらしやテレビコマーシャル、インターネットなど、方法は多岐にわたる。特定の形に落とし込むことも大切だが、目的に応じて落とし込み方を変える広い視野が必要となる。

　例えば、都市計画を行う場合、新しい建物を設計することだけがデザインではない。古い建物をそのままの形で残す、あるいは建物をなくすことも含めてデザインである。つまり、デザインのアウトプットとして「つくらない」ことも選択肢に入っているのだ。

　そういう意味で、デザイナーは多くの技法を知っているべきであり、知ることで、よりふさわしい結果を導く可能性が広がっていく。しかし、それ以上にその問題における、人やものの関係性を見極める、あるいは関係性を構築する能力が強く求められると言える。

　もう1つ、デザインにとって大切な概念として「量産性」があげられる。特にインダストリアルデザイン（工業デザイン）などの分野では、機能や目的だけを追求して、すばらしいものができたとしても、それが量産できなければ意味がない。工業製品は大量生産することで、多くの人が安価で優れた製品を手にすることができるようになった。大量生産という概念によって、職人によって1点1点が手作りされる工芸品と、工業製品とは区別される。量産するために形や素材の調整が余儀なくされることも少なくない。

美意識とデザイン

　デザインにかかせないものに「美意識」がある。すばらしく機能的な椅子でも、正確にメッセージがしたためられたポスターでも、美しく感じないものは受け入れてはもらえない。

　ここで言う「美しい」とは、単にきれいなものを指しているわけではない。広い意味での美しさである。

　その製品に触れたときに、手が喜びを感じるか、そのポスターを見た一瞬で鮮明なイメージを脳内に植え付けることができるか、ということはつまり、すみずみまで考え抜かれているかに加えて、どのような表現でコンセプトが落とし込まれているかに左右される。

　デザイナーは美しい表現を獲得するために、構成を数学的に分析して黄金比を生み出したり、色彩を科学的に分析して完璧にコントロールしようとしてきた。それらの理論はすばらしい功績として今も受け継がれているし、それらを活用することで美しい表現が可能になっているのはまぎれもない事実である。しかし、理論では説明のつかない領域がある。それが美意識である。丁寧に、そして真摯に表現と向き合うこと、そして基礎的な修練によって、確実に美意識を獲得できるはずだと私は信じている。

アートとデザイン

　グラフィックデザインに対して絵画はアウトプットの形式が平面であることから、その領域がオーバーラップする部分もある。例えば、ワシリー・カンディンスキーやマックス・ビルに代表される具体芸術の世界で行われていた色彩や構成の実験は今日のグラフィックデザインにも深く影響を与えている。アートにせよデザインにせよ、同じ平面上での表現という意味では変わらない。色彩の原理や平面の分割方法など、根源的な部分では共通している。これは平面に限らず、立体表現にも同じことが言える。

しかし、アートとデザインが大きく異なるのは制作者の意思の方向ではないだろうか。アートの場合には、制作者の意思は自己の内側に向かっている。自己との対話の中から生まれる形を定着させる行為と言える。一方、デザインの場合は制作者の意思は自己の外側に向かっている。多くの場合、デザインにおいて、制作者の存在は重要ではなく、成果物を通した人やものの関係性、伝達される情報がすべてである。

　ただし、デザインが新しい表現や新しい技術を取り入れる際に、その枠を超える場合がある。アート作品のような形で提示される場合も少なくない。新しいものに取り組むためには実験が必要だからだ。そのようにデザインはその境界を超えて、実験を繰り返し、未来への可能性を広げている。デザインの世界だけでなく、アートの世界で行われている試みや、他の領域で行われている成果を社会へ還元していくこともデザインの大きな目的の１つである。

　では、受け手の側から考えてみよう。アート作品の場合、作品が発信するメッセージをどのように受け止めるかは、鑑賞者にゆだねられる。それぞれの鑑賞者によって、全く別のメッセージを受け取る場合もあるが、だからといってその作品が失敗というわけではない。むしろ、様々な感情を刺激する作品はそれだけ力をもっているとも言える。一方、デザインの場合は、発信する情報が受け手によってまちまちに伝わったとすると、それは失敗であると言わざるを得ない。もちろん、表現の幅が求められることもあるが、商品のよさを伝えるためのポスターなのに、その商品の悪いところばかりが目立ってしまったり、座ってもらうための椅子が誰にも座ってもらえなかったりすることは許されない。

　そういった意味では、デザイナーは多様な人々がどのように感じるかを把握しなければならない。デザイナーは専門外の人が見逃してしまうような細かい部分にまで行き届くような「目」を鍛えると同時に、

年齢や性別の違う人々それぞれの立場になって考える力も必要だ。感性が研ぎすまされた結果、誰にも理解されない独特な志向になってしまっては、多くの人に共感してもらえるものはつくることができない。

　けれども、新しい表現を生み出そうとするときは、自分自身との対話を繰り返し、試行錯誤をしなければならない。視点が狭くなっていくこともある。人々が共感し、なおかつ新しい表現を生み出すことは一朝一夕でできることではない。

ユニバーサルデザイン

　ユニバーサルデザインという言葉を聞いたことのある人は少なくないと思う。ユニバーサルデザインとは、人々の差異を考慮したデザインである。年齢の差、性差、国籍や文化の違いなど。そして、障がいの有無などを考慮して設計することで、できるだけ多くの人の利用を可能にするという考え方である。施設や製品だけでなく、従来のものより視認性を高めたユニバーサルフォントなど、情報の分野にも広がっている考え方である。

　建物の段差をなくすことで、車椅子の人でも使いやすくするバリアフリーという考え方もユニバーサルデザインの一部であるが、ユニバーサルデザインは必ずしも障がい者のみに配慮したものではない。例えば、右利きの人も左利きの人も同じように使えるハサミなどもその例としてあげられる。

　多くの人が全く同じように利用できるということは簡単ではない。けれども、より多くの人が利用できる（理解できる）ものをデザインすることは、デザインの本来の姿だと思う。しかし誰もが使いやすいようにと固執するあまり、誰もが使いにくいものになってしまう可能性もある。1つのものや事柄ですべての要求を網羅することを考えるだけではなく、いくつかの選択肢を適切に誘導、提供することが正しいユニバーサルデザインと言えよう。

　アウトプットの形を限定しないデザインとして、近年、特に注目されているのがソーシャルデザインである。ソーシャルデザインとは一言でいうと、様々な社会問題に対して、デザインの力で解決を目指すものである。前述のようにデザインとは問題の本質を捉え、的確な解決方法を導き出すことで、関係性を整理していくものである。そのデザインのもつ力を積極的に社会問題に結びつけていくのがソーシャルデザインである。

　地域の人々の対話の中から様々なアイデアを実現している山崎亮氏や梅原真氏の活動は有名だが、それ以外にも大小様々な団体がこうした取り組みを行っている。ここでは筧裕介氏が代表をつとめるissue+designの活動を紹介したい。issue+designとは、社会課題を市民の創造力で解決することに挑戦する神戸市発のソーシャルデザインプロジェクトである。

　issue+designでは、毎年、「震災復興+design」「超高齢社会+design」「住宅耐震化+design」などをテーマに一般市民からのアイデア公募と、希望者によるワークショップを開催して、魅力あるアイデアを生み出してきた。神戸市の震災を教訓に生まれた「できますゼッケン」など、実現化されたアイデアも少なくない。「できますゼッケン」は、被災地や避難所で自分にできることを表明するゼッケンである。ウェブサイトからダウンロードしたゼッケンの台紙をプリントアウトし、自分ができることを記入し、使用する。ボランティアスタッフをはじめ被災した人まで、プロフェッショナルな技能から生活に必要な知恵までを相互で共有し、助け合うためのツールだ〔1〕。

　ワークショップでは複数回にわたって、課題の共有、文献やインターネットからの情報収集だけでなく、実際に社会課題に直面している人へのインタビューなどを行うリサーチ、アイデア発想、シナリオ化を経て、デザイン提案にまとめていく。ワークショップを通して、

アイデアを提案するだけでなく、一般市民が発想法を学ぶことで、新しいソーシャルデザイナーの芽を生み出す仕組みになっている。

　ソーシャルデザインに求められるものは、いかに問題の本質を捉えることができるか、ということである。問題に対する資料を集めることはもちろん、問題を抱える当事者や関係者へのヒアリングがとても重要である。問題がしっかりと捉えられれば捉えられるほど、よいアイデアが生まれる可能性が広がる。逆に、問題の本質を捉えることができなければ、本質的な問題解決に至るアイデアは生まれない。

　さらに、アイデアを実現化するまでには高い壁がある場合がある。アウトプットが決まっていないということは、それまでにないものをつくることになる。実現化までには周囲の理解や予算など、越えなければならない壁はこれまでのデザインよりも高いかもしれない。

〔1〕できますゼッケン：
http://issueplusdesign.jp/
dekimasu/

　しかしながら、ソーシャルデザインや地域の課題に取り組むコミュニティデザインなど、直接、社会の課題に向き合うデザインの分野は、今後、ますます需要が増えるだろう。特に多くの社会問題を抱える日本にとって、よりよい生活を形成するための起爆剤の1つになることを願いたい。

第6節　鑑賞

1―多様な鑑賞活動　　　　　　　　　　　　　　　三澤一実

鑑賞の目的

　《ゲルニカ》という作品について考えてみよう。描いたのはピカソであり、ピカソの個人制作物である。その個人的な作品が人類共通の財産になる理由は、作品が生まれた時代や文化、そして作品が社会に及ぼした影響やピカソという人物など、様々な文脈で多くを語ることができるからであろう。これらの言語化しやすい情報（いわゆる一般的に言われる知識）は、教養という視点から私たちの作品鑑賞と人生を豊かにさせてくれる。

　一方、その前段階として、作品そのものに魅力がなければ私たちの心は動かない。例えばゲルニカの暗いトーン、抽象化された形、そして画面全体から湧き上がるイメージなど、初見では何について描かれているのか瞬時には判断つきにくいが、まもなく作品が持つ圧倒的な大きさと迫力により、作者からのメッセージを感じ取ることができるであろう。

　これらは感性を働かせた鑑賞であり、作品の色彩や形が与える造形的な理解と言えよう。ゲルニカのように造形作品が人々にとって財産と言える価値ある美術品になっていくには、上記の2つの要素が必要である。前者は文化的な捉え方、後者は造形的な捉え方である。

　学習指導要領では鑑賞活動を「思考力・判断力・表現力等」の資質や能力に位置付けている。小学校低学年では鑑賞の対象を「身の回りの作品など」として、該当する「自分たちの作品や身近な材料」を鑑賞する。中学年では「身近にある作品など」とし、「自分たちの作品や身

近な美術作品、製作の過程など」を鑑賞の対象としている。そして高学年は「親しみのある作品など」として「自分たちの作品、我が国や諸外国の親しみのある美術作品、生活の中の造形など」になる。中学校と高等学校芸術では「美術作品など」に関する事項と「美術の働きや美術文化」に関する事項に分けられ、それぞれ文末は、中学校第1学年では「見方や感じ方を広げること。」、中学校第2・第3学年、高等学校では「見方や感じ方を深めること。」と結ばれている。

　学校教育での鑑賞活動は、作品が持つ造形的な特徴の捉え方〔共通事項〕と、作品の背景にある文化的な捉え方の双方を活用し、自分の「見方や感じ方」を広め、深め、新たな「自分としての意味や価値をつくりだす」創造活動である。このような目的を持った学習を通して、美意識を高めたり、生活や社会の中の美術の働きや美術文化に対する理解を深めたり、美術を通して社会を豊かにしていく視点や、異文化の理解、国際理解教育まで包含した幅広い能力を身に付けていく。そのような鑑賞の深まりは図1のようになる。

批評までのプロセス

　鑑賞活動は、見方や感じ方を広げ「自分としての意味や価値をつくりだす」ことである。意味や価値とは、よさや美しさであるが、この自分としての意味や価値が芸術作品のみならず、社会一般をクリティカルに捉え直す思考を育み、社会を前進させる創造的思考につながっていく。鑑賞活動において、このような批評能力の獲得は学習の最終的な到達点のひとつとも言えよう。

　その批評活動について図1を参考に見ていきたい。

　鑑賞活動を簡単に述べると4つの世界と段階がある。4つの世界とは、図では（I）から（IV）である。まず、作品そのものから読み取れる世界のシテージ1では、誰もが同じことを答えられる客観的な事実の世界（I）と、一人ひとり異なる主観的な印象（考え）の世界（II）に分

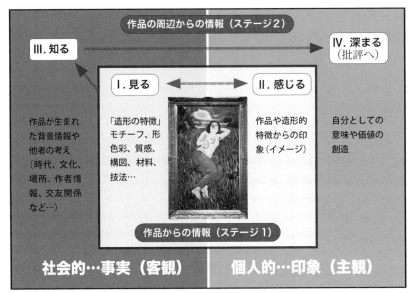

〔1〕 鑑賞における批評活動（著者作成）

けられる。これは人の外界（外面）で起こること（Ⅰ）と、内界（内面）で起きること（Ⅱ）である。

　作品は作者の内面から湧き上がった思いが、絵具とキャンバスによって社会（外界）に作品として出現したものである。この社会に出現した作品は誰が見ても同じ物質を見ていることになる。よって目に映っている作品は客観的な情報（Ⅰ）として捉えることができる。それに対して（Ⅱ）は、一人ひとりの人生経験や趣味趣向、価値意識によって感じ方、考え方など、受け取り方が異なる。これは一人ひとりが見たいように見ていることになる。この 萬 鉄五郎の《裸体美人》に描かれた女性が、美人に見える人もいれば、そうではないと感じる人もいるだろう。

　次に（Ⅲ）と（Ⅳ）の世界であるが、これらは作品という物質の外側（作品を取り巻く周辺の出来事）の世界を示している。（Ⅲ）は作品が生まれた時代や文化的背景、作者の言葉、作品が生まれるまでに描かれたスケッチや習作などの出来事や作品に関連して生み出された物質

としての事実である。そして（Ⅳ）は、（Ⅰ）（Ⅱ）と（Ⅲ）を総合化した上での自分としての意味や価値を言語化した自身の考え、すなわちそれが批評となる。

　（Ⅰ）（Ⅱ）から（Ⅲ）へのプロセスを経て（Ⅳ）の批評にたどり着くのであるが、難しいのは（Ⅰ）と（Ⅲ）の世界である。ここでは客観的事実のみを扱う必要がある。ところが（Ⅰ）では（Ⅱ）の印象と分かち難く、（Ⅲ）で画集や文献等を調べていくと、著者の主張と客観的事実が一文の中に混在し、その中から事実のみを抽出する作業が案外難しい。批評家や研究者の意見は自身の考えを構築する上では重要な参考意見となるが、一方では、批評家や研究者の意見に安易に解を求め、自ら考えようとしなくなることがある。批評は「自分としての意味や価値をつくりだす」行為であり、鑑賞者自身が作品を見て思考、判断、表現することが求められるのである。

　作品を見せる際に作品にまつわる情報（Ⅲ）を与えるべきかという議論がよく起きるが、その判断は鑑賞活動を行う子どもたちの発達状況や、学習のねらいによって考えていくべきであろう。情報を与え、鑑賞者が鑑賞を深めていく際に、どの段階でどのような情報を提供するか、情報の出し方が重要である。それは、知ることによりその後の探究活動が停止することがよくあるからだ。「なるほど、わかった！」という感動は学習の重要なモチベーションになるが、同時に「わかった」がゆえにそこで課題が解決し、問題解決に伴う興味や関心が消滅してしまうことがある。学習活動では子どもたちが情報（知識）を活用し、さらなる探求につなげていくことが求められる。

　整理するとステージ1では、作品を見て発見した造形的な特徴（Ⅰ）と、自ら感じたイメージ（Ⅱ）を持つこと[*1]（共通事項のアとイに該当する）。そしてステージ2で、作品が生まれてきた背景としての客観的な情報（事実）を基に、思考し、判断し、自分としての意味や価値をつくり出し、批評に到達する。

批評とは事物の美点や欠点をあげて、その価値を検討、評価することであるが、この批評行為と同質な「見ること」を私たちは表現活動において無意識に行っていることに気づかないだろうか。この批評精神がなければ、自らの表現を客観的に捉え、よりよく作品をつくり変えていくことにつながらないのである。

鑑賞と〔共通事項〕

　鑑賞活動は、作品などを見ることで自分の中の価値意識を整理し、造形物が持つ意味や価値を自分なりにつくり出していく創造的な活動であるが、その行為は、きわめて個人的な活動でありながら、同時に人類共通の価値を見出す活動にもなる。個人的な価値が人々の共通する価値であると確認するには、何らかの形で感じ取ったこと考えたことを他者と交流していく必要がある。学校教育における鑑賞活動の意味は、このように個人的に見出した価値を他者と交流し合い、共通する価値の発見や、個々の感じ方の違いに気づき、自他のよさを認め合い、自分としての意味や価値をつくり出す活動にあると言える。この能力は、対象を見る力を高め、物の背景に存在する人間そのものの理解を深めるとともに、異文化理解や、国際社会を生きる上でも重要な能力となっていく。

　その際に働く力が美意識と造形的な視点であろう。造形的な視点〔共通事項〕とは、色彩や形などの造形の言葉からどのようなイメージを持つか、また、全体のイメージや作風などからどのようなメッセージを受け取るかなど、他者と共通する造形的な視点を持つことにより、一人ひとりの感じ方の相違が明らかになり、その違いを交流し合うことができるようになる。そして、自分の見方や感じ方を広げ、深めていくことにつながっていくのである。

鑑賞の方法

　鑑賞活動は多様である。大げさに言えば教師の数だけ鑑賞授業があると言えよう。また鑑賞活動のための教材も数多く開発されている。一見、多様な展開がある鑑賞活動も、「何を」「どのように」「どうするか」という「鑑賞の対象」「鑑賞の方法」「鑑賞の目的」で整理するとわかりやすい。

　中学校や高等学校になると鑑賞の方法や目的が小学校に比べより高度になるが、考え方としては同じである。何をどのように鑑賞し、どのような能力を育むかという学習構造は変わらない。次に具体的に授業を考える上で参考になるいくつかの活動のスタイルをあげておく。

①対話を取り入れた鑑賞

　教師やファシリテーターが、児童生徒一人ひとりの感じ方や考えなどを引き出し、集団で発言を交流しながら鑑賞を深めていく方法。話し合いや批評し合う活動などで効果的である。

②アートカード

　ゲーム性を持たせた活動や展示企画などのシミュレーションなど、多様な活動が考えられる。鑑賞授業の導入時やグループ学習で活動しながら鑑賞を行うのに適している。

③模写を通した鑑賞

　模写などを通して作品のよさを感じ取ったり、作者の表現を追体験し、作者の制作の意図や考えを想像したりする活動に適している。単に技術の習得や、写すだけの活動にならないように留意する。

④比較鑑賞

　2つ以上の美術作品や造形物を提示して、それぞれの特徴の相違点などを比較しながら鑑賞を深めていく手法。ワークシートなどの活用で効果的な学習になる。

⑤なりきり鑑賞

　彫刻作品の形を、身体を使って表したり、絵画作品に登場する人物

などになりきったりして身体感覚を生かしながら作品を味わう手法。

⑥研究調査

　作品が生まれた背景や作者の考え方などを調べながら鑑賞を深めていく。調べることで新たな興味が生まれるように、研究テーマや鑑賞の視点を工夫するとよい。

⑦インタビュー

　作者や関係者に作品についてのインタビューをすることにより、それまでに気づかなかった作品鑑賞の新たな視点を得ることができる。インタビューをする前には自分の考え方を整理して臨むこと。

⑧展示活動

　研究調査したことを美術館のキュレーターになったつもりで展示をしたり、作品を見て感じたことを展示を通して表現したりする。鑑賞と表現活動を組み合わせることで鑑賞を深めていくことができる。

⑨批評文を書く

　作品についての批評文を書き、その批評文を生徒同士交換し、読みながら作品を鑑賞する。批評文の作成は国語科と連携する。批評文のかわりに詩や短歌でもよい。

⑩動画で撮影する

　作品を鑑賞する自分の視線で作品を撮影する。デジタルカメラやタブレットを使い、自らのナレーションを入れながら撮影し、生徒同士その映像と作品を鑑賞し合う。

＊註

1 —— 作品から受け取る印象（II）が先になったり同時に起きたりすることもある。

2―伝統文化の鑑賞

高安弘大

伝統と美術文化

　学習指導要領（平成29年告示）において、「伝統や文化に関する教育の充実」が重点項目の1つとして挙げられている。グローバル化が進展する現在、次代を担う子どもたちが我が国ひいては郷土の伝統や文化についての理解を深め、そのよさを継承・発展させるためには、教育を充実することが重要である。教育基本法（平成18年改正）に、「伝統を継承し、新しい文化の創造を目指す教育を推進する」ことが示され、自国や自分の住んでいる地域に誇りをもち、新しい文化の創造を目指す生徒の育成は、一過性の取り組みではなく、継続的に、かつ地域と連携した「開かれた学校づくり」につながるものでもある。

　伝統文化とは、人々が自らの生活や人生をより豊かで充実したものにするために、長い歴史の中で受け継いできた、かけがえのない貴重な有形・無形の財産である。国語科での古典、音楽科での和楽器、保健体育科での武道、社会科での歴史学習など教科間の連携や、地域や学校の実際に応じて計画的・継続的な実践を積み上げてこそ教育的効果が高まる。

　「美術文化」については、中学校学習指導要領（平成29年告示）解説美術編に、「材料・技術・方法・様式などによって美を追求・表現しようとする美術の活動や所産など、人間の精神や手の働きによってつくりだされた有形・無形の成果の総体として幅広く捉えること」とあり、伝統工芸や文化遺産、さらには自然物や人工物なども含めて美術や美術文化として捉えることができる。文化の継承と創造の重要性を理解するとともに、多文化理解や共生、新たな創造を学ぶ美術科は、文化に関する学習においてまさに中核をなす教科であるといえる。

地域文化の題材化

　伝統文化の鑑賞を題材化するにあたり、限られた授業時数の中だけで鑑賞題材をまとめるのではなく、学校や地域全体を対象として構想することで、時間が確保でき、よりよい実践のアイディアも生まれる。そのためには勤務校における地域の人的・物的資源に注目し、生徒の実態や施設設備、行事などを踏まえ、時間や場所、方法や教材などを工夫して考えることである。それが伝統文化と生徒との出会いを多彩にし、それぞれを題材化していくことが可能となる。

①鑑賞を行う場所

　・校内（美術室、廊下、多目的スペース、空き教室など）

　・校外（美術館、博物館、地域の公共施設、修学旅行先など）

②鑑賞を行う時間

　・授業時間（美術、他教科や総合的な学習の時間、特別活動など）

　・授業時間以外（行事、放課後、休業日など）

③主な実施方法

　・独立した鑑賞の題材として扱う

　・表現と関連させて行う

　・他教科や領域、諸行事等と連携して行う

　・休業日や長期休業中の取り組みとして行う

④鑑賞に用いる教材の種別

　・教科書、資料集

　・図書館の資料

　・インターネット上のデータ資源

　・テレビ放送番組

　・アートカード

　・地域の人的、物的資源の活用

　・生活に身近な「もの」や「こと」

　日本の伝統色には、茜色、萌木色、鴇色など植物や動物、自然にちなんだ呼び名がつけられている。その名前の由来を知ることは、四季や自然に寄り添う日本人の感性を理解することにつながる。トーナルカラー（日本色研）を短冊状に切ったものをラミネート加工してつくった伝統色カードと、色名と由来の書いてあるカードを用い、クイズ形式でその色と名前を知り、関係性に着目する鑑賞授業を通して、日本の伝統色や日本人の感性に興味を持たせたい。

　この鑑賞授業は、その後の美術の学習へとつながる授業である。色彩の学習そのものであり、表現の学習の際の色彩感覚、日本美術の鑑賞授業などへと生かされるよう、意図的・計画的に実践したい。ここでは、伝統色の鑑賞後に行った、自分たちの地域を「色」で表すという実践を紹介する。

(1) 題材名「○○町を表すオリジナルカラーをつくろう」

　中学校第1学年、色彩の学習（総時数6時間）。

(2) 題材について

　この題材では、身近な地域の視点を取り入れ、自分たちの住む地域の色を考えることにした。色のもつ意味や感情を理解したり、生活の中の色彩の効果や役割を考えたりする色彩学習に、自分たちの地域をイメージするという要素が加わることで、より実感的に捉えることができると考えられる。実際の色づくりの作業では、テーマ（大切にしたい自分たちの地域）や、込められた思いや感じ方（色彩の心理効果）などについてグループや学級で話し合いながら、それぞれの色を完成させていくという共感的な学びもある。すでに学習した「日本の伝統色」の鑑賞を生かし、「色彩」のみにこだわった、色づくりの体験を通した学習によって、色彩への興味と理解をより深めることを期待している。

(3) 指導過程

①表現したい色彩のイメージをつかむ（1時間）：自分たちの地域を見つめ、四季の移り変わりや自然の中に、色彩の豊かさを感じることができるのではないだろうか。色をつくる前に、まず自分たちの住む地域についてワークシートを使ってウェビングし、キーワードを整理してから、表現したい色彩のイメージをつかむ〔1〕。

②自分の表現したい色の試作をする（2時間）：「美術ノート」と呼んでいるスケッチブックに何度も試作をして、その微妙な色合いを試行錯誤しながらつくり出す〔2〕。

③主題を生み出し、町のイメージカラーをつくる（2時間）：試作した色からイメージに合う4色を絞り、小さな正方形の画用紙に塗る。それぞれの色に名前をつけ、「色に込められた思い」を記述し、感想とともにボードにまとめる〔3〕。

④色水づくり（1時間）：選んだ4色の中でもとりわけ特徴的な色を使って色水をつくり、ペットボトルに詰める。地元の名産をイメージした「焼きホタ色」や「○○町の活気色」、人口減少をイメージした「悲しきブルー」など、町の特徴や現状などをモチーフとした様々なオリジナルカラーが生まれた。

⑤地域に展示（授業実施後）：完成した平面作品及びペットボトルを町の施設に展示〔4〕。授業を学校内の学びだけで終わらせずに、地域に発信していくことで、教室での学びが、実社会に生きてはたらくということを生徒たちに実感させたい。また、作品展を通し、地域に中学生の学びをアピールするとともに、地域の大人からのフィードバックが得られることで、自分達の地域を見つめ直すきっかけになった。

(4) 生徒の感想「この授業を通して学んだこと」（授業実施後）

「同じような感じの色でも、込められている思いや見方、発想で違うイメージになるということがわかりました。また、みんなのオリジ

〔1〕〇〇町のイメージをウェビング

〔3〕イメージカラーをボードに提示

〔2〕「美術ノート」に色を試作

〔4〕町の施設での展示

ナルカラーをみて、一人一人が違うイメージでつくっているので、改めて〇〇町には良いところがあるのだと感じました。」

(5) 来場した地域の方の感想（アンケート）

「〈〇〇町を色で表す〉とても面白いと思いました。自分の頭の中でイメージしたものを、色々な色を混ぜ合わせてつくり出す。楽しそうで、良い授業だと思います。とても良い作品展なのでもっと多くの地元の方々に見て知ってもらいたいと思いました。」

色づくりは身近な地域の様々なものから発想し、それぞれ独自の色をつくることができた。固有の色だけでなく、イメージからも色をつ

くることができ、色彩の効果やもたらす感情などについて、学びを深められたのではないだろうか。

●事例 「地域をテーマに四季を感じる和菓子をつくろう」

　和菓子の世界は奥深く、日本の伝統的な食文化の1つになっている。それを美術の授業に取り入れる実践は教師にも人気の題材で、今では全国的に広がり、様々な事例が見られる。しかし、ここでは単に美しい和菓子をつくるだけではなく、造形的な見方・考え方を働かせ、自分たちの住む地域に目を向け、日本の伝統文化や日本人の遊び心を学ぶきっかけにしたいと考えている。

(1) 題材名「地域をテーマに四季を感じる和菓子をつくろう」

　中学校第1学年（総時数8時間）。

(2) 題材について（概略のみ）

　本題材では、自分たちの暮らす地域の風景や自然など、身近なものに目を向け、思わず「おいしそう」と手に取ってしまうような和菓子をネーミングとともに考案し、軽量粘土や樹脂粘土にアクリル絵具で着彩し創作する〔5a-d〕。日本の伝統的な美術文化についての理解を深めるとともに、生活を豊かにする美術の働きについても実感させる。実際に専門的な知識・技能のある和菓子職人をゲストティーチャーとして招き、実演・試食、などを通して生徒に興味・関心をもたせるとともに、プロの目線で生徒の作品に対して講評をしてもらい、美術学習の意欲向上へつなげたい。また、地域の和菓子店に2週間程度の展示を依頼し、地域の人に見てもらうことでより一層学びを深めることができた〔6〕。

(3) 授業づくりの視点（身に付けさせたい力）

・日本の伝統的な食文化である「和菓子」の鑑賞から、身近にある美術文化の実感的な理解を深める。

・日本の伝統や地域の色使いや形に関心をもち、和菓子に表現されて

[5a]

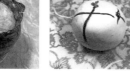
[5b]

〔5a〕「部活帰りの夕焼けと暗闇」
〔5b〕「原別（はらべつ）の秋の稲」
〔5c〕「冬の陸奥湾」
〔5d〕「春の訪れ」

[5c]

[5d]

〔6〕店舗のショーケースに展示

　いる季節感に気付くことができる。
・グループや学級内の交流場面を通し、生活や社会と美術が深く関
　わっているということを実感する。
・実際に専門的な知識・技能のある、地域の和菓子職人を講師とする
　ことで美術学習の意欲向上へつなげる。

（4）生徒の記述「この題材を通して学んだこと」（授業実施後）

　「和菓子の授業を通して『どのように形を表現すればいいか』『どう
いった形だと見る人に気持ちが伝わるか』という点を頭に入れながら
作ることができました。粘土で練る作業はとても苦労しました。葉っ
ぱの部分も見る人の事も考えながら作りました。ただの形にしてしま
うと伝わらないと思ったので、少しだけ立体的に表現したのがポイン
トです。この授業を通して、相手の気持ちを考え、どうすれば伝わる
のかといった表現力、発想が身に付いたと思います。」

　伝統文化の鑑賞の題材では、独立した鑑賞の授業はもちろんだが、
事例のように、表現の授業と関連させたり、地域と連携したりするな
ど、造形的な見方・考え方を働かせた創造的な学習にしたい。実感を

ともなった学習を通して、自分たちの国や地域、郷土の伝統や文化を
継承・発展させ、世界の異なる文化や歴史に敬意を払い、多様な人々
と共生し、これからの国際社会の中で活躍する日本人を育成していき
たい。

●事例　鑑賞から創作へと発展「ブナコ製法のランプシェード」

(1) 題材名「紙バンドによるブナコのシミュレーション」

　中学校第2学年、工芸（総時数8時間）。

(2) 題材について

　「ブナコ」は1956（昭和31）年に青森県の工業試験場で考案された、
巻き込み押し出し成形技法による世界的にみても類のない木工製品
である。これはブナ材を厚さ1mmほどに大根の桂剥き状にして、幅
1cmの薄いテープ状に加工しコイル状に巻いて成形するもので、木材
資源をムダにしないエコロジーなブナ薄板積層技術である。弘前市
のブナコ漆器製造株式会社は1963（昭和38）年に設立され、原材料の
加工から完成まで自社で一貫生産している木工メーカーである（現ブ

〔7〕紙バンドによる製品　ブナコ㈱

ナコ株式会社）。これまで、食器を主力
として商品開発されてきたが、近年は
「BUNACO」ブランドとして、食器だけ
でなく、照明器具やインテリアなど、そ
の素材と技法を活かした造形へと発展さ
せ、世界的にも注目されている〔7〕。

　この巻き込み押し出し成形技法を、紙
バンド（梱包用クラフトテープ）を用い
て中学生に擬似体験させることで、身近
な地域の工芸品や美術文化への関心を高
めさせるとともに「自然環境へ優しい造
形」を考えさせるきっかけにしたい。

〔8〕テープを手にして構想を練る　　　〔9〕試行錯誤しながらの成形

（3）指導過程

①ブナコの鑑賞（1時間）

・実際のブナコを手に取って鑑賞し、どのようにして作られたものか
を考える。

・資源を有効活用した工芸品から、「自然環境に優しい造形」につい
て考える。また、巻き込み押し出し成形技法の難しさを知る。

②構想を練る（1時間）

・テープをバウムクーヘン状に巻き込み、ずらしたり押し出したりし
ながら立体造形への可能性を感じ取り、発想へつなげる〔8〕。

・実際のブナコをヒントに、新たな工芸品の構想を練る。

・自分の表現に合ったクラフトテープの色を豊富な色見本から選ぶ。

③制作する（5時間）

・クラフトテープを巻き込む際、圧を変えたり、2本のテープを同時
に巻いたりするなど、表現方法を工夫する。

・テープをずらしたり、押し出したりしながら成形していく〔9〕。

・自分の表現したい形ができたら、ダブルクリップで固定し、木工用
ボンドの水溶液を内側と外側に2～3回ずつ塗布していく。

・テープの始まりと終わりのところは、強力な樹脂系接着剤で固定す
る。

・乾燥後、スプレーニス（つや消し）で、表面を保護することで、強度
を増す。

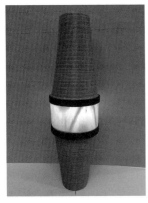

〔10ab〕完成したランプシェード

・必要に応じて、厚さ2mm程度の板状の木材を利用しランプシェード部分をつくる。

・照明器具部分は、電球、ソケット、中間スイッチ、電源コード、コンセントプラグのみの簡単なものを使用する。放熱のため、上側に空気孔を忘れないようにする。技術科の照明器具キットを使用してもよい。

④まとめ（1時間）

・完成した作品を鑑賞し、機能や造形的なよさについて話し合う〔10ab〕。

・目的や機能との調和のとれた洗練された美しさや、生活の中で活用される工芸品について考える。

　地域の伝統的な工芸品を鑑賞し、制作工程や手仕事の手間を感じ取ることで、生活の中にある身の回りのものから色や形を通して、心豊かに生活しているということを実感させるとともに、我が国の美術や伝統と文化のよさや美しさ、精神性の高さという魅力を伝えることができるよう心がけたい。また、地元の中学生が「地域ブランド」を学ぶことは「地域プライド」を育成することにつながっている。

3—美術作品の鑑賞

杉浦幸子

はじめに

大学で美術史を学び、鑑賞とは自分一人で作品と向かい合うことだと考えていた筆者を大きく変えたのは、今から25年前、1994年に留学したイギリス、ウェールズの国立ウェールズ美術博物館（現・カーディフ国立博物館）での一つの出会いだった〔1〕。ある日、博物館を訪れたところ、小学生の一団がクロード・モネの描いた《ルーアン大聖堂》の前に座り、一人の女性を交えて鑑賞していた場に行き合わせた。有名な画家が描いた作品を敬いながら静かに見るのではなく、自由に会話をし、笑いを交えて作品を楽しむ光景は、日本の美術館では見たことがなく、衝撃を受けた。当時の写真は残っていないが、現在も変わらず、会話をしながら作品を鑑賞している〔2〕。

これが「美術館教育（Gallery Education）」という美術館における教育活動で、その女性はエデュケイターと呼ばれる専門スタッフであることを知った。自分でもアートと人をつなぐ鑑賞プログラムを行いたいと思い、帰国後は、フリーランス、学芸員、美術大学教員といった異なる立場で、0歳から80歳を超える方々と、美術館の内外で、油絵、日本画、版画、彫刻、工芸、パブリックアートなど、多様な表現、素材から生まれた作品を鑑賞する教育活動を実践し、研究している。

〔1〕 カーディフ国立博物館（イギリス）

〔2〕国立博物館カーディフ（イギリス）
（提供：Amgueddfa Cymru-National Museum Wales）

　フリーランスの時には、教室を主宰し、3歳から12歳までの生徒たちのために企画実施した美術館やパブリックアートの鑑賞ワークショップや〔3〕、講義形式で知識を提供した後に美術館で会話をしながら鑑賞する成人向けのプログラムなどを行った。

　その後、第1回横浜トリエンナーレや森美術館で、年齢、国籍、障がいなど、さまざまな特徴を持った人と作品をつなぐ、多様な鑑賞プログラムを企画実施した。会話をしながら鑑賞するギャラリートークに手話を交えたり、スタッフが作品を見て得た情報を言語化して視覚障がいがある人に伝え、作品を想像し、鑑賞する手法の開発も行った。また、展覧会を鑑賞し、そこで感じた感情や記憶を、作品などの制作につなげる鑑賞と創作のワークショップを行った。

　そこで特に力を入れたのが、幼稚園、保育園から大学までの学校との連携だった。横浜トリエンナーレでは横浜市内の小・中学校と主に連携し、学校、一般合わせて7000人以上の来場者を、森美術館では、首都圏を中心に開館前後の1年で、80校、4000人を超える児童、生徒、教員を受け入れ、彼らと展示作品をつなぐ鑑賞活動を行った。主に学年単位、時には全校生徒という大人数を受け入れるため、グループに分け、スタッフとの会話を通した鑑賞を行った。学校にとって美術館

〔3〕パブリックアート鑑賞のワークショップ   〔4〕保育園美術館プロジェクト

に来ることは簡単なことではないので、こちらで作品を限定するのではなく、事前打ち合わせや当日の様子から参加者が関心を持った作品について話し合い、この訪問をきっかけに、さらに家族といろいろな美術館に行ってみよう、という気持ちを喚起することを意識した。

　美大の教員となってからは、自分がプログラムを行うだけでなく、図工・美術の先生方の研究会や研修で実践や研究の成果を共有するとともに、現場で感じる疑問や悩みを聞き、鑑賞について教員の目線から考えることが増えた。また、学校や家庭での美術との関わり合いに、格差が広がっていることを感じ、0歳児が美術館の作品や空間、周囲の人から刺激を受ける鑑賞プロジェクト「赤ちゃんとびじゅつかん」や、保育園に作品を常設展示し、子どもたちが毎日の生活の中で自然に作品を鑑賞する機会を提供する「保育園美術館プロジェクト」を実施している〔4〕。

　ここではそうした20年余りの経験から得た実践知を元に、鑑賞について考えていきたい。

生徒の興味に寄り添い、鑑賞を誘う

　「鑑賞の授業を行っても、なかなか生徒たちが鑑賞に興味を持ってくれない」。そういう声をよく聞く。教科書の鑑賞のページを開くと有名な作品が掲載されているが、生徒たちにとっては、有名イコール

身近ではなく、そうした作品を鑑賞しても、なかなか自分の記憶や経験とその作品をつなげることができず、主体的な鑑賞が生まれにくい。

　それでは、生徒たちが主体的に興味、関心を持つものを鑑賞したらどうだろうかという視点から、2019年度の武蔵野美術大学の免許状更新講習で、春原史寛先生が行ったデジタル・イラスト[*1]の鑑賞プログラムを紹介したい。近年、若い世代は日々イラストに親しみ、自分で描くことも増えていることから、表現体験から鑑賞への興味を喚起することもできると考えた。

　春原先生も初めて行ったというこの鑑賞プログラムでは、若い世代に人気のあるイラストレーター、藤ちょこ氏が描いた《理想のマイルーム》を、プロジェクターからスクリーンに拡大投影し〔5〕、受講者に3分ほど見てもらい、その後、鑑賞を続けながら気づいたこと、感じたことを自由に挙げてもらった。

　デジタル・イラストはスマートフォンなど小さい画面で見ることが多く、美少女イラストの場合、どうしても美少女に視点が集中しがちだが、大きく投影し、じっくり見ることで、くっきりとした鮮やかな色使いや線で平面的に描かれた美少女だけでなく、手描き感を残すタッチで描かれた背景に立体感を見て取ることができた。また、彼女の服装や生活感に溢れる小物と、周囲の近未来的な空間の対比から、日常生活に身を置きながら、未来への期待や憧れ、ワクワク感を感じ

〔5〕
藤ちょこ《理想のマイルーム》
初出「絵師100人展 08」
2018年4月
© 産経新聞社／藤ちょこ

ることができる画面構成に気づくことができた。

　また藤氏のtwitterを見ると、このイラストには5400件以上の「い
いね」が付けられ、「細かいところまで頑張って時間のかかった1枚
なので、じっくり見てもらいたい」という藤氏のコメントを読むこと
ができた。昨今SNSを利用する生徒も多く、作者に会うことができ
なくても、作者の思いを知ることができるという利点もある。

　鑑賞した受講者からは、デジタル・イラストを鑑賞することを考え
たことがなかったが、今回自分が鑑賞してみて、造形的要素や空間構
成から1枚の絵画として扱うことができる可能性がある、また生徒た
ちの側に立った鑑賞を行う上で可能性を感じるという声が上がった。

　デジタル・イラストの美術作品としての評価はこれからという状況
であり、今回初めてのトライでもあったので、誰のデジタル・イラス
トをどのように鑑賞するかといった具体的な授業展開については今後
のさらなる実践と研究が必要だが、今回のように1点のデジタル・イ
ラストをじっくり見るだけでも、鑑賞がより身近になり、馴染みが薄
い美術作品を鑑賞する練習にもなり得ると感じられた。「美少女」と
いう視点から、例えば、マネの《フォリー・ベルジェールのバー》や
〔6〕、モネの《ラ・ジャポネーズ》といった、女性を主題とし、背景の描
き込みも多い作品と比較してみるのもよいだろう。

〔6〕
エドゥアール・マネ
《フォリー・ベルジェールのバー》
1882年
コートールド・ギャラリー（ロンドン）蔵

鑑賞のための「環境」をデザインする

　鑑賞を行う時、鑑賞の題材の選択も重要だが、作品を鑑賞する環境を整えることも重要である。図録、プリント、コピーといった印刷物を鑑賞に使う場合は、できるだけ手元でじっくりと鑑賞できるよう、可能な範囲で人数分を用意したい。筆者は中学校の国語科の教員と、泉鏡花原作『絵本 化鳥』の挿絵イラストレーションを題材に連携授業を行った時に、その絵本の出版を企画した学芸員に授業内容を伝えたところ、そうした授業であれば、生徒たちに実際に本を触り、間近で挿絵を見てほしいと、ふたりに1冊行き渡る数をご提供いただいた。届いた絵本をふたりで鑑賞することで会話が増え、授業に向き合うモチベーションが格段に上がった。

　実際の作品やプロジェクターで映した画像を見る時、注意したいのが距離である。着席した状態だと、遠くの席の生徒は作品から受ける情報が少ない。作品やスクリーンに近づけるように教室のレイアウトを変えることができない場合、生徒に席を離れて作品に近づくよう促したい。体を動かし、能動的に作品に近づくことで、作品に向き合い、鑑賞するモチベーションが高まる。また実物作品を見ることができる場合、教員が作品を持って生徒に近づくことも勧める。作品が自分に近づいてくることで、作品は動かないという固定概念が打ち砕かれ驚くとともに、作品と間近に向かい合うことで、受け取ることができる情報が格段に増えたことに気づくだろう。

　鑑賞のための環境を整えることを、心理的な側面からも考えてみたい。学校の鑑賞では、初めて見る作品に出会うことも多く、「分からない」という不安な気持ちを持って、鑑賞に臨むことがある。また、「この作品を見て、どう思う？」という質問がよく行われる。作品のより深い鑑賞につながる質問だが、答える側にとっては、自分の価値観を示すことにもなるので、答えにくい、答えたくない生徒もいる。

　「分からない」「答えたくない」という不安を「これはなんだろう？」

「答えてみよう」という前向きで主体的な鑑賞につなげるのが「安心感」である。生徒たちは教員の表情や態度をよく見ていると同時に、「よく気づいたね」「それは新しい見方だね」といった教員の言葉に「安心感」を感じる。生徒たちの返答をまず一旦受け止め、さらに一歩深める「なぜそう思ったの」といった問いかけを行うことで、生徒たちの鑑賞が少しずつ深まる。

　「なぜ」と聞かれた時に、「何となく」と答える生徒も多い。これは、作品を鑑賞して何らか心が動いたが、それをうまく言語化できない状況を表している。感じることができたことをまず褒め、色や形といった造形的な要素からそう感じたので、さらによく見て考えてみよう、という言葉をかけたい。

　また、最近では、インターネットやSNSの普及などによって、生徒の方が作品に関連する情報を持っていることもある。自分よりも生徒の方が知っているかもしれない、ということを伝えるだけで、生徒たちの作品に向き合う気持ちが変わる。中学校と連携し、デザインについて考える授業を行った際、エーラーワンというタイの神象を題材に取り上げ、それが出ているゲームがあることを生徒に伝えたところ、そのゲームを知っていた生徒が、その後ゲームについて教えてくれ、授業に向かう姿勢もより積極的になった。

　もう一つ重要なのが、教員自身が感じたこと、なぜそう感じたかを生徒に伝えることである。立場や知識、経験の差から、教員の言葉に過大に影響を受けてしまうのではないか、と不安を感じるかもしれないが、教員の言葉も一人の人としての言葉として受け止めるように伝えれば、心配するほどの影響は受けない。そしてその言葉が呼び水となって、生徒たちも安心して発言できる環境が生まれる。そのためにも、教員も日頃からさまざまな作品を鑑賞し、自分と対話し、感じたことを言語化する習慣をつけたい。

主体性を育む情報提供

　作品は、色や形や配置、線の太さや動き、大きさや重さといった、さまざまな造形的な情報を発信している。身体感覚を通して受け取るこうした情報を、一次情報と呼び、これらの情報を主観的に受け取ることが、鑑賞の重要な第一歩となる。一次情報を受け取れた、つまりよく鑑賞できたことを認め、ほめつつ、次の段階として重要なのが、制作の背景にある、作者自身や作者を取り巻く状況、作品の素材や技法といった、調べて分かる、客観的な二次情報を入手することである。二次情報を入手することで、主観と客観の両面から作品鑑賞を深めることができる。

　ただ、何も情報がない中で、よく見ることは案外難しい。その際、生徒たちが興味を持ちそうな二次情報を最初に少しだけ伝えると、作品をもっと見てみようという能動的な気持ちが生まれる。ただ、あまり先に二次情報を伝えすぎると、生徒たちが受け身になってしまい、主体性を奪うことにもなるので、彼らの関心を惹く程度に留めたい。

　ここに掲載した図7は、イギリスのレスター大学で博物館学を教えていたアイリーン・H・グリーンヒルが作成したもので、一つの「モノ」が多様な情報を発していることを示している[*2]。この中央の「モノ」のところに鑑賞する作品を当てはめてみると、どういった情報を発信しているかが分かりやすい。

　また作者と生徒が出会う機会を作ることにもトライしたい。作者も全てを理解して作品を制作しているわけではない。しかし、なぜ制作しようと思ったのか、なぜその素材を選んだのか、といった鑑賞から生まれた生徒の疑問に一緒に向き合ってもらい、直接話をすることで、生徒に、もっと知りたい、もっと見てみようという主体性が生まれてくる。

　また、作者はプロフェッショナルや有名である必要はない。すぐに話を聞くことができる同級生はもちろんのこと、知人や保護者、地域

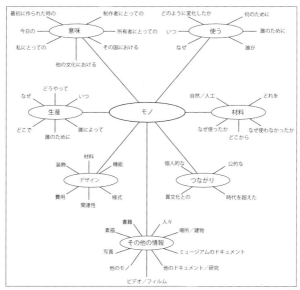

最初に作られた時の　制作者にとっての　どのように変化したか　何のために

今日の　意味　所有者にとっての　いつ　使う　誰のために

私にとっての　その国における　なぜ　誰が

他の文化における

なぜ　どうやって　いつ　自然/人工　どれを

生産　モノ　材料

どこで　誰のために　誰によって　なぜ使ったか　なぜ使わなかったか

どこから

材料

装飾　機能　個人的な　公的な

デザイン　つながり

費用　様式　異文化との　時代を超えた

関連性

書籍　人々

素描　場所/建物

その他の情報

写真　ミュージアムのドキュメント

他のモノ　他のドキュメント/研究

ビデオ/フィルム

〔7〕一つの「モノ」からの多様な情報発信
　　（原案 E. H. グリーンヒル、著者作成）

で制作している人たちに相談し、作品を借り、授業に参加してもらう
ことも考えられる。授業に来てもらうことが難しい場合、筆者はしば
しば、携帯電話で作者と教室をつなぐ。スカイプという選択肢もある
が、電話だと相手の様子が見えず、声から相手を想像し、相手の話を
よく聞こうという能動的な気持ちが生まれる。海外にいる作家であっ
ても教室の生徒とつなぐことができる、簡便で効果的な方法なので、
ぜひ試してほしい。

「外」との連携で新たな鑑賞を生む

　美術を担当する教員が学校に一人しかいないので、新しい情報やア
イデアを得ることが難しいという声を聞く。他校の美術教員との研究
授業や研修会に加え、他教科や学外との連携にトライしてみたい。
　美術作品は、他教科とつながるさまざまな切り口を持っている。光
の変化を素早いタッチと色で表現した印象派の絵画を理科の教員と、

ロバート・キャパが第二次世界大戦で撮影した戦場写真を社会の教員と、線と色面で構成されたモンドリアンの絵画を数学の教員と一緒に鑑賞してみたい。そうすることで、美術の視点からだけでは気づけなかった、新たな鑑賞の視点を見出すことができる。

　かつて筆者は、大塚国際美術館（徳島）と京都造形芸術大学でファッションを学ぶ学生をつなぎ、新印象派の画家、ジョルジュ・スーラの《グランド・ジャット島の日曜日の午後》に描かれたバッスルスタイルのドレスや小物などを、子どもサイズで再現し〔8〕、展示室で子どもたちがそれを着ながら作品を鑑賞することができる教育プログラムを行った。美術の授業では、点描画法といった技法や新印象派という美術史の流れを取り上げることが多いが、ファッションという視点を取り入れることで、自分が絵に入り込んだような鑑賞や、今と異なる当時の風俗を体感することができた。

　評価が定まった作品が数多く展示されている場所である美術館もできるだけ活用したい。筆者が学芸員だった時には、校長会などを通して自分から学校にアプローチしたり、教員のための特別鑑賞会を行ったが、館からそのようなアプローチがなくても、こちらから電話をかけるなどして、コンタクトを取ることを勧める。

　先日、足利市立美術館学芸員の篠原誠司さんと行った教員向けの鑑賞研修でも、「美術館との連携をしたいと思ったらまず電話をしてみ

〔8〕描かれたドレスや帽子等を子ども用に再現

てください」と伝えたところ、「分からないことが多い状態でもいいのですか」という質問を受けた。「ゼロから相談しても構わないし、その方がかえって美術館も提案しやすい場合もありますよ」と答え、その場にいた篠原さんの同意もあり、その先生もほっとした表情で「今後は電話をしてみます」というやり取りがあった。

　ただ、学校も美術館も日常的に忙しく、何度も打ち合わせができないことも多いので、美術館に生徒を連れて行きたい理由、生徒たちの特徴、訪問できるタイミングなど、授業内容を組み立てるために必要な情報を事前にある程度まとめるとともに、可能であれば、打ち合わせ前に自分で美術館を訪れ、展示作品を実際に見て、調べておきたい。

　筆者が美術館で学校を受け入れた時に強く感じたのは、校内の理解、特に学校長の理解が必要だということである。新学習指導要領でも「社会に開かれた教育課程」に重点が置かれていることから、外との連携は今後ますます重要になってくる。そうしたカリキュラム・マネジメントの視点から、学校長に美術館訪問の利点を伝え、訪問に理解を得る働きかけをしたい。

　美術館との連携事例として、桐朋学園小学校が日本民藝館で長年続けている鑑賞授業を紹介する。1994年にニューヨーク近代美術館で子どもたちが実物作品を熱心に鑑賞する様子を見て刺激を受けた関恵子先生（現在は退職）が、日本民藝館の学芸員、杉山享司さんと出会い、相談を重ね、学校の理解を得て、毎年5年生が館の所蔵する民藝作品を鑑賞している。前年度の春休みに初回の打ち合わせを行い、日程を決定、実施1か月前にクラス担任も交え2回目の打ち合わせをし、内容を決定、児童、保護者に告知という流れになる。当日は可能であれば学校長にも同行してもらい、生徒たちの

〔9〕40分間のスケッチ

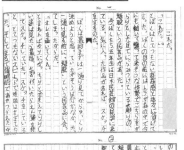

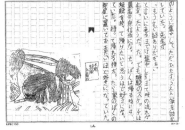

〔10〕感想文集

様子を見てもらう。

　美術館に到着後、まずは、美術館の設立者、柳宗悦の自邸だった西館でお弁当を食べる。通常、飲食は禁止されているが、関先生と杉山さんの信頼関係の上で可能になった。その後本館に移動し、大展示室の床に座り、杉山さんから館の説明や美術館でのルールを聞く。そして関先生から「持ち帰りたいものを見つける」「見つけたものを鉛筆でスケッチする」というシンプルな二つのテーマが示され、生徒たちはそれぞれ鑑賞を開始する。「持ち帰る」と言われた瞬間から展示作品が自分のものになることを想像するからか、ぐっと見ることへの意欲が高まる。これ、と思った1点を決めた生徒は、作品の前に座り、40分間、黙々と鉛筆でスケッチをし〔9〕、その後、スケッチ中に気づいたことや感じた疑問を杉山さんに伝え、作品についての学びを深める。作品は持ち帰ることができないが、一生懸命描いたスケッチを代わりに持ち帰り、描いた時の気持ちを作文に書き、関先生は生徒たちの作文をまとめて文集を作る〔10〕。シンプルだが、生徒たちは能動的に作品を見て、見たことを自分の手に伝え描くことで鑑賞を深める、表現と鑑賞が連携した豊かなプログラムである。

教室での鑑賞の可能性を広げる

　美術館に生徒を連れて行けない環境や状況であった場合はどうだろう。美術館では確かに実物を鑑賞することでの学びが得られるが、印刷などで複製された作品でも鑑賞を行うことは可能だ。印刷された複製物は実物よりサイズが小さく、細部の様子を見きれなかったり、平面であることから材質感や立体感が感じにくいという不利点はあるが、複製であることから生徒の数だけ用意ができたり、作品が印刷されているアートカードや絵葉書などは、ゲーム感覚で作品で遊びながら鑑賞することもできる。

　アートカードや絵葉書を使った鑑賞ワークショップの一例として、「あなたのための展覧会を作る」というプログラムを紹介したい。生徒たちを5、6人のグループに分け、その中から一人をゲストに選び、残りの人たちが学芸員としてアートカードの中からその人のために作品1点を選び、展覧会を作るプログラムである。

　作品を選ぶためには、相手を知る必要があることから、まず学芸員役の生徒が一人ずつゲストに質問をする。その答えとアートカードを照らし合わせ、その人のための1点を選ぶ。そして、その作品をゲストに紹介し、選んだ理由を説明する。ゲストはそれに対し、自分が感じたことを自由に話す。他の学芸員たちも他の人とのやり取りから、自分が気づかなかった発見ができる。その後、選んだ作品を並べ、みんなで見て、一つの展覧会を作ると考えて、展覧会のタイトルをみんなで決定する。最後にグループごとに発表を行い、他のグループから質問やコメントをもらう。教員は、グループ分け、途中のガイド、そして最後の発表の進行を行い、生徒たちが能動的、主体的に鑑賞を行うサポート役となる。

　また、最近は多くの美術館が学校に出向き、鑑賞プログラムを行うアウトリーチを行っていたり、鑑賞教育のための複製画や素材などを送付・貸出す場合もある。例えば、茨城県天心記念五浦美術館では、

〔11〕画材だけでなく、掛け軸や絵巻物、日本家屋のミニチュア模型なども「日本画トランク」に含まれている（画像提供：茨城県天心記念五浦美術館）

　学校で日本画の鑑賞を行う際の助けになる、7種類の教材キット「日本画トランク」を貸し出している〔11〕。こうしたプログラムを活用するとともに、生徒が関心を持ちそうな美術館のポスターやちらしを校内に掲示、配布し、展覧会情報を提供し、家族で美術館に行くことを促すなど、美術館と生徒をつなぐ意識を持つことが肝要である。また、教員自身が訪れた展覧会を自分の感想とともに紹介することも、生徒たちの自発的な美術館訪問を促す。

まとめ　未来につながる「鑑賞」を育むために

　今回の学習指導要領の改訂の背景には、技術革新と超情報化、グローバル化、少子超高齢化などの要因から急激に変化する世界情勢の中で、生徒たちはますます予測困難となる時代を生き抜く力を身に付けなければならない、という危機感がある。これからの教育に求められるのは、こうした予測不能な世界に能動的・主体的に挑戦し、自分の人生を自分でデザインし、生き抜く資質や能力を育むことであり、今回の改訂で特に重視されているのが「見方や感じ方を深める力」である。

　ここまで見てきたように、美術作品の「鑑賞」は、身体感覚を通して作品が発信する造形的要素から主体的に一次情報を得る、さらにその作品について調べ、二次情報を得る、そしてそれらを組み合わせて

自分自身と作品をつなげ、総体的に作品を理解する創造的行為である。美術作品の鑑賞を通して、「見方や感じ方を深める力」を身に付けることで、生徒たちは身の回りの一般的な情報も主体的に取得する力を深め、自分の人生をより豊かに生き抜く力を自律して育むことができるようになる。これこそが鑑賞の目的の一つであり、醍醐味でもあると筆者は考える。

　最後に改めて強調したいのは、これからの教員に求められるのは、生徒たちが能動的、主体的に「見方や感じ方を深める」鑑賞をする支援である。他教科の教員や学芸員、作家、美術館などとの連携に挑戦し、創造的な鑑賞教育を生み出してほしい。

*註

1 ── デジタル・イラストは、イラストソフトを使用し、パソコン上で作成されたイラストレーション。平面的なコンピューターグラフィックスということから、かつては2DCGとも呼ばれていた。

2 ── Hooper-Greenhill, E., *Museum and Gallery Education*, Leicester University Press, London, 1991.

コラム3　**西洋の美術文化と日本の伝統文化**

神野真吾

学校教育と美術文化

　中学校学習指導要領で「美術文化」という語が、平成20（2008）年に初めて使われました。ここでの「文化」はどういう意味で使われているのでしょうか。第2章第6節の美術について書かれた項目の内、各学年の目標及び内容（第1学年）の目標（3）には「自然の造形や美術作品などについての基礎的な理解や見方を広げ，美術文化に対する関心を高め，よさや美しさなどを味わう鑑賞の能力を育てる。」とあります。「美術文化に対する関心を高める」とはどういう内容を指しているのでしょう。『中学校学習指導要領解説 美術編』を読むと、若干の説明が載っています。要約すると、国際社会の中で活躍する人材を育成するためには①自国の伝統や文化を継承・発展させ、②異なる文化への理解を深めること、が求められます。美術には人間の過去と現在の創造が含まれ、伝統から学ぶことは自らを知ることであり、美術表現を理解しようとすることは他者を知ることにもつながる重要な学びなのだ、ということになろうかと思います。

　多様な文化のあり様を学ぶことを美術を通して行うことが重要だと言っているわけですが、これはカルチュラル・スタディーズの立場に近いように感じます。しかし、美術が様々な文化の多様なあり方を体現していて、多文化理解や共生、新たな創造をそこから学ぶことができると理論的には言える一方で、実際の私たちの美術観、あるいは美術教育のあり方は、そうした多文化の表れとしての美術文化という立場に立っていると言えるのか、それを問わなければなりません。

西洋の文化としての美術

　そもそも「美術」という言葉は日本にはありませんでした。明治期に新しく作られた語です。新たに造語される必要性はいくつかあったわけですが、最も大きな理由は、極東の島国に住む黄色人種が、欧米列強と同じ価値観を共有することのできる野蛮ではない存在であることを示すことが必要だったからです。そのくらい切羽詰まった状況に日本は置かれていた

のです。そのために採られた欧化政策の1つが西洋の美術制度を輸入し、日本にも美術を根づかせるということだったわけです。

　例えばアーネスト・フェノロサ（1853-1908）というアメリカ人は日本の美術制度を構築する上で大きな役割を果たしたお雇い外国人ですが、彼は日本人の岡倉天心とともに、1884年、奈良・京都の文化財の調査に赴きました。そのとき、秘仏とされ寺の僧侶も見たことのなかった法隆寺夢殿の《救世観音》（7世紀前半）を無理矢理白日の下に晒します。宗教的信仰の対象であった仏が、彫刻になった瞬間です。ものとしての仏像は何ら変わっていないのに、美術文化の中に組み込まれたとき、その意味づけが変化したのです。あらゆる

《救世観音》法隆寺夢殿
7世紀前半

対象を、造形的な視点から眺めて「美術」という文化の中に位置づけること、これが西洋の文化としての美術なのです。

　造形性という視点から、世界のあらゆるものを包含することのできる「（西洋の）美術文化」は、とても便利な発明だと言えますが、同時にとても暴力的で、一元的なものでもあります。実は西洋起源の「美術という文化」は、必ずしも多様な視点を保障するわけではないのです。

日本の伝統とは

　先述のフェノロサを巡る美術文化の話でもう1つ取り上げるべき出来事があります。フェノロサは日本美術の擁護者で、日本美術を高く評価し、海外へもその価値を広く紹介した人物として知られていますが、明治期までの日本人にとってなじみの深かった文人画（南画）を、美術から排除した点でも大きな影響力を行使しました。文人画についてここで詳しく触れることはできませんが、簡潔に説明するなら、専門画家による絵ではなく、文学的な精神世界を重視する画（絵）の世界ということになろうかと思います。

　与謝蕪村は、俳句も書き、画も描きました。彼は文人画家のひとりです。西洋の「作品」が、それ自体の揺るぎない価値によって成り立つべきだと考えられていたのに対し、彼らの作る画や句は、それが生み出される場に

いる人たちの関係性や、その場がそれまでに重ねてきた時間との関連抜き
には存在できません。つまり自律した「作品」ではないのです。こうした
句や画のあり方は、日本の文化の1つだったのです。水墨画の多くが文人
画、あるいは禅僧の描く禅画などであり、専門画家ではないこれらの人た
ちの描く画は、多くの日本人にはなじみのある身近なものでしたが、西洋
の美術文化はそれを美術に含めることを拒んだのです。

　現在の学習指導要領は、「伝統」を強調する内容ともなっています。多
様な文化のあり方としての美術を伝統から学ぶのであれば、それを成り立
たせていた文化的背景についても教えなければなりません。しかし、私た
ちは「西洋美術文化」の視点ばかりを学び、その視点に支配されています。

　例えば水墨画が伝統的な日本の「絵画」だとして、墨で絵を描く活動
をする授業を目にする機会が増えました。日本の伝統的な絵である水墨画
を学ぶ機会を設けた、ということなのでしょう。墨で絵を描くことが伝統
なのでしょうか。墨で描かれた絵は、絵の材料としての墨が造形性の点
で選ばれたわけではなく、当時の日本人にとって、文字を書くのと同様ス
ラスラとその場でスピーディーに描くことのできる身近な材料だったから
です。昔の日本人にとって身近だった画材で描くことも文化の学びの1つ
だとは言えますし、もちろん、墨という画材がもつ性質を活かした表現は、
水墨画を特徴づける1つの要素ではあります。しかし、水墨画を学ぶ上で
最も重要なのは、描き手の精神世界や、山水画や書斎軸、送別軸などで共
有されている世界観（教養と言ってもよい）なはずです。それを知らなけ
れば、精神的な意味内容を無視し、造形的な要素でのみ水墨画を見ている
ということになります。実際のところ、墨は画材として用いられているだ
けで、西洋の美術文化を実践しているというのがオチでしょう。こうした
問題は音楽や体育などの他教科で伝統を扱う場面でも見られる問題です。

禅画から伝統を考える

　江戸時代の禅僧仙厓の禅画は、とてもユニークなものが多く、見る者
に笑いや癒やしを与えてくれます。仙厓は福岡のお寺の住持でしたが、彼
を慕う市井の人々の悩みや愚痴を聞き、それに対して画や言葉で応答した
ものが、今私たちが目にする彼の作品です。つまり彼の描いたものの多く
は、具体的な誰かとのコミュニケーションだと言えます。仙厓の精神的世
界、倫理観、ユーモアなどが内包された画は、人々の意識に働きかけ、そ

れを変える力＝癒やす力をもっていた
のでしょう。そこには言葉だけでは果
たし得ない伝達内容が含まれていたは
ずです。《堪忍柳画賛》は、何とも力
の抜けた柳の画ですが、「気に入らぬ
風もあろふに柳哉」という言葉が左側
に、右側には「堪忍」と大きく書いて
あります。おそらく檀家の誰かが仙厓
のもとに不満を言いに来たのでしょう。

仙厓《堪忍柳画賛》江戸時代

「柳は気に入らない風が吹いたとしても、柔らかく受け流すよ、お前も我
慢しなさい。」とその人に諭すような内容なのです。

　西洋の「美術文化」の見方では、専門画家によるものではなく、文字
も画の中に併用されているこうしたものを美術とは見なしません。西洋美
術が重視する色と形の観点のみでこの画を評価しようとしても、ほとんど
意味がないでしょう。しかしそれは、日本人が必要とした、日本に根づい
た美術であったと言えるはずです。これを鑑賞するには、今の私たちが身
につけてしまった美術の枠組みでは、つまり西洋美術文化の枠組みでは全
く不十分なのです。

西洋の美術も多様な文化の1つに過ぎない

　そう見ていくと、学習指導要領が掲げる多文化理解としての「美術文
化」では、西洋の美術文化も相対化して見なければならないということ
になるでしょう。確かに西洋の美術は、先述のとおり、造形的な視点から、
世界のあらゆるものを包摂してしまえるようなとても強い文化であり、そ
の中にも様々な展開があり、他に例を見ないほど豊かな成果を有していま
す。しかしそうは言っても、それ以外にも別の視点をもった美術文化が世
界中に存在し、そこにも固有の価値があるのも事実です。多文化理解、共
生という現代的課題の中では、そうした様々な文化を、その背景とともに
学び、理解することが大切になるのは誰もが否定できないはずです。

　最も身近な文化の単位は個々人だと「コラム2」に書きましたが、そう
考えると、他の文化（他者の価値観）を尊重することが共生の前提になる
ことがよくわかるかと思います。自分が大事に思うことを他人に強要する
ことは暴力です。他者が大事にしていることを一方的に否定し認めないの

も同様で、いじめもそうしたことを背景にもっている場合が多いと言われます。自分が大事にしていることと、他者が大事にしていることをまずは理解し合うこと、そしてその違いの背景には何があるのかを知ろうとすることが、他者理解であり、自己理解でもあります。その上で双方を尊重し、ともに生きていくことが共生です。美術についても同様で、唯一の正しい美術というものは存在せず、多様な美術文化の存在を知り、その背景を理解することが大切なのだということになります。色や形という造形要素では、美術文化のごく一部しか理解できないのです。

第5章　特別支援教育と美術

第1節　障害と特別支援教育の理解

佐々木敏幸

〔1〕特別支援教育の現在

「社会モデル」に基づく障害のとらえ方

　障害のある児童生徒への教育的支援を行う際、心身の機能・構造上の損傷を「障害」とし、治療・訓練の対象とする「医学モデル」から「社会モデル」へと変化していることを理解しておく必要がある。

　障害の「社会モデル」とは、障害を個人の外部に存在する種々の社会的障壁によって構築されたものとして捉える考え方である[*1]。つまり、障害は当事者のみに帰属するのではなく、社会の側にある課題との関係によって生じる「環境との相互作用」によるものと認識することで、その障壁を取り除くための努力と配慮が必要だと考えることができる。社会モデルの理解は、そのまま「合理的配慮[*2]」の適切な提供につながる。教師には、基礎的環境整備を土台として、合理的配慮の提供を的確に実施することにより、個人と環境との間にある障害を解消する実行力が求められる。

特殊教育から特別支援教育へ

　「特別支援教育」は、学校教育法等の一部法改正により、2007（平成19）年に開始された。それまでの障害の程度等に応じ、特別な場で教育を行うとする「特殊教育」から転換し、障害のある児童生徒一人ひとりの教育的ニーズに対応した、適切な教育的支援を行うことや、それ以前に対象とされてこなかった「発達障害[*3]」を、特別支援教育の枠組みの中に位置づけたことに特徴がある。名称についても「養護学校」「特殊学級」から「特別支援学校」「特別支援学級」に改定され、特別支援学校が地域の小・中学校等に対する支援を行うなどの、特別

支援教育のセンター的機能を担うことや、児童生徒の地域生活を計画する「個別の教育支援計画」の策定、特別支援教育コーディネーターの設置など、学校内外との連携を推進する体制整備が整えられ現在に至っている。

特別支援教育と学校

　国内の実情[*4]を見ると、2017（平成29）年度の段階で特別支援教育を受けている者の総数は、特別支援学級在籍者や通級による指導を受けている者を含め48万7013人となる（2007年度は26万6786人）。特別支援教育の対象者増加に伴い、特別支援学校数は2017（平成29）年に過去最大の1135校（知的障害[*5]は776校）に達した。そして、特別支援学校に通う児童生徒数は増加の一途をたどる。2017年度で14万1944人（知的障害12万8912人）となり、ここ10年間で3万人以上増加したことになり、中でも知的障害の児童生徒の割合が全体の9割以上を示している。国の障害者支援の施策の発展等、障害者を取り巻く様々な社会的変化も要因と考えられるものの、特別支援教育へのニーズは今後さらに拡大するものと思われる。

　また、「通常の学級に在籍する発達障害の可能性のある特別な教育的支援を必要とする児童生徒に関する実態調査[*6]」によると、知的発達に遅れはないものの「学習面又は行動面で著しい困難を示す」児童生徒の割合は6.5％であると報告されている。つまり、通常学級40名の中に2〜3人は支援が必要な子どもが在籍するという計算になる。これらの結果は、昨今のすべての学校における教育活動において、適切な教育的支援や配慮が必要不可欠になったことを示しているといえる。

共生社会を形成するための「インクルーシブ教育システム」の構築

　我が国は、2007（平成19）年9月に「障害者の権利に関する条約」に

署名し、2014（平成26）年1月に批准書を国連に寄託した。同条約24条では、国際基準としてのインクルーシブ教育システムを求めている。その目的について、①人間の多様性等を尊重する ②障害のある人の能力等を最大限まで発達させる ③障害のある人の効果的な社会参加を可能にする、という3つのポイントが示された。この目的に基づき、障害のあるなしに関わらず、すべての者が共に学ぶ仕組みを実現させるため、障害のある者が一般的な教育制度から排除されないこと、自己の生活する地域において初等中等教育の機会が与えられること、個人に必要な合理的配慮の提供が必要だとされた。つまり、障害のある者もない者も、お互いの存在を相互承認し合う社会を目指し、特別支援教育の場だけに留まらず、どの学校種等においても、在籍するすべての子どもの実態や教育的ニーズに応じた「インクルーシブ教育」を目指す義務があると示されたことになる。

　2012（平成24）年7月に中央教育審議会初等中等教育分科会でまとめられた「共生社会の形成に向けたインクルーシブ教育システム構築のための特別支援教育の推進（報告）」では、「特別支援教育は、共生社会の形成に向けて、インクルーシブ教育システム構築のために必要不可欠なもので（中略）特別支援教育を発展させていくことが必要である」とする。しかし、現状の特別支援教育は地域の学校における専門性の確保という課題があることや、実質的には分離教育となっているのではないかという指摘もある。また、特別支援教育対象者が年々増加する一方で、従来から特別支援教育の場にいた児童生徒の通常学級への移行の事例が多くない状況から、条約が本来求めるインクルーシブ教育システムの実現には、未だ途上にあると考えられる。同報告では、教育的ニーズのある子どもに対して、その時点で最も的確に指導を提供できる、連続性のある「多様な学びの場」を用意しておく必要があるとし、それぞれの子どもが授業内容がわかって、学習活動に参加している実感や達成感をもっているか、充実した時間を過ごしてい

るかが本質だと述べられている。現在、日本型のインクルーシブ教育は変革の過渡期にあるといえる。

〔2〕障害者と美術をつなぐ教師の役割

　2018年6月、障害者の芸術活動を支援するための法律として「障害者による文化芸術活動の推進に関する法律」が施行された。同法は、障害のある人の鑑賞や創造の機会拡大、著作権等の保護など、文化芸術活動を通じた障害者の個性と能力の発揮及び社会参加の促進を図ることを目的に制定された。

　法整備に留まらず、昨今、障害者の取り組む芸術活動に対する社会的な認知度が高まり、制作したり鑑賞・体験したりする多様な場が設けられ、その評価も様々となった。社会生活に困難を抱えることが多い障害者にとって、自己の表出としての表現は切実である。「切実さ」は、時に突出した才能や秀逸な作品・行為などを生み出す。しかし、それが既存の社会通念においてのみの評価に終始すれば、「障害がある」という付加価値に比重が置かれ、その特殊な背景の方へ焦点化してしまう危惧がある。教師の役割とは、個々の切実さにこそ向き合い、芸術活動における豊かな表出を育むことができる機会や環境を、公正に整えることにある。

　美術教育は、障害のあるなしに関わらず、美術による営み（作品・行為等）を多様性として尊重し、一人ひとりのニーズに基づいた可能性を最大限に引き出し、価値づけしていく役割を担うことができる唯一の領域である。それは、子どもの自己肯定感を育むための教育的支援と同義である。美術教師がそれぞれの場で、美術を通じた価値ある実践を継続し、その価値を広める努力を続けることが、インクルーシブ教育システムが本来求める、共生社会を実現するための手段となり得るのではないかと考える。

第2節　特別支援学校の美術教育

佐々木敏幸

〔1〕チーム・ティーチングによる指導

　特別支援教育の指導の特徴として、TT(チーム・ティーチング)があげられる。これは複数の教師が協力して指導にあたる方式を示す言葉である。通常の授業はMT（メインティーチャー）が中心に授業を進め、ST（サブティーチャー）が生徒の実態に応じて配置され、連携しながら指導にあたる。美術は、この複数の指導者による指導体制が基本となる。

　TTの利点は、他の教師と協力することで1人ではできないような実践ができたり、個々の生徒への細かな配慮による指導ができたりすることである。STは他教科の専門の場合がほとんどであるため、MTの授業への思いだけが一方通行にならないように教師同士のコミュニケーションが重要になる。そして、題材ごとに学習指導案（略案）を配布し、授業計画、目標や手だて等を示し、何をしたいのかを明確に伝えることが授業を成立させるための基本となる。

　美術に関しては、生徒が面白いと思う題材ほどSTにとっても未体験の内容である場合が多い。授業（題材）に引きつけるべき対象として、子どものみならず、STの大人も巻き込む視点で授業づくりをすることが重要である。様々な意見を取り入れ、多くの教師の視点からつくりあげられた授業ほど優れた実践となる。それが子どもたちの豊かな学習経験へと結びついていく。

〔2〕障害特性に合わせた支援と工夫

　障害がある生徒は、成功体験や困難を乗り越えた時の達成感を得る

経験が乏しい中で生活してきている場合が多い。過去の失敗経験からくる苦手意識、環境への不適応など、抱える要因も様々である。

そこで必要なことは、授業が単純に「楽しい」と思えるようにすることである。それは当然、自分の力で「できる」楽しさを実現することである。そして、できるためには学習内容を「理解する」ことが必要となる。障害にはそれぞれの特性がある。その特性を認識した上で、適切な支援を行いながら苦手意識や不適応を改善させていくことが指導の基本となる。

知的障害の障害特性と教育的支援

知的障害のある児童生徒の在籍する特別支援教育の場には、自閉スペクトラム症[*7]（以下、ASD）やダウン症[*8]といった、様々な診断がある子どもがいる。国立特別支援教育総合研究所の調査[*9]によると、近年、特にASDの在籍率が増加しているという。また、教育現場の動向として、障害特性に対応するための「自閉症教育」推進や検討についても触れている。2010年度からは、東京都の小・中学部を設置するすべての知的障害特別支援学校において、ASDの児童生徒で編成した学級での指導を実施し、特性に応じた教育課程の充実が図られている。

これらのことから、知的障害者の教育において、ASDの特性理解は不可欠であると考えられる。

ASD者は、視覚的に情報を処理（見て理解）することが得意である場合が多い。また、順序立てて理解したり行動したりすることが苦手だったり、感覚に過敏（または鈍麻）があるなどの特性があり、学習スタイルが異なると捉える必要がある。そのため、学校現場では、個々の特性に合わせ

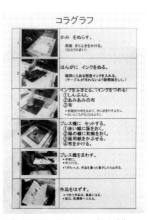

〔1〕版画の手順カード（A4判）

た教育的支援として有効な、「構造化*10」による指導が広く行われるようになった。構造化とは、様々な視覚的な手がかりを利用し、時間や空間などの意味を見ただけですぐに理解でき、活動を容易に行えるように環境を整える支援である。見通しを助けたり環境刺激の統制を図ったりすることにより、児童生徒が精神的な安定を図り、主体的に学習へ取り組めるようになるための合理的配慮でもある。

　美術の導入では、視覚的に授業内容を理解できるように、本時の内容の始めから終わりまでを明確に示す。板書や実演だけではなく、ICT機器*11を活用し、映像やスライドで、時系列で活動の工程説明を行う。また、制作には写真や絵などを挿入した手順書〔1〕を準備し、個の特性や認知に合わせて活用できるように配慮する。他にも、時間を示すタイマー、学習に不要な物品を布で隠したり、動線の整理及び場所を明確に示すためのパーティションを用いるなど、様々な構造化のための工夫が挙げられる。ASD者は音声言語による情報の受信が苦手だったり、音の刺激に過敏だったりする場合があるため、音の少ない環境への配慮も重要である。言葉かけをする場合は「〜します」など、明快かつ具体的に行い、何をするのか、どのくらい（量）やるのか、どのようにすれば終わりか、終わったら何をするのかなどを、視覚的な支援と共に、個の特性に応じて示す必要がある。

肢体不自由／重度・重複障害の障害特性と教育的支援

　肢体不自由*12や重度・重複障害*13の生徒への指導は、健康や障害の状態に配慮しながら、主体的に自分の力を発揮できるように進める必要がある。そのためには、生徒の実態について多面的な理解が重要となる。健康状態、障害の状態、発達の状態、生活経験の広がりなどあらゆる情報を理解し、日々の様子を把握することが指導の基盤となる。

　生徒の主体的な活動を引き出すためには、教師は「待つこと」を常

に心に留めて生徒たちと向き合うことが大切である。微細な動きでも、その動きに反映されている気持ちを理解するための重要な手がかりとなる。そして、自分でできることにはじっくりと取り組める時間をもてるように配慮し、スモールステップ[*14]で進めていくことが大切である。

　美術の授業にあっても、運動機能の維持や身体機能の保持の視点、手指の巧緻性を高めることへのアプローチなど、訓練的な要素を取り入れた題材設定と教材教具の工夫が不可欠である。例えば、表現の対象に意識が向かない場合は、鈴や素材の反響音などを用いて注意を引いたり、視界を限定して視線を対象に向けやすくしたりする。また、視線を対象物へ向けやすくするため、作業台に黒い布を敷くとコントラストが明確になり効果的である。ほかにも、介助鋏の使用や、筆などの柄にグリップをつけて握りやすくする自助具などを障害の程度に応じて用いる必要がある。

　重度の生徒には、教師の介助が不可欠な場合も多い。しかし、可能な限り自分の力でできるように支援を行えば、学習に対する意欲をかき立て、試行錯誤や成功体験を通して自信を育てることにつながる。これは同時に、麻痺の進行を抑え、運動機能を維持することにもなる。

〔3〕 子どもの生きづらさに向き合うための美術教育の可能性

　特別支援学校には、どの学部・学年にも指導・対応が難しいとされ「大物」「難解」という見方をされる子どもがいる。激しい自傷や頻回な他害、破壊的行動などの「行動障害」と呼ばれる問題行動が認められる事例である。また、行動障害により、その養育環境で著しく処遇の困難な状態を「強度行動障害[*15]」と定義し、近年、福祉領域を中心に支援者養成制度等の整備が進んでいる。この言葉は、医学的な診断名ではなく状態像を示すものであり、生まれながらに特定の個人が有し

ている行動ではなく、障害特性と環境との相互交渉から二次的に生じるとされている。つまり、適切な教育環境と支援（指導）があれば軽減できると認識する必要がある。全日本手をつなぐ育成会の実施した調査[16]によると、強度行動障害のある者のライフステージにおいて、「最も行動障害が激しく大変であった」と養護者が回答した時期は、中学部から高等部段階であった。よって、現状の学校現場には、その支援について、合理的配慮としての体系的な整備と一貫した指導体制の構築が求められる。

　筆者は、これまで担任として複数の行動障害がある生徒の事例に接してきた。問題行動によって困っているのは生徒の方である。その軽減のためには、障害の特性理解等の理論に基づき、アセスメントや記録等の客観的な評価を活用した実践が不可欠であり、チームで取り組む必要がある。そして、課題となる行動・要因の「消去」だけに目を向けるのではなく、適切な行動を形成するための「活動を作る」ことが重要である。活動とは、美術であることが多い。授業という枠組みを超え、創造することを介してコミュニケーションし、集団や他者と折り合いをつけながら生活経験を積む。実践の核には、常に生徒個々の興味・関心や強みに寄り添った「できる」を拡げる関わりが必要であり、そのために美術教育が果たすことができる役割は大きい。

　行動障害の改善は、そのまま卒業後の地域生活におけるQOL（生活の質）の向上へと直結する。教師は、どのような実態がある生徒であっても、向き合い続けることを諦めてはならない。

●事例　粘土をつくって塑造する「お寿司」「お弁当」

　中学部の重度から軽度までの全生徒を対象に、全14時間、計7週で行った造形表現である。前半を素材である粘土づくり、後半は塑造で対象を表現する題材を設定した。材料である粘土を自分で作るところから始めるところに、この題材の特徴がある。

粘土の素材は、紙テープ及びトイレットペーパーを使う。水に溶ける性質の紙類は、すべてパルプ粘土の素材になり得る。有色の紙テープが色彩の表現として利用できるほか、トイレットペーパーに色材を混ぜ合わせて粘土にする方法もある。

　水溶きのボンドを入れたペットボトル（ボンド水、ボンド3：水1程度）を用意し、まず生徒は計量カップでボンド水を約200cc測って洗面器に流し込む。次に、ロール状に巻かれたすべての紙テープを、ほぐす行為を楽しみながら、ボンド水の中に入れて練りの工程に入る。自閉症の生徒などは感覚に過敏がある場合が多く、グチャグチャやネバネバ等の触感に対し、はじめは手を入れることを躊躇する場合が多い。この活動を毎回繰り返すことで、少しずつ触覚過敏に慣れさせる意味合いもあり、苦手な子どもには教師も一緒になって手を入れて粘土づくりを行う。あえて粘土を作らせる意味は、粘土づくりの段階で素材の「感覚遊び」を満足して終え、次の展開で行う塑造で、表現だけに集中してもらいたいからである。

　「自分の表現したいものをつくる」。このことを一斉授業で個々の生徒が実現するためには、明確な目標をもって制作できるように、誰にでもイメージしやすいテーマを設定する必要がある。生徒たちが、日常の生活の中で最も意識していることは食べること。そこで、塑造するための造形要素をもつ形状のお寿司やお弁当をテーマとした。

〔2〕「お弁当」（32×47cm）

〔3〕「おすし」校内展示

赤い紙テープのパルプ粘土をマグロの切り身のように成形し、トイレットペーパーのパルプ粘土でシャリをつくる。そのまま握るのもいいが、ボンドに緑色の絵の具を混ぜた「ワサビ」をネタとシャリの間につけて握ってみる。すると本当の寿司づくりと同じような手つきで造形できる。それがわかると、生徒は夢中になって次のネタの寿司づくりに没頭していく。子どもだけではなく、授業に関わる大人も一緒になってワクワクしながら取り組むようになる。必然的に作品も面白いものができあがっていく。

　できた作品はツルツルのビニールシートなどにのせておけば、次の週には乾燥して取り外せる。最終回には寿司桶や弁当箱をつくり、できあがった食べ物を接着し、お寿司やお弁当などの立体作品として完成させる〔2〕。

　これら軽い立体作品は壁面展示に適している。グルーガンやガンタッカーがあれば、立体の壁面展示もスムーズに行える。障害による身体的な困難がある生徒にも、広い視野で見やすく、楽しめる展示になる。作品は、校内の最も人通りの多いフロアーに展示した〔3〕。多くの人に積極的に鑑賞してもらい、たくさんの人から評価の声をかけられることで、子どもたちの達成感がより高まっていった。

●事例　肢体不自由、重度・重複障害の造形表現「バナナ」

　重度の障害がある生徒は、身体機能が限られていたり、その発達が遅れていたりすることが多いため、それらの困難を克服するための学習に多くの時間を費やしている。美術では、限られた能力であっても「自分の力でつくりあげた」という達成感と、その成功体験を多く積み重ねることに指導の主眼を置くべきである。本題材は、中学部の肢体不自由と知的障害等が重複する生徒たちを対象にした、単純な行為や限られた身体機能を生かせる造形活動である。1回2時間の授業の前半を制作、後半を彩色の2部構成、全14時間、計7週で授業展開を

考えた。

　映像で制作工程を紹介する前に、導入で「バナナが1本ありました…」と、バナナの歌を歌いながら本物のバナナを提示し、実際にバナナに触れることで、匂いや重さ、冷たい手触りなどを体験させる。そして「食べてみよ

〔4〕「バナナ」（27×41cm）

う！」と、今度は味覚に働きかける。導入では効果的な刺激を駆使して様々な感覚へ働きかけ、表現に対する意欲を高めることが重要である。

　前半の制作は、「にぎる」能力を中心にした造形となる。素材のアルミホイルをロールから子どもとともに、1.5mほどひっぱり出してみる。ガサガサと音が鳴る大きなアルミホイルを、グシャグシャとまとめて小さくしていく。その音や触覚で感じ取る金属の硬質感など、アルミホイルは様々な感覚に刺激を与えるよい造形素材となり得る。握る力の強弱によって形は多様に変化する。最後に茎側の端に凧糸を結びつけて形は完成となる。

　後半の彩色は、陶芸の釉薬がけの「ズブがけ」の技法で行う。限られた身体機能で確実な彩色を一度の工程で完結させるには、この技法が最良である。材料は大量の木工用ボンドに黄色と白の絵の具を入れるだけである。このボンド絵具を、バケツなどに入れ、少しだけ水を入れて硬さを調整して撹拌し、バナナの長さが縦にすっぽり入るくらいの量をたっぷりと準備する。アルミホイルのバナナを掴んだ手先までドップリと浸けながら教師と一緒に行う。弾力のある黄色いボンド絵具は、力を入れないと最後まで色の中に浸けることができないため、生徒は必死になって色材と格闘する。彩色後は、紐の部分をクリップで止め、吊るして乾燥させる。乾燥するまでに余計なボンド絵具が落ちるため、新聞紙を下に敷いておくとよい。乾燥後、均等にアルミホ

イルに固着したボンド絵具は、ツルツルとした艶のある本物のような
バナナとなる。次回からは、繰り返し1本1本のバナナづくりに取り
組んでいく。

　最終回は、自分でつくったすべてのバナナの糸部をまとめて結わえ、
その部分を同じように黄色いボンド絵具でズブがけしてコーティング
する。するとバナナの房の形も個性によって様々な形体として現れる。
完成後は、（展示用に）おなじみのメーカーのロゴをあしらったキャプ
ションに生徒の名前を入れてゴムでくくりつけた〔4〕。校内展示では、
天井や壁面に吊るすことで、風で動いたり触ったりして様々な角度か
ら鑑賞できるように設置した。

●事例　身近な素材を用いる「一版多色刷り版画」

　特別支援学校には、卒業後の就労（進路）を視野に入れた具体的な
学習のため、「作業学習」という教科がある。清掃や食品加工などの
様々な作業種の中には、革工と呼ばれる革製品の加工があり、校内に
は専用の道具が豊富にある。本題材は、この特別支援学校特有の資源
を活用した版画制作である。この版画技法は、これまで小・中学部か
ら高等部のすべての段階で実施している。全2時間の授業の前半を製
版、後半を印刷の2部構成で進める（計6週）。

　製版に用いる道具は、木槌と革工用のゴム台、色々な大きさや形の
ポンチ（穴を開ける棒状の切断工具）、はさみ、カッターナイフなどで
ある。そして版木は、ごく身近にあるクリアーフォルダー（材質はポ
リプロピレン。以下PPシートと表記）を用いる。ここではA5サイズ
ほどに切ったPPシートを版木として示す。

　PPシートをゴム台の上に置き、ポンチをあてて木槌で叩くと簡単
に穴が開く。製版は、この各種ポンチを用いて様々な模様を開けたり、
ポンチ穴の形をドットとして捉え、図像を描くように表現したりする
〔5〕。発展させた方法として、ハサミで切り込みを入れたり、セロテー

プで形をつけたりしても、その形が明確に印刷できるため面白い。安全面への認識がある生徒は、カッターナイフを用いて細かい表現をすることもできる。

家庭用プリンターなどでは、シアン・マゼンタ・イエローであらゆる色彩が表現される。その印刷の原理に則って青・赤・黄の三原色を基本色とした。印刷にあたっては、毎回の製版により、穴や切り込みが増えて版が縮小していくことや、色（版画用インク）の隠蔽力を考慮するなど、用いる色の順番や作品の仕上がりを意識した計画性が大いに必要とされる。

〔5〕木槌でポンチを打ち製版

印刷には特製の「刷り台」を用いる。ローラーでインクをつけた版を、刷り台の指定の位置（異なる色で明示）に置く。紙は2辺の当て木に沿って置くと簡単に位置をそろえられる〔6〕。あとはバレンで刷るだけである。特製の刷り台を用いることで、生徒は自分1人の力で複雑な工程を最後までやりきった達成感を得ることができる。色の順番は、初回に黄色、次の回は赤、最後に青と段階的に進める〔7〕。

〔6〕刷り台（左）のり付きパネルに色違いのPPシートと当て木を接着して制作

〔7〕一版多色刷り版画（B4判、和紙）

この題材は限られた道具や色で制作するため、画一的な作品になりやすいデメリットもある。しかし、素材や道具の制約があるからこそ、それぞれの個性や表現力をみることができる。また、工程の明確さが安心感へつながる生徒もいる。自由な平面表現ではみられなかった丁

寧さや、手指の巧緻性などが直に作品に反映される面白さもある。

　「作業学習」として、陶芸を行う特別支援学校もある。そのため陶芸室や陶芸窯など専用の施設設備が整えられている学校が多い。美術の授業でも、これらの設備を有効活用しない手はない。しかし、就労を意識した作業学習と、美術で取り組むべき内容とでは、その学習目標は異なる。美術では、工芸としての用途や機能性を考えた制作であるとともに、自由な発想と表現を保障しながら造形美を追求できるようにしなければならない。「3本足の皿」は、中学部で行った雄型を用いた「タタラづくり」による食器である〔8〕。型による表現は、陶芸用品として購入できる石膏型を用いると、どれも画一的な作品形状になってしまう。そのため、独自の石膏型（雄型）を作り、形状等を工夫することで生徒の個性を出せるように準備した。型の作り方は、石膏液を作ってペットボトル（2ℓ）に入れ、そこへ膨らませた風船をはめてひっくり返し、一気に流し込む。気泡を抜いて口を縛り、台などに置いて形を整えてから硬化させていく。硬化後に風船を外せばオリジナルの石膏型が完成する〔9〕。

　初めて陶芸をする生徒には、理解力や技術的な側面から十分な「練り」や、タタラ（板状の粘土）にする工程は難しい場合が多い。そのため、しっかりと粘土を締め空気を抜くという練りの工程と、タタラをつくることを同時に行う方法を考えた。粘土を緩衝材で覆い、叩いてつくる技法である。まず緩衝材として2mmほどの厚い透明の塩化ビニールシート（教卓に用いるデスクマットでも可）を用意する。そのままでは粘土がシートにくっついてしまうため、粘土の上下に必ず布（荒目など、布目の効果も考慮する）をあてる。皿の場合は500gの粘土を球状にし、布とともにシートの間に挟む。準備ができたら、木槌や野球のバットなどで力いっぱい叩いて延ばし（肢体不自由の場

合は、床に置いて足でふみつけなが
ら延ばす）、丁度いい厚さや大きさに
なったら練りとタタラづくりを終え
る〔10〕。タタラはそのまま皿にして
もいいが、四角や好みの形に切り出
してもよい。次に、オリジナルの石膏
型にあてて皿の成形に移る。この型
の利用により、どのようなタタラで
も皿の機能を保つ形として定着させ
ることができる。最後に高台として3
本の足をつけたら皿は完成する。

〔8〕「3本足の皿」（直径約 17cm）

〔9〕風船で作った石膏型

　素焼き後の授業では、絵づけや、釉
薬がけを体験する。この工程は、生徒
の好奇心を刺激するよい材料体験にも
なるため、誤飲などの安全に配慮しな
がら直に釉薬に触れられるようにして
進める。この題材では、呉須による絵
づけ後に、透明釉薬をズブがけで施釉
した。焼きあがった作品は、自宅に持

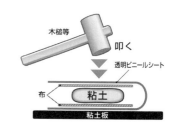

〔10〕

ち帰って実際に使用できるように各家庭へお願いする。自分のつくっ
た作品が食卓という舞台で利用されることが、最高の鑑賞の機会とな
るからである。

●事例　造形遊びを取り入れた表現「雨ふりハウス」

　作品として最終的に残る結果よりも、創造する「過程」を重視した
活動が「造形遊び」の特徴である。その名の通り、造形素材との関わ
りを通じた遊びを引き出すことが指導目標である。しかし、障害のあ
る生徒にとって「遊ぶ」こと自体に課題がある場合が少なくない。社

会性やコミュニケーションに困難を抱えているからこそ、協同による「遊び」の実現はとても難しく、それが重要な学習のねらいとなる。

　高等部入学後の最初の美術として、新聞紙とセロハンテープだけで空間を構成する造形遊び的な表現を実施した。造形遊びは、学習指導要領では小学校の内容であるが、特別支援学校の教育課程の取扱いでは、生徒の学習内容の習得状況によって各教科の目標・内容の一部を取り入れることができる。そのため、発達段階で分けた学習グループ別にテーマを変え、造形遊びの内容を取り入れた表現を実施した。

　事前準備として、天井や梁、壁面上部の突起物などを利用して、高い所へ新聞紙をつなぎ止めるための紐を固定しておく。また、基本となる新聞紙は、あらかじめ糊で接着して何枚も連結し、大画面を用意しておく。授業は、この大きな新聞紙を吊り上げることから開始する。生徒の歓声とともに巨大な新聞紙が地面から立ち現れたら、セロハンテープで紐に固定し、表現を開始する。

　軽度知的障害グループでは、「男女の壁」をテーマに、美術室内を高さ2mの新聞紙で縦に分断し、全長15mの壁を制作した。新聞紙を吊り上げたら、男子と女子に分かれ両側から協力し壁を築いていく。隔てられ、互いの表情や様子が見えない状況で、両者は協力して相手側をのぞけるような隙間を埋めながら貼り、最後は完全に分断する。鑑賞では、互いの空間を行き来する。思春期特有の異性への複雑な心

〔11〕寝転んで鑑賞する「雨ふり屋根」

〔12〕文化祭展示「雨ふりハウス」

情を背景に、隔てられることによって、より顕在化する相手への意識、他者の視点や創造した空間の違いを体感する。薄く儚い紙のみを介し、表現によって日常世界の見方が変わることを実体験する。

　重度知的障害グループでは、「雨ふり屋根」をテーマにした。新聞紙40枚をつないで10畳程度にした巨大新聞を、頭上に3本平行に渡した紐で、屋根のように取りつけるところから活動を開始する。生徒は、別に用意した新聞紙を縦に細長く破き、その端をテープでつないで長い紐状にし、屋根から1本ずつつけていく。次第に増えていく紐状の新聞紙は、屋根の下だけに雨が降っているような作品へと発展していく。鑑賞では、全員でその下に入って寝転び、感じたことや作品の見え方について言語化する〔11〕。途中からは、送風機を使って強風を送り、ガサガサする音や、ひらひらと宙を舞い身体に当たる触感など、まるで嵐のような空間を楽しんだ。

　作品は保管し、文化祭のインスタレーションとして展示計画を進めた。その名も「雨ふりハウス」。造形遊び的な表現は、多目的ホール上部に紐を張り、天井面を「雨ふり屋根」、側面を「男女の壁」で隙間なくつなぎ合わせ、巨大新聞紙建築のように仕立てた〔12〕。文化祭前日は、学年の生徒と教師全員で展示に取り組む、賑やかな共同制作となった。文化祭当日は、多くの鑑賞者が歓声を上げながら内部へ恐る恐る入り、ガサゴソと身体に触れる新聞造形を楽しむ風景があった。

　造形遊びでは、子どもの主体的な行動を導くために、素材は単純なものを用い、なるべくシンプルに提示する方法を考える。そして、場（空間）のもつ可能性を開発し、新鮮な気持ちで素材に向かえる設定にする必要がある。障害のため、他者と直接的なやり取りが困難であっても、物を介すことで他者とうまくつながることができる生徒もいる。集団活動が苦手であっても、行為を通じて人と関わることで主体的な活動を引き出せる生徒もいる。造形遊びは、生徒の多様な成長を導く可能性を秘めた学習機会となる。

　特別支援学校の日常には、教師が子どもへ安易に「描く」ことを求めるような場面が散見する。そのため、子どもにとって、長い学校生活で培われてきた描くことへの意欲は多様となり、描画へ向かう観念も固定化しがちになる。よって、美術の題材設定で「描画」を扱う際は、慎重に進める必要がある。また、「自由」に表現するという設定は、何を具体的にやればいいのかわからず、不安を助長する特性の生徒がいるため、授業としては明確な方向づけが必要となる。「描く」授業設計には、先入観に左右されず、期待感を高められる具体的な環境設定が重要になる。

〔13〕大きな透明キャンバスに描画

　本題材は、高等部2年で取り組んだ題材である。マーカーやスプレー等の日常にあるものを利用し、生徒個々の描画の既有能力をもとに、非日常的なスケール感で、描く「行為」に焦点をあてた。発達段階別に3つの学習集団に分かれ、各グループ全8時間・計4週で取り組む共同制作である。

　準備は、まず角材で四角い枠（2×4m）を作る。約2m幅の厚い農業用透明ビニールシートを、ロールから4m以上切り出して目玉クリップで止め、キャンバスのように張る。授業の導入では、透明キャンバスを前に、バスキアやキース・ヘリングの参考作品を鑑賞し、「落書き」も表現になり得ることを示して、大きく描く実演をする。描画が始まると、子どもたちは透明な大画面に触発され、

〔14〕天高くバルーンをあげる

身体全体を動かしながら表現していくようになる〔13〕。透明キャンバスは、多彩な線や形が折り重なることで、描いた痕跡のみが次第に明瞭化され、描く行為をより顕在化させていく。

　描画したシートを3つの学習集団で毎週1枚、合計12枚作ったら、最終回は協力して太い透明テープでつなぎ合わせ、バルーンを制作する。扇風機を使って空気を入れ、直径2.5×長さ15mの巨大バルーンを完成させた。鑑賞活動は校庭で行う。風に煽られる作品を皆で必死に支え、作品の大きさや重み等のスケール感を体感する。皆で協力し、バルーンを空高く飛ばそうとする集団もあった。鑑賞活動の様子を撮影したら、教室に戻り、モニターに映し出して振り返りを行う。描画を通じて、「人」と「もの（作品）」と「場」が出会う美術の醍醐味を、生徒も教師も真剣に楽しむことができた〔14〕。

●事例　光の色彩「拡がるステンドグラス」

　透明なビニール素材と思いがちな色セロハンは、材質がパルプで、紙と同様に水分を吸収して透過するため、接着することができる。この特徴から、赤・青・黄・緑の4色の組み合わせで、光や色彩の学習ができる優れた表現用の素材と考えることができる。よって、弱点である薄く破れやすい性質を補完し、素材に堅牢さを加える工夫を考えるところから題材開発を行った。

　準備は、4色の色セロハン、PPシート（前述したクリアーフォルダー）と木工用ボンドである。授業では、まずはじめに色セロハンをハサミで切ったり、手で千切ったりして、自分の好きな形を成形する。次に、ステンドグラスの土台となるPPシート（クリアーフォルダーを切り開いておく）を用意し、トレーの上に置いて、ローラーで（水を加えない）ボンドをたっぷりと均一につける。そのPPシートを新聞紙の上に置き替えると、セロハンを貼るべき場としてボンドの白が明確に現れ、接着準備が整う。

ここからは、はじめに切っておいた色セロハンを、色彩や形の重なりを考えながら隙間なく貼っていく。注意点は、隣り合うセロハンを少し重ねながら貼ることである。ボンドの白をすべて覆い隠すように貼り詰める。仕上げに、水を少量加えたボンド（ボンド10：水1）を用意し、刷毛でトントンと置くようにセロハンの上へ分厚く重ねていく。セロハンの色がわからなくなるくらいに真っ白になったら完了で、平らな場所に置いて乾燥させる。数日経つとボンドが乾燥し、透明感のある重厚なステンドグラスが現れる。まず、くっついている新聞紙を破いて剥がす。次にPPシートを外し、はみ出た部分をハサミで切りとったら完成となる。

　発展的な展開として、好きな形に切った黒紙をセロファンの層へ挿入すると、ステンドグラスの輝きの中に強いネガの形が現れる。人の形などを入れると、まるで神秘的な物語のような画面へと変容する。同じ方法で風船へ色セロハンを何層も貼り、ボンドを厚く塗り重ねると立体表現ができる。この球体ステンドグラスは、ランプシェードになり、個々の作品を針金でつないでシャンデリアとして完成させることもできる〔15〕。生徒の意欲や習得した技能を発展させ、制作を繰り返すことで作品は増えていった。

　文化祭では、大教室の窓全面に隙間なく作品を貼り巡らせ〔16〕、室内がシンメトリーとなる位置へ2つのシャンデリアを吊るした。展示

〔15〕共同制作「シャンデリア」

〔16〕大教室の窓をステンドグラスに

空間は、荘厳な光の色彩で溢れ、生徒たちの笑顔を彩りながら照らし出していた。

●事例　共同制作／舞台美術「CATS」

　高等部の文化祭における劇「CATS」のテーマに合わせ、美術の時間に舞台美術制作を学年全員で取り組んだ。特に舞台背景画は、演技の場面設定の重要な役割を担うため、劇のあらすじをもとに共同制作の方法を検討した。生徒が猫になり演技する主要な場面は、満月の「ゴミ捨て場」の設定のため、立体的な背景画を構想した。フィナーレは「舞踏会」の場面となるため、描画だけで華やかに描くことに決め、計2点制作する計画にした。そこで幅130cmの不織布ロール（1本30m）を4分割して縫い合わせ、舞台背面を覆う5×7.5mの支持体を2つ準備した。

　制作は学習グループごとに役割（表現方法）を決め、段階的に制作を進める方法をとった。大画面のため床に置いての制作となる。多目的ホールに、毎回ブルーシートを敷いて不織布を広げ、裸足になった生徒たちが入り乱れての共同制作となった。

　最初に、フィナーレの背景画「舞踏会」から制作を始めた。生徒たちが画面のスケール感を理解するため、笛の合図とともに白い画面上を列になって歩いたり、ゴロゴロ寝転がったりして、現実の大きさや素材感を体感することから開始した。描画にはアクリル絵の具を用いる。黄色などの隠蔽力の弱い色から始め、モップや棒につけた刷毛を使って、歩いたり体全体を動かしたりしながら、行為の痕跡を線や形で残すように表現した。次第に彩度の強い色を増やしていき、形の大小や線の強弱などを考慮しながら緻密な描画へと発展させていった。回数を重ねると生徒たちの集中力は高まり、描画はすぐに変転していく。教師は色彩の調和や画面構成などへ気を配り、進捗を管理する。そのため、台に乗ってレーザーポインターを画面にあて、個別に

「○○さん、右足の前にある青い丸の周りを白で描いて」などと具体的な指示を出す。大画面の各所で、生徒一人ひとりが自立して描き、その描画がつながり合っていく。適材適所で、生徒の個性を活かせるように配置し、皆で一丸となって完成させた〔17〕。

　次に主要な場面、「ゴミ捨て場」の背景画に取り掛かる。材料として、不要になった布を大量に用意した。その布をハサミで切り、木工用ボンドで接着して巨大なコラージュ作品を作る計画である。最初は、重度知的障害グループが、棒の持ち手をつけたマーカー等を使い、画面上を縦横無尽に動きながら絵の具で線を描く。動く生徒の始点と終点の両側へ教師が立って方向を示すなどし、自由な行動から生まれる斬新な線を活かした下絵とした。次に軽度知的障害グループが、布類をコラージュしていく。最初は、下絵の線に合わせ、接着したい布に罫書きしてハサミで切り、大量の木工用ボンドを用いて接着していく。生徒は協力し、シワをつけて立体的に貼ったり、布の一部を接着して動きが出る工夫をしたりしながら、貼り重ねていった。

　共同制作の後半は、布を加工して形を作ったり、紐などの素材を増やしたりして接着し、描画も加えるなど複合的な表現へと展開し完成した。また、立体「満月」（直径2m）を別に制作した。教師がダンボールで球状の支持体を作り、そこへ重度知的障害グループが張り子で下地を貼り、仕上げに金紙を貼り巡らせた。天井に吊り上げ、背景画と組み合わせるため、軽量で安全な構造にする必要があった。

〔17〕共同制作による大画面の描画

〔19〕フィナーレの背景画「舞踏会」

〔18〕文化祭舞台発表「ゴミ捨て場」背景画を前に演じる生徒

　舞台発表本番では、場面の変化を示す装置として、「満月」を舞台
上部で動かす仕掛けにした〔18〕。滑車を用い、ロープで舞台下手から
上手へと動かすことで、劇の進行とともに舞台美術を変化させる。そ
してフィナーレになると、生徒全員が登場して合唱が始まる。それ
と同時に、舞台天井にあるバトン（物を吊る棒）へ事前に巻いてくく
りつけておいた背景画「舞踏会」の仕付け糸を切り、勢いよく降ろす
〔19〕。すると、場面が一気に転換し、会場は大いに盛り上がり、フィ
ナーレを彩る重要な舞台装置となる瞬間が訪れた。

　舞台発表などの行事では、演者も観者も前例に囚われない新しい挑
戦が求められる。そして、生徒の「活躍する」姿を示す、大規模な表
現が公認される、美術の見せ場となる。しかし、完成へと向かう道筋
は暗中模索となるため、生徒の取り組む様子を観察し、柔軟に軌道修
正を繰り返しながら進める必要がある。他教科と連携した共同制作で
は、この苦しい制作過程において、積極的にSTの意見を取り入れ、協
力しながら進めることが成功への重要な条件となる。

●事例　アートプロジェクト「古池のリデザイン」

　Y特別支援学校では、校舎の中心に長年放置されたままの鯉だけが
元気に泳ぐ古池があった。モダンなデザインとして数十年前に開学

したはずの校舎は老朽化が激しく、廃れた環境に皆が「悪い意味で」慣れてしまっていた。池は、まさにその象徴であった。校舎は「建物」にすぎない。しかし、そこは（教師も含めた）人々の日常生活の場であり、子どもたちにとっては貴重な「社会」がある。当たり前だと思って過ごしている環境に、美術作品の設置を試みたらどうなるのか。荒廃した池をリデザインすることが学校環境を変え、その場にいる人々の意識や、教育にまでよい変化を与えられる契機となるのではないかと考え、美術の担当教師がチームとなって池のリデザインを提案し、中学部全体で実行に移していった。

　プロジェクトの主要な条件は、鯉の生育環境を守ること、限られた予算で実施すること、恒久的な作品設置が可能な素材を用いることであった。これらの条件から、陶板作品による共同制作の計画を立案した。おりしも美術の授業では、陶芸の「植木鉢づくり」を行っている時期でもあった。同じタタラ（p.400参照）による成型技法をスケールアップさせ、1点6kg前後の粘土で陶板作品を量産する計画である。授業では、班ごとに分かれ障害が軽度から重度の生徒まで、全員で協力して制作する。直径60cmほど（窯に入る最大サイズ）の円形の作品を、各班で毎回1枚制作した。素焼き後は、白萩と桜花釉の2種類の釉薬をそれぞれ半数の作品に刷毛で塗り、本焼きした。最終的には、これら「陶板オブジェ」と名づけた作品を50基以上完成させることが

〔20〕古池のリデザイン・プロジェクト

できた。

　池への設置は、水面
に蓮の葉が浮かびあが
り、有機的に重なり合
うような様態をイメー
ジした。同時に、鯉の
生態に悪影響を及ぼさ
ない設置方法が求めら
れた。そのため、土台

〔21〕モネの「睡蓮」にみたてて

には高さの異なる数種類の金属製プランタースタンドを用いることに
し、作品を接着剤（エポキシ）で固定していった。設置作業は、教師集
団が中心になって進めた。枯山水や日本庭園の石組の技法を学び、池
を囲む校舎の四方からの景観を考慮した配置計画をもとにデザインを
進めた。冬の寒空の下、ゴム長を履いて水に入り、浮かべたタライに
作品をのせ、1基ずつ設置する。作業協力する教師には、モネの絵画
「睡蓮」のようなイメージを提示し、声をかけ合いながら作品位置を
調整し配置していく〔20〕。池全体をキャンバスにみたて、作品を1つ
1つ構成していく大がかりな作業は何日も続いた。何よりも予期して
いなかったことは、陶板作品が1つ1つ設置されていく最中に、子ど
もたちが毎日池の様子を観察し、担任や友達など身近な人と見守るよ
うになっていったことだ。

　完成後は野外の特性が活かされる展示となり、思いもよらない鑑賞
を導くこととなった〔21〕。日光が水面にあたって乱反射し、校内の天
井に波形や作品の形を映し出す。雨の日は屋根を伝った雫が規則的な
波紋を生み、作品に動感を与えた。また、池に舞い散る桜の花びらや
降り積もる雪など、四季を通じた変化を楽しませてくれる池となった。
それとともに、他教科では鯉の飼育学習に取り組んだり、小学部では
池の清掃に取り組み始めたりするなど、美術以外の学習活動にも利用

され、よい影響として広がっていった。それまでは誰も目を向けよう
としなかった池が、注目されるようになったのである。古池は、皆が
「心」を向ける「生きた池」へと生まれ変わった。

　美術作品は「物」である。物が成立することばかり考えていた初期
は、他の教師からの反発も多かった。しかし、表現活動を通じて生徒
たちが変わっていく姿が目に見えてわかり、このプロジェクトを支え
ながら形にしていく教師の姿が増えていくことで、中学部の集団が
次第に一丸となっていった。そこには、皆で1つずつ制作を積み重ね、
完成に向かってつくりあげていく喜びが伴っていた。これら「物」だ
けではない「人」の変化こそが、本来的な美術活動の目指すべき主体
なのではないのだろうか。美術のためだけに美術をする教育（作品）
ではなく、美術（作品）を通じて人や環境をポジティブに変化させ影
響を与えられる教育としての役割が、美術教育には必要だと改めて考
える契機となった。

　人々に、全く価値がないと思われていたものに新しい価値を与えて
いく。障害を理由に、誰もができないと思っていたようなことへ、視
点を変えることで生徒たちが挑戦できる機会をつくる。そのことで、
新しい発見や教育的な価値をつくり出していく。学校教育の中で、美
術教師が先頭に立ち、創造しようとすることから生み出せる可能性や、
行動することで示せる美術の本質的な価値がまだまだあるのではない
だろうか。そのきっかけやヒントは、意外にも自分たちの足元にいく
らでも転がっているものである。恵まれていると思われる環境よりも、
様々な制約の中にあってこそ、本質的な美術教育の可能性を導き出せ
るチャンスがあると信じている。

1 —— 中央教育審議会の初等中等教育分科会（第69回）において、「障害者制度改革の推進のための基本的な方向（第一次意見）」2010年6月に、障害者制度改革の基本的な考え方として示された。

2 —— 2006年に国連で採択された「障害者の権利に関する条約」において規定された概念である。障害のある人が他の人と平等に、人権や基本的自由の享受または行使などの社会参加に必要となる変更・調整を行うことであり、教育分野だけでなく雇用分野、社会生活などあらゆる分野に適応される概念である。我が国では、2016年に障害者差別解消法（通称）の施行により、合理的配慮の提供が国公立の学校では法的義務、私立の学校は努力義務となった。

3 —— 発達障害者支援法において、「発達障害」は「自閉症、アスペルガー症候群その他の広汎性発達障害、学習障害、注意欠陥多動性障害その他これに類する脳機能の障害であってその症状が通常低年齢において発現するもの」と定義される。これら障害ごとの特徴が重なり合っていたり、診断される時期により診断名が異なることもあり、障害種を明確に分けて診断することは大変難しいとされる。近年、我が国では知的障害を除いた狭い範囲の領域を言い表す傾向がある。従来からの広義の概念としては知的障害が含まれる場合がある。

4 —— 文部科学省初等中等教育局特別支援教育課が学校基本統計及び特別支援教育課業務調査等を用いて公開する「特別支援教育資料」（2017年度および2007年度）に基づく。

5 —— 「認知や言語などにかかわる知的機能」や「他人との意思の交換、日常生活や社会生活、安全、仕事、余暇利用などについての適応能力」が、同年齢の児童生徒に求められるまでには至っておらず、特別な支援や配慮が必要な状態とされる。知的障害という言葉は、1998年、知的障害福祉法の改正により「精神薄弱」という用語から変更され、使われるようになった。国際的に認識されている「精神遅滞」とほぼ同義。

6 —— 文部科学省、2012年12月。

7 —— 自閉スペクトラム症（ASD）は、脳の機能障害を原因とし、多様な背景疾患によってもたらされると考えられている。主に、2つの特徴が発達のごく早い段階から認められる状態をいう。第1は、社会的コミュニケーションや対人的相互反応の問題が複数の場で持続して見られること。第2は、行動や興味の幅が極端に狭かったり、活動が限定されていたり、同じようなことを繰り返したりすることが見られることである。スペクトラムとは連続体を意味し、重度の知的障害を伴う場合から知的障害を伴わないASD（アスペルガー障害、高機能自閉症、広汎性発達障害）の総体をさす枠組みを意味する。

8 —— ダウン症候群（ダウン症）とは、1866年にイギリス人医師のダウンによって報告された染色体の突然変異によって発症する先天性疾患である。通常、21番目の染色体が1本多く存在するため「21トリソミー」とも呼ばれる。発達がゆっくりで、多く

の場合知的な発達に遅れがある。出生頻度は約800人から1000人に1人の割合といわれている。明るい性格や社交的で人懐っこいなどの面がある一方で、頑固さや気持ちの切り替えが難しいといった面もある。

9 ── 独立行政法人国立特別支援教育総合研究所の機関研究（2018年）「特別支援学校（知的障害）に在籍する自閉症のある幼児児童生徒の実態の把握と指導に関する研究」。

10 ── 米国ノースカロライナ大学で開発された、ASD児者支援の最先端といわれるTEACCH Autism programでは、「構造化」はいくつかの分野に分けて説明される。「物理的構造化」「時間の構造化」「活動の構造化」という3つの構造化があげられ、これらすべてに視覚的構造化（視覚的指示、視覚的組織化、視覚的明瞭化）が用いられる。

11 ── ICT機器とは一般にPC、プロジェクタ、各種カメラ、モニター等の情報機器のことをいう。特別支援教育においては、障害のある児童生徒の教育の充実のため、タブレット型情報端末の活用が急速に進んでいる。肢体不自由、視覚障害やLDの子どもへの音声読み上げソフト、文字等の拡大ツール、電子教科書等の使用など。知的障害の子どもへの視覚支援ツールやコミュニケーション支援など、専用アプリケーション等の活用も含め、障害特性に応じた合理的配慮として期待が高まっている。

12 ── 肢体不自由とは運動障害とほぼ同じ意味である。発生原因のいかんを問わず、四肢・体幹にほぼ永続的な障害があることを示し、障害の部位や程度によって様々な状態を含む。

13 ── 「重度・重複障害」の用語は、特別支援教育の分野で幅広く用いられている。障害が2つ以上重なっている重複障害児ばかりでなく、発達的側面や行動的側面からみて、障害の程度がきわめて重度の障害児も加えた幅広い概念。

14 ── 目標達成までの過程を細かく分析し、各過程での小さな目標を達成させながら段階的に指導する方法。

15 ── 強度行動障害は「精神科的な診断として定義される群とは異なり、直接的他害（噛み付き、頭突き等）や、間接的他害（睡眠の乱れ、同一性の保持等）、自傷行為等が通常考えられない頻度と形式で出現し、その養育環境では著しく処遇の困難な者を言い、行動的に定義される群」とされる。また、「家庭にあって通常の育て方をし、かなりの養育努力があっても著しい処遇困難が持続している状態」を示す言葉である（行動障害児（者）研究会、1989年）。

16 ── 社会福祉法人全日本手をつなぐ育成会「強度行動障害の評価基準等に関する調査について」（2013年）。

第3節　視覚障害教育

栗田晃宜

個別指導を基盤として

　視覚障害により、周囲の視覚情報（空間認知）を得ることが困難な弱視や全盲の生徒の美術教育は、1人1人のニーズに合わせた合理的配慮[*1]に基づいた教育である。特に重度の視覚障害では、視覚的な要素によらず、指示語を用いない言葉による的確な説明や、触れることの可能な教材や素材を用いた教育が求められる。軽度の視覚障害では、その残存する視力を最大限に活用できるように視覚補助具（弱視レンズ、拡大読書器、タブレット等）を用いたり、文字や図、画像をわかりやすく拡大したり、カラーユニバーサルデザインの方法[*2]を用いてより明瞭化するなどが求められる。

　特別支援学校（視覚障害）の準ずる教育課程で学ぶ生徒には、通常の学校に在籍する生徒と同じ学習指導要領[*3]に基づいた教育を行い、障害の状態や特性等を十分考慮する。美術の教科書は、弱視生徒用には拡大教科書（出版社による）があるが、全盲生徒用の点字教科書はない。これは美術における多様な視覚的な図の提供が困難であり、触察による鑑賞や表現によって学習を進めるからである。

　指導者は、視覚障害の困難さを改善、克服する配慮として、道具などを視覚によらず安全な取り扱いを可能とする方法（練習を重ねて獲得できる技能も多い）を具体的に示すとともに、実物の作品提示を行ったり、視覚的な絵画や図を触覚的に翻案したレリーフ状の触図（凸図）などの活用も求められる。さらに、生徒の自尊感情を培う上で、教科書では取り上げられていない視覚障害者の作家や表現活動に関する情報収集を行い、授業で情報提供をすることも生涯学習やキャリア教育の観点からも重要である。

現状では、視覚障害者用の教材、教具は限られ、より効果的に学習を進められる良質な教材、教具の開発が求められている。なお、指導者は生徒に対して空間的、時間的に見通しをもてるよう説明することが不可欠であるが、生徒も主体的にどのような配慮が必要かを考え行動し、周りに提案できるようにしたい。指導者は生徒の意見を共感的に傾聴し、触覚的な観点からの美術は、視覚的な美術とは異なる部分があることを理解し、よりよい学びの環境を作ることが望まれる。

　視覚障害のある生徒は、支援体制の整った特別支援学校（視覚障害）に在籍するだけでなく、支援体制や教育環境が大きく異なる通常の学校にも在籍している。特別支援学校（視覚障害）の高等部では職業的自立のため成人の入学者があり年齢層は幅広く、中学部、高等部普通科では、交流および共同学習[*4]、あるいは副籍[*5]の生徒の学習において視覚障害のある生徒と視覚障害のない生徒がともに学習を行うこともあり、美術教育で求められるニーズは多様である。

視覚情報をいかに伝えるか

　重度の視覚障害の場合、美術の視覚的な情報は、言語的な情報だけではなく、実際に触覚による体験（触察）を主体的に行い、そのイメージを膨らませて得ることが必要である。触察に使用する提示物は実物だけでなく、触れやすいサイズの模型[*6]〔1〕、言葉による説明を補助する触図（凸図）なども利用する。

　触図は、レリーフ状の真空成形による触図[*7]〔2〕（原型は石膏や木材等）、サーモフォーム（原型は紙や布等、焼鈍アルミニウム箔）の段差や感触の差を利用した触図[*8]〔3〕、立体コピーのカプセルペーパーによる盛り上がった点や線の触図[*9]〔4〕、点字プリンターの大中小の凹凸の点が並んだ点図[*10]〔5〕、表面作図器（レーズライター〔6〕、蚊帳盤）[*11]の尖った筆記具で描いた凸凹の線の触図などがあり、機材や題材の目的に合わせて作製する必要がある。

〔1〕彫刻の模型（自作教材）と複製彫刻

〔2〕真空成形機による触図（自作教材）

〔3〕絵画を翻案し、サーモフォームで触図化

〔4〕立体コピー（拡大）

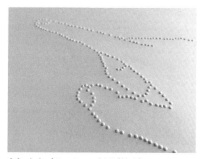
〔5〕点字プリンターの点図（拡大）

〔6〕表面作図器（レーズライター）にボールペンで描画

　触図は一定の解説を加えながら触察を行うが、生徒は主体的に触察し、指導者は対話をして生徒の理解度を確認することが重要である。また、触図の活用は、平面図と立体物のつながりをイメージする力をつけることにもなる。発達段階に合わせて活用したい。

　色彩については、視覚経験が少なければ、言語的なイメージの収集により概念化を図るが、指導者や保護者は、学習や生活の中で意図的

に色を言葉で表現する[*12]には、「慣用色名・固有色名」、「伝統色名・流行色名」で雰囲気は伝えられるが、全ての色を説明するには、限定された言葉数で説明できる「系統色名（JIS）」が効率的である。「系統色名」には、色彩を音声案内する支援機器等がある。

　同じ色でも、文化や言語により異なる受容や理解があるように、全盲の場合も同様である。青を寒色と認識しづらい例があるが、色は言語のイメージの連なりで、青は「青空の晴れで温かい」と感じるからで、その感覚の違いを理解することも大切である。生徒の色への興味、関心を高める工夫として、国語等の科目で色に関する言葉にも留意しつつ、視覚以外の感覚を用いた触覚的な言葉や、聴覚的な言葉、味覚的な言葉等の活用とともに、「系統色名」から「慣用色名・固有色名」や「伝統色名・流行色名」への横断的な説明が重要である。

触察の方法

　視覚が一瞬で多くの情報を入手するのとは異なり、触察は手で触れている部分だけで情報を得るため長い時間を要し、視覚と比べ触覚の解像度（2点間の弁別閾[*13]）は低い。触察の手順としては、全体を触れておおよその形や特徴を理解した上で、細かな部分の情報を入手し、次に触れる部分の情報と関連づけ統合させる。その効率性から、基準点を決めて部分ごとの情報を統合することが基本である。

　例えば、具象彫刻の全身像では基準点を腰と肩にする。それぞれに手を置くことで、身体の量的な動きや、立位ならば重心の理解につながる。これは運動動作を主体的に模倣するときの技能とも重なる。自らの身体を彫刻に模して理解を深めさせたい。情報の入手の際には、対話をしながら生徒の理解を確認したい。触察には集中力が必要であり、複数の触察を行うときには、単純なものから複雑なものへといった流れも重要になる。

●事例　触れる写真

　この題材は、映像メディア表現における写真表現を視覚障害者の触察による受容までを考えたものである。視覚障害者の生徒も日常的にスマートフォンを持ち、映像を撮影し画像を所有する例もある。最近は、パソコン用のソフトウェアと周辺機器等の整備によって、デジタルカメラで撮影した画像を簡単に触図化できる〔7・8〕。生活の中で身近に映像を撮る楽しみ、美術を愛好する心情や態度を育てる学習に向いている。また、自らの独創的な見方や考え方を培い、自分の表現を創意工夫する能力を培う学習にも適している。全盲の生徒には基礎、基本として立体物の平面への投影がどのようになるのかを学習をさせたい。

　現在、多くの全盲の人が、支援者とともに撮影したり、音を頼りに撮影したり、撮影結果を立体コピーの触図にするなどして、様々に写真を楽しんでおり、写真展も開催され、全盲の写真家の写真集[*14]が出版され鑑賞されている。ここでは触図を用いる写真撮影とは異なり、撮影した写真には興味を持たない全盲の写真家ユジェン・バフチャル（1946年スロベニア生まれ、フランス在住）を取り上げ、自らの写真との関わりを考えさせたい。

〔7〕写真を撮影後、すぐに触図化し撮影場所で確認

①技法解説

　撮影：デジタルカメラの撮影の基礎基本について学ぶ。全盲の生徒には、三次元の世界が（二次元の投影図的に）どう見えるかを、光の直進を棒に変換して体感[*15]させたい。

　一般に画角（写る範囲）は「対角線

〔8〕撮影した写真を立体コピーで触図化

画角」が用いられるが、視覚障害の理解や触察も考え「水平画角」に変えて説明する。水平画角は、写る角度を示すプレートを用いて、遠方の場合はロープで延長したり、手叩きをしたりして、その範囲を示したい。

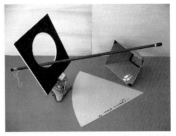

〔9〕 画角説明用教材・遠近法及び輪郭線説明用教材（自作教材）

効果的に学べるように写真撮影後すぐに触図化をして、画角やカメラアングル、フレーミング、距離感等のイメージを培い、視覚障害者の特性を把握し、触察と近しいイメージを抱ける標準的な画角から、合理的配慮で学習を進めたい。

②材料・用具

デジタルカメラ、パソコン（フォトショップ）、レーザープリンター（カプセルペーパー用）、カプセルペーパー、立体コピー作成機、タルク（ベビーパウダー）、インクジェットプリンター（写真用紙用）、写真用紙、〈立体コピー専用コピー機、コピー機（トナータイプ）〉、写真見本（カラープリント版と立体コピー版）、フレーム・画角説明用教材、遠近法及び輪郭線説明用教材（自作教材〔9〕）。

③活用事例

触れる写真を楽しむ、写真と短歌、写真と詩、写真から動画を作る（ムービーメーカー）など。写真から動画へのステップアップや音声や言葉をつけるなどの学習に発展させることができる。

●事例　ミネラルウォーターのボトルをデザインする

身近に触察できるペットボトルを使用する題材。全盲生徒にデザインを考察させるために、立体コピーで作成した実際にあるペットボトルと、存在しないペットボトルのカードを示し、本当にあると思うペットボトルについて理由を考えイメージを広げるなどの様々な導入

ができる。

次に著名なデザイナーが手がけた、
いわゆるデザイナーズボトル*16を使
い〔10〕、多様な意図から生まれた異な
るデザインがあることを実物で示して
デザインを試みたい。利用者の年齢や
使い方等を想像するとともに、事前に

〔10〕海外のユニークなペットボトル

ペットボトルの利用における課題をみつけ、それを解決するデザイン
とする。想像力を高めて、めざす意図に応じて創意工夫し、美しく立
体に表現する能力を育てるため、粘土による立体制作を通して、デザ
インの学習ができる。

造形的に正確さを求めるなら、創造的な技能による工夫も必要だが、
指導者側で予測される技法上の工夫に伴う材料や道具については準備
をしておきたい。

①技法解説

モデリング：形の正確さを求めるなら、粘土板に支柱を立て固定さ
せて制作したい。粘土板から浮かすと下からも底面を触察しやすい。
ただ、油粘土によるモデリングで完成作品とした場合、可塑性のある
素材ゆえ、触察しても変形の少ない硬度のものを使用したい。

石膏取り：最終素材を石膏に置き換えると、触察による鑑賞にも耐
えられるので、時間があればチャレンジしたい。触覚的な作業とする
には、例えば、二つ割は切金（きりがね）による複雑な作業ではなく、鋸で切る単
純な作業とし、石膏を扱う際には、まず篩（ふるい）にかけて、水の量は指先
で水面に触れて確認するなどの方法をとる。こうした指導は、自己の
視覚障害への理解を深めて、自尊感情を高める上でも意味がある。

②材料・用具

油粘土、彫塑ベラ、スプーン、木、シリコンボウル（石膏用）、金網
のザル、石膏、鋸、カリ石鹸（通常の石鹸でもよい）、割出し用鑿、木槌、

サンドメッシュ、防塵用グラス・マスク、古新聞（飛散保護用）、養生テープ。

③活用事例

〔11〕 生徒作品「蓋が開けやすく横にも置けるボトル」（油粘土）

　普段の生活の中で、〈感じる〉〈触れる〉形のデザインについて考えることができる。例えば、両手を使わなくては開けにくい鍵や、小袋包装の開け口の位置のわかりづらさや開けづらさは、デザインでその解決方法を求めることもできる〔11〕。

　全盲の生徒は、作品展示や鑑賞において、自らと同じように触察での鑑賞を希望することがあり、そうした展示で、生徒自身が作品や触察について説明することは、自尊感情を培うとともに、言語活動を充実させる上でも意義がある。視覚的であり触覚的でもあるデザインは、通常の学級との交流及び共同学習においても取り組みやすい。

●事例　線と色で感情を表現する

　ここでは〈触れられる線〉と〈触れられない色〉を使って表現を行う。線表現は視覚障害者用の筆記具である触図筆ペン〔12〕を用いた。これは蜜蝋粘土*17を加熱、溶解させ塗料とし、ペン先への圧力で流れ出す。描くと盛り上がった線となり、すぐに冷えて固まり触れることができ、その線はヘラで剥がし消すこともできる。かつて触察できる盛り上がった線を描くには、表面作図器という表面に描くと凸凹ができるものを使ったが、その線種は限定され消すことはできない。

　触図筆ペンの特徴として、描く角度や速さで様々なニュアンスの線が表現でき、溶けた蜜蝋粘土に触れても安全で、自分のイメージや意図に合わせて実験〔13〕できることから、創造的な技能を働かせ、抽象的な感情の表現方法を主体的に考えて取り組む学習に向いている。

　蜜蝋粘土の盛り上がった輪郭線を手掛かりに、水彩絵具やパステル

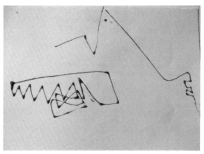

〔12〕触図筆ペンを使って表現をする生徒　　〔13〕「怒り」をテーマに線を重ねたりして試作

で彩色を行うが、全盲の生徒は自ら色を選択し混色するには援助依頼が必要となり、そのやり取りも大切にしたい。この題材では合理的配慮として、日本色研配色体系（PCCS）の概念に基づいた、色環（色相12色）の円形と、色調（明度・彩度17色）の三角形の2種類のパレット[*18]〔14〕を使っている。例えば白と黒から灰色を、灰色と白から明るい灰色と、常に中間の色を混ぜて作るパレットは、精度は求められないが、色の性質を主体的に考えて異なる色彩が作れる。ここで生み出した色や作品では、他者との対話により視覚的な感じ方をフィードバックする機会を持ちたい。ソフトパステル（30色）で着色する場合、サンドペーパーで削って筆や擦筆、指等を使うが、色彩を音声案内する支援機器の色名（220色）「系統色名（JIS）」を点字にして、箱の身に番号を、蓋に一覧表を貼ればわかりやすくなる。

①技法解説

　描画：基底材として樹脂シートや木材、布、紙等がある。基底材の手触り感との相性から、触図筆ペンの線を選択したい。触図筆ペンの筆速や角度を変えたり、紙の濡れ具合を変えたりして様々な線質が得られるので、条件を変えて試したい。蜜蝋粘土の線は、例えば寒冷紗等を加圧すれば感触も変わる。蜜蝋粘土は指先で細く伸ばして貼ることもできるし、湯せんすると溶けてドリッピングも可能である。溶けた蜜蝋粘土は、触図筆ペンでなくとも、筆やペンの種類によっては描

けるが、基底材に触れた途端、短時間
で温度が低下し硬化するので注意する。
筆を使う場合はナイロン筆のように筆
先が接地した感触が触知できる、やや
強度のあるものを使用するなど工夫が
必要である。

〔14〕視覚障害者用パレット（色環〔左〕、
色調〔右〕）と色彩説明用触図（自
作教材）

　触察：手で見ること。触図筆ペンの
線は高さがあり明瞭感があるが、指滑
りは悪く、つんのめるような印象で接触感覚が鈍る。わずかにタルク[*19]
を塗すと指先がきしまず触察しやすくなる。

　絵画表現：重度の視覚障害者の絵画表現は、凸線を利用した表面作
図機によるものや、製図用のラインテープで描く方法、粘土表現での
レリーフがある。凹線を利用したマット紙を凹ませる方法、他にも焼
鈍金属箔のエンボス加工をする方法と様々である。幼児期から使える
触図筆ペンは、通常の表現では輪郭線が明瞭で、彩色も含め多様な表
現の試みが可能で、主体的な学びが期待できる。

②材料・用具

　厚紙、触図筆ペン、蜜蝋粘土（シュトックマー）、木製彫塑ベラ、
筆（ペンテルナイロン筆8号）、タルク（ベビーパウダー）、水溶・耐
水両用定着液（グラフィクス）、視覚障害者用パレット（自作教材）。

③活用事例

　線画、ドリッピング、水彩画等。溶けた蜜蝋粘土に糸を貼ったり、
盛り上げたりできる。また、染色の防染材、サンドブラストの保護材
としての活用では、従来の素材にない線描等で表現できる。画家や漫
画家の線画の模写により、線や形の意味を深く理解できる。

*註

1 ── 障害者の権利に関する条約の第二条定義の中で「『合理的配慮』とは、障害者が他の者との平等を基礎として全ての人権及び基本的自由を享有し、又は行使することを確保するための必要かつ適当な変更及び調整であって、特定の場合において必要とされるものであり、かつ、均衡を失した又は過度の負担を課さないものをいう。」と説明されている。ＷＨＯが2001年に採択したICF（国際生活機能分類）の障害を環境因子との関係で捉える考え方も参考にしたい。

2 ── 色の見え方が通常とは異なる人にもわかりやすい色使いに配慮したもの（NPO法人 カラーユニバーサルデザイン機構［CUDO］が作った名称）であり、認証を受けた製品が多数ある。一般名称としては、カラーバリアフリー。

3 ──「特殊教育諸学校学習指導要領解説─盲学校編─平成４年文部省」は盲学校編として記載された最後の解説であり、視覚障害児教育の図工美術、美術について概要がわかりやすく書かれている。現行の指導課程上使用しない文言もあるので注意しながら参考としたい。

4 ── 障害のある児童生徒と障害のない児童生徒が学校教育の一環として活動をともにすることであり、文部科学省では特別支援教育についてで、よりよい交流及び共同学習を進めるための簡単なガイドを示している。

5 ── 副籍、副学籍とも言う。ノーマライゼーションの理念に基づく教育を推進する観点から、特別支援学校の児童生徒と小中学校の児童生徒が一緒に学ぶ機会の拡大を図るとともに、特別支援学校の児童生徒に対する必要な教育的支援を居住地の学校においても行うための仕組みである。方向性はインクルーシブ教育である。

6 ── 模型は磁石を底に接合し、触察のときに動き難くなるよう工夫している。〔1〕の左手前（彫刻の模型）「夢窓国師」、左奥「メッセンジャー B2」「高麗人参のような道化師」、いずれもイサム・ノグチ、原資料香川県立ミュージアム。右（複製彫刻）「帽子のカミーユ・クロデール」ロダンミュージアム（パリ）。

7 ── 真空成形はバキュームフォームとも言う。熱可塑性樹脂シートを加熱・軟化させ、石膏や木の原型に吸引・密着させ、成形・冷却するが、軽量で情報量の多い触図が作製できる。現代日本画の展覧会「遠き道展」では、写真〔2〕の触図が作製して活用されている。手前：依田万美「Mather Ship」、右奥：松生歩「天地を結ぶもの」、右奥：福井爽人「明」。

8 ── 1962 年にアメリカで誕生した触図を成形する専用機。日本ではベーク板に厚紙や布等を貼る原版で点字教科書の図が作られている。アメリカでは焼鈍アルミニウム箔に凸線を作る原版の作り方が知られ、ガイドブックもある。

9 ── カーボンの含まれた筆記具やトナーを用いたコピー機により原画を作成し、立体コピー作製機に通すと黒い部分が加熱され膨張し盛り上がる。盛り上がりの高さは微調整できるが、高くすると軟らかくなり明瞭感に乏しくなる。カプセルペーパーは、ワックスペンでも盛り上げて描くことはできるが、線の質感は硬く異なる。

10——コンピューターと点字プリンター（点図用）で作製した点図だけでなく、亜鉛版に点字製版機で1点ずつ点を打って原版を作り、点字印刷機で印刷した点図がある。美しい点の並びでがたつきがなく点字教科書に使われる。

11——表面の触察面からボールペンなど先の尖ったもので描くと凸凹した線となる道具で、レーズライターはシリコン樹脂の下敷きの上に置くセロファン状のものの名称、蚊帳盤は点字用紙の下敷きとする蚊帳や金網を張った板の名称である。

12——色の言葉での表し方は、「系統色名」「慣用色名・固有色名」「伝統色名・流行色名」と大きく3つに分類できる。「系統色名」は、最初にトーンに関する修飾語「濃い」「薄い」等で説明し、次に色相の色みを表す修飾語「紫みの」「青みの」等で、最後に基本色名「赤」「青」等の言葉で説明する。「慣用色名・固有色名」は、花や果物、植物、昆虫、自然景観等の名を借りた色名で「群青色」「山吹色」等がある。「伝統色名・流行色名」は、一時的に流行した色で「新橋色」「ストロベリーアイス」等がある。「系統色名（JIS）」と似た「日本色研配色体系（PCCS）」は色名が異なり学習段階を考えた工夫が必要である。

13——2点を2点として認知できる最小の距離のこと。実験は実際の手指での探索とは異なるが、指先で1.6mmという結果があり、視覚の弁別閾との違いは明らかである。

14——Julian Rothenstein ed., *The Blind Photographer,* Redstone Press, 2016.『全盲の写真家』というタイトルの本が出版され、写真家に関連した動画もある。

15——〔9〕の教材を使い、物体に反射して直進する光の感受を、棒の持ち手の動きとして理解できる。生徒は棒の末端は腕の付け根に固定し手を伸ばして棒を持ち、ボードの正面に立ち、円形の穴に通して縁に沿って動かす。その穴から遠ざかると棒のたどる動きは小さくなり遠近感が感じられ、ボードが斜めだと円形の穴は正楕円に感じられ、視覚的に投影された空間が、手の動きから理解できる。

16——ロス・ラブグローブのTY NANT（イギリス）、OGO（オランダ）、VOSS（ノルウェー）、SEI（アメリカ）、1 litre（カナダ）などがある。

17——蜜蜂の巣の蜜蝋を精製し、ワックスを混ぜた粘土である。使用した蜜蝋粘土は、食べても安全で自然の殺菌作用がある。手の温もりで軟化し太陽の熱で溶解する。蜜蝋粘土で描いた紙は丸められる特徴がある。

18——全盲の生徒から「援助依頼の必要ないパレットを作ってほしい」と希望があり、日本色研配色体系に基づいた、色環の円形と色調の三角のパレットを製作した。色彩同士の中間色を求める方法はわかりやすく、それを発展させたタブレット型絵の具をメーカーの協力で製作した。筆者のHP〈盲学校の図工美術 https://pukkuri.jimdofree.com〉を参照してほしい。

19——ベビーパウダーにも使われている（和名：滑石、化学名：含水珪酸マグネシウム）。2021年現在、顔や体（会陰部除く）への皮膚に塗布する使用では、安全性に問題のない成分とされている（医薬部外品原料規格2021）。

美術史を美術教育に活かすには

神野真吾

そうは言っても重要な西洋美術

　美術という考え方の多くを作り出した西洋の美術文化も、数多ある美術文化の1つに過ぎないと「コラム3」に書きましたが、そうは言っても西洋美術の中には、義務教育において誰もが学ぶべき重要な事柄が含まれているのも事実です。その1つは、個人の思想感情を「自由に表現」することをとても重要視した文化だということ。そしてもう1つは、人間が考えたり行動したりすることが重要とされたことから、個々人が新しいものを生み出すために創造を繰り返し、その成果が新しい視点を人類に与えてきたことだと思います。個の表現の尊重、そして新しい創造ということです。

「個」の表現の成立

　近代教育はロマン主義に端を発すると言われます。ジャン＝ジャック・ルソー（1712-1778）をはじめとするロマン主義の思想家たちは、自己の内奥にはもともと本質的なものが潜んでいて、それを見出すのが教育だとしました。美術教育でも子どもの造形性を極端に称揚する人たちが少なからずいますが、それは文明に汚されていない子どもこそが、内にある本質的で純粋なものを表していると考えるからです。ロマン主義に色濃く影響されていると言えます。

　個を表現することが大事というのは、現代の日本人には当たり前の認識になっています。自分らしさとか、自分探しとかいう言葉には、個としての自分が大切で、それを表現しろと言い続けている我々の社会のあり様が現れているように思います。しかし、自分らしく生きるとか、自分で自分の生き方を決めるというのはそれほど当たり前のことではありませんでした。歴史的に言えば、フランス革命前後の18世紀後半の西ヨーロッパで現れた考え方です。この考え方は、欧米の世界で市民革命を起こし、民主主義を成立させました。美術もこのことと無縁ではありません。それまで聖書の世界や神話の世界を題材にして描かれたものが、西洋美術文化の

中では価値があるものとされていました。しかしロマン主義の画家たちは、自分の中に根拠を求めます。自分の感情が揺さぶられたものを根拠に絵を描き始めたのです。制作の動機を、自分の外部（神の世界など）にではなく、自分の内部（感情）に求め始めたのです。個人の尊厳という言葉を憲法などの勉強で聞いたことがあるはずです。個人というものが成立して初めて表現が意味をもつようになったのです。美術における個の表現と民主主義の成立とは不可分のものなのです。

ロマン主義絵画と「個」の尊重

イギリスのJ. M. ウィリアム・ターナー（1775-1851）は、ロマン主義の画家ですが、彼の描いた《解体のため錨泊地に向かう戦艦テメレール号》（1838年）を見るとそのことがよくわかるはずです。私たちが現代においてこれを眺めると、歴史的な出来事を描いた古典的な絵だと思ってしまいます。しかし、これを描いたターナーは当時においてはもちろん「現代画家」でした。蒸気船（当時の最先端、最新の技術です）に引かれる大型帆船の軍艦テメレール号は、トラファルガーの海戦（1805年）というイギリスの華々しい戦勝の立役者でした。しかし時が過ぎ時代にとり残され、解体されるためドックへと向かっています。黄昏どきの美しい色彩に包まれたテメレール号は、無骨な黒光りする船体の蒸気船とは異なり、優雅な偉容を誇りますが、それも程なく失われてしまうことになります。ターナーは、たまたまこの光景を目にしたと言われますが、時代の移り変わりによる儚さと、それにもかかわらず常に変わらない自然とを対比させています。この絵を表現した動機は、彼自身の心情にあるのは言うまでもないでしょう。自分の心情に基づき表現をする、今では当たり前のこのことが当時は斬新で、その後の美術の展開へとつながっていったのです。

テオドール・ジェリコー（1791-1824）の《メデューズ号の筏》（1818-19年）も同様です。この作品で重要なのは、この悲劇的な実際に起きた事件での様々な人間の行為（殺人や食人など）に心を揺さぶられたことが動機となり、画家は試行錯誤しこの表現に辿り着いたという点です。社会が前提として

ターナー《解体のため錨泊地に向かう戦艦テメレール号》1838 年

もっている価値観に拠らず、作者自身が価値の有無を決めることにこそ美術の重要性が見出されていったのです。美術の重要性と個の確立とは不可分のものなのです。

　個が尊重されるということは、前提として、人と違っていなければ他人から認められないということです。個性が問われるということです。したがって、常に新しい何かを自分が実現していなければなりません。西洋近代において市民社会の成立とともに生まれたこうした考え方は、日本に暮らす現代の私たちにも大きな影響を与えていますが、美術はこの考え方を最も明瞭に、最も顕著に実践した領域でした。19世紀後半から、おびただしい数の「○○主義」が誕生するのにはそうした思想が背景にあります。

　自分が重要だと考えるテーマにおいて、それまでとは違う新しい挑戦を上書きしていくことで、西洋の美術は豊かな成果を残してきました。これによってそれ以前には存在しなかった、意識されなかった表現の可能性が数多く切り開かれ、そして、それは私たちの日常生活における、自身の多様な感じ方や理解の仕方にも大きな影響を与えているのです。

常に更新される美術、更新されるべき私

　「コラム1」からここまで見てきたように、文化としての美術や、美術の歴史を学びとして捉えるには、「よい作品」とされているものを純粋に「感じる」ということだけでなく、その作品の価値を支えている文化を理解した上で、その評価・価値を知ることが大切です。

　自分が感じることを根拠としながら、それを構成しているものが何なのかを知ることは自分を知ることだと言えます。そして、自分には感じられなかったけれど「よい」とされているものの根拠を知ることは、他者を知るということでもあります。それは歴史的な名作とされるものから、同級生の作るものまで、変わらないはずです。その経験、知識を通して、対象への感じ方や、認識は変わっていき、自分の見る力も変化していくはずです。

　私も含め、教師は美術のすべてを知ることは絶対にできません。だからと言って、自分の知っていることだけを自慢げに教えればよいということにはなりません。価値があるとされているのに自分がわからないことを出発点として調べていき、それが重要だと考えられてきた根拠を知り、再度自分の眼で見て、想像し、自分なりに理解し、そのことを伝えるため

の授業の構造を考えていくべきなのです。普通教育において美術の歴史を学ぶことは、多様な「よさ」を知るための基本的方法の1つだと言えます。それは教師にとっても大切な学びだと言うこともできるでしょう。

重要語句索引

434

参考資料・参考文献

【中央教育審議会及び教育政策】

「21世紀を展望した我が国の教育の在り方について　中央教育審議会　第一次答申」
　1996（平成8）年7月19日

「幼稚園、小学校、中学校、高等学校及び特別支援学校の学習指導要領等の改善について
　（答申）」2008（平成20）年1月17日

「教職生活の全体を通じた教員の資質能力の総合的な向上方策について（答申）」
　2012（平成24）年8月28日

「幼稚園、小学校、中学校、高等学校及び特別支援学校の学習指導要領等の改善及び必要
　な方策等について（答申）」2016（平成28）年12月21日

文部科学省「芸術専門部会第1回～第4回における主な意見」
　http://www.mext.go.jp/b_menu/shingi/chukyo/chukyo3/025/siryo/07101608/001.htm

文部科学省「第4期教育課程部会の検討体制」
　http://www.mext.go.jp/b_menu/shingi/chukyo/chukyo3/015/siryo/07072001/001.pdf

国立教育政策研究所教育課程研究センター「特定の課題に関する調査―小学校図画工作・
　中学校美術―」2011年
　http://www.nier.go.jp/kaihatsu/pamphlet/pamphlet006_detail.pdf

国立教育政策研究所監訳『PISA2006年調査　評価の枠組み―OECD生徒の学習到達度調
　査』ぎょうせい、2007年

Society 5.0に向けた人材育成に係る大臣懇談会　新たな時代を豊かに生きる力の育成に関す
　る省内タスクフォース「Society 5.0に向けた人材育成～社会が変わる、学びが変わる～」
　2018（平成30年）6月5日　https://www.mext.go.jp/component/a_menu/other/detail/__
　icsFiles/afieldfile/2018/06/06/1405844_002.pdf

【造形教育思潮】

高橋勝『学校のパラダイム転換〈機能空間〉から〈意味空間〉へ』川島書店、1997年

アーサー・D・エフランド著、ふじえ みつる監訳『美術と知能と感性』日本文教出版、2011年

ハワード・ガードナー著、黒上晴夫監訳『多元的知能の世界』日本文教出版、2003年

V. ローウェンフェルド著、竹内清ほか訳『美術による人間形成』黎明書房、1995年

上野浩道『美術のちから教育のかたち：「表現」と「自己形成」の哲学』春秋社、2007年

上野浩道『日本の美術教育思想』風間書房、2007年

ハーバート・リード著、宮脇理ほか訳『芸術による教育』フィルムアート社、2001年（新訳版）

ニコラス・ペーリー編著、菊池淳子ほか訳『キッズ・サバイバル：生き残る子供たちの「アー
　トプロジェクト」』フィルムアート社、2001年

金子一夫『美術科教育の方法論と歴史』中央公論美術出版、1998年

ミヒャエラ・シュトラウス著、高橋明男訳『子どもの絵ことば』水声社、1998年

E. W. アイスナー著、中瀬信久訳『美術教育と子どもの知的発達』黎明書房、1986年

H. ガードナー著、仲瀬律久ほか訳『芸術、精神そして頭脳』黎明書房、1991年

佐藤学監修『驚くべき子どもの世界　レッジョ・エミリアの幼児教育』ワタリウム美術館、2011年

レッジョ・チルドレン著、ワタリウム美術館編『子どもたちの100の言葉　レッジョ・エミリアの幼児教育実践記録』日東書院本社、2012年

奥村高明『マナビズム　「知識」へ変化し、「学力」は進化する』東洋館出版社、2018年

渡邊淳司ほか『情報環世界　身体とAIの間であそぶガイドブック』NTT出版、2019年

新井紀子『AI vs. 教科書が読めない子どもたち』東洋経済新報社、2018年

伊藤亜沙『記憶する体』春秋社、2019年

P・グリフィンほか編、三宅なほみ監訳『21世紀型スキル：学びと評価の新たなかたち』北大路書房、2014年

茂木一司編『とがびあーとプロジェクト』東信堂、2019年

【教科経営・授業計画】

武蔵野美術大学「造形ファイル」http://zokeifile.musabi.ac.jp/

大坪圭輔編『求められる美術教育』武蔵野美術大学出版局、2020年

大坪圭輔『美術教育資料研究』武蔵野美術大学出版局、2014年

若元澄男編集『図画工作・美術科　重要用語300の基礎知識』明治図書出版、2000年

宮脇理監修『ベーシック造形技法　図画工作・美術の基礎的表現と鑑賞』建帛社、2006年

小串里子『みんなのアートワークショップ』武蔵野美術大学出版局、2011年

高橋陽一『ファシリテーションの技法』武蔵野美術大学出版局、2019年

相田盛二『図画工作・美術　用具用法事典』日本文教出版、1996年

埼玉県立総合教育センター「教師となって第一歩〜小学校・中学校・高等学校・特別支援学校〜」

小串里子『「ワクのない表現」教室：自己創出力の美術教育』フィルムアート社、2000年

真鍋一男ほか監修『造形教育事典』建帛社、1991年

1億人の図工・美術編集委員会企画編集『1億人の図工・美術：もう一つの図工・美術何でも展覧会』カシヨ出版センター、2008年

国立教育政策研究所「学習評価の在り方ハンドブック」
https://www.nier.go.jp/kaihatsu/shidousiryou.html

【絵画】

武蔵野美術大学油絵学科研究室編『絵画組成　絵具が語りはじめるとき』武蔵野美術大学出版局、2019年

三浦明範『絵画の材料』武蔵野美術大学出版局、2020年

武蔵野美術大学日本画学科研究室編『日本画　表現と技法』武蔵野美術大学出版局、2002年

重政啓治監修『日本画の用具用材』武蔵野美術大学出版局、2010年

谷川渥監修『絵画の教科書』日本文教出版、2001年

小石新八ほか編『ドローイング・モデリング』武蔵野美術大学出版局、2002年

三嶋典東『線の稽古　線の仕事』武蔵野美術大学出版局、2013年

三澤一実編著『スケッチ&ワークブック 教師用指導解説書』シオザワ、2009年

【版画】
室伏哲郎『版画事典』東京書籍、1985年
町田市立国際版画美術館編『版画の技法と表現 改訂版』町田市立国際版画美術館、
　　1987年
青木茂監修『カラー版 世界版画史』美術出版社、2001年
佐川美智子監修・岡部万穂編集『版画―進化する技法と表現』文遊社、2007年
武蔵野美術大学油絵学科版画研究室＋武蔵野美術大学通信教育課程研究室編
　　『新版 版画』武蔵野美術大学出版局、2012年

【彫刻】
建畠覚造ほか『彫刻をつくる（新技法シリーズ 1）』美術出版社、1965年
乗松巌『彫刻と技法』近藤出版社、1970年
大学美術・造形教育研究会編『美術・造形の基礎』産業図書、1987年

【工芸】
大坪圭輔『工芸の教育』武蔵野美術大学出版局、2017年
村上隆『日本の美術 4』（No.443 金工技術）、至文堂、2003年
水野孝彦ほか『ジュエリー・バイブル』美術出版社、1996年
山下恒雄ほか『鍛金の実際』美術出版社、1978年
ハーバート・リード著、瀧口修造訳『芸術の意味』みすず書房、1990年（新装版）
山田厚志『生活の造形―工芸ユニット68』鳳山社、1984年
十時啓悦監修『木工　樹をデザインする』武蔵野美術大学出版局、2009年
小松誠監修『陶磁　発想と手法』武蔵野美術大学出版局、2009年
京都造形芸術大学編『織りを学ぶ』角川書店、1999年
京都造形芸術大学編『染めを学ぶ』角川書店、1998年
福本繁樹『染めの文化』淡交社、1996年
佐藤賢司「工芸概念の再考と美術教育 I ～ X」『上越教育大学研究紀要』、『美術科研究』
　　（大阪教育大学）、1997-2010年
田中秀穂監修『テキスタイル　表現と技法』武蔵野美術大学出版局、2007年
Miró (1989), Guy Weelen; translated from the French by Robert Erich Wolf, Abrams, New York

【映像】
小栗康平『映画を見る眼』NHK出版、2005年
小林秀雄、岡潔『人間の建設』新潮文庫、2010年
内田樹『映画の構造分析』晶文社、2003年（文春文庫、2011年）
ウォーレン・バックランド著、前田茂ほか訳『フィルムスタディーズ入門』晃洋書房、2007年
村山匡一郎編『映像史を学ぶクリティカル・ワーズ』フィルムアート社、2013年（新装増補版）
板屋緑・篠原規行監修『映像表現のプロセス』武蔵野美術大学出版局、2010年

【デザイン】

Casey Reasほか著、船田巧訳『Processingをはじめよう (Make: PROJECTS)』オライリー
　　ジャパン、2011年

筧裕介『ソーシャルデザイン実践ガイド』英治出版、2013年

原研哉『デザインのデザイン』岩波書店、2003年

新島実監修『新版 graphic design　視覚伝達デザイン基礎』武蔵野美術大学出版局、
　　2009年

後藤吉郎ほか編『レタリング・タイポグラフィ』武蔵野美術大学出版局、2002年

白尾隆太郎監修『パッケージデザインを学ぶ』武蔵野美術大学出版局、2014年

今井良朗編著『絵本とイラストレーション』武蔵野美術大学出版局、2014年

白尾隆太郎監修『graphic elements　グラフィックデザインの基礎課題』武蔵野美術大学出
　　版局、2015年

白石学編『かたち・色・レイアウト　手で学ぶデザインリテラシー』武蔵野美術大学出版局、
　　2016年

白尾隆太郎・三浦明範『造形の基礎　アートに生きる。デザインを生きる』武蔵野美術大
　　学出版局、2020年

【鑑賞】

エイブル・アート・ジャパン編『百聞は一見をしのぐ!?　視覚に障害のある人との言葉による
　　美術鑑賞ハンドブック』エイブル・アート・ジャパン、2005年

Bruna, D (2014) *Miffy at the Gallery*, Simon & Schuster Children's Books, New York.

Hooper-Greenhill, E (1991) *Museum and Gallery Education*, Leicester University Press,
　　London.

Hooper-Greenhill, E (ed.) (1994) *The Educational Role of the Museum,* Routledge, London.

神野善治、杉浦幸子ほか『ミュージアムと生涯学習』武蔵野美術大学出版局、2008年

E.L.カニグズバーグ著、松永ふみ子訳『クローディアの秘密』岩波少年文庫、2000年（新版）

ロンドン・テートギャラリー編、奥村高明ほか訳『美術館活用術　鑑賞教育の手引き』美術
　　出版社、2012年

Richardson, J (1997) *Looking at Pictures: An Introduction to Art for Young People through the
　　collection of the National Gallery*, A & C Black Publishers Limited, London.

「旅するムサビ」ブログ　http://tabimusa.exblog.jp/

山口真美『赤ちゃんは世界をどうみているのか』平凡社新書、2006年

松藤司『先生も生徒も驚く日本の「伝統・文化」再発見』学芸みらい社、2012年

日本工芸会東日本支部編『伝統工芸ってなに？―見る・知る・楽しむガイドブック』
　　芸艸堂、2013年

独立行政法人国立美術館「ART CARD SET」2011年

ヘレン・チャーマンほか編集、奥村高明ほか訳『美術館活用術：鑑賞教育の手引き
　　ロンドン・テートギャラリー編』美術出版サービスセンター、2012年

アメリア・アレナス著、木下哲夫訳『みる・かんがえる・はなす：鑑賞教育へのヒント』
　　淡交社、2001年

東京パブリッシングハウス、目黒区美術館編「美術館ワークショップの再確認と再考
　察：草創期を振り返る」富士ゼロックス、2009年

髙橋直裕編『美術館のワークショップ』武蔵野美術大学大学出版局、2011年

金子一夫編『美術教育学の歴史から(美術教育学叢書2)』学術研究出版、2019年

F・ヤノウィン著、京都造形芸術大学アート・コミュニケーション研究センター訳『どこからそ
　うおもう？　学力を伸ばす美術鑑賞　ヴィジュアル・シンキング・ストラテジーズ』淡交社、
　2015年

日本造形教育研究会編『美術　表現と鑑賞』開隆堂出版、2015年

N・ヒンディ、長谷川雅彬監訳『世界のビジネスリーダーがいまアートから学んでいること』
　クロスメディア・パブリッシング、2018年

【美術史】

E. H. ゴンブリッチ『美術の物語』ファイドン、2011年

川俣正『アートレス―マイノリティとしての現代美術』フィルムアート社、2001年
　（増補改訂版）

佐藤道信『〈日本美術〉誕生』講談社選書メチエ、1996年

北澤憲昭『眼の神殿―「美術」受容史ノート』ブリュッケ、2010年

水尾比呂志『日本造形史』武蔵野美術大学出版局、2002年

北澤洋子監修『西洋美術史』武蔵野美術大学出版局、2006年

柏木博監修『近代デザイン史』武蔵野美術大学出版局、2006年

【特別支援教育】

高橋陽一編『特別支援教育とアート』武蔵野美術大学出版局、2018年

梅永雄二ほか『みんなで考える特別支援教育』北樹出版、2019年

河村茂雄ほか『教育相談の理論と実践−改訂版−』図書文化社、2019年

国立特別支援教育総合研究所『特別支援教育の基礎・基本　新訂版』ジアース教育新社、
　2015年

梅永雄二監修『よくわかる！自閉症スペクトラムのための環境づくり』学研プラス、2016年

神奈川県立総合教育センター「支援を必要とする児童・生徒の教育のために」2009年
　http://www.edu-ctr.pref.kanagawa.jp/kankoubutu/h20/pdf/shien21.pdf

文部省『特殊教育諸学校学習指導要領解説―盲学校編―』海文堂出版、1992年

鳥山由子編著『視覚障害指導法の理論と実際』ジアース教育新社、2007年

日本弱視教育研究会企画、香川邦生・千田耕基編『小・中学校における視力の弱い子ども
　の学習支援』教育出版、2009年

全国盲学校長協会編著『視覚障害教育入門Q&A』ジアース教育新社、2000年

国立民族学博物館監修、広瀬浩二郎編著『だれもが楽しめるユニバーサル・ミュージアム』
　読書工房、2007年

Polly K. Edman（1992）*Tactile Graphics,* American Foundation for the Blind, New York.

著者略歴 (掲載順)

三澤一実 (みさわ・かずみ)
東京藝術大学大学院修士課程修了。埼玉県公立中学校教諭、埼玉県立近代美術館主査、文教大学教育学部准教授を経て 2008 年より武蔵野美術大学教授。旅するムサビ主宰（グッドデザイン賞 2017 受賞）、「小学校学習指導要領解説 図画工作編」作成協力者 (2008 年)、「中学校学習指導要領解説 美術編」作成協力者 (2017 年)。研究領域：美術教育、鑑賞教育。

神野真吾 (じんの・しんご)
東京藝術大学大学院博士前期課程修了 (美学)。共著・編著：『社会の芸術／芸術という社会』（フィルムアート社、2016 年）、『岩波講座哲学 7 芸術／創造性の哲学』（岩波書店、2008 年）。「千葉アートネットワーク・プロジェクト」代表。千葉大学准教授。

大黒洋平 (だいこく・ようへい)
武蔵野美術大学造形学部芸術文化学科卒業。美術館との連携や ICT 機器を活用した授業について研究。東京都小笠原村立母島中学校主任教諭。

未至磨明弘 (みしま・あきひろ)
武蔵野美術大学別科実技専修科油絵専修研究課程修了。武蔵野美術短期大学通信教育部美術科卒業と同時に東京都公立中学校教員となる。2007 年より美術大学との連携を研究テーマとしている。東京都東大和市立第五中学校主幹教諭。

髙野 一 (たかの・はじめ)
埼玉大学教育学部卒業。元所沢市教育委員会指導主事。元埼玉県教育局西部教育事務所主任指導主事。元埼玉県所沢市立中学校校長。所沢市教育委員会学校教育課非常勤職員。武蔵野美術大学非常勤講師。

小西悟士 (こにし・さとし)
武蔵野美術大学造形学部空間演出デザイン学科ファッションデザインコース卒業。同研究室の教務補助、助手を経て、アパレル会社に勤務。2008 年より現職。「図工・美術の授業展 2018」「はみ出す力展〜図工・美術の授業展 2019 〜」を開催（うらわ美術館）。埼玉大学教育学部附属中学校教諭。

高安弘大 (たかやす・ひろとも)
弘前大学大学院修士課程修了。共著：文部科学省検定中学校教科書『美術 1』『美術 2・3』（開隆堂出版、2015 年）。美術を通した学校と地域の連携を研究テーマとしている。青森市立東中学校教諭。

沼田芳行（ぬまた・よしゆき）
国士舘大学文学部教育学科卒業。中学校社会科教諭、東京学芸大学社会科教育学研究科修了、中学校教頭、所沢市教育委員会学校教育課教育指導担当主幹兼健やか輝き支援室長を経て、埼玉県所沢市立三ヶ島中学校校長。2015年より武蔵野美術大学三澤一実教授と研究連携を結び「朝鑑賞」を始める。

道越洋美（みちこし・ひろみ）
千葉大学教育学部小学校教員養成課程図画工作科選修卒業。共著：『中学校新学習指導要領の展開 美術編』（明治図書出版、2017年）、「中学校学習指導要領解説 美術編」作成協力者（2017年）。小学校教諭、中学校美術科教諭、静岡県教育委員会静西教育事務所地域支援課指導主事を経て、静岡県藤枝市立大洲中学校教頭。

大成哲雄（おおなり・てつお）
東京藝術大学大学院修士課程修了。共著：『実践事例にみる ひと・まちづくり』（ミネルヴァ書房、2013年）、『これからの教科教育 図画工作科・美術科』（文教大学出版事業部、2010年）、『図画工作 評価を生かした楽しい活動のアイデア』（明治図書出版、2005年）。聖徳大学教授。

奥山直人（おくやま・なおと）
武蔵野美術大学大学院修士課程造形研究科美術専攻版画コース修了。版画家。養清堂画廊（東京）他で、個展を中心に作品を発表。

石上城行（いわがみ・しろゆき）
東京藝術大学大学院修士課程修了。大学院在学中より彫刻作品の制作発表を行う。近年はワークショップやアートプロジェクトなど活動のフィールドを広げている。現在、大学美術教育学会会員、環境芸術学会会員、埼玉大学教育学部准教授。

押元信幸（おしもと・のぶゆき）
東京藝術大学大学院修士課程修了。共著：『乳幼児の保育・教育』（放送大学教育振興会；新訂版、2015年）、「子どもと〈遊び〉（総論）」（『チャイルドヘルス』特集：日常生活や遊びからの学び、2018年8月号）。東京家政大学教授。

田中真二朗（たなか・しんじろう）
宮城教育大学大学院修了。宮城県私立高校非常勤講師、2013年4月より現職。教育課程研究指定校（国立教育政策研究所、平成26-28年度指定）。『造形的な見方・考え方を働かせる　中学校美術題材＆授業プラン36』（明治図書出版、2019年）。秋田県大仙市立西仙北中学校教諭。

佐藤賢司（さとう・けんじ）
上越教育大学大学院修了。編著：『美術教育概論　新訂版』（日本文教出版、2018年）、
共著：中学校教科書『美術1・2・3 上・下』（日本文教出版、2017年）。DVD監修『もう一度学ぼう！図工・美術の実技 ベーシックス 平面編・立体編』（美術出版サービスセンター、2013年）。大阪教育大学教授。

高田悠希子（たかだ・ゆきこ）
武蔵野美術大学造形学部芸術文化学科卒業。埼玉県立近代美術館美術館利用研究会委嘱研究員（2014-16年）。埼玉県中学校教育課程編成要領改定協力委員（平成30年3月）。埼玉県戸田市立新曽中学校教諭。

米徳信一（よねとく・しんいち）
武蔵野美術大学造形学部視覚伝達デザイン学科卒業。小・中学校、高校との連携授業やプロジェクトにおいて、ドキュメンタリーを制作すると共に、映像リテラシーについての研究を行う。また、地域連携による造形ワークショップも実施している。武蔵野美術大学造形学部芸術文化学科教授。

花里裕子（はなざと・ひろこ）
武蔵野美術大学造形学部油絵学科卒業。私立高校の常勤を経て、私立高校と公立中学校の時間講師として勤務。子どもと地域に関わる造形活動のほか、教材研究のワークショップ講師、指導案や実践を執筆。共著：高校美術教科書指導書、『美術教育ハンドブック』（三元社、2018年）など。

清水恒平（しみず・こうへい）
武蔵野美術大学造形学部基礎デザイン学科卒業。オフィスナイス代表。グラフィックデザイン、インタラクションデザインなどを中心に活動。近年は特にNPO法人イシュープラスデザインのソーシャルデザインプロジェクトの多くに参加している。著書：『マルチメディアを考える』（武蔵野美術大学出版局、2016年）。武蔵野美術大学通信教育課程教授。

杉浦幸子（すぎうら・さちこ）
お茶の水女子大学文教育学部哲学科美学美術史専攻卒業。ウェールズ大学院教育学部修了。2002-04年森美術館パブリックプログラムキュレーター。2005-12年京都造形芸術大学プログラムコーディネーター。共著：『ミュゼオロジーの展開：経営論・資料論』（武蔵野美術大学出版局、2016年）。武蔵野美術大学造形学部芸術文化学科教授。

佐々木敏幸（ささき・としゆき）

東北芸術工科大学芸術学部美術科卒業。多摩美術大学大学院美術研究科絵画専攻修了。青年海外協力隊（エジプト・美術）へ参加。武蔵野美術大学通信教育課程芸術文化学科卒業。早稲田大学大学院教育学研究科高度教職実践専攻修了。共著：『自閉スペクトラム症のある子の「できる」をかなえる！ 構造化のための支援ツール　個別編』、同『集団編』（明治図書、2021年）。東京都立港特別支援学校・主任教諭を経て、2022年4月より明星大学教育学部・助教に着任。

栗田晃宜（くりた・あきよし）

東京造形大学造形学部美術学科彫刻専攻卒業。1999年香川県芸術祭「手で見るアート」企画。2008-12年、日本画展覧会「遠き道展」触図作成等協力。視覚障がい者用筆記具「触図筆ペン」を（有）安久工機田中隆氏と共同開発。元香川県立盲学校教諭。かがわボランティアサークルi理事。NPO法人視覚障害者芸術活動推進委員会理事。

表紙デザイン：白尾デザイン事務所

美術の授業のつくりかた

2020年3月31日　初版第1刷発行
2022年12月1日　第2版第1刷発行

編者　　　三澤一実

著者　　　三澤一実　神野真吾　大黒洋平　未至磨明弘　髙野 一　小西悟士
　　　　　高安弘大　沼田芳行　道越洋美　大成哲雄　奥山直人　石上城行
　　　　　押元信幸　田中真二朗　佐藤賢司　高田悠希子　米徳信一
　　　　　花里裕子　清水恒平　杉浦幸子　佐々木敏幸　栗田晃宜

発行者　　白賀洋平
発行所　　武蔵野美術大学出版局
　　　　　〒180-8566
　　　　　東京都武蔵野市吉祥寺東町3-3-7
　　　　　電話　0422-23-0810（営業）
　　　　　　　　0422-22-8580（編集）

印刷・製本　株式会社精興社

ISBN978-4-86463-106-8　C3037　printed in Japan